Horizonte 12
Geschichte Gymnasium Bayern

Herausgegeben von
Dr. Ulrich Baumgärtner
Dr. Herbert Rogger
Dr. Wolf Weigand

Erarbeitet von
Prof. Dr. Dagmar Freist
Prof. Dr. Michael Hochgeschwender
Dr. Wolfgang Piereth
Dr. Alfred Schlicht
Prof. Dr. Helmut Zedelmaier

westermann

Dr. Wolfgang Piereth, Ludwig-Maximilians-Universität München, Historisches Seminar:
„Volk" und „Nation" als Identifikationsmuster

Prof. Dr. Dagmar Freist, Carl von Ossietzky Universität, Oldenburg, Institut für Geschichte:
Grundlagen moderner politischer Ordnungsformen in Mittelalter und Früher Neuzeit

Prof. Dr. Helmut Zedelmaier,
Arbeitsgemeinschaft historischer Forschungseinrichtungen e. V., München:
Wurzeln und Traditionen europäischer Denkhaltungen

Dr. Alfred Schlicht, Auswärtiges Amt, Berlin (private Veröffentlichung):
Der Nahe Osten: Historische Wurzeln eines weltpolitischen Konflikts

Prof. Dr. Michael Hochgeschwender, Ludwig-Maximilians-Universität München, Amerika-Institut:
Die USA – Von den rebellischen Kolonien zur globalen Supermacht

© 2010 Bildungshaus Schulbuchverlage
Westermann Schroedel Diesterweg Schöningh Winklers GmbH, Braunschweig
www.westermann.de

Das Werk und seine Teile sind urheberrechtlich geschützt. Jede Nutzung in anderen als den gesetzlich zugelassenen Fällen bedarf der vorherigen schriftlichen Einwilligung des Verlages. Hinweis zu § 52 a UrhG: Weder das Werk noch seine Teile dürfen ohne eine solche Einwilligung gescannt und in ein Netzwerk eingestellt werden. Dies gilt auch für Intranets von Schulen und sonstigen Bildungseinrichtungen. Auf verschiedenen Seiten dieses Buches befinden sich Verweise (Links) auf Internet-Adressen. Haftungshinweis: Trotz sorgfältiger inhaltlicher Kontrolle wird die Haftung für die Inhalte der externen Seiten ausgeschlossen. Für den Inhalt dieser externen Seiten sind ausschließlich deren Betreiber verantwortlich. Sollten Sie bei dem angegebenen Inhalt des Anbieters dieser Seite auf kostenpflichtige, illegale oder anstößige Inhalte treffen, so bedauern wir dies ausdrücklich und bitten Sie, uns umgehend per E-Mail davon in Kenntnis zu setzen, damit beim Nachdruck der Verweis gelöscht wird.

Druck A^1 / Jahr 2010
Alle Drucke der Serie A sind im Unterricht parallel verwendbar.

Redaktion: Christoph Meyer, Dorle Bennöhr, Lisa Mros
Herstellung: Udo Sauter
Typografie: Thomas Schröder
Satz: PixelParc GmbH Mediendesign, Landau
Druck und Bindung: westermann druck GmbH, Braunschweig

ISBN 978-3-14-111033-3

Inhalt

A. Historische Komponenten europäischer Kultur und Gesellschaft

I. „Volk" und „Nation" als Identifikationsmuster von Wolfgang Piereth **6**

Darstellungsteil 8
1. Die Varusschlacht im Jahre 9. n. Chr. – „Urknall" deutscher Geschichte? 8
2. Wie ein „Volk" entsteht: Die Franken in der Spätantike ... 13
3. Die moderne Nationsvorstellung seit der Französischen Revolution und Probleme der Nationalstaatsbildung 19
4. Nationale Fremd- und Selbstbilder an Beispielen des deutsch-französischen Verhältnisses im 19. und zu Anfang des 20. Jahrhunderts 24
Zusammenfassung 30

Materialteil 32
1. Die Varusschlacht im Jahre 9. n. Chr. – „Urknall" deutscher Geschichte? 32
2. Wie ein „Volk" entsteht: Die Franken in der Spätantike ... 38
3. Die moderne Nationsvorstellung seit der Französischen Revolution und Probleme der Nationalstaatsbildung 40
4. Nationale Fremd- und Selbstbilder an Beispielen des deutsch-französischen Verhältnisses im 19. und zu Anfang des 20. Jahrhunderts 46
Methode: Umgang mit Karikaturen 50

II. Grundlagen moderner politischer Ordnungsformen in Mittelalter und Früher Neuzeit von Dagmar Freist **52**

Darstellungsteil 54
Wiederholung: Das Heilige Römische Reich 54
1. Wem gehört die Macht? Herrschaftsansprüche von Papst und Kaiser 56
2. Aufbruch und Umbruch: Herrschaftsverdichtung zu Beginn der Frühen Neuzeit 63
3. Die „Doppelstaatlichkeit" des Reiches 71
4. Kontroversen um den idealen Staat 76
Zusammenfassung 82

Materialteil 84
1. Wem gehört die Macht? Herrschaftsansprüche von Papst und Kaiser 84
2. Aufbruch und Umbruch: Herrschaftsverdichtung zu Beginn der Frühen Neuzeit 88
3. Die „Doppelstaatlichkeit" des Reiches 92
4. Kontroversen um den idealen Staat 96
Methode: Umgang mit historischen Karten 103

Inhalt

III. Wurzeln und Traditionen europäischer Denkhaltungen von Helmut Zedelmaier 106

Darstellungsteil 108
1. Freiheit und Philosophie: Antikes Griechenland 108
2. Christentum und Römisches Recht 110
3. Die mittelalterliche Universität 115
4. Ursprünge der modernen Wissenschaft 120
Zusammenfassung 124

Materialteil 126
1. Freiheit und Philosophie: Antikes Griechenland 126
2. Christentum und Römisches Recht 128
3. Die mittelalterliche Universität 131
4. Ursprünge der modernen Wissenschaft 134
Methode: Umgang mit Gemälden 137

B. Konfliktregionen und Akteure internationaler Politik in historischer Perspektive

I. Der Nahe Osten: Historische Wurzeln eines weltpolitischen Konflikts von Alfred Schlicht ... 140

Darstellungsteil 142
1. Juden und Römer, Araber und Kreuzfahrer 142
2. Ein „Judenstaat" auf historischem Boden 145
3. Auf dem Weg zum Staat Israel 147
4. Nahostkriege 1948–2008 151
5. Suche nach einem Frieden in Nahost 154
6. Die Palästinenser gewinnen ihre Identität: Vom Flüchtlingsproblem zur Zwei-Staaten-Lösung 159
7. Radikalismus und Fundamentalismus bei Juden und Arabern 163
8. Zusammenleben von Juden und Arabern 167
Zusammenfassung 170

Materialteil 172
1. Juden und Römer, Araber und Kreuzfahrer 172
2. Ein „Judenstaat" auf historischem Boden 176
3. Auf dem Weg zum Staat Israel 178
4. Nahostkriege 1948–2008 180
5. Suche nach einem Frieden in Nahost 182
6. Die Palästinenser gewinnen ihre Identität: Vom Flüchtlingsproblem zur Zwei-Staaten-Lösung 184
7. Radikalismus und Fundamentalismus bei Juden und Arabern 186
8. Zusammenleben von Juden und Arabern 188
Methode: Umgang mit Fotografien 190

Inhalt

II. Die USA – Von den rebellischen Kolonien zur globalen Supermacht von Michael Hochgeschwender **192**

Darstellungsteil 194
   1. Die Amerikanische Revolution 194
   2. Imperium im Wartestand 198
   3. Aggression und Expansion 202
   4. Schritte zur Weltmacht 204
   5. Die USA im Zeitalter der Weltkriege 209
   6. Die USA im bipolaren Mächtesystem (1945–91) 213
   7. Die neue Ordnung der Welt 219
Zusammenfassung 224

Materialteil 226
   1. Die Amerikanische Revolution 226
   2. Imperium im Wartestand 228
   3. Aggression und Expansion 230
   4. Schritte zur Weltmacht 232
   5. Die USA im Zeitalter der Weltkriege 234
   6. Die USA im bipolaren Mächtesystem (1945–91) 238
   7. Die neue Ordnung der Welt 242
Methode: Umgang mit Filmplakaten 246

Minilexikon 248
Register 254
Bildnachweis 256

„Volk" und „Nation" als Identifikationsmuster

M 1 Das Hermannsdenkmal im Teutoburger Wald, eingeweiht 1875

I. „Volk" und „Nation" als Identifikationsmuster

Siebzig Prozent der Deutschen fühlen sich ihrer Nation im Herzen verbunden, und sechzig Prozent sagen, sie seien „wieder stolz, Deutsche zu sein." Knapp achtzig Prozent würden sich für die deutsche Staatsangehörigkeit entscheiden, wenn sie diese in Europa frei wählen könnten. Dieses Ergebnis einer repräsentativen Umfrage aus den Jahren 2008 und 2009 zeigt: Das Bewusstsein, einer Nation anzugehören, ist auch im Zeitalter der europäischen Einigung in der Bevölkerung weitverbreitet, und die meisten Menschen verbinden damit offenbar positive Vorstellungen. Aber worauf baut dieses Nationalgefühl auf? Was ist überhaupt ein Volk? Und was macht eine Nation aus?

Der Religionswissenschaftler Ernest Renan beschäftigte sich 1882 in einem berühmt gewordenen Vortrag mit diesen Fragen. Eine Nation, meinte er, sei nicht gleichbedeutend mit einer Rasse, denn alle modernen Nationen seien ethnisch gemischt, Deutschland beispielsweise germanisch, keltisch und slawisch. Eine Nation sei auch nicht identisch mit der Sprache. Warum hätten sich sonst die USA von Großbritannien getrennt oder die südamerikanischen Staaten von Spanien und Portugal, und wie ließe sich dann der Zusammenhalt der vielsprachigen Schweiz erklären? Auch die Religion oder Wirtschaftsinteressen würden nicht als Grundlage einer modernen Nation taugen. Renans Schlussfolgerung war, dass eine Nation mit materiellen Umständen alleine nicht begründet werden könne. Eine Nation sei vielmehr „ein geistiges Prinzip. Zwei Dinge, die in Wahrheit nur eins sind, machen diese Seele, dieses geistige Prinzip aus. Eins davon gehört der Vergangenheit an, das andere der Gegenwart. Das eine ist der Besitz eines reichen Erbes an Erinnerungen, das andere ist das gegenwärtige Einvernehmen, der Wunsch, zusammenzuleben."

Völker und Nationen sind also nicht etwas natürlich Vorgegebenes und Unveränderliches. Es sind vielmehr „gedachte Ordnungen", die unterschiedlich gefüllt werden und die sich im Laufe der Zeit verändern können. Doch auch wenn Nationen „gedachte Ordnungen" sind, war die reale Wirkungsmacht der nationalen Idee gewaltig, und sie dauert bis heute an. Was erklärt die Attraktivität der Ideologie, die alle konkurrierenden Identifikationsangebote überlagerte? Wie funktioniert Nationalismus? Und wie wirkte er sich auf die Menschen und auf die Beziehungen der Staaten aus?

„Volk" und „Nation" als Identifikationsmuster

1. Die Varusschlacht im Jahre 9 n. Chr. – „Urknall" deutscher Geschichte?

Aktualität der Varusschlacht

„Das deutsche Troja, unser[en] Urknall" nannte Hans Ottomeyer, der Direktor des Deutschen Historischen Museums in Berlin, den Ort der sogenannten Varusschlacht in einem Interview mit dem „Spiegel" im Mai 2006. Er versuchte damit zu erklären, weshalb die in seinem Museum inszenierte Dauerausstellung zu „2000 Jahren deutscher Vergangenheit" mit eben jener Schlacht im Jahre 9 n. Chr. einsetzt.

Drei Jahre später, im Mai 2009, eröffneten zum Jahrestag dieses kriegerischen Ereignisses gleich drei Ausstellungen, und auch die Bundeskanzlerin war bei der Einweihung anwesend. Die Frankfurter Allgemeine Zeitung berichtete darüber mit dem Aufmacher: „Merkel würdigt Sieg vor 2000 Jahren". Im ergänzenden Kommentar des Blattes war die Rede von einem „blutige[n] Befreiungskampf, der uns immer noch beeindruckt."

Zur gleichen Zeit erschien zum Gedenken an „2000 Jahre Varusschlacht" eine Sonderbriefmarke der Deutschen Post, auf der unter anderem das Hermannsdenkmal im Teutoburger Wald abgebildet ist. Der Begleittext feierte einen „germanischen Sieg", der „zur Befreiung des Gebiets zwischen Rhein und Elbe von römischer Herrschaft" geführt habe. Und weiter hieß es: „Damit entging der größte Teil der germanischen Stämme der Romanisierung."

M 2 „2000 Jahre Varusschlacht" Briefmarke, 2009

Deutscher „Urknall", „Befreiungskampf", „germanischer Sieg", von der Bundeskanzlerin „gewürdigt", der „Romanisierung entgangen" – all dies vermittelt dem historischen Laien den Eindruck, dass die „Germanen" in jener Zeit etwas für die „deutsche" Geschichte Bedeutendes geleistet haben müssen, wobei sich freilich darüber streiten ließe, ob die entgangene „Romanisierung", also die Abwehr der Errungenschaften römischer Zivilisation, in dieser Reihe wirklich gut aufgehoben ist. Gleichwohl drängt sich die Frage auf: Was ist damals eigentlich geschehen?

Das historische Ereignis

Im Herbst des Jahres 9 n. Chr. geriet der römische Heerführer und Legat des Kaisers Augustus in Germanien, Publius Quinctilius Varus, östlich des Rheins mit drei Legionen und einem riesigen Begleittross in einen fatalen Hinterhalt. In mehrtägigen Kämpfen wurde das gesamte Heer vernichtet, alles in allem starben mehr als 18 000 Menschen. Dies war eine der schwersten Niederlagen des Römischen Reiches. Vielfach zitiert ist die Reaktion des Kaisers Augustus: „Quinctilius Varus, gib mir die Legionen wieder!", soll er immer wieder gerufen und dabei den Kopf gegen die Türen seines Zimmers gerammt haben.

Bericht des Tacitus

Das Grauen, das mit dem Ereignis verbunden war, spiegelt sich noch in den rund hundert Jahre danach entstandenen Annalen des römischen Historikers Publius Cornelius Tacitus, wenn er schildert, wie römische Truppen unter dem neuen Oberbefehlshaber Germanicus einige Jahre später das Schlachtfeld vorfanden: „Mitten auf dem Feld bleichende Knochen, zerstreut oder in Haufen, je nachdem, ob die Soldaten die Flucht ergriffen oder Widerstand geleistet hatten. Daneben lagen zerbrochene Waffen und Pferdegerippe, zugleich sah man an den Baumstümpfen angenagelte Menschenschädel. In den benachbarten Hainen standen die Altäre der Barbaren, an denen sie die Tribunen und die Zenturionen ersten Ranges geschlachtet hatten.

M 3 Germanicus bestattet die unter Varus Gefallenen.
Kupferstich von Matthäus Merian d. Ä., 1630

„Männer, die jene Niederlage überlebt hatten und aus der Schlacht oder der Gefangenschaft entkommen waren, berichteten, hier seien die Legaten gefallen, dort seien die Legionsadler erbeutet worden, wo Varus die erste Wunde erhalten, wo er durch seine unselige Rechte mit eigenem Stoß den Tod gefunden habe; auf welcher Erhöhung Arminius zum Heer gesprochen, wie viele Galgen für die Gefangenen, was für Martergruben es gegeben und wie er mit den Feldzeichen und Adlern voller Übermut seinen Spott getrieben habe."

Vielfalt germanischer Stämme

Die siegreichen Gegner des römischen Heeres sind nicht leicht zu benennen: Es handelte sich wohl um ein eher loses Zweckbündnis von östlich des Rheins siedelnden Stämmen oder Stammesgruppen, dem vermutlich Cherusker, Brukterer, Marser, Angrivarier und Chatten angehörten. Ihr Anführer war der Cherusker Arminius, der mutmaßlich vorher in römischen Diensten gestanden hatte. Als „Germanen" bezeichneten sich diese Gruppen nicht. Die um Arminius verbündeten Stämme führten überhaupt keinen gemeinsamen Namen, was wiederum nahelegt, dass sie auch kein Bewusstsein einer gemeinsamen Identität ausgebildet hatten.

„Germane" als römischer Sammelbegriff

Diese Beobachtung lässt sich noch weiter verallgemeinern: Ein Volk, das sich selbst als „Germanen" bezeichnete, hat es nie gegeben. Diesen vereinheitlichenden Begriff hat zuerst Gaius Julius Caesar über die vielen Stämme, Teilstämme und Gruppen jenseits des Rheins gestülpt, als er Gallien erobert hatte. Nicht zuletzt, um die Ostgrenze seiner neuen Eroberung zu begründen, konstruierte Caesar in seiner Schrift „De bello Gallico" dort ein neues Volk: die Germanen. Im Unterschied zu den Kelten hätten sie keine Druiden, kümmerten sich nicht um die Landwirtschaft und lebten nur für den Krieg, schrieb er. Damit war der Germanenname als Ordnungsbegriff in die Welt gesetzt. Während der römischen Kaiserzeit wurde die neue Bezeichnung gerne und vielfach verwendet, ersparte sie doch die genaue Kenntnis und das Aufzählen der vielen dort siedelnden und umherziehenden Kleinstämme.

Die Befunde der Archäologie und der Namensforschung belegen aber, dass erstens der Rhein in dieser Zeit keineswegs zwei in Charakter, Lebensweise und Kultur unterschiedliche Völker trennte, und dass

"Volk" und "Nation" als Identifikationsmuster

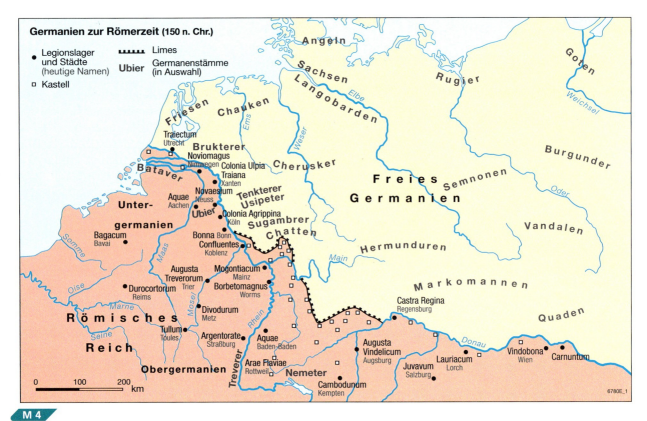

M 4

Bedeutung des Arminius

Der Schlachtort

zweitens die östlich des Rheins siedelnden Stämme nicht als Einheit betrachtet werden können. Erst als bald nach Augustus die römische Herrschaft für Jahrhunderte am Rhein zum Stehen gekommen und der Limes errichtet worden war, begannen entlang dieser Linie die politischen, kulturellen und materiellen Entwicklungen mehr und mehr auseinanderzutreten. Die Wirklichkeit näherte sich so dem ursprünglich nur konstruierten Germanenbegriff allmählich an.

Für Arminius und seine Verbündeten galt jedoch ohne Zweifel, dass sie lediglich die kurzfristige Gegnerschaft gegen Rom verband. Selbst die Motive für diese Frontstellung könnten unterschiedlich gewesen sein: Abschütteln lästiger Steuerpflichten, Freiheit von Besatzung, aber auch Hoffnung auf attraktive Beute bei einem zivilisatorisch weit überlegenen Gegner mögen eine Rolle gespielt haben. All dies lässt sich nur vermuten, denn wir haben keine schriftlichen Quellen, die darüber Aufschluss geben würden. Fest steht jedoch, dass ein Teil der cheruskischen Führung sich dem von Arminius angeführten Widerstand verweigerte und stattdessen auf die einträgliche Kooperation mit der Weltmacht Rom setzte. Selbst im direkten Umfeld von Arminius gab es also keine gemeinsame Frontstellung gegen Rom. Umstritten ist zudem, wie das Handeln des Arminius zu bewerten ist: War er während des Aufstandes ein cheruskischer Stammesführer? Oder war er immer noch in römischen Diensten und damit nichts anderes als ein meuternder Offizier?

Der genaue Ort der Auseinandersetzung ist bis heute nicht sicher zu lokalisieren; mehr als 700 Theorien sind dazu schon aufgestellt worden. Tacitus spricht in seinen Annalen vom „saltus Teutoburgiensis", der nicht weit von den Oberläufen der Ems und der Lippe entfernt sei.

Informationen dazu gibt es unter
www.kalkriese-varusschlacht.de.

Bedeutung der Schlacht für Rom

Im 16. Jahrhundert hat man deswegen den dort gelegenen Gebirgszug Osning in „Teutoburger Wald" umbenannt. Seit 1987 werden in der Nähe des Örtchens Kalkriese Spuren einer Schlacht ergraben, die möglicherweise mit der Niederlage des Varus in Verbindung stehen.

Die Varusniederlage war für das Römische Reich sehr schmerzlich, sie war aber keinesfalls ein militärischer oder gar politischer Einschnitt. Rom antwortete mit groß angelegten Vergeltungsfeldzügen, die sich bis ins Jahr 16 n. Chr. hinzogen. In diesen Auseinandersetzungen konnte sich Arminius mit seinen Verbündeten offenbar behaupten, allerdings fiel seine schwangere Gattin Thusnelda in die Hände des römischen Befehlshabers Germanicus. Sie wurde, zusammen mit ihrem kleinen Sohn Thumelicus und anderen Gefangenen, 17 n. Chr. auf einem Triumphzug der neugierigen Bevölkerung Roms präsentiert. Im gleichen Jahr berief Kaiser Tiberius den ungestümen Germanicus nach Rom zurück. Nur wenige Jahre später, 21 n. Chr., wurde Arminius von Verwandten ermordet, die sein Machtstreben ablehnten. Er hatte die Konflikte innerhalb der Cherusker und zwischen den einzelnen Stämmen nicht dauerhaft ausgleichen können; eine Großmachtbildung war in jener Zeit östlich des Rheins nicht möglich.

Dass Rom auf eine Eroberung der Gebiete östlich des Rheins und nördlich der Donau dauerhaft verzichten würde, war nach der Varusniederlage nicht erkennbar. Im Gegenteil: Die römische Öffentlichkeit erwartete eine endgültige Niederwerfung dieser Region, und immer wieder starteten Kaiser wie Caligula, Claudius, Vespasian und Domitian Offensiven. Erst um die erste nachchristliche Jahrhundertwende zeichnete sich allmählich ab, dass Rom dieses Gebiet nicht dauerhaft würde besetzen können. Zu dieser Zeit schrieb Tacitus seine Annalen, in denen er den siegreichen Arminius im Rückblick und im Wissen um die weitere Entwicklung „den Befreier Germaniens" nannte.

Deutungen

Vergleicht man nun das, was wir über die Varusschlacht sicher wissen, mit der eingangs vorgestellten Erinnerung und Deutung, fallen erhebliche Unterschiede auf. Wie ist das zu erklären?

Einflüsse der Humanismus

Im Mittelalter ging die Erinnerung an Arminius und an seinen Kampf gegen das Römische Reich fast vollständig verloren. Erst im 15. und 16. Jahrhundert, im Zeitalter des Humanismus und der Reformation, wurden die Germanen, Arminius und die Varusschlacht wiederentdeckt und die Erinnerung an sie entscheidend geprägt. In dieser Zeit vollzog sich eine Entwicklung, die Historiker als „Nationalisierung Europas" bezeichnen. Insbesondere Gelehrte und Intellektuelle suchten nach Argumenten, um das Wesen und die Bedeutung der eigenen Nation untermauern und sie von anderen Nationen abgrenzen zu können.

Wiederentdeckung der „Germanis" des Tacitus

In deutschen Humanistenkreisen erhielt dieses Bemühen einen gewaltigen Schub, als Mitte des 15. Jahrhunderts im Kloster Hersfeld eine Schrift wiederentdeckt wurde, die eineinhalb Jahrtausende fast vollständig vergessen gewesen war: Die vom römischen Historiker Publius Cornelius Tacitus 98 n. Chr. verfasste Abhandlung „De origine et situ Germanorum", also „Über den Ursprung und die Lage der Germanen". Tacitus hatte mit dieser Schrift über die Völkerschaften nördlich der Alpen eigentlich ein innenpolitisches Ziel verfolgt: Er wollte der aus seiner Sicht dekadenten und genusssüchtigen römischen

„Volk" und „Nation" als Identifikationsmuster

Gesellschaft einen warnenden Spiegel vorhalten. Deswegen porträtierte er die Germanen, die Gegner Roms, mit jenen Eigenschaften, die Rom einmal groß gemacht hatten: urtümliche Kraft, innere Stärke, Freiheitsstreben, Einfachheit, Ehre, Treue, Mut, Wehrhaftigkeit.

Verbreitung der „Germania"

Das Wissen um Tacitus' „Germania" verbreitete sich rasch, die Motive, weshalb er sie verfasst hatte, interessierten dabei nicht. Wichtig war, dass sich ein hochgeschätzter römischer Autor positiv zu den Germanen geäußert hatte und man diese nun zu Vorfahren der in derselben Weltregion lebenden Deutschen machen konnte. Ab 1470 erschienen zahlreiche Drucke der Schrift. Deutsche Humanisten wie Konrad Celtis, Konrad Wimpfeling und Johannes Aventinus bezogen sich auf Tacitus, um endlich die glorreiche Vergangenheit der Deutschen und ihren unverwechselbaren Nationalcharakter beweisen zu können. Besonders wichtig war ihnen Tacitus' Feststellung, die Germanen seien „durch Zuwanderung und Aufnahme fremder Stämme gar nicht vermischt" und dadurch ein „eigengeprägter, reiner und nur sich selbst gleicher Menschenschlag". Der Humanist Heinrich Bebel aus Tübingen steigerte das „Unvermischte" und „Unbesiegte" zu einem einzigartigen Kennzeichen der Deutschen in der Welt.

Bedeutung der „Germania"

Der Frankfurter Historiker Ulrich Muhlack hat vor diesem Hintergrund 1989 treffend formuliert: „Wenn es die ‚Germania' nicht gegeben hätte, hätte man sie gleichsam erfinden müssen." Sie bildete die entscheidende Grundlage, um unter Rückgriff auf die Germanen eine triumphale nationale Identität der Deutschen zu konstruieren. Dieser Prozess der Erfindung einer nationalen Geschichte ist keine deutsche Spezialität, sondern ein typisches Element des Nationalismus; der britische Historiker Eric Hobsbawm prägte dafür den Begriff der „invention of tradition".

Wenige Jahre nach der Entdeckung der „Germania", 1515, wurden auch noch die schon erwähnten „Annalen" des Tacitus gefunden, kurz darauf die Römische Geschichte des Velleius Paterculus. Beide erwähnen auch den bis dahin vergessenen Arminius. Er eignete sich nun geradezu perfekt, um die vielen von Tacitus beschriebenen positiven Eigenschaften der Germanen, insbesondere die Freiheitsliebe, zu verkörpern. Der Reformator Ulrich von Hutten verfasste um 1520 seinen Arminius-Dialog, in dem er den Cherusker mit den großen Feldherrn der Antike (Alexander, Scipio, Hannibal) auf eine Stufe stellte. Mit Arminius' Sieg über Varus traten für Hutten die Deutschen in die Geschichte ein. Die Reformatoren setzten den Widerstand von Arminius gegen das Römische Reich in eine Traditionslinie mit Martin Luthers Kampf gegen die römische Kirche. Luther selbst notierte dann auch über den Cherusker: „Ich hab in von hertzen lib." Gleichzeitig vollzog sich im Umfeld Luthers die Eindeutschung von „Arminius" zu „Hermann" (gedacht als Heer-Mann), die sich sehr rasch durchsetzte.

M 5 Arminius
Anonymer Künstler, um 1630

Wirkung des Gründungsmythos

Die Großerzählung vom Sieg der vereinten und freiheitsliebenden Germanen unter Führung Hermanns des Deutschen über das römische Weltreich wurde so zu einem Gründungs- oder Ursprungsmythos der deutschen Nation. Die Geschichte der „Hermannsschlacht" sollte dabei nicht erklären, wie und warum die deutsche Nation entstanden war. Sie lieferte vielmehr ein „emotionales Fundament" (Hagen Schulze/Etienne François), ein Symbol, um jedem Deutschen die Stärke und die Gemeinschaft, die Einmaligkeit und die Geschichtsträchtigkeit seiner

Nation spüren zu lassen. Gedichte und Bilder, Opern und Romane, Filme, Theaterstücke und Denkmäler wie das eingangs abgebildete Hermannsdenkmal von 1875 verklärten und verherrlichten das Ereignis bis weit ins 20. Jahrhundert, einzelne Elemente davon klingen – allen historischen Erkenntnissen zum Trotz – bis heute nach. Im Quellenteil des Buches sind mehrere Beispiele des Ursprungsmythos „Hermannsschlacht" versammelt. In jeder Epoche wurden dabei andere Akzente gesetzt, einmal betonte man insbesondere den Freiheitsdrang, ein andermal die Notwendigkeit, einig zu handeln. Einmal stand der Führer Arminius/Hermann im Zentrum, ein andermal die starke Gemeinschaft der Germanen. Aufgabe des Historikers ist es, jeweils herauszufinden, welche Aspekte des Mythos aus welchen Gründen besonders herausgestellt wurden und wie diese vermittelt werden sollten.

2. Wie ein „Volk" entsteht: Die Franken in der Spätantike

Völkerwanderung als historischer Begriff

Mit dem Begriff „Völkerwanderung" verbindet man gemeinhin bis heute die Vorstellung, ganze Völker seien damals als riesige und in sich geschlossene Gruppen durch Mitteleuropa gezogen, und die „wandernden germanischen" Völker, wie die Alemannen, die Burgunder, die Franken, die Ost- und die Westgoten, die Vandalen und die Langobarden, seien jeweils einheitliche, durch eine gemeinsame ethnische Abstammung verbundene Gemeinschaften gewesen.

Diese Idee entstand vor rund 200 Jahren, nicht zufällig im Zusammenhang mit dem Aufkommen des modernen Nationalismus – und sie ist falsch. Die historische Forschung der vergangenen Jahrzehnte konnte zeigen, dass diese „Völker" ursprünglich gar keine klar abgrenzbaren ethnischen Gebilde waren, sondern sich aus Menschen ganz unterschiedlicher Herkunft zusammensetzten, die verschiedene Sprachen sprachen und sich auch in Haartracht, Schmuck, Waffen, Kleidung und Lebensformen unterschieden. Um diese wichtige Erkenntnis begrifflich zu verdeutlichen, spricht man heutzutage nicht mehr von „Völkern", wenn man die Entwicklungen des 3. bis 6. Jahrhunderts n. Chr. betrachtet, sondern von „gentes", also „Stämmen". Die allmähliche Ausformung dieser gentes heißt Ethnogenese.

Ethnogenese am Beispiel der Franken

Ethnogenese
Entstehung eines Volkes

Wenn nicht ihre Abstammung die gentes zusammenband und von anderen gentes unterschied – was war es dann? Wie muss man sich den Prozess der Ethnogenese vorstellen? Wie wird er im Nachhinein gedeutet? Diese Fragen lassen sich am besten am Beispiel der Franken klären, denn das Frankenreich ist ein wichtiges, wenn nicht das bedeutendste Scharnier zwischen Spätantike und Mittelalter: Die Franken beerbten die spätantike, (west-)römische Herrschaft in Gallien; ihr Aufstieg hilft daher auch zu erklären, wieso das Römische Reich unterging. Den Franken gelang die dauerhafteste und machtvollste Herrschaftsbildung aller „germanischen" Völkerschaften. Und als sich dieses fränkisch-merowingisch-karolingische Großreich im Frühmittelalter schließlich auflöste, war es die „Wiege der Völker Mittel- und Westeuropas" (Reinhard Schneider). Es bildete den Ausgangspunkt und die Grundlage für die Entstehung europäischer Nationen und Staaten wie Frankreich, Burgund, Italien und Deutschland.

„Volk" und „Nation" als Identifikationsmuster

**1. Phase:
Konfrontation mit den Römern**

Entstehung der Stammesidentität

2. Phase: Aufnahme in die römische Militärorganisation

Die Ethnogenese der Franken lässt sich in drei Phasen gliedern:

Der erste Zeitabschnitt reicht von der Mitte des 3. bis zur Mitte des 4. nachchristlichen Jahrhunderts und steht im Zeichen der Konfrontation mit den Römern. Der Name „Franci"/„Franken" taucht in dieser Zeit erstmals in römischen Quellen auf, und zwar in der Regel im Zusammenhang mit Berichten über Plünderungen, Raub und Piraterie in den Gebieten am niederrheinischen Limes. „Franci" war zunächst eine von den Römern verwendete Fremdbezeichnung für eine Vielzahl von Kleinstämmen und Stammesgruppen, die sich in dieser Region aufhielten: Friesen, Chamaven, Chattuarier, Amsivarier, Brukterer, Salier und möglicherweise auch Chatten. Diese fielen auf der Suche nach Beute und Siedlungsraum immer wieder ins Römische Reich ein. Daneben mag es aber über den Rhein hinweg auch friedliche Handelsbeziehungen zwischen den Römern und diesen Gruppen gegeben haben.

Im Rückblick lassen sich drei Stammesgruppen unterscheiden: die von den Salfranken/Saliern geführten Einheiten in Nordgallien, die sogenannten Rheinfranken in der Region um Köln und die östlich des unteren Niederrheins siedelnden Stämme. Wie intensiv diese „Franken" damals schon verbunden und vernetzt waren, ist umstritten. Fest steht, dass die Einzelstämme eigene Anführer hatten, die in den antiken Quellen als reges, duces, regales oder subreguli bezeichnet werden. Vieles deutet darauf hin, dass die Verbindungen zwischen den Stämmen eher lose waren und sich deren Zusammensetzung auch immer wieder veränderte. Man wird sie daher in dieser Phase eher als „Stammesschwarm" (Reinhard Wenskus) denn als Stammesverband oder -bund bezeichnen können. Wichtig festzuhalten ist, dass sich das Bewusstsein, Franken zu sein, erst in der Auseinandersetzung und im Austausch mit einem Gegenüber, den Römern, ausbildete und schärfte.

Auch die Herkunftssagen der Franken orientierten sich an römischen Vorbildern. Sie bemühten sich, eine den Römern mindestens gleichwertige Abstammung der Franken nachzuweisen. Die sagenhaften Erzählungen führten die fränkischen Ursprünge teilweise bis nach Troja zurück; einen Höhepunkt der Stammesgeschichte bildete oftmals der – ebenfalls sagenhaft ausgeschmückte – Übergang über den Rhein und die anschließende Sesshaftwerdung. Es hat keinen Sinn, diese Mythen und Legenden nach einem „wahren" historischen Kern abzusuchen. Wichtig ist vielmehr, ihre eigentliche Funktion zu erkennen: Die Stammesgeschichten waren eine Art „invention of tradition". Was eine gens wie die fränkische zusammenband und -hielt, war das subjektive Bewusstsein gemeinsamer Herkunft und Lebensform, und genau dazu trugen die Stammesgeschichten bei. Das Bewusstsein gemeinsamer Erinnerung stiftete Identität, die gens war daher zuallererst eine „Abstammungsgemeinschaft aus Überlieferung" (Herwig Wolfram). Objektive Merkmale wie gemeinsame Sprache, Kultur oder Territorium waren deswegen bei der Ethnogenese nicht ausgeschlossen, aber sie waren nachrangig, entscheidend war die Selbstzuordnung des einzelnen Stammesangehörigen.

Wie wichtig das Römische Reich für die weitere Entwicklung der Franken war, zeigt die zweite Phase ihrer Ethnogenese, die von der Mitte des 4. bis in die zweite Hälfte des 5. Jahrhunderts reicht. Der fränkische „Stammesschwarm" wuchs in jener Zeit enger zusammen und begann eine übergreifende Einheit auszubilden, weil Franken in wachsendem Maße in die römische Militärorganisation aufgenommen wurden.

Militärische Bedeutung der Franken

M 7 Eiserne Wurfaxt (Franziska)
aus einem fränkischen Männergrab

M 8 Goldgriffspatha und Schwertperle aus einem Grab im Département Aisne
Sie gehörten einem Krieger aus der Gefolgschaft Chlodwigs.

Dem römischen Heer fehlten Soldaten, seit das Heer in der zweiten Hälfte des 3. Jahrhunderts n. Chr. grundlegend umgestaltet und in ein Grenzheer einerseits sowie ein mobiles Marsch- und Feldheer andererseits gegliedert worden war. Gleichzeitig wuchs der Druck auf die Grenzen des Reiches. Deswegen warben die römischen Kaiser, insbesondere seit Konstantin I. (306–337), mehr und mehr „Barbaren", also Nicht-Römer, als Soldaten an. Franken konnten nun in die höchsten militärischen Ränge aufsteigen, die Rom zu vergeben hatte. Häufig traten Anführer mitsamt ihrer vielköpfigen Gefolgschaft in den römischen Dienst. Einige dieser Franken, wie Merobaudes, Richomer, Bauto, Arbogast und Richimer, wurden römische Heermeister, Oberbefehlshaber des 75 000 Mann starken Heeres in Gallien (das damalige Gallien umfasste die heutigen Gebiete Frankreichs, der Beneluxstaaten, der deutschen Rheinlande und der Schweiz). In allen Gliederungen des römischen Heeres wurden Franken als gut ausgebildete und gut bezahlte Hilfstruppen eingesetzt. Diese fränkischen Einheiten des römischen Heeres lebten meist mit ihren Familien zusammen. Nach dem Ende des Militärdiensts kehrte ein Teil von ihnen in seine alte Heimat zurück, andere aber erwarben das römische Bürgerrecht und blieben im Reich. Darüber hinaus siedelten die Römer vor allem im nördlichen Gallien ganze Teilstämme der Franken zunächst als Unterworfene oder Kriegsgefangene, später als Föderaten an. Sie unterstanden weiter ihren eigenen Königen oder Anführern, hatten aber die Pflicht, für Rom Heeresdienste zu leisten.

Die Franken waren in Gallien bei Weitem in der Minderheit, sie stellten zunächst vermutlich allenfalls zwei Prozent der Gesamtbevölkerung von sechs bis sieben Millionen Einwohnern. Bis heute umstritten ist, wie man sich ihre Ansiedlung und den Kulturaustausch mit der gallorömischen Bevölkerung und innerhalb der fränkischen Teilstämme vorstellen muss. Fraglich ist auch, ob sich anfangs nur eine schmale militärische Elite ansiedelte oder auch Bauern auf der Suche nach nutzbarem Land. Vermutlich vollzog sich die Landnahme weder gewaltsam noch lawinenartig. Es gab in dieser Phase also keine militärische Eroberung, vielmehr sickerten die Franken in die Wohngebiete der gallorömischen Mehrheitsbevölkerung allmählich und langsam ein. Vor allem im Bereich der Wirtschaft übernahmen die Franken römische Techniken, etwa den Räderpflug, die Breitsaat, den Weinbau oder die Töpferscheibe. Hausbau und Siedlungsformen blieben dagegen fränkisch. Generell gilt wohl, dass sich in den westlichen Gebieten Galliens romanische Elemente stärker durchsetzten als in den rheinnahen, östlichen Regionen des Landes. Ein gutes Beispiel dafür ist die Tracht der Frauen: Die typischen Fibeln, mit denen die fränkischen Gewänder zusammengehalten wurden, traten überall zurück. An ihrer

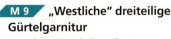

M 9 „Westliche" dreiteilige Gürtelgarnitur
aus dem 7. Jahrhundert

„Volk" und „Nation" als Identifikationsmuster

Stelle dominierten im Westen Galliens nun die römischen, breiten und sichtbar getragenen Gewandgürtel, im Osten dagegen schmale, unter dem Gewand verschwindende.

Ortsnamenkunde

Vergleichbare Ergebnisse liefert die Ortsnamenforschung: In den östlichen Regionen Galliens (den heutigen Niederlanden) hielten sich kaum romanische Ortsnamen.

Man darf diese West-Ost-Unterscheidung aber nicht überbetonen. Die alltägliche Begegnung von Franken und Romanen förderte zunächst einmal vor allem einen kulturellen Verschmelzungsprozess. Das beweisen beispielsweise die zahlreichen Wortübernahmen in beide Richtungen. Sogar Wörter des Grundwortschatzes wurden übernommen, so stammen etwa die französischen Farbwörter bleu, blanc, brun und gris aus dem Fränkischen.

Archäologische Zeugnisse

Auch Grabfunde helfen nachzuvollziehen, wie Fränkisches und Römisches zusammenzuwachsen begann. Da wir keine schriftlichen Aufzeichnungen der Franken aus jener Zeit besitzen, haben diese archäologischen Erkenntnisse einen ganz besonderen Wert. Weltbekannt ist die Inschrift eines in der Nähe von Budapest gefundenen Grabes aus dem 3. Jahrhundert: „Francus ego cives, miles Romanus in armis" (Franke bin ich im zivilen Leben, im Krieg diene ich als römischer Soldat). Sie verweist auf die doppelte Identität als Franke und Römer, welche die damals Handelnden offenkundig empfanden.

Auch das 1653 zufällig entdeckte Grab des salfränkischen Königs Childerich in Tournai spiegelt diese Einbindung der fränkischen Führer in die römische Militäraristokratie wider. Childerich war militärischer sowie ziviler Befehlshaber in der römischen Provinz Belgica II gewesen. Er hatte für Rom gegen Westgoten (463 und 469), Sachsen (470) und Alemannen (470) gekämpft. Obwohl er Heide war, galt er in seiner Provinz als Beschützer der katholischen Romanen, besonders zu den galloromanischen Bischöfen pflegte er beste Beziehungen. In sein Grab legte man ihm eine goldene Zwiebelknopffibel, mit welcher der

M 10 Childerich I.
Rekonstruktionszeichnung der Kleidung und Waffen

M 11 Grabstein eines fränkischen Kriegers
Auf der (rechts abgebildeten) Rückseite befindet sich die älteste germanische Christusdarstellung.

Feldherrnmantel römischer Amtsträger geschlossen wurde. Zugleich enthielt das Grab aber auch einen Armreif aus massivem Gold, der als Zeichen seiner fränkischen, königlichen Abstammung galt, und einen Siegelring, ebenfalls aus Gold, der den Namen, den Titel und das Bild des Königs trug.

3. Phase: Politische Selbstständigkeit der Franken

Als Childerich im Jahr 482 starb und sein Sohn Chlodwig (466–511) die Herrschaft antrat, hatte die dritte und letzte Phase der fränkischen Ethnogenese bereits eingesetzt: der Weg in die politische Selbstständigkeit. Diese Machtentfaltung war kein „germanischer" oder „fränkischer" Neubeginn, sondern die allmähliche Machtübernahme einer fränkischen Dynastie in einem bereits bestehenden staatlichen Rahmen. Childerich und Chlodwig verstanden sich als Franken im Dienste Roms. Sie wollten das römische Erbe nicht kappen, sondern bewahren. Sie stützten sich deshalb auf die gallorömische Militärorganisation und Zivilverwaltung, vermutlich übernahmen sie auch das Verwaltungspersonal der von ihnen kontrollierten Gebiete.

Im Unterschied zu seinem Vater betrieb Chlodwig von Beginn an eine dynamische Expansionspolitik. In gut zwei Jahrzehnten schuf er das fränkische Großreich. Innerhalb Galliens eroberte er das Herrschaftsgebiet des römischen Heermeisters und Statthalters Syagrius zwischen Seine und Loire (486/87), besiegte die Alemannen (496/97 und 507) und die Westgoten (507). Darüber hinaus gliederte er, teils durch Thronfolge, teils durch Gewalt, die zahlreichen kleineren Herrschaftsgebiete des fränkischen Stammesschwarms in sein Reich ein.

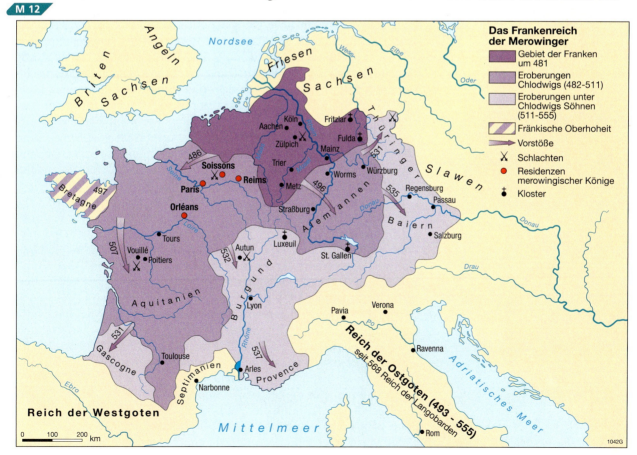

M 12

„Volk" und „Nation" als Identifikationsmuster

Bedeutung von Chlodwigs Taufe

M 13 Plakat zum Papstbesuch in Reims, 1996

Historische Deutungen Chlodwigs

Entscheidend für den Erfolg dieser Politik waren aber nicht nur militärisches Geschick, eine überlegene politische Strategie und eine brutale, rücksichtslose Entschlossenheit, sondern vor allem anderen Chlodwigs Entschluss, sich taufen zu lassen. Auf dem Höhepunkt der Schlacht gegen die Alemannen, vermutlich also 496 oder 497, soll er laut Gregor von Tours gelobt haben, sich zum Christengott zu bekennen, falls dieser ihm den Sieg schenken würde. Diese Erzählung ähnelt vermutlich bewusst dem Mythos vom Übertritt Kaiser Konstantins des Großen zum Christentum nach der Schlacht an der Milvischen Brücke im Jahr 312. Chlodwigs Übertritt zum christlich-katholischen Glauben war planmäßig vorbereitet und erfolgte keineswegs spontan. Gemeinsam mit dem Bischof Remigius von Reims arrangierte und inszenierte er die Taufe, die schließlich an einem Weihnachtsfest, vermutlich im Jahr 498, feierlich vollzogen wurde. Gleichzeitig mit Chlodwig ließen sich laut Gregor von Tours 3000 seiner Soldaten taufen.

Die Franken waren nun katholisch, die religiöse Barriere zur gallorömischen Bevölkerung war gefallen. Diese Entwicklung kann man nicht hoch genug einschätzen. In den anderen „germanischen" Reichen (etwa denen der Alemannen und Westgoten) trennte die katholische romanische Bevölkerung und die „Germanen" eine religiöse Kluft, denn letztere waren und blieben arianischgläubig. Diese theologische Lehre lehnte die Dreieinigkeit ab und stand deswegen in scharfem Widerspruch zur christlich-katholischen Kirche. Wie folgenreich dies war, zeigt sich schon daran, dass die arianischen „Germanenreiche" sämtlich untergingen. In Chlodwigs Frankenreich hingegen einte nun eine gemeinsame religiöse Basis die unterschiedlichen Bevölkerungsgruppen. Hinzu kam ein elastisches Rechtssystem, das erstens nach oben durchlässig war und zweitens allen Volksgruppen eigene Rechte einräumte. So konnten auch der einflussreiche galloromanische Senatsadel und der Klerus für das fränkische Reich gewonnen werden. Christianisierung und Romanisierung vollzogen sich dabei parallel. Aber auch hier gilt: Beide Vorgänge verliefen nicht einseitig, es setzte sich also nicht einfach nur das katholisch-galloromanische Element gegenüber dem fränkischen durch. Vielmehr glichen sich die Lebensformen an und bildeten eine für Jahrhunderte sehr erfolgreiche „Mischkultur" (H. W. Böhme).

Dies zu betonen ist wichtig, denn genau wie Arminius und die Germanen gerieten auch Chlodwig und die Franken in die Mühlen politisch gefärbter und deswegen interessengeleiteter historischer Deutung. Waren Chlodwig und die Franken die Begründer der französischen Nation? „Gehörten" sie als „Germanen" eigentlich den Deutschen? Diese Probleme beschäftigten die Historiker vor allem seit der Frühen Neuzeit und bis ins 19. Jahrhundert hinein.

Und damit verbunden war stets die Frage, wer sich wem habe beugen müssen: Eroberten die völkerwandernden germanischen Franken Gallien? Herrschten also Deutsche über Franzosen? Oder waren die Franken gar ursprünglich Gallier, die in ihr Land zurückkehrten, um Frankreich zu gründen? Und welche Bedeutung hatte die Taufe Chlodwigs in diesem Zusammenhang? Stand am Beginn der französischen Geschichte ein Triumph der katholischen Kirche? Darüber wurde noch 1996 lebhaft gestritten, als Papst Johannes Paul II. zur Feier von Chlodwigs Konversion nach Reims kam.

3. Die moderne Nationsvorstellung seit der Französischen Revolution und Probleme der Nationalstaatsbildung

Bedeutung des modernen Nationalismus

Wir hatten einleitend festgestellt, dass Nationen keine quasi-natürlichen, seit Urzeiten existierende Einheiten sind. Sie sind vielmehr „gedachte Ordnungen", die ihre politische Wirkungsmacht erst im späten 18. Jahrhundert, im Zeitalter der Französischen Revolution, zu entfalten begannen. Und auch der moderne Nationalismus entstand erst zu jener Zeit, denn er ist mit der modernen Nationsvorstellung eng verknüpft. Was Nationalismus bedeutet, hat der Historiker Peter Alter folgendermaßen definiert: „Nationalismus liegt dann vor, wenn die Nation die gesellschaftliche Großgruppe ist, der sich der Einzelne in erster Linie zugehörig fühlt, und wenn die emotionale Bindung an die Nation und die Loyalität ihr gegenüber in der Skala der Bindungen und Loyalitäten oben steht. Nicht der Stand oder die Konfession, nicht eine Dynastie oder ein partikularer Staat, nicht die Landschaft, nicht der Stamm und auch nicht die soziale Klasse bestimmen primär den überpersonalen Bezugsrahmen. Der Einzelne ist nicht länger, wie das zum Beispiel noch die Philosophie der Aufklärung postulierte, in erster Linie Mitglied der Menschheit und damit Weltbürger, sondern fühlt sich vielmehr als Angehöriger einer bestimmten Nation. Er identifiziert sich mit ihrem historischen und kulturellen Erbe und mit der Form ihrer politischen Existenz. Die Nation (oder der Nationalstaat) bildet für ihn den Lebensraum und vermittelt ihm ein Stück Lebenssinn in Gegenwart und Zukunft."

An dieser Definition sind vor allem zwei Punkte festzuhalten: Erstens verwendet Alter den Begriff Nationalismus nicht abwertend oder

M 14 Jubelnde Revolutionäre nach Straßenkämpfen am 19. März 1848 in Berlin
Lithografie von Anton Klaus, 1848

„Volk" und „Nation" als Identifikationsmuster

negativ, wie dies heutzutage umgangssprachlich oft geschieht, wenn beispielsweise von „nationalistischem" Denken oder „Nationalisten" die Rede ist. Man erfasst Ursachen und Wirkungsweisen des Phänomens Nationalismus aber nur, wenn man es in der Rückschau weder verdammt noch verherrlicht. Zweitens wird bei Alter deutlich, worin das Neue der modernen Nationsvorstellung lag: Die Nation begann sich um 1800 zum Hoffnungsanker und Zukunftsangebot für jeden Einzelnen zu entwickeln. Sie wurde so zur obersten Legitimationsebene, die alle Forderungen rechtfertigte und alle Menschen zum Handeln bewegte. Beides – Nation als Letztwert und ihre Massenbasis – unterscheidet die moderne Nationsidee grundlegend von den Identitätsvorstellungen in der Antike und im Mittelalter und auch von der Suche einiger humanistischer Intellektueller nach nationalen Wurzeln in der Frühen Neuzeit, die im ersten Abschnitt dieses Kapitels besprochen wurde.

Nationalstaat

Das Ordnungsmodell ‚eine Nation – ein Staat' entwickelte sich im Laufe des 19. Jahrhunderts zum Glaubensbekenntnis aller europäischen Nationalbewegungen; jeder Mensch sollte Glied einer Nation und Bürger eines Nationalstaates sein. Und diese Nation, dieser Nationalstaat sollte homogen, also einheitlich, aufgebaut sein: mit gemeinsamen staatlichen Institutionen, aber auch mit einer möglichst einheitlichen Kultur, Sprache und Bildung, mit gleichförmigen Sitten und Gebräuchen. Diese Vorstellung ist zwar intellektuell eher schlicht, und es gibt auch bezeichnenderweise keine großen, klassischen Texte des Nationalismus. Gleichwohl war die nationale Idee ungeheuer erfolgreich und ihr Homogenitätsgebot wirkt im politischen Denken bis heute nach. Wie erklärt sich dieser Erfolg?

M 15 „Die Freiheit führt das Volk an", Gemälde von Eugene Delacroix, 1831

M 16 **Emmanuel Joseph Sieyès (1748–1836),** Gemälde von Jacques-Louis David, Öl auf Leinwand, 1817

M 17 **Im Frauenklub**
„Im Frauenklub – wir fordern die Abschaffung der Röcke und die Übernahme der Hausarbeit durch die Männer." Die karikaturistische Darstellung der Aktivitäten eines Frauenklubs verdeutlicht den mühseligen Kampf der frühen Frauenrechtlerinnen gegen die etablierten Geschlechterrollen, Lithografie aus dem Charivari, 1848.

Wenn der Begriff Nation in politischem Sinn verwendet wurde, bezog er sich bis ins 18. Jahrhundert hinein in allen europäischen Staaten ausschließlich auf jenen eng begrenzten Personenkreis, der politisch herrschte und repräsentierte. Im Heiligen Römischen Reich deutscher Nation bildeten die „deutsche Nation" die am Reichstag vertretenen Stände des Reichsadels, der Reichskirche und der Reichsstädte, und in Frankreich waren es die in den Generalständen versammelten Angehörigen des Adels und des Klerus. Entscheidend war nun, dass sich im Zuge der Französischen Revolution die Vorstellung davon veränderte, wer eine Nation bilde und was sie ausmache.

In seiner Flugschrift „Was ist der Dritte Stand" vom Januar 1789 hat der Abbé Emmanuel Joseph Sieyès (1748–1836) die neue, revolutionäre Idee von der Nation, die sich nun durchzusetzen begann, auf den Punkt gebracht: Von den drei Ständen, welche die Gesellschaft bilden – der Geistlichkeit, dem Adel und dem „Dritten Stand", also dem einfachen, nichtprivilegierten Volk – hält allein der Dritte Stand mit seiner Arbeit die Gesellschaft aufrecht. Daraus ergab sich für Sièyes: Erster und Zweiter Stand sind nicht Teil der Nation, denn sie tragen nichts zu ihrer Wohlfahrt bei; die Nation wird allein durch den Dritten Stand gebildet.

Das Volk bildete nach dieser Vorstellung die Nation, und nur die Volksnation konnte Staat und Verfassung legitimieren. Wer sich zu diesen Ideen bekannte, gehörte zur Nation, wer sie ablehnte, war von der Nation ausgeschlossen. In der Erklärung der Menschen- und Bürgerrechte vom 26. August 1789 heißt es dann auch im Artikel 3: „Die Nation bildet den hauptsächlichen Ursprung jeder Souveränität. Keine Körperschaft und kein Individuum können eine Gewalt ausüben, die nicht ausdrücklich von der Nation ausgeht."

Die neue nationale Idee versprach jedem, der zur Nation gehörte, faire Teilhabechancen an allem, was diese Nation an politischen, sozialen, wirtschaftlichen und kulturellen Leistungen erschuf. Die Nation entfaltete ihre durchschlagende Attraktivität also als eine „Ressourcengemeinschaft" (Dieter Langewiesche). Zu den wichtigsten Elementen dieser Ressourcengemeinschaft gehörten die Verheißung rechtlicher Gleichheit und politischer Mitsprache. Dazu musste die bestehende ständische Gesellschafts- und Staatsordnung umgebaut werden, denn beide konnten nun nicht mehr allein auf Adel und Klerus beruhen. Die Nation war vielmehr auf Emanzipation und Gleichheit angelegt, gerade das machte ihre Anziehungskraft aus. Der lange Kampf um das Wahlrecht in fast allen europäischen Staaten und das Ringen um rechtliche und politische Gleichberechtigung von Frauen zeigen indes, wie schwierig es war, diese Teilhabeversprechen real umzusetzen.

Die weiteren Bereiche, auf die sich die nationale Ressourcengemeinschaft bezieht, waren und sind bis heute offen und wandelbar. Das Gleichheits- und Teilhabeversprechen der Nation erschloss sich jedenfalls im Laufe der Zeit immer neue Felder: Neben Recht und Politik waren dies Sicherheit und Macht, später Soziales (in Deutschland etwa die Sozialversicherungen), Geschlecht (Frauenwahlrecht, Gleichberechtigung), Bildung („Bildung für alle"), Kultur und Umwelt.

Wichtig ist, dass die Nation den Staat als Handlungsinstrument benötigt, um ihre Versprechen zu organisieren und durchzusetzen. Deshalb trachteten Nationalbewegungen immer danach, sich als Staaten, eben als Nationalstaaten, zu organisieren. In Frankreich, dem

„Volk" und „Nation" als Identifikationsmuster

Auswirkungen des revolutionären Nationalismus auf Europa

Ausgangsort des revolutionären Nationalismus, bestand der Staat bereits. Er wurde nun aber nicht nur zum Nationalstaat umgestaltet, sondern er exportierte die nationale Idee auch in andere Teile Europas: Die politischen und militärischen Erfolge des national-revolutionären Frankreich führten den Dynastien, Regierungen und Völkern Europas vor Augen, welch ungeheure Integrations- und Mobilisierungskraft mit der nationalen Idee verbunden war. Es ist spannend zu verfolgen, wie die nationale Idee seit dem frühen 19. Jahrhundert ihren Siegeszug durch Europa antrat. Sie erreichte Preußen und Spanier im Widerstand gegen das napoleonische Frankreich ebenso wie beispielsweise die vom Fürsten Alexander Ypsilantis (1792–1828) angeführten Griechen im Osmanischen Reich; und sie traf auf den erbitterten Widerstand der regierenden Dynastien und konservativen Regierungen, die das revolutionäre Potenzial dieser Ideologie rasch erkannten.

Welche Folgen hatten die Verbreitung und die Durchsetzung der nationalen Idee für die Staatenordnung in Europa? Um diese Frage beantworten zu können, muss man sich zunächst im Klaren sein, dass es ganz unterschiedliche Nationsvorstellungen gibt. Um die verschiedenen Nationsideen gedanklich ordnen, analysieren und vergleichen zu können, bildet die Geschichtswissenschaft Typen von Nationen. Die beiden bekanntesten und meistverwendeten Typen sind die Staatsbürgernation (auch als Staatsnation bezeichnet) einerseits und die Volksnation andererseits. Beide unterscheiden sich grundlegend in ihrer Vorstellung davon, was die Nation konstituiert.

Staatsbürgernation

Bestimmende Elemente der Staatsbürgernation sind die Verfassung und die in ihr festgeschriebenen staatsbürgerlichen Gleichheitsrechte. Die Nation und der Nationalstaat reichen so weit, wie die Verfassung Gültigkeit besitzt. Und zur Nation gehört, wer sich zur Verfassung bekennt. Es fällt nicht schwer, das eben behandelte revolutionäre Frankreich oder auch die 1776 begründeten Vereinigten Staaten von Amerika diesem Typus zuzuordnen. Abstammung, Sprache oder Kultur spielen in der Staatsbürgernation keine Rolle. Ein bekanntes Beispiel ist der Württemberger Karl Friedrich Reinhard (1761–1837), der unter dem Eindruck der Französischen Revolution 1792 den Entschluss fasste, „als Franzose leben und sterben zu wollen", und es bis zum französischen Außenminister brachte.

Volks- und Kulturnation

Die Volksnation dagegen konstituiert sich über ethnische Abstammung. Diese ethnische Gleichheit wird bestimmt über Merkmale wie Sprache, Kultur, Religion, den Besitz eines angeblich angestammten, „heiligen" Territoriums oder die Zugehörigkeit zu einer historischen Schicksalsgemeinschaft, etwa der „Germanen". Es fällt sofort auf, dass die Kriterien der Volksnation unscharf sind und auch nicht naturwüchsig feststehen; sie sind vielmehr politisch und kulturell geformt und damit auch wandelbar – eine „gedachte Ordnung". Die Idee der Volksnation löste (und löst) vor allem in ethnisch heterogen (ungleichartig) besiedelten Gebieten Probleme aus. Im 19. Jahrhundert war dies insbesondere in Mittel- und Südosteuropa der Fall. Auch die deutsche Nationalbewegung war an diesen Konflikten beteiligt: Im Norden gab es Auseinandersetzungen mit Dänemark um Schleswig, im Osten Probleme mit Polen wegen Posens, im Süden war die Zugehörigkeit Südtirols umstritten, im Westen stritt man mit Frankreich um das Elsass.

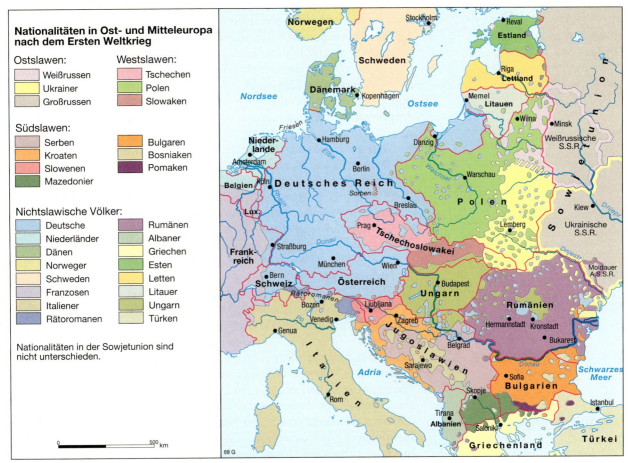

M 18
Nationalismus und Vielvölkerstaaten

Besondere Sprengkraft entwickelte die nationale Idee in den Vielvölkerstaaten, die sich bislang über ihre Dynastie legitimierten: Die Habsburgermonarchie und das Osmanische Reich zerbrachen, als sich die Vorstellungen der Volksnation mit dem revolutionären Prinzip der Volkssouveränität verbanden, denn nun strebte jedes „Volk" innerhalb des Imperiums einen eigenen Staat an. In beiden Reichen gelang es den Regierenden nicht, alternative Identifikationsangebote zum Nationalismus aufzubauen und durchzusetzen.

Während der Nationalismus in bereits bestehenden Staaten wie Frankreich oder England staatsverstärkend oder staatserhaltend wirkte, hatte er in den Vielvölkerreichen Mittel- und Südosteuropas einen staatszersetzenden Effekt. Eine dritte Wirkungsmöglichkeit war die staatsbildende, wenn sich, wie etwa im deutschen Fall, bislang souveräne Einzelstaaten zu einem Nationalstaat zusammenschlossen.

Staats- und Volksnation als Idealtypen

Man darf beim Einsatz der Typen Staatsbürgernation und Volksnation nicht den Fehler machen, sie zu starr auf die Realität zu übertragen. Beide sind Idealtypen, die nicht die Wirklichkeit abbilden, sondern nur helfen, sie zu ordnen. Selbstverständlich begründete auch eine Staatsbürgernation wie Frankreich ihre nationale Identität auf Sprache, Kultur oder Mythen, wie etwa jenen um die im zweiten Abschnitt des Kapitels behandelten Franken; die Verfassung selbst schuf noch lange nicht die angestrebte nationale Identität, sie wurde vor allem im Süden des Landes erst im Laufe eines Jahrhunderts gegen erhebliche

"Volk" und "Nation" als Identifikationsmuster

Widerstände durchgesetzt. Und natürlich war die nationale Idee auch im Rahmen der Volksnation eine Emanzipationsideologie, die nach politischer und rechtlicher Gleichheit aller Bürger strebte.

Die nationale Ideologie hat den gesamten europäischen Kontinent grundlegend verändert. Kein Staat in Europa konnte sich ihr entziehen. Im 19. Jahrhundert überlebten oder entstanden in Europa nur Staaten, die als Nationalstaaten Anerkennung fanden, sei es bei der eigenen Bevölkerung, bei den Nachbarn oder in der internationalen Staatenordnung; die wenigen und winzigen Ausnahmen (Liechtenstein, Luxemburg, Monaco) bestätigen diese Regel eigentlich nur. Und so wie sich die Nation nach innen als eine im Prinzip gleichberechtigte, emanzipierte Ressourcengemeinschaft verstand, bildete sie nach außen eine Kampfgemeinschaft. Deshalb war Krieg der Vater der Nation und der Nationalstaaten: Im 19. Jahrhundert entstand in Europa kein einziger Nationalstaat auf friedlichem Weg.

4. Nationale Fremd- und Selbstbilder an Beispielen des deutsch-französischen Verhältnisses im 19. und zu Anfang des 20. Jahrhunderts

Entstehung von Völkerstereotypen

Schon in den zurückliegenden Kapiteln dieses Abschnitts ist immer wieder deutlich geworden, dass Großgruppen, Völker und Nationen ihre Identität ganz offensichtlich in Abgrenzung und Auseinandersetzung mit einem Gegenüber bestimmen und schärfen. Bei den eingangs behandelten „Germanen" und „Franken" beispielsweise entwickelte sich ein Bewusstsein von Einheit und Eigenheit erst im Austausch und Konflikt mit dem Römischen Reich. Im Laufe des Mittelalters und der Frühen Neuzeit bildeten sich dann sogenannte Völkerstereotypen aus. Man stellte sich also vor, dass Völker stets bestimmte Charakteristika und Eigenschaften hätten – wobei die konkreten Zuschreibungen natürlich immer von der ethnischen Herkunft des jeweiligen Urhebers abhingen.

Stereotyp

vorgefertigte, klischeehafte Vorstellung

Politische Auswirkungen von Stereotypen

Diese Vorstellungen blieben ein politisch weitgehend folgenloses Übereinander-Reden und -Denken, solange Diplomatie und Politik Reservate der dynastischen Herrscher und ihrer Regierungen waren. Im Zeitalter des Nationalismus aber änderte sich dies, denn nun wurden die Völker und Nationen selbst zu politischen Akteuren. Der Nationalismus bildete ein Wertesystem aus, das jeden Einzelnen in eine große Gemeinschaft, eben die Nation, integrierte. Wer zu dieser „in-group" gehörte, identifizierte sich mit ihr und grenzte sich zugleich ab von „out-groups", also anderen Nationen oder auch nationalen Minderheiten im eigenen Land. Die Scheidelinie zwischen „in-group" und „out-group" bildete die Andersartigkeit des Gegenübers. Diese Form der Identitätsbildung durch Abgrenzung war ganz offenkundig ein zentrales Element des modernen Nationalismus, das im 19. und bis weit ins 20. Jahrhundert hinein in ganz Europa tiefe Spuren hinterließ. Die traditionellen machtpolitischen Rivalitäten zwischen den Staaten Europas luden sich nun mit nationalen Leidenschaften auf.

Wie und mit welchen Folgen dies geschah, lässt sich an Beispielen des deutsch-französischen Verhältnisses im 19. und frühen 20. Jahrhundert aufzeigen. Die Geschichten beider Länder sind in dieser Zeit sehr eng miteinander verwoben. Für Deutschland war Frankreich

M 19 **Ludwig Börne**
Gemälde von Moritz Daniel Oppenheim, 1831

M 20 **Anne Louise Germaine de Staël-Holstein**
Kreidezeichnung von Jean-Baptiste Isabey, 1797

einerseits Vorbild, andererseits Kontrahent bei der nationalen Einigung. Das spannungsreiche Verhältnis beider Länder und die „Erbfeindschaft" ihrer Völker prägte maßgeblich die internationale Politik. Dreimal standen sich Deutsche und Franzosen in jener Phase in Kriegen gegenüber: im Zeitalter der Revolution und der napoleonischen Expansion in ganz Europa 1792 bis 1815; im Krieg von 1870/71, der zur Gründung des Deutschen Reiches führte; im Ersten Weltkrieg 1914–1918. Mehrfach befanden sich beide Seiten zudem am Rande kriegerischer Auseinandersetzungen, etwa in der Rheinkrise von 1840 oder in der „Krieg-in-Sicht"-Krise 1875.

An dieser Stelle muss ein wichtiger methodischer Hinweis eingeschoben werden: Wer nach Beispielen für die Ausformung nationaler Fremd- und Selbstbilder sucht, beleuchtet zwangsläufig überwiegend Konflikt, Abgrenzung und Feindschaft. Man darf jedoch nicht den Fehler machen, die wechselseitige Konfrontationsbereitschaft absolut zu setzen, denn dadurch würde man einen Teil der historischen Wirklichkeit ausblenden. Es gab beispielsweise auch Anhänger Napoleons in Deutschland. Und gerade nach der Julirevolution von 1830 war das konstitutionelle und national geeinte Frankreich Vorbild, Hoffnungsanker und oft auch Zufluchtsort für viele deutsche Liberale und Demokraten wie etwa Ludwig Börne (1786–1837).

Auf der anderen Seite entwarf Madame de Staël (1766–1817) in ihrem 1813/14 veröffentlichten Buch „Über Deutschland" ein durchaus positives Bild der Deutschen. De Staël unterschied zwischen dem katholischen traditionalistischen Süden, der in „einem Zustand eintönigen Wohlbefindens" lebe, was indes handelnden und denkenden Aktivitäten außerordentlich schade, und dem protestantischen Norden, wo es das höchste kulturelle Niveau und die größte Pressefreiheit gebe. Innerhalb Preußens sah die Autorin wiederum zwei Welten: die militaristische und die philosophische. De Staëls Idee eines wesensmäßigen Unterschieds zwischen Nord- und Süddeutschland und ihr Klischee der Deutschen als Volk der „Dichter und Denker" beeinflussten den französischen Blick auf Deutschland während des gesamten 19. Jahrhunderts und eigentlich noch weit darüber hinaus. Vor allem die deutsche Philosophie, aber auch die Geschichtswissenschaft und die Geschichtsphilosophie galten als richtungsweisend. Das alte Deutschland sei „unser aller Mutter" schrieb etwa Gérard de Nerval (1808–1855), der Übersetzer von Goethes „Faust", und der berühmte Historiker Jules Michelet (1798–1874) äußerte sich noch 1854 ebenso positiv: „Mein Deutschland! Wissenschaftliche Kraft, die mich dazu angetrieben hat, den Fragen auf den Grund zu gehen! Brot der Starken!" Auch in den Jahren vor Ausbruch des Ersten Weltkrieges gab es beispielsweise innerhalb der internationalen Arbeiterbewegung zahlreiche deutsch-französische Zusammentreffen und Hilfsaktionen sowie wiederholte Beschwörungen, den Hass zwischen den beiden Völkern abbauen zu helfen, um endlich eine Verständigung zu erreichen.

Gleichwohl bleibt das Faktum: Das Aufkommen und der Siegeszug des modernen Nationalismus veränderte das Verhältnis zwischen Franzosen und Deutschen fundamental, und dabei überwog eine neuartige, gefährliche Form des Gegeneinanders. Diese Wirkung des Nationalismus auf die Beziehung zwischen beiden Staaten und Völkern soll beispielhaft auf zwei wichtigen Handlungsfeldern gezeigt werden.

„Volk" und „Nation" als Identifikationsmuster

Nationalisierung der Geografie

M 21 **Ernst Moritz Arndt (1769–1860),** undatiertes Porträt

Der erste Punkt betrifft die Nationalisierung der Geografie und ihre Folgen. Jede Nation erstrebt ein Territorium. Dieser Raum wurde im Zeitalter des Nationalismus aber nicht mehr als ein bloßes Herrschaftsgebiet angesehen, denn eine Nation war etwas anderes als ein Königreich oder ein Fürstentum. Dessen Grenzen mochten von dynastischen Interessen bestimmt sein, die Nation aber verlangte nach ihrem angestammten „Vaterland". Aus dieser Vorstellung erwuchs das Konzept der „natürlichen Grenzen", die das jeweilige nationale Territorium gewissermaßen naturgegeben definierten. Das Territorium und seine Bewohner bildeten in dieser „gedachten Ordnung" eine nationale Einheit, die nicht mehr ohne Weiteres aufzulösen war. Geografische Gegebenheiten wie Meere, Bergketten und Flüsse erhielten so eine gewaltige nationale Bedeutung. Zwischen Deutschen und Franzosen war vor allem höchst umstritten, wem der Rhein gehöre. Schon während der Revolution hatte Georges Danton (1759–1794) unter anderem diesen Fluss als eine natürliche Grenze des französischen Nationalstaates bestimmt. Dagegen setzte die entstehende deutsche Nationalbewegung den erstmals 1813 vom Greifswalder Professor Ernst Moritz Arndt (1769–1860) formulierten Anspruch, der Rhein sei „Teutschlands Strom, nicht Teutschlands Grenze".

M 22 „Germania auf der Wacht am Rhein"
Gemälde von Lorenz Clasen, 1860

Diese Forderung verbreitete sich rasch, und eine wahre Flut weiterer Publikationen folgte. Der Rhein wurde zum naturgegebenen Nationalheiligtum stilisiert, er verkörperte nun deutsche Vergangenheit, deutsche Selbstbestimmung und deutsche Zukunft.

Umgekehrt pflegte auch die französische Seite den Rheinmythos. Als Frankreich 1839/40 eine außenpolitische Niederlage in Ägypten erlitten hatte, forderten französische Politiker die Wiederherstellung der „natürlichen" Rheingrenze, um so das gedemütigte Nationalgefühl der Franzosen wieder aufzurichten. Die so entstandene „Rheinkrise" zählt zu den Schlüsselphasen der deutschen Nationalbewegung, denn sie trug ganz entscheidend dazu bei, dass sich die nationale Idee in weiten Teilen der deutschen Gesellschaft verbreitete und emotional auflud; erst jetzt wurde der Nationalismus in Deutschland zu einer Massenbewegung.

Nikolaus Beckers (1809–1845) Lied „Der deutsche Rhein" geriet zu einer Art Nationalhymne, und Max Schneckenburger (1819–1849) schuf mit der „Wacht am Rhein" eine pathetische Formel, die Jahrzehnte lang verwendet wurde: „Es braust ein Ruf wie Donnerhall – Wie Schwertgeklirr und Wogenprall: – Zum Rhein, zum Rhein, zum deutschen Rhein, – Wer will des Stromes Hüter sein? – Lieb' Vaterland, magst ruhig sein, – Fest steht und treu die Wacht am Rhein."

Fazit: Die Nationalisierung der Geografie erzeugte und schürte Grenzkonflikte, die in dieser Form und Intensität vorher nicht existiert hatten. Die Streitfragen waren emotional aufgeladen und symbolisch überfrachtet. Das machte gesichtswahrende Lösungen im Zeitalter des Nationalismus geradezu unmöglich. So blieb auch die Frage der Zugehörigkeit des Rheins und der Rheinregionen (Rheinlande, Elsass) während des gesamten hier behandelten Zeitraums zwischen Deutschland und Frankreich hochgradig umstritten.

Nationalisierung des Feindes: Das Konstrukt des „Erbfeindes"

Der zweite Punkt betrifft die Nationalisierung des Feindes und ihre Folgen. Im Zeitalter des Nationalismus war Gegnerschaft nicht mehr ohne Weiteres zeitlich begrenzt. Sobald die Feindschaft nicht mehr an konkrete Streitfragen gebunden war, sondern sich ganz grundsätzlich aus der Herkunft, der „Rasse", des Gegenübers ergab, wurde der nationale Feind zum „Erbfeind". Genau das geschah im Verhältnis zwischen Deutschen und Franzosen im Verlauf des 19. Jahrhunderts. Deutliche Ansätze dazu finden sich bereits in den politischen Schriften, Liedern und Gedichten, mit denen sich die Vertreter der frühen deutschen Nationalbewegung gegen Napoleon und die Franzosen wandten. Sie versuchten, alle Deutschen zum Abwehr- und Befreiungskampf anzustacheln. Dazu mussten sie ein profiliertes Bild „der Deutschen" und „der Franzosen" formen und vermitteln. Erst auf der Folie des nationalen Feindbildes wurden die vorgeblichen nationalen Eigenschaften deutlich: Ursprünglichkeit, biederen Sinn, Aufrichtigkeit, Schlichtheit, Reinheit, Tugendhaftigkeit und Freiheitssinn schrieben sie den Deutschen zu; dagegen standen französische List, Lug und Trug, Wollust und Unzucht. Dass es hier nicht um eine Wiederbelebung der traditionellen Völkerstereotypen ging, sondern um eine neue Dimension nationaler Leidenschaften, zeigt sich deutlich: Der Journalist Joseph Görres (1776–1848), Herausgeber des „Rheinischen Merkur", nannte die „höllische Rotte" der Franzosen den „Inbegriff alles Bösen"; Frankreich verkörpere „so rein wie nirgendwo den Sieg des Bösen". Heinrich von Kleist (1777–1811) beschwor nicht nur die Erinnerung an die

„Volk" und „Nation" als Identifikationsmuster

„Hermannsschlacht", er forderte die Deutschen in seiner Ode „Germania an ihre Kinder" mit Blick auf die Franzosen auch auf: „Dämmt den Rhein mit ihren Leichen", und weiter heißt es über den Feind: „Schlagt ihn tot! Das Weltgericht fragt euch nach den Gründen nicht!"

Antifranzösischer Nationalismus

Erfolgreichster, lautstärkster und wohl auch radikalster Verfechter des frühen antifranzösischen deutschen Nationalismus war der schon erwähnte Ernst Moritz Arndt, dessen Flugblätter, Lied- und Gedichtbände mit Unterstützung der preußischen Regierung vieltausendfach verbreitet wurden. Arndt rief „alle Deutschen" dazu auf, „das Franzosenungeziefer" und „jeden Franzosen [...] als Scheusal zu vertilgen". Die radikale Abgrenzung als nationales Grundprinzip wird bei ihm besonders gut fassbar: „Ich hasse alle Franzosen ohne Ausnahme im Namen Gottes und meines Volkes", schrieb er 1814. Und weiter: „Ich lehre meinen Sohn diesen Hass. Ich werde mein ganzes Leben arbeiten, dass die Verachtung und der Hass auf dieses Volk die tiefsten Wurzeln in deutschen Herzen schlägt."

Antideutscher Nationalismus

Diese Tendenzen verstärkten und verfestigten sich während des Krieges von 1870/71 und im Ersten Weltkrieg auf beiden Seiten deutlich; dabei spielten auch die Ende des 19. Jahrhunderts mehr und mehr aufkommenden rassistischen und sozialdarwinistischen Vorstellungen eine wichtige Rolle. Die meisten großen Zeitungen Frankreichs verbreiteten nun die Ansicht, die Deutschen seien eine besondere, „abscheuliche Rasse", keineswegs „Menschen wie wir", sie seien „gewalttätig, brutal, grobschlächtig". Adolphe Desbarolle (1804–1886) „entdeckte" 1866, dass den Deutschen der Vergleichssinn fehle, dafür sei das für Diskriminierung verantwortliche Organ übermäßig entwickelt. Der Psychologe Edgar Bérillon (1859–1948) fand während des Ersten Weltkrieges gar einen besonderen deutschen „Rassengeruch", der von den verlängerten Darmschlingen der Deutschen herrühre und daher von außen nicht zu beeinflussen sei.

M 23 „Bis hierher und nicht weiter…"
Französische Karikatur, Paris 1870

Umgekehrt notierte Cosima Wagner (1837–1930) nach der Schlacht bei Sedan im September 1870 in ihrem Tagebuch: „Die Illustrirte Zeitung bringt Bilder von fr. Soldaten (nach der Natur), in welchen mir das Elend und die Verkommenheit der Nation, ja der ganze Jammer der Menschheit entgegenstarrt. Vollständiger Cretinismus blickt aus den sinnlichen, bestialischen, vom Trunk verdummten Gesichtern." Dieses Zitat verweist zugleich darauf, wie wichtig Kommunikation für die Ausbildung, Verbreitung und Verstärkung des Nationalismus war: Flugblätter, Artikel, Bilder, Illustrationen, Karikaturen und Fotografien formten und prägten das Bild des Feindes und im Spiegel dazu das Bild der eigenen Nation für die breite Öffentlichkeit.

Die französische Propaganda stellte Frankreich als Hort der „civilisation", des feinen Geschmacks und des edlen Menschentums dar, die Deutschen wurden auf vielen Postkarten, in Gedichten und in zahlreichen Zeitschriften- und Buchveröffentlichungen als „Barbaren" dargestellt. Die Deutschen starteten eine Gegenkampagne, an der sich sogar der Kaiser beteiligte: Sie warfen den Franzosen vor, unzivilisierte Soldaten aus den französischen Kolonien rekrutiert zu haben. Der französischen „civilisation" stellte man die deutsche „Kultur" gegenüber, die ernsthafter und tiefergehend sei als die oberflächliche „civilisation".

Fazit: Die Nationalisierung des Feindes ließ den jeweiligen Gegner zum Erbfeind werden. Das machte die Auseinandersetzung existenziell

(Zivilisation oder Barbarei) und eine differenzierte Beurteilung des Konfliktes unmöglich. Die wechselseitigen Feindbilder waren jedoch nicht angeboren, sondern sie waren konstruiert wie auch das Bild, das von der eigenen Nation gezeichnet wurde.

M 24 „Le Dieu Thor la plus barbare"
Französisches Plakat, 1915

„Volk" und „Nation" als Identifikationsmuster

Literatur

Peter Alter, Nationalismus, Frankfurt/Main 1985

Dieter Langewiesche, Reich, Nation, Föderation. Deutschland und Europa, München 2008

Walter Pohl, Die Völkerwanderung. Eroberung und Integration, Stuttgart 2005

Rainer Wolters, Die Schlacht im Teutoburger Wald. Arminius, Varus und das römische Germanien, München 2008

2000 Jahre Varusschlacht, 3 Begleitbände zur Ausstellung „Imperium, Konflikt, Mythos. 2000 Jahre Varusschlacht", Stuttgart 2009

Die Franken, Wegbereiter Europas. Vor 1500 Jahren: König Chlodwig und seine Erben, 2 Begleitbände zur Ausstellung, Mainz 1996

Zusammenfassung

Über annähernd zwei Jahrtausende spannen sich die in diesem Abschnitt behandelten Themen. Am Ende bleiben vor allem fünf Gesichtspunkte festzuhalten:

Erstens ist deutlich geworden, dass nicht nur Vorgänge aus der jüngeren Zeitgeschichte, sondern auch Entwicklungen der Antike, des Mittelalters, der Frühen Neuzeit und des 19. Jahrhunderts unsere Lebenswelt prägen. Der Sieg des Cheruskers Arminius über die römischen Legionen des Varus wird noch heute als Ursprungsmythos der Deutschen gefeiert, Chlodwigs Taufe ist zu einem umstrittenen Gründungsmythos Frankreichs geworden, der Siegeszug der modernen nationalen Idee begann im 19. Jahrhundert, ihre Wirkungsmacht ist jedoch bis heute spürbar.

Zweitens konnte gezeigt werden, dass die verbreitete Vorstellung falsch ist, Völker und Nationen seien gewissermaßen naturwüchsige Einheiten. Sie sind vielmehr „gedachte Ordnungen", die formbar und veränderbar sind. Objektive Merkmale wie gemeinsame Sprache, Kultur oder Territorium sind im Prozess der Identitätsbildung von Völkern und Nationen wichtig, weitaus bedeutsamer aber ist das subjektive Bewusstsein gemeinsamer Herkunft und Lebensform.

Drittens ist festzuhalten, dass in diesem Prozess der Identitätsbildung die Geschichte eine ganz entscheidende Rolle spielt: Völker und Nationen gründen ihr kollektives Bewusstsein auf gemeinsamen Erinnerungen, gemeinsamen Opfern, gemeinsamen Erfolgen, und sie grenzen sich auf diesem Weg auch von anderen Völkern und Nationen ab. Auf die strenge historische Wahrheit kommt es bei dieser Erinnerung nicht an, und das wiederum macht die Rolle des Historikers spannend: Er kann Mythen begründen und Mythen entlarven.

Viertens ist zu erinnern an das Doppelgesicht des modernen Nationalismus, wie er sich im 19. Jahrhundert in ganz Europa durchsetzte. Er war von Beginn an einerseits eine Befreiungs- und Emanzipationsideologie, die rechtliche Gleichheit und politische Teilhabe verhieß; andererseits war damit untrennbar die Abgrenzung gegenüber allen nicht der Nation angehörenden Menschen verbunden. Die Nation bildete nach außen eine Kampfgemeinschaft und nach innen eine Ressourcengemeinschaft.

Dies führt schließlich fünftens zur Antwort auf die Frage nach den Gründen für die anhaltende Attraktivität der nationalen Idee: Die Nation kann als eine prinzipiell entwicklungsoffene „Ressourcengemeinschaft" gedeutet werden, die sich im Laufe der Zeit mit großem Erfolg immer neue Wirkungsfelder erschloss. Wie heikel es ist, diesen nationalen Aufgaben- und Zuständigkeitskatalog wieder aufzuschnüren, zeigt die komplizierte Geschichte der europäischen Integration bis heute.

Eine kommentierte Linkliste finden Sie unter: www.westermann.de/geschichte-linkliste

Zeittafel

57–52/51 v. Chr.	Caesar erobert Gallien
27 v. Chr.–14 n. Chr.	Regierungszeit des römischen Kaisers Augustus
9 n. Chr.	Varusschlacht: Sieg „germanischer" Stämme unter Führung des Cheruskers Arminius über römische Legionen unter Publius Quinctilius Varus
bis 16 n. Chr.	„Vergeltungsfeldzüge" des Germanicus
21 n. Chr.	Ermordung des Arminius, vermutlich durch Verwandte
um 300 n. Chr.	Der Name „Franci"/„Franken" taucht in römischen Quellen auf
306–337	Konstantin I. römischer Kaiser; Franken treten in den römischen Heeresdienst ein
482	Beginn der Herrschaft Chlodwigs, Sohn des Childerich
496/97	Schlacht bei Zülpich, fränkischer Sieg über die Alemannen
um 498	Taufe Chlodwigs in Reims
15./16. Jahrhundert	Zeitalter des Humanismus und der Renaissance
1515	Fund der „Annalen" des Tacitus, ebenso der „Römische Geschichte" von Valleius Paterculus: in beiden taucht die Person Arminius auf
1520	Ulrich von Hutten verfasst den „Arminius-Dialog"
1789–1799	Französische Revolution: Absetzung und Hinrichtung des franz. Königs Ludwig XVI.; Erklärung der Menschen- und Bürgerrechte
1792–1815	Französische Expansion durch Napoleon Bonaparte auf dem europäischen Kontinent
1806	Ende des „Heiligen Römischen Reichs Deutscher Nation", Abdankung des habsburgischen Kaisers
1808	Beginn des spanischen Aufstands gegen Napoleon
1813	„Völkerschlacht" bei Leipzig, Niederlage Napoleons
1814/15	Wiener Kongress
1821–1829	Griechischer Unabhängigkeitskampf unter Führung des Fürsten Alexander Ypsilantis gegen das Osmanische Reich
1830	Französische Julirevolution
1840	Rheinkrise
1848	Revolutionen in Europa, in Deutschland Frankfurter Nationalversammlung (Paulskirche)
1870/71	Deutsch-Französischer Krieg, Gründung des Deutschen Kaiserreichs
1875	Einweihung des Hermannsdenkmals bei Detmold; Krieg-in-Sicht-Krise
1914–1918	Erster Weltkrieg

„Volk" und „Nation" als Identifikationsmuster

1. Die Varusschlacht im Jahre 9 n. Chr. – „Urknall" deutscher Geschichte?

M 25 Arminius/Hermann – Ein Dialog

Die nachfolgende Szene aus dem „Arminius-Dialog" des Humanisten und Reformators Ulrich von Hutten (1488–1523) spielt in einem himmlischen Gerichtssaal. Der Vorsitzende, der kretische König Minos, hat ein Urteil verkündet, wer die besten Feldherren aller Zeiten gewesen seien. Die erste Wahl fiel auf Alexander den Großen, dann folgten der Römer Scipio und als dritter Hannibal von Karthago. Doch es gibt einen Einspruch durch den Germanen Arminius. Er beschwert sich, dass man ihn bei der Urteilsfindung nicht berücksichtigt habe. Als noch Tacitus hinzukommt und Arminius kräftig lobt, fordert Minos ihn auf, seine Argumente vorzutragen:

Arminius: Ihr alle kennt den Ruhm des Tacitus, der in guter Kenntnis meiner Taten so über mich geschrieben hat, dass ich eigentlich schweigen könnte. Er nennt mich den „Befreier Deutschlands", da ich
5 den Römern mit Waffengewalt eine Provinz entrissen hatte und diejenigen, welche die Römer in Knechtschaft halten wollten, in die Freiheit führte. Er betont auch, dass ich das Römische Reich angriff, als es am stärksten und auf der Höhe seiner Macht
10 war. Doch ich möchte nicht den Ruf der anderen Feldherren schmälern, mir ist es immer um die Tugend und weniger um Ruhm gegangen. Aber ich halte es für billig, dass auch ich vor der Geschichte berücksichtigt werde.
15 **Minos:** Die hier anwesenden Feldherren werden dich anhören, ich gelobe es, statt ihrer.
Arminius: Auch ich habe, wie du, Hannibal, schon in jugendlichem Alter große Taten auf mich genommen. Ich beschloss, Führer eines Heeres zu sein, das
20 noch nicht einmal bestand und von dem es zweifelhaft war, ob es wegen der weiträumigen Zerstreuung der Stämme und des schwersten Mangels an Mitteln und Menschen überhaupt Bestand haben würde. Ohne jede Unterstützung habe ich einen
25 äußerst gefährlichen Krieg verfolgt, der bereits von allen, vor allem meiner Familie, aufgegeben war. Durch meinen Sieg habe ich das im Innersten niedergetretene und zerrissene Deutschland in kurzer Zeit wiederhergestellt. Als du vor Rom standst,
30 Hannibal, hast du nicht bewirkt, dass die Römer mit Angst und Verwirrung reagierten. Ich habe dem römischen Staat ein solches Maß an Verzweiflung zugefügt, dass selbst Kaiser Augustus mit dem Kopf gegen die Tür stieß und an den Toren Posten und aus-
35 wärts Schutztruppen aufstellen ließ. Danach habe ich zu Hause Aufstände unterdrückt und die nicht als Deutsche gelten lassen, die den Römern Tribute zahlten und in knechtischer Abhängigkeit blieben. Um die Niederlage des Varus zu rächen, schickten die Römer Tiberius und seinen Bruder Drusus. Sie
40 haben sich mit mir vergeblich im Kampf gemessen. Damals habe ich auch dem Germanicus, einem kraftvollen und mutigen Feldherrn, und seinem kriegserfahrenen Legaten Caecinna, mit schweren und für das römische Volk verlustreichen Niederla-
45 gen getrotzt und sie zurückgetrieben. Ich bewirkte, dass Deutschland, während die Freiheit von Tag zu Tag um sich griff, abgabenfrei und selbstständig wurde. Auch als mein Bruder und meine Verwandten zu den Römern abfielen und auf Verrat sannen,
50 als mein Schwiegervater Segestes zu den Römern überlief und meine schwangere Frau auslieferte, wurde ich nicht schwankend, sondern beharrte standhaft auf dem begonnen Vorhaben; mir galt nichts mehr als die heilige Pflicht gegenüber dem
55 Vaterland und die althergebrachte Würde Deutschlands. [...]. So geschah es in kurzer Zeit, dass ich die Römer ganz aus Deutschland hinauswarf. Ich habe Deutschland in sich verbunden und geeinigt. [...]. So ist es nun deine Aufgabe, Minos, zu erwägen,
60 wen du mir vorziehen willst. Wer von allen, die über diese lobenswerten Taten herausragten, mag es sein, dem du mit vollstem Recht die erste Stelle zuerkennst?
Minos: Wahrlich, er hat eine hochherzige, nicht nur
65 eines vorzüglichen Feldherrn, sondern auch eines ehrenvollen Mannes würdige Rede gehalten. Kein Zweifel, dass ich, wenn er mit Euch, Alexander, seinerzeit um die erste Stelle gestritten hätte, ihm aus freien Stücken die erste Palme zugesprochen hät-
70 te; nun aber, da es das göttliche Recht verhindert, den einmal gegebenen Spruch umzustoßen, gefällt es mir, dir unter den Vaterlandsbefreiern die erste Stelle einzuräumen.
Dem Merkur aber gebe ich den Auftrag, auf Markt,
75 Straßen, Plätzen, Wegkreuzungen und überall zu verkünden, dass Armin der Cherusker der freieste, unbesiegteste und deutscheste Mann ist.
Der göttliche Gerichtshof hat sein Urteil gefällt und Arminius den ersten Rang unter den Vaterlandsbe-
80 freiern gegeben.

Ulrich von Hutten, Arminius, Hermann, ein Dialog, gekürzte und überarbeitete Fassung nach Klaus Kösters, Mythos Arminius. Die Varusschlacht und ihre Folgen, Münster 2009, S. 58 f.

M 26 „Hermann befreit Germania"

Die Darstellung vergleicht die Auswirkungen der Varusschlacht mit denen der Völkerschlacht bei Leipzig: Wie Arminius 9 n. Chr. Germanien von der römischen Fremdherrschaft befreit hatte, so zwang 1813 der Sieg der miteinander verbündeten Staaten Preußen, Österreich und Russland Napoleon zum Rückzug aus Deutschland, Grafik von Karl Russ, 1818.

M 27 Deutscher Sieg im klassischen Morast

Der Dichter Heinrich Heine (1797–1856) nahm die Errichtung des Hermannsdenkmals zum Anlass, sich über die nationale Schwärmerei für Arminius und die weitverbreitete „Germanentümelei" lustig zu machen:

Das ist der Teutoburger Wald,
Den Tacitus beschrieben,
Das ist der klassische Morast,
Wo Varus stecken geblieben.

Hier schlug ihn der Cheruskerfürst,
Der Hermann, der edle Recke;
Die deutsche Nationalität,
Die siegte in diesem Drecke.

Wenn Hermann nicht die Schlacht gewann,
Mit seinen blonden Horden,
So gäb' es deutsche Freiheit nicht mehr,
Wir wären römisch geworden!

In unserem Vaterland herrschten jetzt
Nur römische Sprache und Sitten,
Vestalen gäb' es in München sogar,
Die Schwaben hießen Quiriten!
[...]

Wir hätten einen Nero jetzt,
Statt Landesväter drei Dutzend.
Wir schnitten uns die Adern auf,
Den Schergen der Knechtschaft trutzend.
[...]

Gottlob! Der Hermann gewann die Schlacht,
Die Römer wurden vertrieben,
Varus mit seinen Legionen erlag,
Und wir sind Deutsche geblieben!

Wir blieben deutsch, wir sprechen deutsch,
Wie wir es gesprochen haben;
Der Esel heißt Esel, nicht asinus,
Die Schwaben blieben Schwaben.
[...]

O Hermann, dir verdanken wir das!
Drum wird dir, wie sich gebühret,
Zu Detmold ein Monument gesetzt;
Hab' selber subskribieret.

Heinrich Heine, Deutschland, Ein Wintermärchen, Caput XI, 1844.

„Volk" und „Nation" als Identifikationsmuster

M 28 „Victoria"
Das Bild stammt aus einem patriotischen Bilderzyklus, den Anton von Werner (1843–1915) nach der Gründung des Kaiserreichs für das Rathaus in Saarbrücken erstellt hat.

M 29 Thusnelda im Triumphzug des Germanicus
Auf einem Vergeltungsfeldzug (15/16 n. Chr.) war den Römern Thusnelda, die schwangere Ehefrau des Arminius, in die Hände gefallen. 17 n. Chr. wurde sie zusammen mit ihrem inzwischen geborenen kleinen Sohn Thumelicus und anderen Gefangenen im Triumphzug des Befehlshabers Germanicus den Einwohnern Roms präsentiert, Gemälde von Carl Theodor von Piloty, 1873 (Größe: 485 x 711 cm).

M 30 Das Hermannsdenkmal im Teutoburger Wald
Ab 1838 wurde nach den Plänen Ernst von Bandels bei Detmold das Hermannsdenkmal erbaut und 1875 eingeweiht, vier Jahre nach dem Deutsch-Französischen Krieg und der Gründung des Deutschen Reiches.

Das Schwert der Statue trägt die Inschrift:
Deutsche Einigkeit, meine Stärke, meine Stärke, Deutschlands Macht.

Auf ihrem Schild steht:
Treufest.

In den Nischen des Denkmals heißt es:
Der lang getrennte Stämme vereint mit starker Hand,
Der welsche Macht und Tücke siegreich überwandt,
Der längst verlorene Söhne heimführt zum Deutschen Reich,
Armin, dem Retter ist er gleich.
Wilhelm, Kaiser, 22. März 1797, König von Preußen, 2. Januar 1861. Erster Kaisertag, Versailles, 18. Januar 1871, Krieg 17. Juli 1870, Frieden 26. Februar 1871.

Am 17. Juli 1870 erklärte Frankreichs Kaiser, Louis Napoleon, Preußen den Krieg, da erstunden alle Volksstämme Deutschlands und züchtigten von August 1870 bis Januar 1871 immer siegreich französischen Übermut unter Führung König Wilhelms von Preußen, den das deutsche Volk am 18. Januar zu seinem Kaiser erkor.

Nur weil deutsches Volk verwelscht und durch Uneinigkeit machtlos geworden, konnte Napoleon Bonaparte, Kaiser der Franzosen, mithilfe Deutscher Deutschland unterjochen; da endlich 1813 scharten sich um das von Preußen erhobene Schwert alle deutschen Stämme, ihrem Vaterland aus Schmach die Freiheit erkämpfend. Leipzig, 18. Oktober 1813 – Paris, 31. März 1814 – Waterloo, 18. Juni 1815 – Paris, 3. Juli 1815.

Arminius liberator haud dubie Germaniae et qui non primordia populi romani, sicut alii reges ducesque, sed florentissimum imperium lacessieret: proeliis ambiguus, bello non victus.
[Tacitus, Annalen, II, 88: Armin, ohne Zweifel Germaniens Befreier, der das römische Volk nicht in seinen Anfängen bedrängt hat wie andere Könige und Heerführer, sondern in der höchsten Blüte seiner Herrschaft: In Schlachten mit schwankendem Erfolge, im Kriege nicht besiegt].

„Volk" und „Nation" als Identifikationsmuster

M 31 „Gegen Rom"

Die 1875 zur Einweihung des Hermannsdenkmals in der politisch-satirischen Zeitschrift „Kladderadatsch" veröffentlichte Karikatur setzt Arminius in eine Traditionslinie mit Martin Luther: Beide waren Feinde Roms – der eine besiegte den römischen Kaiser, der andere widersetzte sich dem Papst. Die Zeichnung ist vor dem Hintergrund des 1871 in Deutschland beginnenden Kulturkampfes, der Auseinandersetzung zwischen Staat und katholischer Kirche, zu sehen.

M 32 Die Germanen im Geschichtsunterricht des Deutschen Kaiserreichs

Aus einem Schulbuch des Jahres 1910:

[Die Germanen waren] eine neue, sittlich höher stehende, weil noch unverdorbene
5 Rasse. Sie waren meist hochgewachsene, kräftige Gestalten mit blauen Augen und langen blonden oder roten Haaren, die häufig in einen Schopf auf dem Kopf zusammengebunden wurden; nur den Sklaven schor man die
10 Haare kurz. […] Die gewöhnliche Arbeit überließen die Männer den Frauen oder Sklaven; der freie Germane liebte Jagd, Krieg und Rechtsstreit, wobei er seinen Scharfsinn und seine Beredsamkeit zeigen konnte. Deshalb ging der Germane auch gerne
15 in die Volksversammlung […]. Wertvolle Eigenschaften unserer Vorfahren waren: todesmutige Tapferkeit, unbesiegbare Freiheitsliebe, Stolz, ritterliche Gastfreundschaft, unerschütterliche Treue, Achtung und Ehrfurcht vor den Frauen, ein sittenreines Familienleben und strenge Kindererziehung. 20 […]. Die Schlacht im Teutoburger Wald hatte den großen nationalen Erfolg, dass die echt deutschen Stämme zwischen Rhein und Elbe vor der Romanisierung glücklich bewahrt wurden; sie wären sonst wahrscheinlich in die sittliche Entartung des dama- 25 ligen Römertums hineingezogen worden. Weitere Erfolge der Germanen wurden durch den uralten Erbfehler der Deutschen, worin sie vollständig den Hellenen gleichen, nämlich gegenseitiger Hass und Zwietracht, vereitelt. 30

Lehrbuch der Geschichte für realistische Mittelschulen, bearbeitet von Karl Lorenz, München 1910, S. 99–101, 107.

M 33 „Am Anfang war Arminius" – Eine Kontroverse

a) Der Kunsthistoriker Hans Ottomeyer äußert sich in einem Interview zur Konzeption der Dauerausstellung des von ihm geleiteten Deutschen Historischen Museums in Berlin:

SPIEGEL: Der Franzose Ernest Renan sagt, Nationalstolz sei die Fähigkeit eines Volkes, sich in seinen Siegen und Jubiläen zu feiern. Hat diese Ausstellung auch etwas vom Selbstfeiern?

Ottomeyer: Ja, sicher. Die Deutschen galten über Jahrhunderte als die Philosophen und mehr noch als die Handwerker Europas. Es gab sie als Tischler in Paris, Buchdrucker und Metallarbeiter in London oder Stockholm. Noch um 1890 besaß New York ein großes deutsches Handwerkerviertel. Die Weimarer Klassik und der Jugendstil haben weit ins Ausland gewirkt. Turnvater Jahn war in den USA berühmt. Da brauchen wir uns nicht zu verstecken. [...]

SPIEGEL: Trotzdem die Frage: Was ist deutsch?

Ottomeyer: Sicher keine Rasse, kein einheitliches Volk, erst ganz spät eine Nation. Eine deutsche Staatsbürgerschaft besteht erst seit 1914. Es gibt viele regionale Mentalitäten, die sich nur oberflächlich zu einem Nationalcharakter zusammenschließen. [...]

SPIEGEL: Was aber hält alle zusammen?

Ottomeyer: Die Sprache. Sie allein verbindet uns mit allen Ecken und Fransen, sie prägt uns. Andreas Gryphius hat das Elend des Dreißigjährigen Krieges besungen, Grimmelshausen hat ihn für uns bewältigt und zur Darstellung gebracht. So entstand gemeinsame Kultur. [...]

SPIEGEL: Ihre Ausstellung beginnt 9 nach Christus mit der Schlacht im Teutoburger Wald. Warum?

Ottomeyer: Weil mit Arminius, dem Cherusker, für uns schlagartig die Geschichtsschreibung beginnt. Tacitus berichtete vor 2000 Jahren erstmals über die Germanen. Kalkriese, das ergrabene historische Schlachtfeld, ist das deutsche Troja, unser Urknall.

Matthias Matussek, Matthias Schulz, Vaterland in der Vitrine, „Der Spiegel", Nr. 21, 22.5.2006, S. 168–172.

b) Der Journalist Christian Semler kritisiert in einem Zeitungsartikel Hans Ottomeyers „Urknall-These" für die deutsche Vergangenheit:

In der Rede von den 2000 Jahren deutscher Geschichte zeigt sich [...] eine erstaunliche Naivität gegenüber den ideologischen, den geschichtspolitischen Fallstricken der Chronologie. Was bitte ist „deutsch" am Kampf Herrmann des Cheruskers gegen die Römer? Es gehört mittlerweile zum historischen Basiswissen, dass der Begriff „deutsch" dem Mittelalter angehört, ursprünglich keine Stammes- oder Staatszugehörigkeit anzeigte, sondern die Volkssprache – im Gegensatz zum Lateinischen. Erst im späten Mittelalter wurde „deutsch" zu einer Nationsbezeichnung, wobei „Nation" etwas anderes meinte als der neuzeitliche Nationsbegriff. Der verantwortliche Museumsmann für diesen Ausstellungsteil betonte im Gespräch, hier ginge es nicht um „deutsche Geschichte", sondern um Vorbedingungen ihrer späteren Entwicklung. Warum dann „2000 Jahre deutsche Geschichte", wo selbst die nationalistische Geschichtsschreibung die deutsche Geschichte erst mit dem Sachsenkaiser Heinrich I., also um 900 einsetzen lässt? Von der „Herrmannsschlacht" als „Urknall" deutscher Geschichte zu sprechen, wie der DHM-Direktor Ottomeyer, verrät ein reichlich seltsames Geschichtsverständnis.

Christian Semler, Die Suche nach dem Urknall, taz, 3.6.2006.

Aufgaben

1. Fassen Sie den heutigen Kenntnisstand über die Varus-Schlacht im Jahre 9 n. Chr. zusammen.
 → Text

2. a) Informieren Sie sich in Ihrer Schulbibliothek bzw. im Internet über Ulrich von Hutten und über den Humanismus.
 b) Zeigen Sie auf, welche Argumente Arminius gegenüber Minos vorträgt, um seine Position zu untermauern.
 c) Nehmen Sie zum Schiedsspruch des Minos Stellung. → M25

3. a) Erschließen Sie aus dem Text, wie Heinrich Heine die Varus-Schlacht beurteilt.
 b) Informieren Sie sich in Ihrer Literaturgeschichte über Heinrich Heine als politischen Dichter. → M26

4. Zeigen Sie anhand des Bild- und Textmaterials, wie Arminius jeweils dargestellt wird.
 → M28–M32

5. Interpretieren Sie das Gemälde von Karl Theodor von Piloty im Hinblick auf das Verhältnis von Germanen und Römern. → M29

6. Stellen Sie die Positionen von Hans Ottomeyer und Christian Semler gegenüber und formulieren Sie Ihren eigenen Standpunkt in dieser Auseinandersetzung. → M33

„Volk" und „Nation" als Identifikationsmuster

2. Wie ein „Volk" entsteht: Die Franken in der Spätantike

M 34 Chlodwigs Taufe

Gregor von Tours (538/539–594) war Bischof von Tours und Geschichtsschreiber. In seinem Werk „Zehn Bücher Geschichten" schreibt er:

Die Königin aber ließ nicht ab in ihn zu dringen, dass er den wahren Gott erkenne und ablasse von den Götzen. Aber auf keine Weise konnte er zum Glauben bekehrt werden, bis er endlich einst mit
5 den Alamannen in einen Krieg geriet: Da zwang ihn die Not, zu bekennen, was sein Herz vordem verleugnet hatte. Als die beiden Heere zusammenstießen, kam es zu einem gewaltigen Blutbad, und Chlodovechs [= Chlodwigs] Heer war nahe daran,
10 völlig vernichtet zu werden. Als er das sah, erhob er seine Augen zum Himmel, sein Herz wurde gerührt, seine Augen füllten sich mit Tränen und er sprach: „Jesus Christ, Chrodichilde verkündet, du seiest der Sohn des lebendigen Gottes; Hilfe, sagt man, gebest
15 du den Bedrängten, Sieg denen, die auf dich hoffen – ich flehe dich demütig an um deinen mächtigen Beistand: Gewährst du mir jetzt den Sieg über diese meine Feinde und erfahre ich so jene Macht, die das Volk, das deinem Namen sich weiht, an dir erprobt
20 zu haben rühmt, so will ich an dich glauben und mich taufen lassen auf deinen Namen. Denn ich habe meine Götter angerufen, aber, wie ich erfahre, sind sie weit davon entfernt, mir zu helfen. Ich meine daher, ohnmächtig sind sie, da sie denen nicht helfen, die
25 ihnen dienen. Dich nun rufe ich an, und ich verlange, an dich zu glauben; nur entreiße mich aus der Hand meiner Widersacher." Und da er solches gesprochen hatte, wandten die Alamannen sich und fingen an zu fliehen. Als sie aber ihren König getötet sahen,
30 unterwarfen sie sich Chlodovech und sprachen: „Lass, wir bitten dich, nicht noch mehr des Volkes umkommen; wir sind ja dein." Da tat er dem Kampfe Einhalt, ermahnte das Volk und kehrte in Frieden heim; der Königin aber erzählte er, wie er Christi Namen ange-
35 rufen und so den Sieg gewonnen habe. [Das geschah im fünfzehnten Jahr seiner Regierung.]
Darauf ließ die Königin heimlich den Bischof von Reims, den heiligen Remigius, rufen und bat ihn, er möchte das Wort des Heils dem Könige zu Herzen
40 führen. Der Bischof aber beschied ihn im Geheimen zu sich und fing an, ihm anzuliegen, er solle an den wahren Gott, den Schöpfer Himmels und der Erde glauben und den Götzen den Rücken wenden, die weder ihm noch andern helfen können. Jener aber
45 sprach: „Gern würde ich, heiligster Vater, auf dich hören, aber eins macht mir noch Bedenken, das Volk, das mir anhängt, duldet nicht, dass ich seine Götter verlasse; doch ich gehe und spreche mit ihnen nach deinem Wort." Als er darauf mit den Seinigen zusammentrat, rief alles Volk zur selben Zeit, noch
50 ehe er den Mund auftat, denn die göttliche Macht kam ihm zuvor: „Wir tun die sterblichen Götter ab, gnädiger König, und sind bereit, dem unsterblichen Gott zu folgen, den Remigius verkündet." Solches wurde dem Bischof gemeldet, und er befahl hocher-
55 freut, das Taufbad vorzubereiten. Mit bunten Decken wurden nun die Straßen behängt, mit weißen Vorhängen die Kirchen geschmückt, die Taufkirche in Ordnung gebracht, Wohlgerüche verbreiteten sich, es schimmerten hell die duftenden Kerzen, und das
60 ganze Heiligtum der Taufkirche wurde von himmlischem Wohlgeruch erfüllt; und solche Gnade ließ Gott denen zuteil werden, die damals gegenwärtig waren, dass sie meinten, sie seien in die Wohlgerüche des Paradieses versetzt. Zuerst verlangte der König
65 vom Bischof getauft zu werden. Er ging, ein neuer Constantin, zum Taufbade hin, sich rein zu waschen von dem alten Aussatz und sich von den schmutzigen Flecken, die er von alters her gehabt, im frischen Wasser zu reinigen. Als er aber zur Taufe hintrat, redete
70 ihn der Heilige Gottes mit beredtem Munde also an: „Beuge still deinen Nacken, Sicamber, verehre, was du verfolgtest, verfolge, was du verehrtest." Es war nämlich der heilige Bischof Remigius ein Mann von hoher Wissenschaft und besonders in der Kunst der
75 Beredsamkeit erfahren, aber auch durch Heiligkeit zeichnete er sich so aus, dass er an Wundertaten dem heiligen Silvester gleich kam. Wir haben noch jetzt seine Lebensbeschreibung, die berichtet, dass er einen Toten erweckt habe. Also bekannte der König
80 den allmächtigen Gott als den dreieinigen, und ließ sich taufen im Namen des Vaters, des Sohnes und des heiligen Geistes, und wurde gesalbt mit dem heiligen Öl unter dem Zeichen des Kreuzes Christi. Von seinem Heer aber wurden mehr als Dreitausend ge-
85 tauft. Es wurde auch seine Schwester Albofledegetauft, die nicht lange danach zum Herrn einging. [...] Es bekehrte sich ferner auch eine andere Schwester des Königs mit Namen Lantechilde, die in die Irrlehre der Arianer verfallen war; sie bekannte nun, dass der
90 Sohn und der heilige Geist gleichen Wesens mit dem Vater sei, und wurde darauf gesalbt.

Gregor von Tours, Zehn Bücher Geschichten. Erster Band. Auf Grund der Übersetzung Wilhelm Giesebrechts neu bearbeitet von Rudolf Buchner, Darmstadt 1986, S.117–121.

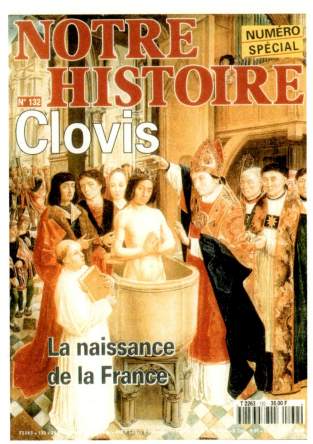

M 35 „La naissance de la France"
Sondernummer der Zeitschrift „Notre Histoire", April 1996

M 36 „Memoire du Bapteme de Clovis"
Plakat der Diözese Reims von 1995 nach der Emailletafel von 1896, die am Sarkophag des heiligen Remigius in St.-Rémi zu Reims angebracht ist

Aufgaben

1. Stellen Sie dar, wie sich die Stammesbildung der Franken vollzog.
   → Text
2. Erschließen Sie anhand der Karte (M12), welche heutigen europäischen Staaten sich auf dem Gebiet des Frankenreichs der Merowinger befinden.
   → M12
3. Erarbeiten Sie anhand der Quelle, wie Gregor von Tours die Bekehrung Chlodwigs wertet.
   → M34
4. a) Zeigen Sie, wie in den modernen Bildquellen die Taufe Chlodwigs dargestellt wird.
   b) Beurteilen Sie, inwieweit sie der Überlieferung gerecht werden.
   → M35, M36

"Volk" und "Nation" als Identifikationsmuster

3. Die moderne Nationsvorstellung seit der Französischen Revolution und Probleme der Nationalstaatsbildung

M 37 „Was ist der Dritte Stand?"

Der französische Abbé Sieyès schreibt 1789 zu Beginn der Französischen Revolution in seiner berühmten Schrift „Was ist der Dritte Stand?":

Was ist eine Nation? Eine Gesellschaft, welche unter einem gemeinschaftlichen Gesetz lebt und durch ein und dieselbe gesetzgebende Versammlung vertreten wird. Ist es nicht eine Tatsache, dass der
5 Adelsstand Vorrechte und Privilegien genießt, welche er seine Rechte zu nennen sich erdreistet und welche von den Rechten des großen Ganzen der Bürger abgesondert sind? Er tritt dadurch aus der gemeinsamen Ordnung und dem gemeinschaft-
10 lichen Gesetz heraus. Also schon seine bürgerlichen Rechte machen aus ihm ein eigenes Volk in der Nation. Das ist wahrlich ein imperium in imperio. Was seine politischen Rechte betrifft, so übt er auch sie besonders aus. Er hat eigene Stellvertreter, wel-
15 che keineswegs die Vollmacht des Volkes haben. Seine Abgeordneten halten ihre Sitzungen gesondert ab. Auch wenn er sich in einem Saal mit den Abgeordneten der einfachen Bürger versammeln würde, wäre ebenso gewiss, dass seine Stellvertre-
20 tung prinzipiell unterschieden wäre. Sie ist für die Nation ganz fremd, zunächst durch ihren Ursprung, weil ihre Abordnung nicht vom Volk kommt, und dann durch ihren Gegenstand, welcher darin besteht, nicht das allgemeine, sondern das Privat-
25 interesse zu verteidigen.
Der Dritte Stand umfasst alles, was zur Nation gehört. Und alles, was nicht der Dritte Stand ist, kann sich nicht als ein Bestandteil der Nation betrachten. Was ist der Dritte Stand? Alles.

Abbé Sieyès, Was ist der Dritte Stand? Hrsg. v. Otto Dann, Essen 1988, S. 34 und 80.

M 38 Suche nach dem Wesen der deutschen Nation

Der Dichter Ernst Moritz Arndt schreibt 1813:

Was ist des Deutschen Vaterland?
Ist's Preußenland, ist's Schwabenland?
Ist's, wo am Rhein die Rebe blüht?
Ist's, wo am Belt die Möwe zieht?
O nein! nein! nein!
Sein Vaterland muss größer sein.

Was ist des Deutschen Vaterland?
Ist's Bayerland, ist's Steierland?
Ist's, wo des Marsen Rind sich streckt?
Ist's, wo der Märker Eisen reckt?
O nein! nein! nein!
Sein Vaterland muss größer sein.

Was ist des Deutschen Vaterland?
Ist's Pommerland, Westfalenland?
Ist's, wo der Sand der Dünen weht?
Ist's, wo die Donau brausend geht?
O nein! nein! nein!
Sein Vaterland muss größer sein.

Was ist des Deutschen Vaterland?
So nenne mir das große Land!
Ist's Land der Schweizer? Ist's Tirol?
Das Land und Volk gefiel mir wohl;
Doch nein! nein! nein!
Sein Vaterland muss größer sein.

Was ist des Deutschen Vaterland?
So nenne mir das große Land!
Gewiss es ist das Österreich,
An Ehren und an Siegen reich?
O nein! nein! nein!
Sein Vaterland muss größer sein.

Was ist des Deutschen Vaterland?
So nenne mir das große Land!
So weit die deutsche Zunge klingt
Und Gott im Himmel Lieder singt,
Das soll es sein!
Das, wackrer Deutscher, nenne dein!

[…]

Das ist des Deutschen Vaterland,
Wo Zorn vertilgt den welschen Tand,
Wo jeder Franzmann heißet Feind,
Wo jeder Deutsche heißet Freund –
Das soll es sein!
Das ganze Deutschland soll es sein!

Das ganze Deutschland soll es sein!
O Gott vom Himmel sieh darein
Und gieb uns rechten deutschen Mut,
Dass wir es lieben treu und gut.
Das soll es sein!
Das ganze Deutschland soll es sein!

Ernst Moritz Arndt, Des Deutschen Vaterland, 1813.

M 39 "Spanischer Katechismus" und "Katechismus der Deutschen"

a) Der spanische Bürger-Katechismus erschien erstmals 1808 in Cartagena. Er verbreitete sich hunderttausendfach und wurde in fast alle europäischen Sprachen übersetzt.

Sprich, Kind, wer bist du?
Ein Spanier.
Was heißt das: ein Spanier?
Ein rechtschaffener Mann.
5 Wie viele Pflichten hat ein solcher, und wie heißen sie?
Drey; er muss ein katholischer Christ seyn, er muss seine Religion, sein Vaterland und seine Gesetze vertheidigen und eher sterben, als sich unterdrü-
10 cken lassen.
Wer ist unser König?
Ferdinand der Siebente.
Mit welcher Liebe müssen wir ihm anhängen?
Mit der Liebe, die seine Tugend und sein Unglück
15 verdienen.
Wer ist der Feind unserer Glückseligkeit?
Der Kaiser der Franzosen.
Wer ist denn der?
Ein neuer, unendlich blutgieriger und habsüchtiger
20 Herrscher; der Anfang alles Übels, und das Ende alles Guten; der Inbegriff aller Laster und Bosheiten.
Wie wieviele Naturen sind in ihm?
Zwey; eine satanische und eine menschliche. [...]
Wer sind die Franzosen?
25 Ehemalige Christen und neue Ketzer.
Was verleitet sie zu dieser Knechtschaft?
Die falsche Philosophie und die Freyheit ihrer verderbten Sitten. [...]
Wird dieses ungerechte Reich ein Ende nehmen?
Der Meinung der verständigen Staatskundigen 30 zufolge ist sein Sturz sehr nahe.

b) Inspiriert davon verfasste kurz darauf Heinrich von Kleist den Katechismus der Deutschen, abgefasst nach dem Spanischen, zum Gebrauch für Kinder und Alte:

Sprich, Kind, wer bist du?
Ich bin ein Deutscher.
Ein Deutscher? Du scherzest. Du bist in Meißen geboren, und das Land, dem Meißen angehört, heißt Sachsen!
5
Ich bin in Meißen geboren und das Land, dem Meißen angehört, heißt Sachsen; aber mein Vaterland, das Land, dem Sachsen angehört, ist Deutschland, und dein Sohn, mein Vater, ist ein Deutscher.
Du träumst! Ich kenne kein Land, dem Sachsen 10 angehört, es müsste denn das rheinische Bundesland sein. Wo find ich es, dies Deutschland, von dem du sprichst, und wo liegt es?
Hier, mein Vater. – Verwirre mich nicht.
Wo? 15
Auf der Karte.
Ja, auf der Karte! – Diese Karte ist vom Jahr 1805. – Weißt du nicht, was geschehn ist, im Jahr 1805, da der Friede von Preßburg abgeschlossen war?
Napoleon, der korsische Kaiser, hat es, nach dem 20 Frieden, durch eine Gewalttat zertrümmert.
Nun? Und gleichwohl wäre es noch vorhanden?
Gewiss! – Was fragst du mich doch.
Seit wann?
Seit Franz der Zweite, der alte Kaiser der Deut- 25
schen, wieder aufgestanden ist, um es herzustellen, und der tapfre Feldherr, den er bestellte, das Volk aufgerufen hat, sich an die Heere, die er anführt, zur Befreiung des Landes anzuschließen. 30
[...]
Was ist deinem Vaterlande jüngsthin widerfahren?
Napoleon, Kaiser der Franzosen, hat es, mitten im Frieden, zertrümmert, 35 und mehrere Völker, die es bewohnen, unterjocht.
Warum hat er dies getan?
Das weiß ich nicht.
Das weißt du nicht? 40
Weil er ein böser Geist ist.

M 40 Francisco de Goya, Radierung aus dem Zyklus: Die Schrecken des Krieges, 1810/1814

Abgedruckt in: Rainer Wohlfeil, Spanien und die deutsche Erhebung 1808–1814, S. 309 und Anhang.

„Volk" und „Nation" als Identifikationsmuster

> **M 41** „Erhebet nur eure Blicke, Kameraden!"
>
> *Appell des Fürsten Alexander Ypsilantis zu Beginn des griechischen Aufstandes gegen die osmanische Herrschaft, Februar 1821:*
>
> Erhebet nur eure Blicke, Kameraden! Sehet an euren erbarmenswerten Zustand, eure entheiligten Tempel, eure Töchter der Wollust von Barbaren preisgegeben, eure geplünderten Häuser, eure ver-
> 5 wüsteten Felder, euch selbst als unselige Sklaven! Wäre es nicht endlich Zeit, das unerträgliche Joch abzuschütteln, das Vaterland zu befreien? Legt alles Ungriechische ab, schwingt die Fahnen, schlagt das Kreuz, und ihr werdet überall siegen und das Vaterland und die Religion von der Beschimpfung 10 der Gottlosen retten. Wer von euch, edle Griechen, wird das Vaterland nicht freudig von seinen Banden befreien wollen? Vor allem aber muss Gemeinsinn herrschen. Die Reichen unter euch müssen einen Teil ihres Vermögens beisteuern, die Priester durch 15 Lehren und Beispiele dem Volke Mut machen, und die an auswärtigen Höfen dienenden Zivil- und Militärpersonen müssen ihrer Dienste abdanken, unter welcher Regierung sie sich 20 auch befinden. Sie alle müssen zu dem großen Ziele mitstreben und hierdurch dem Vaterlande die alte Schuld 25 abtragen. Wie es edlen Männern ziemt, müssen sie alle sich ohne Zeitverlust bewaffnen, 30 und ich verspreche euch in Kurzem den Sieg und mit ihm alles Glück. Stellt jenen verweichlichten Sklaven, 35 jenen Mietlingen ein tapferes Volk entgegen und zeigt euch als wahre Abkömmlinge der Helden der Vorzeit. 40
>
> Peter Alter (Hg.), Nationalismus. Dokumente zur Geschichte und Gegenwart eines Phänomens, München u.a.1994, S. 79 f.

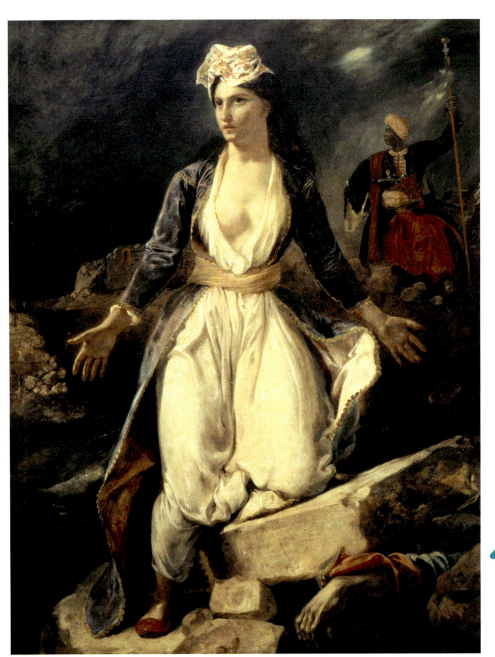

M 42 „Griechenland, auf den Ruinen von Missolonghi sterbend"
Gemälde von Eugène Delacroix, 1827
(Größe: 147 x 208 cm)

M 43 Forschungsstimmen

Zur Fragestellung „Wo liegen die Anfänge des Nationalismus und wie lässt er sich definieren?" äußern sich im Folgenden vier Historiker:

a) Joachim Ehlers (1994):

Methodische Überlegungen dieser Art müssen sich freilich mit der Frage auseinandersetzen, ob die europäischen Reichsbildungen der nachkarolingischen Zeit überhaupt als Nationen gelten können. Um skeptischen Einwänden, die häufig auf Missverständnissen beruhen, wirksam zu begegnen, muss konsequent zwischen „Nationalismus" auf der einen, „Nationsbewusstsein" auf der anderen Seite unterschieden werden, weil im Nationalismus die pathologische Übersteigerung einer Gruppenbefindlichkeit vorliegt; die vielfach zwanghafte Tendenz, das Nationale zum wertsetzenden Prinzip für alle anderen Lebensbereiche zu machen und diesen absolut überzuordnen; Motive und Normen politischen, gesellschaftlichen, kulturellen Verhaltens allein aus dem nationalen Prinzip abzuleiten und gleichzeitig an ihm zu messen. Die mediävistische Nationenforschung befasst sich demgegenüber nicht mit der Pathologie, sondern geht von einer universalhistorisch, anthropologisch und ethnografisch erweiterten Perspektive aus, indem sie fragt, wie es überhaupt zur Integration von Großverbänden kommt. Auf diese Weise wird die Nation als wissenschaftlicher Gegenstand historisch relativiert und mit der notwendigen Distanz eine wichtige Voraussetzung kritischer Analyse geschaffen. Zugleich verliert damit eine konventionelle Sicht an Bedeutung, die Nationen für spezifisch moderne, frühestens seit der Französischen Revolution ernsthaft diskutierbare Erscheinungen hält. Der tiefe Einschnitt, den die prozesshaft zu verstehende Revolution seit der Mitte des 18. und noch in der ersten Hälfte des 19. Jahrhunderts bewirkt hat, ist insofern unleugbar, als er das Ende alteuropäischer Schichtenspezifik bei politischen und gesellschaftlichen Integrationsvorgängen bedeutete: Die mittelalterliche Adels- und Klerikernation wich der Nation der Bürger, einem bürgerlichen Nationalstaat, an dem zu partizipieren weniger Recht als Pflicht bedeutete. Erst die Forderung nach nunmehr in den Massen sich verbreitendem Nationalbewusstsein schuf die Voraussetzungen für Nationalismus als Ideologie und Mobilisierungsinstrument. Es handelt sich hierbei aber (was ein neuzeitlich verengter Blick gern übersieht) nicht so sehr um qualitative als vielmehr um quantitative Veränderungen, weil die Integrationsformen ihrer Struktur nach seit der Wanderzeit, also seit dem 4./6. Jahrhundert, überraschend wenig Modifikationen erfahren haben. Substanziell neu ist lediglich die weitere gesellschaftliche Verbreitung des Großgruppenbewusstseins auf neue Trägerschichten und die Formulierung der Zielvorstellungen.

Joachim Ehlers, Die Entstehung des Deutschen Reiches, München 1994, S. 8 f.

b) Dieter Langewiesche (2000):

Genau dies aber ist das Hauptkriterium des modernen Nationalismus und der modernen Nation: Nation als Höchstwert, auf den sich alle berufen, wenn sie Forderungen erheben oder wenn sie Opfer verlangen, ganz gleich, welcher konkreten Weltanschauung sie verpflichtet sind. Dies ist gemeint, wenn vom 19. und vom 20. Jahrhundert als dem Zeitalter des Nationalismus, der Nationen und der Nationalstaaten gesprochen wird. Das verkennt Joachim Ehlers völlig, [... wenn er schreibt:] „Substanziell neu ist lediglich die weitere gesellschaftliche Verbreitung des Großgruppenbewusstseins auf neue Trägerschichten und die Formulierung der Zielvorstellungen." Genau dies aber – des Mediävisten „lediglich" – macht in der Geschichte der europäischen Nationsbildung die fundamentale Zäsur um 1800 aus: Das nationale Gruppenbewusstsein beginnt nun zum Massenphänomen zu werden, und es verbinden sich damit neue Zielvorstellungen, die „Nation" und „Nationalstaat" zu Hoffnungsworten werden lassen, mit deren Suggestionskraft keine der anderen Emanzipationsideologien bis heute konkurrieren konnte. Der moderne Nationalismus hat zwar keine „heiligen Texte" hervorgebracht, doch keine politische Bewegung konnte auf Erfolg hoffen, wenn sie sich nicht mit ihm verbündete.

Dieter Langewiesche, „Nation", „Nationalismus", „Nationalstaat" in der europäischen Geschichte seit dem Mittelalter – Versuch einer Bilanz. In: ders. und Georg Schmidt (Hg.), Föderative Nation. Deutschlandkonzepte von der Reformation bis zum Ersten Weltkrieg, München 2000, S. 9–30, hier S. 17 f.

c) Wolfgang Hardtwig (1994):

Die Entstehung dieses humanistischen Nationalismus fällt in eine Phase der Lockerung der im Ganzen nach wie vor stabilen ständisch-feudalen Ordnung, in eine Zeit wirtschaftlicher Schwerpunktverlagerung von der agrarischen zur städtischen Wirtschaft, vergrößerter Durchlässigkeit der ständischen Schichtungsgrenzen für den Aufstieg von Bürgern und Kleinbürgern und erhöhter Bedeutung von Urbanität. Der Nationalismus der Humanisten ist daher zu erklären einerseits als Folge eines neuen Individualismus, wie er durch die Lockerung im ständischen Gefüge ermöglicht wurde, andererseits durch das Bedürfnis, einen erhöhten sozialen Status der humanistisch Gebildeten innerhalb dieses Gefüges zu rechtfertigen. Außerhalb traditionaler Standeszuordnung stehend, bezog sich die neue Gelehrtenschicht auf eine standesübergreifende, umfassende politische Einheit, die Nation. Das individualisierte Leistungsethos verlangte nach einer überindividuellen sozialen Ganzheit, die der persönlichen Stellung der Humanisten zwischen den Ständen entsprach: Das war die Nation. [...] Fassen wir zusammen: Von etwa 1500 bis zum Anfang der Sechzigerjahre des 18. Jahrhunderts kann man von einer ersten Phase des deutschen Nationalismus sprechen. Seine Träger sind winzige Minderheiten, die allerdings in dem vorgegebenen Maßstab immer größer werden. Er entwickelt Organisationsformen, die eindeutig zum „modernen" Typus des assoziativen Freiwilligkeitsverbands, nicht des „vormodernen" korporativen Zwangsverbands gehören. Dieser frühe „organisierte Nationalismus" entwickelte sich nicht kontinuierlich wachsend, sondern schubartig konzentriert in bestimmten Situationen. Er ist „vorpolitisch" in dem Sinne, dass die Zugehörigkeit des Einzelnen zur Nation nicht über die Wahrnehmung politischer Mitwirkungsrechte, sondern über eine ihm zugeschriebene Merkmalsgleichheit mit der Gesamtheit der Deutschen gedacht wird. Die Realisierung eines deutschen „Nationalstaats" kam bis zum Ende des Alten Reichs niemandem in den Sinn. Gleichwohl bezog dieser Nationalismus sich durchaus auf einen Staat, das Heilige Römische Reich, dessen Verkoppelung mit der deutschen Nation als selbstverständlich und unauflöslich galt.

Wolfgang Hardtwig, Vom Elitenbewusstsein zur Massenbewegung. Frühformen des Nationalismus in Deutschland 1500–1840. In: ders., Nationalismus und Bürgerkultur in Deutschland 1500–1914, Ausgewählte Aufsätze, Göttingen 1994, S. 34–54, hier S. 39 und 45.

d) Hans-Ulrich Wehler (1994):

Die „Erfindung von Traditionen" hat dazu geführt, dass die Nationalgeschichte bis ins Frühe Mittelalter oder noch weiter zurückverlegt worden ist. Ich wohne in einer Gegend, wo ein Landsknecht namens Arminius der Cherusker den römischen „Drang nach Norden" unseligerweise gestoppt hat – sonst wäre Bielefeld vielleicht eine Stadt mit römischem Kulturboden –; und dieser ist von den großen Mythenerzählern des 19. Jahrhunderts zu Hermann dem Deutschen befördert worden. Diese Mythologie ist eminent erfolgreich: Wenn man in den Lehrbüchern und Handbüchern nachschaut, werden die Ottonen, Wallenstein, Friedrich der Große ganz selbstverständlich in den Rahmen einer Nationalgeschichte der Deutschen gepresst, obwohl die moderne Geschichtswissenschaft längst gezeigt hat, dass die Jahrhunderte bis zum Ende des 18. Jahrhunderts andere Herrschaftssysteme, eine andere Politik, ganz andere Lebenswelten als die nationalen besessen haben, dass also die nationalhistorischen Kategorien diese Vergangenheit vergewaltigen, ihre Eigenart verfehlen und es uns erschweren, diese vergangene Realität wirklich zu erfassen. Dennoch sind solche Vorstellungen im allgemeinen Bewusstsein noch immer lebendig. Gegen diesen zähen Mythos von der Langlebigkeit der Nation und des Nationalismus will ich hier noch einmal die Interpretation vertreten, dass der moderne Nationalismus und die moderne Nation in den großen westlichen Revolutionen in England, Amerika und Frankreich geboren werden. Natürlich gibt es dort längst ältere historische Traditionen: die Gemeinsamkeit der Sprache, der Kultur, der politischen Erfolge und militärischen Glanztaten. Das sind integrierende Leistungen, die als eine Art Verfügungsmasse vorausgesetzt werden. Aber sie werden erst jetzt zur Nationalsprache, zur Nationalkultur, zu einem Nationalgefühl umstilisiert. Diese westlichen Pionierländer besitzen schon einen Modellcharakter als frühe Nation und Nationalstaaten, als im deutschsprachigen Mitteleuropa – „Deutschland" gibt es ja weder geografisch noch politisch – eine Reihe von Vorbedingungen für das Aufkommen und die Übernahme des modernen Nationalismus als einer neuen Integrationsideologie entsteht. Fragt man nach den strukturellen Voraussetzungen, die es überhaupt ermöglicht haben, dass in dieser Staatenvielfalt des deutschsprachigen Mitteleuropas Nationalismus und Nation vehement diskutiert werden, trifft man erstens auf die tiefe Erschütterung des Sozialgefüges durch ein vehementes demografisches Wachstum, zweitens auf eine tiefgehende ökonomische Veränderung der Gesellschaft, die gleichzeitig durch die älteren Spielarten des Kapitalismus, den Handels- und den Agrarkapitalismus, durchsäuert wird. Drittens kommt der Zerfall der ständischen Sozialordnung und der Aufstieg der modernen Klassengesellschaft hinzu und viertens die Erosion der traditionalen Legitimierung politischer Herrschaft und das korrespondierende Vordringen des säkularisierten Einheitsstaates. Dazu gehört fünftens eine Infragestellung aller anerkannten soziokulturellen Muster der Weltdeutung, die der alten Ordnung Halt und Verbindlichkeit gegeben hatten. Und schließlich existiert sechstens eine wesentliche Voraussetzung für diesen Wandel: Es ist eine soziale Trägerschicht für diese neuen Leitvorstellungen und Ideen vorhanden.

Was war die Initialzündung, die das Ganze in Bewegung setzte? Das ist eine Fülle von außerordentlich dramatischen Ereignissen: die Folgen der Französischen Revolution, vor allem ihr Export durch Napoleon in die Gebiete östlich des Rheins, die völlige Veränderung der politischen Landkarte – nur wenige Dutzend deutsche Herrschaftsgebiete überleben den großen Konzentrationsprozess seit 1803 –, die Folgen der Friedensverträge, das tausendjährige Alte Reich wird schmählich aufgelöst. Kurzum: auf allen Seiten die Zerstörung vertrauter Ordnungen und gleichzeitig die Erfahrung von Fremdherrschaft, denn so wird die französische Besatzungsmacht empfunden. Dadurch werden Sprengkräfte ausgelöst, welche die überkommene Ordnung überall in Frage stellen. Zugleich werden aber auch neue Horizonte geöffnet, die es gestatten, die Zukunft im Sinn des Nationalismus und der Nation neu zu entwerfen. Mein Argument ist daher, dass durch diese strukturellen Veränderungen und die dramatische Beschleunigung der historischen Veränderungsprozesse eine vergleichbare Rezeptionsbereitschaft geschaffen wird, die anderswo mit Revolutionen verknüpft ist: England besitzt die Vorreiterrolle, dann folgen Amerika und Frankreich. Auch in den deutschsprachigen Gebieten ist das Aufkommen des modernen Nationalismus trotz einer längeren Vorgeschichte gemeinsamer, aber andersartiger Traditionen an eine spezifische historische Konstellation gebunden, in der er sich schließlich durchsetzt.

Hans-Ulrich Wehler, Nationalismus und Nation in der deutschen Geschichte. In: Helmut Berding (Hg.), Nationales Bewusstsein und kollektive Identität. Studien zur Entwicklung des kollektiven Bewusstseins in der Neuzeit, Bd. 2. Frankfurt/M. 1994, S. 163–175, hier S. 164 f.

Aufgaben

1. a) Skizzieren Sie Grundelemente der modernen Nationsvorstellungen.
   b) Erläutern Sie jeweils in Kurzreferaten die Bedeutung der Revolution von 1830 in Frankreich und des griechischen Volksaufstands 1821.
   → Text, Internet

2. a) Bestimmen Sie, worin für Abbé Sieyès eine Nation besteht.
   b) Wie beantwortet Ernst Moritz Arndt die von ihm selbst gestellte Frage „Was ist des Deutschen Vaterland?"
   c) Vergleichen Sie die Aussagen von Sieyès und Arndt.
   → M37, M38

3. a) Informieren Sie sich über die Textgattung „Katechismus".
   b) Wie wird in den Texten „Nation" bestimmt?
   c) Erläutern Sie, warum die Form eines Katechismus gewählt wurde.
   → M39

4. a) Fassen Sie den Appell von Alexander Ypsilantis knapp zusammen.
   b) Erarbeiten Sie ein Kurzreferat über die bayerisch-griechischen Beziehungen zu Beginn des 19. Jahrhunderts.
   c) Deuten Sie vor diesem Hintergrund das Gemälde von Eugène Delacroix.
   → M41, M42, Internet

5. Arbeiten Sie anhand der Texte heraus, wo die jeweiligen Historiker den Anfang des Nationalismus sehen bzw. wie sie ihn jeweils definieren. Erstellen Sie dazu eine geeignete Übersicht.
   → M43

„Volk" und „Nation" als Identifikationsmuster

4. Nationale Fremd- und Selbstbilder an Beispielen des deutsch-französischen Verhältnisses im 19. und zu Anfang des 20. Jahrhunderts

M 44 Über Deutschland

Die französische Schriftstellerin Anne Germaine de Staël schreibt 1813:

Ich werde Süd- und Norddeutschland gesondert untersuchen, für jetzt aber mich mit Bemerkungen begnügen, die für die gesamte Nation gelten. Die Deutschen sind im Allgemeinen aufrichtig und treu; fast immer ist ihr Wort ihnen heilig und der Betrug fremd. Sollte sich je die Falschheit in Deutschland einschleichen, so könnte es nur geschehen, um Ausländer nachzuahmen; um zu zeigen, dass sie ebenso gewandt sein können wie jene; [...] Der Machttrieb zur Arbeit und zum Nachdenken ist ebenfalls ein Unterscheidungszeichen im Charakter der Deutschen. Die Nation ist von Natur literarisch und philosophisch; nur dass der Unterschied der Klasse, welcher in Deutschland hervorstechender als irgendwo ist, weil die Gesellschaft hierin die Schattierungen nicht mildert, in mancher Hinsicht dem, was man eigentlich unter Geist (Esprit) versteht, in den Weg tritt. [...]

Man hat viel Mühe, wenn man soeben aus Frankreich kommt, sich an die Langsamkeit, an die Trägheit des deutschen Volkes zu gewöhnen; es hat nie Eile, findet allenthalben Hindernisse. Das Wort unmöglich hört man hundertmal in Deutschland aussprechen, gegen einmal in Frankreich. Muss gehandelt werden, so weiß der Deutsche nicht, was es heißt, mit Schwierigkeiten zu kämpfen; und seine Achtung vor der Macht rührt mehr davon, dass sie in seinen Augen dem Schicksale gleicht, als von irgendeinem eigennützigen Grunde her. [...]

Es gibt kein Land, wo die Gelehrten oder junge Studierende auf hohen Schulen es weiter in den alten Sprachen und in der Kenntnis des Altertums gebracht hätten; und von einer andern Seite kein Land, wo altmodische Sitten und Gebräuche heimischer wären, als Deutschland.

Anne Germaine de Staël, Über Deutschland. Abgedruckt in: Quellen zu den deutsch-französischen Beziehungen 1815–1919, Hrsg. von Reiner Pommerin und Reiner Marcowitz, Darmstadt 1997, S. 31–35, hier: Auszüge S. 31–33.

M 45 Briefe aus Paris

Der Dichter Ludwig Börne schreibt am 17.09.1830:

Seit gestern bin ich hier, und alles ist vergessen. Ob ich gesund und froh, wie Sie es wünschen, in Paris angekommen oder durch mein Ankommen erst geworden bin, wüsste ich kaum zu bestimmen; doch glaube ich eher das Letztere. [...] Ich kann es Ihnen nicht genug sagen, wie mir so behaglich worden gleich von der ersten Stunde an. Das moralische Klima von Paris tat mir immer wohl, ich atme freier, und meine deutsche Engbrüstigkeit verließ mich schon in Bondy. Rasch zog ich alle meine Bedenklichkeiten aus und stürzte mich jubelnd in das frische Wellengewühl. Ich möchte wissen, ob es andern Deutschen auch so begegnet wie mir, ob ihnen, wenn sie nach Paris kommen, wie Knaben zumute ist, wenn an schönen Sommerabenden die Schule geendigt und sie springen und spielen dürfen! Mir ist es gerade, als müsste ich unserm alten Konrektor einen Esel bohren.

[...] Gott segne dieses herrliche Volk und fülle ihm die goldnen Becher bis zum Rande mit dem süßesten Weine voll, bis es überströmt, bis es hinabfließt auf das Tischtuch, wo wir Fliegen herumkriechen und naschen. Summ, summ – wie dumm!

Alte deutsche Bekannte suchte ich gleich gestern auf. Ich dachte, durch sie mehr zu erfahren, als was ich schon gedruckt gelesen, aber nicht einer von ihnen war auf dem Kampfplatze, nicht einer hat mitgefochten. Es sind eben Landsleute! Engländer, Niederländer, Spanier, Portugiesen, Italiener, Polen, Griechen, Amerikaner, ja Neger haben für die Freiheit der Franzosen, die ja die Freiheit aller Völker ist, gekämpft, und nur die Deutschen nicht. Und es sind deren viele Tausende in Paris, teils mit tüchtigen Fäusten, teils mit tüchtigen Köpfen. Ich verzeihe es den Handwerksburschen; denn diese haben es nicht schlimm in unserm Vaterlande. In ihrer Jugend dürfen sie auf der Landstraße betteln, und im Alter machen sie die Zunfttyrannen. Sie haben nichts zu gewinnen bei Freiheit und Gleichheit. Aber die Gelehrten! Diese armen Teufel, die in Scharen nach Paris wandern und von dort mit dem „Morgenblatte", mit dem „Abendblatte", mit dem „Gesellschafter", mit der „Allgemeinen Zeitung" korrespondieren; die das ganze Jahr von dem reichen Stoffe leben, den ihnen nur ein freies Volk verschaffen kann; die im dürren Vaterlande verhungern würden – diese wenigstens, und wäre es auch nur aus Dankbarkeit gegen ihre Ernährer, hätten doch am Kampfe teilnehmen sollen. Aber hinter einem dicken Fensterpfosten, im Schlafrocke, die Feder in der Hand, das Schlachtfeld begucken, die Verwundeten, die Gefallenen zählen und gleich zu

Papier bringen; zu bewundern statt zu bluten, und die Leiden eines Volks sich von einem Buchhändler bogenweise bezahlen zu lassen – nein, das ist zu schmachvoll, zu schmachvoll!

Die Pracht und Herrlichkeit der neuen Galerie d'Orléans im Palais Royal kann ich Ihnen nicht beschreiben. Ich sah sie gestern Abend zum ersten Male in sonnenheller Gasbeleuchtung und war überrascht wie selten von etwas. Sie ist breit und von einem Glashimmel bedeckt. Die Glasgassen, die wir in früheren Jahren gesehen, so sehr sie uns damals gefielen, sind düstere Keller oder schlechte Dachkammern dagegen. Es ist ein großer Zaubersaal, ganz dieses Volks von Zauberern würdig. Ich wollte, die Franzosen zögen alle Weiberröcke an, ich würde ihnen dann die schönsten Liebeserklärungen machen. Aber ist es nicht töricht, dass ich mich schäme, diesem und jenem die Hand zu küssen, wozu mich mein Herz treibt – die Hand, die unsere Ketten zerbrochen, die uns frei gemacht, die uns Knechte zu Rittern geschlagen?

Ludwig Börne, Briefe aus Paris, Auswahl, Anmerkungen und Nachwort von Manfred Schneider, Stuttgart 1977, S. 6–9.

M 46 „Der deutsche Rhein"

a) Der Schriftsteller Nikolaus Becker schrieb 1840 folgendes Gedicht:

Sie sollen ihn nicht haben,
den freien deutschen Rhein,
ob sie wie gier'ge Raben
sich heiser danach schrein,

Solang er ruhig wallend
sein grünes Kleid noch trägt,
solang ein Ruder schallend
in seine Woge schlägt.

Sie sollen ihn nicht haben,
den freien deutschen Rhein,
solang sich Herzen laben
an seinem Feuerwein;

Solang in seinem Strome
noch fest die Felsen stehn,
solang sich hohe Dome
in seinem Spiegel sehn.

Sie sollen nicht haben,
den freien deutschen Rhein,
solang dort kühne Knaben
Um schlanke Dirnen frein;

Solang die Flosse hebet
ein Fisch auf seinem Grund,
solang ein Lied noch lebet
in seiner Sänger Mund.

Sie sollen ihn nicht haben,
den freien deutschen Rhein,
bis seine Flut begraben
des letzten Manns Gebein!

Nikolaus Becker, Der deutsche Rhein, 1840. Abgedruckt in: Quellen zu den deutsch-französischen Beziehungen 1815–1919, hrsg. von Reiner Pommerin und Reiner Marcowitz, Darmstadt 1997, S. 63 f.

b) Edgar Quinet veröffentlichte demgegenüber schon 1836 in der „Revue des Deux Mondes" ein Gedicht über den Rhein:

Dieser ruhige Fluss, wo die Schwäne ziehen,
Dieses blühende Tal, voll duftender Reben
Diese Wälder und Wiesen und Ufer sind unser.

Sie sind unser, Freunde, durch das Blut unserer Ahnen
Durch den ehernen Pfosten, der Grenze entrissen,
Durch den Eid unser Kön'ge geleistet auf Knien.
[...]

In: Horst Möller und Jacques Morizet (Hg.), Franzosen und Deutsche, Orte der gemeinsamen Geschichte, München 1996, S. 185–202, hier: S. 190 f.

M 47 Nikolaus Becker, Liedblatt „Der freie Rhein", 1840

„Volk" und „Nation" als Identifikationsmuster

M 48 Germania an ihre Kinder

Eine Ode von Heinrich von Kleist (1809):

Die des Maines Regionen,
Die der Elbe heitre Aun,
Die der Donau Strand bewohnen,
Die das Odertal bebaun,
Aus des Rheines Laubensitzen,
Von dem duftgen Mittelmeer,
Von der Riesenberge Spitzen,
Von der Ost- und Nordsee her!

Horchet! – Durch die Nacht, ihr Brüder,
Welch ein Donnerruf hernieder?
Stehst du auf, Germania?
Ist der Tag der Rache da?

Deutsche, mutger Völkerreigen,
Meine Söhne, die, geküßt,
In den Schoß mir kletternd steigen,
Die mein Mutterarm umschließt,
Meines Busens Schutz und Schirmer,
Unbesiegtes Marsenblut,
Enkel der Kohortenstürmer,
Römerüberwinderbrut!

Zu den Waffen! Zu den Waffen!
Was die Hände blindlings raffen!
Mit der Keule, mit dem Stab,
Strömt ins Tal der Schlacht hinab!

Wie der Schnee aus Felsenrissen:
Wie, auf ewger Alpen Höhn,
Unter Frühlings heißen Küssen,
Siedend auf die Gletscher gehn:
Katarakten stürzen nieder,
Wald und Fels folgt ihrer Bahn,
Das Gebirg hallt donnernd wider,
Fluren sind ein Ozean!

So verlaßt, voran der Kaiser,
Eure Hütten, eure Häuser;
Schäumt, ein uferloses Meer,
Über diese Franken her!

Alle Plätze, Trift' und Stätten,
Färbt mit ihren Knochen weiß;
Welchen Rab und Fuchs verschmähten,
Gebet ihn den Fischen preis;
Dämmt den Rhein mit ihren Leichen;
Laßt, gestäuft von ihrem Bein,
Schäumend um die Pfalz ihn weichen,
Und ihn dann die Grenze sein!

Eine Lustjagd, wie wenn Schützen
Auf die Spur dem Wolfe sitzen!
Schlagt ihn tot! Das Weltgericht
Fragt euch nach den Gründen nicht!

Nicht die Flur ists, die zertreten,
Unter ihren Rossen sinkt,
Nicht der Mond, der, in den Städten,
Aus den öden Fenstern blinkt,
Nicht das Weib, das, mit Gewimmer,
Ihrem Todeskuß erliegt,
Und zum Lohn, beim Morgenschimmer,
Auf den Schutt der Vorstadt fliegt!

Euren Schlachtraub laßt euch schenken!
Wenige, die sein gedenken.
Höhrem, als der Erde Gut,
Schwillt die Seele, flammt das Blut!

Gott und seine Stellvertreter,
Und dein Nam, o Vaterland,
Freiheit, Stolz der bessern Väter,
Sprache, du, dein Zauberband,
Wissenschaft, du himmelferne,
Die dem deutschen Genius winkt,
Und der Pfad ins Reich der Sterne,
Welchen still sein Fittich schwingt!

Eine Pyramide bauen
Laßt uns, in des Himmels Auen,
Krönen mit dem Gipfelstein:
Oder unser Grabmal sein!

Heinrich von Kleist, Sämtliche Werke und Briefe, Band 1, München 1977, S. 25–27.

M 49 Heinrich von Kleist (1777–1811)
Kreidezeichnung, um 1831

M 50 „La race allemande"

Ein Bericht über Edgar Bérillons „La race allemande" in der französischen Zeitschrift „Le temps", Juni 1915:

Dass die Deutschen einen übelriechenden Geruch verbreiten, ist unbezweifelbar. Was die Art dieses speziellen Geruchs angeht, herrscht weniger Übereinstimmung. Viele vergleichen ihn mit dem ran-
5 zigen Fettes; andere versichern, dass er den Ausdünstungen Nichtsesshafter ähnele; manche entdecken in ihm Ähnlichkeit mit dem faden Geruch aus Kaninchenställen, dem Geruch abgestandenen Bieres oder geronnener Milch, mit dem Geruch
10 eines schlecht besorgten Hühnerstalls oder einer Tonne alten Pökelfleisches. Für nervös veranlagte Menschen mit einem besonders empfindlichen Geruchssinn kann dieser Geruch schädlich, manchmal sogar tödlich sein. [...]
Unsere Verwaltungsoffiziere haben erklärt, dass 15
bei den Preußen gefundene Geldscheine, Briefe oder Hefte in einem solchen Maß mit diesem unangenehmen Geruch behaftet sind, dass man sie desinfizieren muss. Mehrere Piloten versichern, dass sie durch einen Geruch, der die Nasenlöcher angreift, 20
selbst wenn sie in sehr großer Höhe fliegen, wissen, wenn sie deutsche Wohngebiete überfliegen.

Zit nach: Michael Jeismann, Das Vaterland der Feinde. Studien zum nationalen Feindbegriff und Selbstverständnis in Deutschland und Frankreich 1792–1918, Stuttgart 1992, 352–354.

M 51 „Betriebskapital: ‚Großes Maul'"
Undatierte Kriegspostkarte aus Deutschland

M 52 „L'Empereur de la mort"
Undatierte Kriegspostkarte aus Frankreich

Aufgaben

1. Formulieren Sie – ausgehend vom Text – Thesen zur historischen Bedeutung von Fremd- und Selbstbildern. → Text
2. a) Vergleichen Sie, wie Ludwig Börne und Madame de Staël die jeweils andere Nation sehen.
   b) Erörtern Sie, ob die Aussagen Ihnen treffend erscheinen.
   → M44, M45
3. a) Vergleichen Sie, wie der Rhein in den beiden Gedichten gesehen wird.
   b) Suchen Sie nach weiteren Rhein-Gedichten und interpretieren Sie diese im Hinblick auf die darin zum Ausdruck kommenden Selbst- und Fremdbilder. → M46, M47
4. Erläutern Sie mithilfe einer Literaturgeschichte bzw. mithilfe des Internets die kulturgeschichtliche Bedeutung und Biografie von Ludwig Börne, Heinrich von Kleist, Anne Germaine de Staël, Nikolaus Becker und Edgar Bérillon.
5. Interpretieren Sie das Gedicht von Heinrich von Kleist vor dem Hintergrund der politischen Situation zur Entstehungszeit. → M48
6. Erschließen Sie Aussageabsicht und Funktion des Zeitungsberichtes und der Kriegspostkarten.
   → M50–M52

Methode: Umgang mit Karikaturen

M 1 „Frankreichs Kulturpioniere"
Originaltext: „Wo habt ihr eure Gefangenen?" – „Gefressen, mein Kapitän." Karikatur von C. O. Petersen, in: Simplizissimus, 4.5.1915, Jg. 20, S. 53.

M 2 Ohne Titel
Originaltext: „Ti pas avoir peur, imbécile; Mohamed, jamais manger cochon …" („Keine Angst, Dummkopf; Mohammed niemals Schweinefleisch essen …"). Karikatur von Bouet, in: La Baionnette, 28.9.1916, S. 618.

Karikaturen im Ersten Weltkrieg

Der Erste Weltkrieg war ein „totaler" Krieg, der auf militärischer, ökonomischer und publizistischer Ebene geführt wurde. Die Propagandaschlacht, die 1914 entfesselt wurde, nutzte unterschiedlichste Medien wie Broschüren, Gedichte, patriotische Appelle, Bilder und schließlich auch den Film. Dienten Karikaturen vor Kriegsausbruch dazu, politische oder gesellschaftliche Defizite aufzudecken, so hatten sie nun im Zeichen des von Kaiser Wilhelm II. verkündeten „Burgfriedens" oder der „Union sacrée", wie es in Frankreich hieß, ganz andere Aufgaben: die moralische und geistige Mobilisierung der Bevölkerung für den Krieg, die Entschuldigung von Rückschlägen oder Versorgungsengpässen, die Festigung des Glaubens an die eigene Überlegenheit oder die Aufrechterhaltung der Hoffnung auf den Sieg. Zudem dienten Karikaturen dazu, den jeweiligen Kriegsgegner in seinem Handeln im Ausland bloßzustellen oder auch auf Flugblättern zur Destabilisierung des Kampfwillens beim Gegner beizutragen.

Karikaturisten waren in ihrem Handeln nicht frei, sondern sie unterlagen der militärischen Vorzensur. Das bedeutete auch, dass sie bestimmte Richtlinien einzuhalten hatten, die in Deutschland vom Kriegspresseamt herausgegeben wurden. Zielte die deutsche Weltkriegspropaganda vor allem darauf, den Gegner lächerlich zu machen und ihn als kulturell unterlegen zu zeigen, so haben die Alliierten den

Überlegenheitsanspruch auf deutscher Seite mit tatsächlichen oder erfundenen Gräueltaten deutscher Soldaten im Ausland kontrastiert.

Allgemein lassen sich drei Typen von Karikaturen unterscheiden: die Symbol-, die Gesellschafts- und die Militärkarikatur. Die Symbolkarikatur – etwa John Bull bzw. Marianne als Symbolfiguren für England bzw. Frankreich – diente dazu, Hass auf eine typisierte Person zu lenken, um ihn dadurch auf das gesamte Land zu übertragen. Gesellschaftskarikaturen, die Kriegsgewinnler oder Frauen in der Produktion zeigten, verwiesen auf wirtschaftliche und soziale Probleme an der „Heimatfront" und deren Bewältigung. Militärkarikaturen schließlich kommentierten das Leben der Soldaten.

Kolonialstaaten wie Frankreich bildeten seit dem 19. Jahrhundert Einheiten aus nordafrikanischen Soldaten, die etwa im Krimkrieg (1853–56), im Deutsch-Französischen Krieg 1870/71 und auch im Ersten Weltkrieg zum Einsatz kamen. Sie kämpften meist in ihrer bunten Landestracht. Derartige Einheiten wurden je nach ihrer Herkunft als „Zuaven", „Turkos", „Spahi" oder negativ abwertend als „Negersoldaten" bezeichnet. Die letzten dieser Regimenter wurden in Frankreich erst 1964 aufgelöst.

Fragen an Karikaturen

1. Entstehung des Bildes
a) Wann sind die Karikaturen entstanden und wo sind sie erschienen? Informieren Sie sich über die jeweiligen Zeitschriften im Internet.
b) Welchem Typus lassen sich die beiden Karikaturen zuweisen?

2. Beschreibung des Bildes
a) Beschreiben Sie die Situation, die in der Karikatur „Frankreichs Kulturpioniere" aus dem „Simplizissimus" gezeigt wird.
b) Welche Personen werden in der Karikatur „Frankreichs Kulturpioniere" aus dem „Simplizissimus" im Einzelnen dargestellt?
c) Beschreiben Sie die Situation, die in der Karikatur aus der Zeitschrift „La Baionnette" dargestellt wird.
d) Welche Personen sind in der Karikatur aus der Zeitschrift „La Baionnette" zu erkennen?
e) Welche Rolle spielen die Afrikaner auf den jeweiligen Karikaturen?

3. Stil der Karikatur
a) Wie ist die Karikatur aufgebaut?
b) Wie stehen die einzelnen Figuren der Karikatur zueinander? Welche anderen Elemente spielen eine Rolle?

4. Deutung des Bildes
a) Wie lässt sich der Titel „Frankreichs Kulturpioniere" verstehen?
b) Welche Wirkung beabsichtigt der Zeichner mit seinem Bild?
c) Welche Aussage verfolgt der Zeichner der Zeitschrift „La Baionnette"? Inwiefern lässt sich die Karikatur als Antwort auf die Ziele der deutschen Propaganda verstehen?
d) Erörtern Sie, inwiefern die Karikaturen eine rassistische Haltung verkörpern.

Grundlagen moderner politischer Ordnungsformen

M 1 „Leviathan"
Titelkupfer der Erstausgabe „Leviathan" von Thomas Hobbes, London 1651

II. Grundlagen moderner politischer Ordnungsformen in Mittelalter und Früher Neuzeit

„Europa hat den Staat erfunden." Mit diesen Worten beginnt der Historiker Wolfgang Reinhard seine Geschichte der Staatsgewalt. Das Faszinierende an dieser Geschichte, so schreibt er weiter, sei die Frage, warum europäische Gemeinwesen, die wie überall auf der Welt undemokratisch und gewalttätig waren, erstaunlicherweise Demokratie, Konsensfähigkeit und Gemeinwohldenken entwickelt haben. Andere Wissenschaftler bezeichnen die Entstehung unserer modernen politischen Ordnungsformen als einen „Fundamentalvorgang" der Geschichte. Dieser Prozess begann im Mittelalter, beschleunigte sich im Verlauf der sogenannten „langen" Frühen Neuzeit (1450–1848) und gelangte mit der Aufklärung und den bürgerlichen Revolutionen zum Durchbruch.

Aus dieser Perspektive wäre die Geschichte des Staates, so wie wir ihn heute kennen, eine einzige europäische Erfolgs-Story gelungener Modernisierung, deren Grundlage eine zunehmend ausdifferenzierte Gewaltenteilung ist.

Diese Interpretation ist sicher nicht völlig falsch, verstellt aber den Blick auf die Andersartigkeit politischer Ordnungsformen, Gesellschaften und Weltbilder zurückliegender Epochen. Die Geschichte des Staates ist eben nicht nur eine Geschichte institutioneller Veränderungen, sondern ist untrennbar verknüpft mit den Werten und Normen der jeweiligen Gesellschaft. Neue Vorstellungen idealer Herrschaftsformen waren oft eine Antwort auf konkrete politische Herausforderungen. So wird die erste wissenschaftliche Verfassungstheorie der Neuzeit, Jean Bodins (1529–1596) „Six Livres de la République" aus dem Jahre 1576, als Reaktion auf die bürgerkriegsähnlichen Religionskriege in Frankreich im 16. Jahrhundert verstanden. Dieses Werk sollte später als theoretische Grundlage des französischen Absolutismus zur Zeit Ludwig XIV. (1638–1715) bezeichnet werden. Auch der „Leviathan", die 1651 erschienene Staatsphilosophie von Thomas Hobbes, war bedingt durch eine Krise: der Kampf zwischen Krone und Parlament, der zum offenen Bürgerkrieg führte.

Die Frage nach dem idealen Staat hat die Menschen seit der Antike beschäftigt und immer wieder Kontroversen um die perfekte Herrschaft und die beste Staatsform ausgelöst. Wie nun konnten sich angesichts konkurrierender Herrschaftsmodelle und Wertvorstellungen, die begleitet wurden von Machtkämpfen, Bürgerkriegen und Revolutionen, überhaupt Grundlagen moderner politischer Ordnungsformen entwickeln? Was genau waren die Motive und Gründe für Veränderungen? Wer hat sie gefordert und durchgesetzt? Auf den nachfolgenden Seiten sollen diese Prozesse institutioneller Veränderungen jeweils mit Blick auf die politischen Herausforderungen der Zeit, auf die konkurrierenden Modelle des idealen Staates und auf gesellschaftliche und kulturelle Rahmenbedingungen erläutert werden. Im Mittelpunkt steht dabei die Frage nach der Entwicklung einer spezifisch europäisch-westlichen Vorstellung von „Gewaltausübung".

Grundlagen moderner politischer Ordnungsformen

Wiederholung: Das Heilige Römische Reich

Mit dem Ende des weströmischen Kaisertums im 5. Jahrhundert und der fortschreitenden Christianisierung Europas wurden die politischen und gesellschaftlichen Kräfteverhältnisse innerhalb dieses Raumes und in den Beziehungen zu anderen Großreichen wie Byzanz (Ostrom) und dem späteren osmanischen Reich völlig neu gestaltet.

Wiederbelebung der antiken Kaiseridee

Zu den aus heutiger Sicht zentralen Fragen politischer Ordnungsformen gehören die Herausbildung des mittelalterlichen Königtums bzw. Herrschaftsverbandes, die christliche Legitimation von Herrschaft, das Mächteverhältnis zwischen Papst und Kaiser und die Frage der legitimen Nachfolge des römischen Weltreiches. Mit der Kaiserkrönung Karls I. im Jahre 800 wurde die antike Kaiseridee wieder belebt. Die Kaiserkrönung Ottos I. 962 schließlich wurde zur Grundlage des mittelalterlichen Kaisertums, das sich in die Nachfolge Roms stellte. Ausdruck findet dieses Selbstverständnis in dem Titel „Romanorum imperator augustus". Dieser Nachfolgegedanke stand in Opposition zu den byzantinischen (oströmischen) Kaisern, die sich ebenfalls als Erben Roms sahen. Nach der Eroberung Konstantinopels 1453 durch die Osmanen sollten die osmanischen Herrscher sich noch im 17. Jahrhundert unter Berufung auf die oströmische Tradition gegen eine Anerkennung des Kaisers an der Spitze des Heiligen Römischen Reiches Deutscher Nation aussprechen.

M 2 Das Reich der Ottonen (919–1024)

Sakrales Herrschaftsverständnis

In der erst für das frühe 16. Jahrhundert belegten vollständigen Formulierung „Heiliges Römisches Reich Deutscher Nation" drückt sich das christlich geprägte sakrale Verständnis von Herrschaft, die Selbststilisierung der Kaiser in der Nachfolge Roms und damit der Anspruch auf Universalherrschaft sowie der Herrschaftsraum aus. Nach christlicher Auffassung gab es vier aufeinanderfolgende Weltreiche auf Erden, von denen das Heilige Römische Reich Deutscher Nation das letzte Weltreich darstellte. An dessen Ende wurde das Jüngste Gericht erwartet, die Wiederkehr Christi und seine Herrschaft auf Erden. Die Interpretation politischer Ereignisse war bis in die Frühe Neuzeit diesen theologischen Deutungsmustern verschrieben, und die Zeitgenossen versuchten die Welt wie ein großes Buch Gottes zu lesen und zu verstehen (theozentrisches Weltbild). Diese Lesart der Welt wirkte sich auch auf die politischen Ordnungsvorstellungen im Mittelalter aus.

Als Kernlande des Heiligen Römischen Reiches bildeten sich während des Mittelalters die Herkunftslande der Franken, Bayern, Alemannen und Sachsen heraus. Durch dynastische Verbindungen und Eroberungen waren während der Existenz des Heiligen Römischen Reiches von 962 bis 1806 weitere europäische Gebiete ganz oder teilweise mit dem Kernland verbunden. Politisch lässt sich dieses Reich nicht mit modernen verfassungsrechtlichen Begriffen beschreiben.

War das Heilige Römische Reich Deutscher Nation ein unregierbares politisches „Monstrum", wie manche Zeitgenossen im 18. Jahrhundert urteilten? Können wir nicht spätestens ab dem 17. Jahrhundert doch von einem Reichs-Staat sprechen, wie es die jüngere Forschung vorgeschlagen hat? Oder handelte es sich eher um einen losen Verband mit eigenständigen Landesherren, um so etwas wie einen Vorläufer oder gar ein „Musterbuch" Europas? Diese Fragen werden sehr strittig in der Geschichtswissenschaft diskutiert und am Ende dieses Gesamtkapitels noch einmal aufgegriffen. Die Genese moderner politischer Ordnungsformen war komplex, und die Zeitgenossen hatten sich intensiv mit mächtepolitischen Fragen und Herrschaftsansprüchen auseinanderzusetzen.

M 3

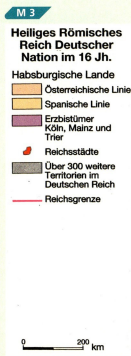

Heiliges Römisches Reich Deutscher Nation im 16 Jh.

Grundlagen moderner politischer Ordnungsformen

1. Wem gehört die Macht? Herrschaftsansprüche von Papst und Kaiser

Die Entstehung des mittelalterlichen Königtums

Zu dem Machtspiel um Herrschaftsansprüche im Verlauf des Mittelalters gehörten verschiedene Akteure – der König, die katholische Kirche mit dem Papst an der Spitze und die Stände, allen voran der Adel. Da es im Früh- und Hochmittelalter weder klare Rechtsstrukturen gab, von denen sich das Königtum ableiten ließ, noch rechtlich fixierte Nachfolgeregelungen, wurden Könige immer wieder neu damit konfrontiert, ihre Herrschaftsansprüche durchsetzen und legitimieren zu müssen. Je nach Einfluss und Prestige konnte aus dem Kreis regionaler Herrschergeschlechter potenziell der nächste König hervorgehen. Ein Blick in die Geschichte zeigt eine bunte Abfolge unterschiedlicher Geschlechter, die nach dem Ende des weströmischen Kaisertums (476) die Herrschaft der germanischen Völker übernahmen und das Königtum als allgemein akzeptierte Herrschaftsform im Mittelalter etablierten: Merowinger, Karolinger, Ottonen, Salier, Staufer, Wittelsbacher, Luxemburger und Habsburger.

Die Frage, wie sich in der Konkurrenz verschiedener Geschlechter der Führungsanspruch eines Einzelnen entwickelte und so etwas wie eine Königswürde, seit dem 9. Jahrhundert auch Kaiserwürde entstehen konnte, die von allen akzeptiert wurde, hat die Geschichtswissenschaft immer wieder neu beschäftigt. Ein wichtiges Herrschaftsmerkmal in vorchristlicher Zeit war der Glaube an das Königsheil: Ein König besaß übermenschliche Fähigkeiten, war unverwundbar, konnte andere heilen und Naturkatastrophen abwenden. Die neuere Forschung hat allerdings die Bedeutung eines spezifisch germanischen Königheils relativiert und stattdessen den Einfluss der Spätantike und des Christentums betont, auf dessen Grundlage sich das Verständnis eines sakralen Königtums herausbildete. Mit dem Übertritt des Merowingerkönigs Chlodwig (466–511) zum Christentum wurde die christliche Vorstellung des Gottesgnadentums grundlegend für die Legitimation von Herrschaft: Der König war von Gott eingesetzt. Im Früh- und Hochmittelalter herrschte der Einheitsgedanke von geistlicher und weltlicher Sphäre vor, und die Forschung spricht von theokratischem Königtum oder Priesterkönigtum. Aufgrund seiner besonderen Stellung und Abstammung erfüllte der König neben seiner weltlichen Herrschaft zugleich religiöse Aufgaben und wurde als oberster Priester angesehen.

Mit der Kaiserkrönung Karls des Großen am Weihnachtstag des Jahres 800 in Rom knüpften die mittelalterlichen Könige bewusst an die Tradition des weströmischen Kaisertums an und legten damit eine neue Machtbasis sowohl gegenüber den Ständen als auch gegenüber der katholischen Kirche. Mit der Formel „Dei gratia", von Gottes Gnaden, betonte der Kaiser seine Auserwähltheit von Gott und beanspruchte zugleich die Herrschaft über Rom. Unter den Ottonen erfuhr die sakrale Legitimation der Könige eine besondere Steigerung, die sich auch in den Herrscherbildern widerspiegelt. Die Geschichtswissenschaft spricht von einer „priesterlichen Qualität" des Königtums. Am 2. Februar 962 empfing Otto der Große (936–973) im römischen Petersdom die Kaiserkrone und wurde von Papst Johannes XII. (955–964) gesalbt. Noch deutlicher als seine Vorgänger lässt er keinen Zweifel mehr daran, dass der Papst

theokratisch

von Gott legitimiert

M 4 **Karl der Große**
Albrecht Dürer fertigte das Bild im Zeitraum zwischen 1511 und 1513 als Auftragsarbeit der Reichsstadt Nürnberg an. Karl hält in der Rechten das Reichsschwert, in der Linken den Reichsapfel. Auf seinem Kopf die Reichskrone. Der Ornat besteht aus der Adlerdalmatica, der über der Brust gekreuzten Stola und dem um die Schultern gelegten Mantel. Oben das deutsche Adler- und das französische Lilienwappen.

M 5 Slavinia, Germania, Gallia und Roma huldigen dem Kaiser Otto III., Buchmalerei aus dem Reichenauer Evangeliar, das im Auftrag des Kaisers entstand, Ende des 10. Jahrhunderts.

M 6 Kaiser Otto III. (983–1002) thront mit den Reichsinsignien zwischen Bischöfen und Reichsfürsten, Reichenauer Evangeliar, Ende des 10. Jahrhunderts.

Selbstverständnis des Monarchen

dem Kaiser untergeordnet war. Im Pactum Ottonianum (962) regelte er die Papstwahl und verlangte einen Treueschwur jedes neuen Papstes gegenüber dem Kaiser. Zugleich integrierten er und seine Nachfolger die Bischöfe äußerst geschickt in die weltliche Herrschaft. Sie verliehen den Reichskirchen Herrschaftsrechte und nutzten das königliche Mitspracherecht bei der Einsetzung (der Investitur) der Vorsteher von Bistümern und Klöstern gezielt für ihre Wunschkandidaten. Die Einheit von geistlicher und weltlicher Herrschaft, von Sacerdotium und Regnum, und damit das priesterkönigliche Selbstverständnis des Monarchen wird auch symbolisch deutlich, indem der Kaiser die geistlichen Amtsträger mit den kirchlichen Symbolen des Hirtenstabs und des Rings ausstattete.

Dieses gesteigerte imperiale Rangbewusstsein des Kaisers verband sich bei den Ottonen und frühen Saliern mit einer besonderen Verantwortung für die römische Kirche und einer Intensivierung kaiserlicher Herrschaft über Rom. Die Papsterhebung von Reichsbischöfen gewährleistete die Zusammenarbeit von Kaiser und Papst, was sich insbesondere in gemeinsamen Anstrengungen für eine Kirchenreform zeigte.

Zweischwerterlehre

Die Herrschaftsansprüche der mittelalterlichen Könige über die katholische Kirche wurden von Anfang an von Rom kritisch hinterfragt, und die Frage nach dem Machtverhältnis zwischen Papst und Kaiser entwickelte sich zu einem ständigen Konflikt. Unter Berufung auf die Bibel konstruierten die geistlichen und weltlichen Kontrahenten die Lehre der zwei Schwerter als Symbole der Herrschaft, die Gott den Menschen gegeben habe, und leiteten daraus ihre jeweilige Oberhoheit ab. Nach weltlicher Interpretation bedeutete die Zweischwerterlehre die Autonomie des Kaisers, seine Gotterwähltheit und eine Gleichberechtigung beider Gewalten. Nach geistlicher Deutung besaß der Papst beide Schwerter, von denen er eines an den weltlichen Herrscher verlieh, der ihm dadurch untergeordnet war.

Grundlagen moderner politischer Ordnungsformen

M 7 „Zweigewaltenlehre"
Christus übergibt Schlüssel und Schwert, Buchmalerei aus dem 13. Jahrhundert.

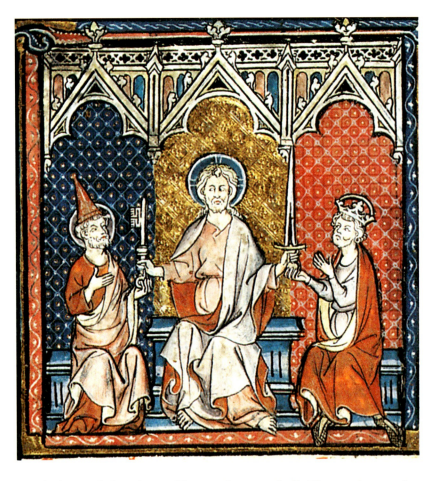

Zweigewaltenlehre

Bereits im 5. Jahrhundert n. Chr. wurde erstmals die Idee zweier voneinander getrennter Gewalten formuliert, die Zweigewaltenlehre. Papst Gelasius I. († 496) unterschied zwischen der heiligen Autorität von Bischöfen, die allein für den Bereich der Religion verantwortlich waren, und der weltlichen Herrschaft des Kaisers, dem er die höchste Würde innerhalb der Christenheit zusprach. In letzter Konsequenz mussten die Bischöfe vor dem Gericht Gottes auch für die weltliche Herrschaft Rechenschaft ablegen.

Die Realität der Herrschaftsausübung im Frühmittelalter war jedoch noch weit von diesen Vorstellungen getrennter Gewalten entfernt. Vielmehr wurde versucht, die Einheit weltlicher und geistlicher Herrschaft, von Sacerdotium und Regnum, argumentativ zu rechtfertigen. Der Meinungsstreit ist in Rechtsgutachten, Gesetzen und theologischen Abhandlungen sehr gut dokumentiert und spitzte sich seit dem 11. Jahrhundert zu. So bestätigt etwa die „Summa decretorum" des Huguccio von Pisa (um 1190), dass Christus beide Gewalten streng voneinander geschieden habe und die Kaiserwürde nicht von päpstlicher Bestätigung abhänge. Sehr deutlich forderte dagegen hundert Jahre später Papst Bonifaz III. die Unterordnung aller weltlichen Gewalt und der gesamten Menschheit unter die päpstliche Universalgewalt. Begründet wurde diese Forderung mit der unbedingten Heilszuständigkeit der Kirche. Rechtlich fixiert wurde dieser Anspruch in der päpstlichen Bulle „Unam sanctam" (1302).

Investitur

Einsetzung – wörtlich: Einkleidung – eines Geistlichen

Reformpapsttum

laikal

nicht geistlich

Kurie

päpstlicher Hof

Kardinalskollegium

Versammlung der Kardinäle

M 8 Papst Gregor VII. (1021–1085), Miniatur, 1. Hälfte 12. Jahrhundert

Politischer Konflikt zwischen Papst und Kaiser

Herrschaft im Konflikt – Der Investiturstreit

Welchen politischen Sprengstoff das Wechselspiel von Anspruch, Konflikt und Akzeptanz königlicher und kaiserlicher Machtausübung im Verhältnis zum Papst und zu den Reichsfürsten dennoch beinhaltete, sollte in dem Streit um die Investitur von Geistlichen im späten 11. und 12. Jahrhundert deutlich werden. Nur an der Oberfläche ging es um einen Konflikt zwischen Papst Gregor dem VII. (1020–1085) und Heinrich IV. (1056–1106) über die Frage der Investitur des Mailänder Erzbischofs. Faktisch entluden sich in diesem Streit ungeklärte Machtfragen um politische und rechtliche Einflussbereiche, die sich seit Jahrzehnten angebahnt hatten.

Seit der Mitte des 11. Jahrhunderts hatte das Papsttum zunehmend kritisch die stärker werdende Verflechtung geistlicher und weltlicher Rechtsbereiche zu Ungunsten der Kirche verfolgt. Auch die faktische Verfügungsgewalt des Königtums über die Bistümer, die besonders in den „deutschen Landen" ausgeprägt war, stieß zunehmend auf Widerstand. Das Reformpapsttum in Rom reklamierte für sich mit aller Macht die alleinige Zuständigkeit in geistlichen Dingen und sagte der laikalen Verfügungsgewalt über Kirchen und kirchliche Ämter offen den Kampf an. Im Zuge der inneren Kirchenreform wurden die römische Kirche und das Papsttum zu einer eigenständigen Institution, und mit der Gründung der Kurie und dem Kardinalskollegium entwickelte sich die Papstwahl zu einer innerkirchlichen Angelegenheit.

Gregor VII. strebte aber nicht nur die Befreiung der Kirche von weltlichen Einflüssen und eine Stärkung des Papsttums an, sondern gleichsam die Unterordnung der weltlichen Gewalt unter die geistliche. Dabei berief er sich auf die Zweigewaltenlehre. Diese Offensive Roms gipfelte in der These, dem Papst sei es erlaubt, den Kaiser abzusetzen. Heinrich IV. dagegen argumentierte auf der Grundlage der Zweischwerterlehre, dass die höchsten Repräsentanten der geistlichen und weltlichen Macht gemeinschaftlich die Welt regieren sollten und berief sich auf seine besondere Stellung als geweihter, gleichsam von Gott eingesetzter Herrscher. Diese Auffassungen prallten auch in der politischen Praxis aufeinander.

Als Schutzherr von Rom forderte Heinrich IV. den Papst schriftlich zur Abdankung auf und sprach ihm die Rechtmäßigkeit seines Amtes ab. Der König und seine Gefolgschaft redeten ihn nur noch geringschätzig mit seinem Taufnamen, Hildebrand, an. Wirkungsvoll reagierte der Papst, indem er Heinrich mit dem Kirchenbann belegte, ihm die Herrschaft über Italien und Deutschland aberkannte und die bischöflichen Gegner im Reich von ihren geistlichen Ämtern sowie die Untertanen von ihrem Treueid gegenüber dem König entband. Zugleich bezeichnete Gregor VII. Heinrich respektlos als Rex Teutonicum (deutscher König). Auf diese Weise stellte der Papst die besondere Würde eines zukünftigen Kaisers der Römer in Abrede, die Heinrich eigentlich mit der bevorstehenden Kaiserkrönung zustand.

Das päpstliche Verbot der Herrschaftsausübung und die Verhängung des Kirchenbanns über den König eröffneten eine bislang nicht gekannte Dimension der politischen Auseinandersetzung. Chroniken und Viten (Lebensläufe von Königen) sprechen davon, dass die Menschen schockiert waren über diese Vorgänge und nach Erklärungen suchten. Die Verunsicherung wurde größer, als sich die drei mäch-

59

Grundlagen moderner politischer Ordnungsformen

tigen süddeutschen Herzöge aus Bayern, Schwaben und Kärnten gegen ihren König erhoben und zu Anführern einer Adelsopposition wurden. Im Verlauf des Hochmittelalters hatte sich innerhalb des Adels eine Gruppe der sogenannten Reichsfürsten herausgebildet, die nach und nach auch das Königswahlrecht für sich monopolisierten und damit zunehmend zu einem Machtfaktor im Reich wurden. Die zunehmend oppositionellen Reichsfürsten riefen eine Fürstenversammlung ein und drohten mit der Absetzung des Königs und einer Neuwahl. Auch ein Teil der Bischöfe versagte seine Unterstützung.

Das Kräftemessen konnte kaum dramatischer inszeniert werden. Angesichts der schwindenden Gefolgschaft unter den Reichsfürsten sah der König keine andere Wahl mehr, als sich von dem Kirchenbann zu befreien und den Papst um Vergebung zu bitten. Den Höhepunkt der Auseinandersetzung bildete der Bußgang Heinrichs IV. nach Canossa. Ende Januar 1077 kam es zu der berühmten Begegnung zwischen Papst und König sowie einer großen Zahl von Vermittlern und Fürsprechern auf der oberitalienischen Burg Canossa. Barfuß und in weißem Bußgewand stand Heinrich IV. drei Tage vor den Toren, bis er von Gregor VII. wieder in die kirchliche Gemeinschaft aufgenommen wurde.

Nicht nur die Nachwelt, auch die Geschichtswissenschaft hat sich immer wieder intensiv mit der Bedeutung dieses Bußgangs auseinandergesetzt. War es eine Selbstdemütigung des Königs und eine Unterwerfung unter das Papsttum, die ihn für immer beschädigte? Oder hatte Heinrich IV. ein im Mittelalter für Könige übliches und vielfach belegtes Ritual königlicher Barfüßigkeit und Selbsterniedrigung rituell eingesetzt in dem Wissen, dass er so seine Königsherrschaft retten und die Opposition von Papst und Reichsfürsten gegen ihn durchbrechen konnte? Die mittelalterliche Ritualforschung hat herausgefunden, dass mit dem Akt der rituellen Unterordnung am Ende großer Konflikte die Wiedererlangung der Huld und die Reintegration in die frühere Stellung garantiert waren, gleichsam als Teil des gesamten Rituals. Und Papst und König bedienten sich zur Konfliktlösung bewährter und bekannter Rituale. Dennoch war die Situation neu, denn diese besondere Konstellation kannte keine Vorbilder.

Die Machtprobe zwischen den beiden Universalgewalten sowie zwischen König und Reichsfürsten setzte sich auch nach Canossa fort. Mit der Kaiserkrönung an Ostern 1084 in der Peterskirche in Rom durch den Gegenpapst Clemens III. hatte Heinrich IV. zunächst über das gregorianische Papsttum triumphiert, doch die Streitfragen waren nicht gelöst. Verschiedene Reichsfürsten verweigerten dem König weiterhin ihre Gefolgschaft. Die jüngere Forschung spricht daher auch davon, dass die tiefer liegenden Ursachen des Konfliktes in dem Verlust des Konsenses zwischen König und Adel liegen, der die Herrschaftsordnung unter den vorangegangenen Königen getragen hatte. Es kam zur Wahl von Gegenkönigen und Gegenpäpsten und zu kriegerischen Auseinandersetzungen, die von unzähligen Streitschriften der verschiedenen Lager begleitet wurden. Nach fast 50 Jahren erbittertem Konflikt wurde schließlich mit dem Wormser Konkordat (1122) ein Kompromiss mit weitreichenden Folgen erzielt.

M 9 Canossa
Heinrich IV. bittet die Burgherrin Mathilde um Vermittlung in Canossa, links Abt Hugo von Cluny, der Taufpate Heinrichs, Miniatur aus einer Lebensbeschreibung der Mathilde, um 1115.

Ursache des Konflikts

Stellenwert der Trennung

Die Trennung zwischen geistlicher und weltlicher Gewalt

Auf der Burg von Canossa hatte sich 1077 in symbolhaftem Handeln ein Wandel der Ordnungen abgebildet. Im Streit zweier universaler Gewalten kam es in den folgenden 50 Jahren zu grundlegenden Veränderungen im Gefüge von Kirche und Welt, von Papst und König, von Geistlichkeit und Laien. Das traditionelle Gefüge von Königtum und Papsttum zerfiel. Mit dem Primat des Papstes in allen geistlichen Bereichen verloren die Könige und Kaiser ihre priesterliche Mittlerstellung zwischen Gott und den Menschen. Die frühere Abhängigkeit der Päpste von ihren kaiserlichen Schutzherren bestand nicht weiter; an ihre Stelle trat der absolute Anspruch der Päpste, allein für das Heil der Menschen zuständig zu sein. Dieses Verhältnis drückte sich auch in veränderten Herrschaftsritualen aus. Im Verlauf des 12. Jahrhunderts wurde der König bei einem Zusammentreffen mit dem Papst symbolhaft die Rolle eines Pferdeknechts übertragen: Er musste mit dem sogenannten Stratordienst das Pferd des Papstes am Zügel führen, ein Ritual, dass nicht alle nachfolgenden Kaiser akzeptieren sollten. Neu war auch der Fußkuss, den der König zu leisten hatte.

M 10 Stratordienst
König Sigismund leistet dem Papst Martin V. auf dem Konzil von Konstanz 1417 den Stratordienst, Buchmalerei, 2. Hälfte des 15. Jahrhunderts.

Grundlagen moderner politischer Ordnungsformen

Domkapitel

Gemeinschaft von Geistlichen an Bischofskirchen

Mönchskonvent

Klosterversammlung

M 11 „Goldene Bulle"

Die Goldene Bulle von 1356 war das wichtigste der „Grundgesetze" des Heiligen Römischen Reiches und regelte die Modalitäten der Wahl und der Krönung der römisch-deutschen Könige durch die Kurfürsten bis zum Ende des Alten Reiches 1806. Hier die erste Seite mit dem Siegel (Bulle) von Karl IV.

Kaiser und Könige waren fortan ausschließlich für weltliche Dinge zuständig und sollten auf jeden Anteil an der kirchlichen Symbolwelt verzichten. Die Investitur eines Bischofs, wie sie noch Heinrich III. (1017–1056) selbstverständlich mit den geistlichen Symbolen des Hirtenstabs und des Rings ausgeführt hatte, oder gar deren Wahl war undenkbar geworden. Das Amt des Bischofs und des Reichsabtes wurde aufgeteilt in geistliche (Spiritualien) und in weltliche Funktionen (Temporalien). Könige und Kaiser waren nur noch für die Einsetzung der Geistlichen in die weltlichen Herrschaftsrechte zuständig, nahmen in der Praxis allerdings vor allem bei strittigen Wahlen weiterhin Einfluss. Die Wahl erfolgte auf der Grundlage des Kirchenrechts und wurde im 13. Jahrhundert zum ausschließlichen Privileg der Domkapitel oder Mönchskonvente. Nirgends sonst in Europa erlangten Erzbischöfe, Bischöfe, Äbte und Äbtissinnen eine derart einzigartige Herrschaftsstellung mit weltlichen und zugleich geistlichen Funktionen.

Auch wenn in Canossa die Weichen für eine neue Rangordnung zwischen Papsttum und Kaisertum gestellt wurden, kam es im Verlauf des Hoch- und Spätmittelalters immer wieder zu politischen Auseinandersetzungen zwischen einzelnen Päpsten und Königen bzw. Kaisern. Zeitgenössische Kommentatoren nahmen die veränderte Rangfolge ebenfalls nicht widerspruchslos hin und setzten sich in zahlreichen Publikationen kritisch mit dem Verhältnis der beiden Universalgewalten auseinander. Innerkirchliche Kritik an der Machtkonzentration des Papstes und den Auswüchsen weltlicher Herrschaft der Geistlichen wurde laut, die sich seit dem 14. Jahrhundert zuspitzte und schließlich mit der Reformation im 15. Jahrhundert ihren Höhepunkt erreichte.

Die Fürstenopposition während des Investiturstreits hatte zu einem gesteigerten Selbstbewusstsein des Adels im Reich geführt, das sich in konkreten Forderungen nach Herrschaftsbeteiligung und in gewisser Weise auch in Herrschaftskontrolle äußerte. Aus diesem Kreis entwickelte sich im 12. und 13. Jahrhundert das Kollegium der Kurfürsten (von „Kur" für Wahl), dem schließlich in der Goldenen Bulle 1356 das alleinige Recht zur Königswahl zusammen mit bestimmten gemeinsamen Privilegien endgültig zugestanden wurde. Dennoch lässt sich seit dem Investiturstreit eine Stärkung der Königsherrschaft durch Ausbau von Königslandschaften und durch Stadtgründungen beobachten. Ebenso bemühten sich die Fürsten um Herrschaftsintensivierung und Landesausbau. Neben die Herrschaftsinteressen von Königen und Fürsten trat mit der Gründung von Städten und ihrem wirtschaftlichen Bedeutungszuwachs auch ein neuer politischer Gestaltungswille. Die Städte schlossen sich als Interessengemeinschaft zusammen und hielten seit 1471 regelmäßig Städtetage ab.

2. Aufbruch und Umbruch: Herrschaftsverdichtung zu Beginn der Frühen Neuzeit

Geistig-kulturelle Veränderungen

Der Prozess der Herrschaftsverdichtung, der sich an der Wende vom 15. zum 16. Jahrhundert beschleunigte, ist auf ein Bündel von Ursachen zurückzuführen, die sich auf geistig-kulturelle Veränderungen beziehen, und auf konkrete gesellschaftliche und politische Herausforderungen der Zeit.

Von großer Wirkungsmacht auf politische Ordnungsformen und Ansprüche politischer Partizipation waren die geistigen Impulse, die von Renaissance und Humanismus ausgingen, und die Begeisterung für die Antike. Wurden bereits im Hochmittelalter durch Berührung mit der arabischen Gelehrtenwelt Kenntnisse aus Mathematik und Medizin übernommen und Texte der Griechen durch arabische Vermittler weitergegeben, so wurde die Rezeption antiker Autoren seit dem 15. Jahrhundert intensiviert und auf eine breitere gesellschaftliche Basis gestellt. Antike Staatsphilosophien, insbesondere die „Politika" des Aristoteles, standen Pate für die Entstehung moderner politischer Theorien und Denkmuster. Die Rezeption des Römischen Rechts sollte die Grundlage bilden für ein Rechtswesen unter ständischer Mitwirkung, das die Königsgerichtsbarkeit ergänzte, die Vorstellungen eines göttlichen Rechts ablöste und der päpstlichen Gerichtsbarkeit zunehmend Grenzen setzte. Mit der Gründung von Universitäten schließlich seit dem 13. Jahrhundert und der Erfindung des Druckereiwesens im 15. Jahrhundert wurde das Wissen aus den engen Mauern der Klöster hinausgetragen und die christlich-theologische Deutung der Welt zunehmend hinterfragt. Dieses Abschütteln des mittelalterlichen theozentrischen Weltbildes zeigte sich auch in einer neuen Begeisterung für den Menschen und seine Fähigkeiten. In seiner berühmten Rede „Über die Würde des Menschen" aus dem Jahre 1486/87 betont Pico della Mirandola die Willensfreiheit des Menschen und den unerschöpflichen Gestaltungsraum, der sich daraus als Möglichkeit und als Verantwortung ergibt.

Insbesondere in den Städten bildete sich unterhalb des Adels eine gesellschaftliche Schicht aus Gelehrten, gebildeten Kaufleuten, Ärzten, Apothekern, Pfarrern und Lehrern, die ihre Kinder auf Universitäten schickten und die für Nobilität durch Bildung statt durch Geburt standen.

Die Privilegien, darunter auch die Herrschaftsrechte und die Gerichtsbarkeit des Adels, die dieser aufgrund seiner Abstammung genoss, wurden erstmals hinterfragt. Marktverflechtung, Geldwirtschaft und Kreditwesen nahmen zu, und es entstand ein neuartiger Handelskapitalismus, verbunden mit einem neuen Selbstbewusstsein der gesellschaftlichen Schichten, die daran partizipierten. Sie präsentierten sich nicht nur innerhalb der Städtegesellschaft als Führungsschicht, indem sie die dem Adel vorbehaltenen Statussymbole für sich nutzten und umdeuteten, sie forderten auch zunehmend ein Mitspracherecht bei politischen Entscheidungen. Vergleichbare Verhaltensmuster finden sich auch bei humanistisch gebildeten Räten und Lehrern, auch wenn sie ihren Geltungsanspruch auf andere Weise nach außen trugen. Statt eines dem Adel vergleichbaren repräsentativen Lebensstils kreierten sie eher das Bild des Gelehrten, erkennbar an Kleidung und Habitus.

---

theozentrisches Weltbild
Weltbild, in dem Gott im Mittelpunkt steht

Renaissance und Humanismus

M 12 Erasmus von Rotterdam (1466/1469–1536)
Bedeutender Humanist und Autor zahlreicher Bücher, Kupferstich von Albrecht Dürer, 1526

Gesellschaftlicher Wandel

Grundlagen moderner politischer Ordnungsformen

M 13 **Matthäus Schwarz**
In dem hier vorliegenden Trachtenbuch des Augsburgers Matthäus Schwarz (1497–1574), Buchhalter der Fugger, spiegelt sich das Geltungsbedürfnis eines einzelnen Kaufmanns und seine Vorliebe für standesgemäße Kleiderauswahl. Auf dem Bild ist Matthäus 16 Jahre alt.

Die Zeitgenossen beschäftigten sich überaus intensiv mit ihrem eigenen Sein, ihrem Aussehen, ihrem körperlichen Befinden und ihrer gesellschaftlichen Position. Diese Selbstreflexionen einer Gesellschaft im Umbruch sind dokumentiert in zahlreich erhaltenen Tagebüchern, Briefen, bebilderten Geschlechtertafeln und Porträts. Die bis dahin ungekannte Intensität der Selbstreflexion und das wachsende Bewusstsein über die Willens- und Gestaltungskraft des Menschen haben dazu geführt, dass das Zeitalter des Humanismus auch als Beginn der Individualisierung bezeichnet wird, auch wenn diese epochale Zuschreibung heute mit Recht relativiert wird.

Im Zuge dieser Veränderungen war ein Universitätsabschluss häufig die Voraussetzung, um eines der neu entstehenden Ämter an Fürstenhöfen und am Kaiserhof zu erhalten. Die Professionalisierung der Amtsinhaber ging einher mit einer Ausdifferenzierung des Ämterwesens und einer Spezialisierung der Aufgabenbereiche. Neu waren auch die Verschriftlichung sämtlicher Verwaltungsvorgänge und das Anlegen von Registraturen.

Neben diesen kulturellen und gesellschaftlichen Veränderungen war es eine Reihe äußerer Bedrohungen und innerer Konflikte, die eine Kooperation der einzelnen Herrschaftsträger und eine Verdichtung von Herrschaft erzwang und allmählich festere Verfahrensformen des politischen Miteinanders hervorbrachte. Die osmanische Eroberung von Byzanz 1453 markierte den Beginn einer Expansion des Osmanischen Reiches in den folgenden 150 Jahren bis an die Grenzen des Heiligen Römischen Reiches im Südosten. Daraus entwickelte sich ein ständiger Krisenherd. Mächtepolitische Auseinandersetzungen in Europa führten zu lang andauernden Kriegen. Der Frieden im Inneren war bedroht durch ein unkontrolliertes Fehdewesen im Reich, das sich auf das Privileg des Adels stützte, sein Recht mit Waffengewalt durchzusetzen. Eine der größten Herausforderungen mittelalterlicher und frühneuzeitlicher Machtausübung bestand darin, die strukturellen Voraussetzungen zu schaffen für eine dauerhafte Sicherung von Frieden und Recht zum Schutz des Gemeinwohls.

Die institutionellen Veränderungen der Reichsordnung, zu denen es an der Wende zur Neuzeit schließlich kam, waren eine Antwort auf dieses Konfliktpotenzial.

Vom Hoftag zum Reichstag

Die Machtausübung mittelalterlicher Könige konkretisierte sich in Hoftagen, die in unablässiger Folge an verschiedenen Orten stattfanden. Zu diesen Hoftagen strömte eine große Zahl von Personen unterschiedlichen Ranges zusammen, die dem König in einem persönlichen Treueverhältnis verpflichtet waren. Politische Willensbildung und Entscheidungen waren in der Regel das Ergebnis von intensiven Beratungen und Konsensstiftungen, zunächst im kleinen, vertrauten Kreis, dann öffentlich. Auch wenn der König innerhalb dieser Beratungen eine klare Machtposition innehatte, so war er dennoch an bestimmte Verfahren gebunden und vor allem von der Zustimmung des Adels abhängig. Aus dem Adel heraus entwickelte sich im Verlauf des Hochmittelalters die Gruppe der sogenannten **Reichsfürsten**, die nach und nach auch das Königswahlrecht für sich monopolisierte und damit zunehmend zu einem Machtfaktor im Reich wurde. Die konsensuale, auf Übereinstimmung beruhende Herrschaft fand ihren Ausdruck u. a. in der festgelegten Abfolge von Königswahl durch den Adel, Throngelübde und Weihe, die zur Norm für die meisten Königserhebungen im Mittelalter wurde. Solange die Reichsfürsten an der Königsherrschaft partizipierten, stand der Adel nicht grundsätzlich in Konkurrenz zum Königtum.

„Interessengeflecht führender Familien"

Bis weit ins 15. Jahrhundert hinein war das Reich ein „Interessengeflecht führender Familien", so hatte es der Historiker Peter Moraw einmal charakterisiert. Im Vordergrund stand noch nicht die Herrschaft über ein bestimmtes Gebiet, sondern über Personen. Das Reich besaß kein festes Territorium mit eindeutigen Grenzen, wie es moderne Karten suggerieren, sondern franste an den Rändern gewissermaßen aus. Durch dynastische Verbindungen und Kriege veränderte sich der Herrschaftsraum, auch gab es am Übergang vom Spätmittelalter zur Frühen Neuzeit keinen klar definierten Herrschaftsmittelpunkt. Im 15. Jahrhundert beispielsweise herrschten die habsburgischen Kaiser überwiegend von der südöstlichen Peripherie und waren auf Reichsversammlungen häufig gar nicht anwesend.

Reichsglieder

Dem Kaiser als oberstem Lehnsherrn stand die Gesamtheit der Reichsglieder gegenüber. Diese waren reichsunmittelbare Herrschaftsträger verschiedener Art mit je unterschiedlichen Rechten und Pflichten: Kurfürsten, Fürsten, Grafen, Prälaten, Ritter, Städte und sogar reichsunmittelbare Dörfer. Das Spektrum reichte von einflussreichen Kurfürsten auf der einen Seite, die durch Eheschließungen mit Dynastien in ganz Europa verbunden waren, bis zu kleinen Reichsrittern auf der anderen Seite, die gerade einmal über ein paar Dörfer herrschten. Die meisten Reichsstände übten ihrerseits Herrschaft über Gebiete aus, in denen es wiederum kleinere geistliche und weltliche Herrschaftsträger gab: adlige Grund- und Gutsherrschaften, Klöster, Stifte und Kommunen. Wie die Reichsstände gegenüber König und Kaiser versuchten auch sie als Landstände, ihre Interessen gegenüber dem Landesherrn zu wahren.

Diese ungeheure Vielfalt von Herrschaftsinteressen und Herrschaftsrechten sowie weitreichende gesellschaftliche und wirtschaftliche Ver-

M 14 „Das Heilige Römische Reich mit seinen Gliedern"
Holzschnitt Hans Burgkmair der Ältere, 1511

Grundlagen moderner politischer Ordnungsformen

Reichstage

änderungen verlangten nach dauerhaften und belastbaren institutionellen Formen von Herrschaftsausübung und Herrschaftskontrolle. Zwischen 1495 und 1521 wurde eine Reihe großer Gesetzeswerke und struktureller Veränderungen realisiert, die den Beginn der modernen Staatsbildung einläutete. Den Auftakt bildete die 1495 in Worms durch Kaiser Maximilian I. einberufene Reichsversammlung. Für diese Versammlung taucht in den Quellen erstmals die Bezeichnung „Reichstag" auf. Damit kam zum Ausdruck, dass es sich bei dieser Versammlung um die Repräsentation des Ganzen handelte und die Beschlüsse der Gesamtheit dienen sollten. Der traditionelle Hoftag, zu dem der Kaiser beliebige Vasallen und Getreue einladen konnte, wurde nun endgültig durch verbindlichere Formen politischer Entscheidungsfindung und die Gründung von Reichsinstitutionen mit klar definierten Zuständigkeiten und Verfahrensregeln abgelöst.

Das Zeitalter der Reichsreformen

Die Reichsreformen waren von zwei teilweise gegensätzlichen Interessenlagen geprägt. Auf der einen Seite standen die vielfach konkurrierenden Interessen einzelner Landesherren und Reichsstädte, sogenannte Partikularinteressen, die nur zum Teil mit den Anliegen der Gesamtheit oder des Kaisers übereinstimmten. Zum anderen mussten bestimmte Aufgabenbereiche zentral geregelt werden, wobei die einzelnen Reichsstände kritisch darüber wachten, dass sie bei den entstehenden Reichsinstitutionen ein Mitspracherecht erhielten.

Die Struktur des Reiches war ganz wesentlich dadurch geprägt, dass die großen Reichsfürsten eine traditionell starke Herrschaftsposition innehatten, die sie im Laufe der Neuzeit zur Landeshoheit ausbauten. Anders als in England oder Frankreich, wo es bereits früh zu einer Stärkung der königlichen Zentralgewalt kam, vollzog sich im Heiligen Römischen Reich der Prozess der Staatsbildung auf Territorial- bzw. auf Landesebene, teilweise auf Kosten des Kaisers. Die Weichen für diese Entwicklung, die sich heute noch in der föderalen Struktur Deutschlands zeigt, wurden bereits im Mittelalter mit der endgültigen Durchsetzung der Wahlmonarchie im 12. Jahrhundert gestellt.

Anders als in den europäischen Erbmonarchien, bei denen die Thronfolge durch dynastisches Geblütsrecht bestimmt wurde, war der König von der Zustimmung der Königswähler, der Kurfürsten, abhängig und musste ihnen Zugeständnisse machen. Mit den sogenannten Wahlkapitulationen erhielten diese Absprachen sogar Vertragscharakter. Darüber hinaus hat das mittelalterliche Reich keine dauerhafte, zentrale Verwaltungs- und Exekutivinstitutionen aufgebaut, auch wenn dies unter den Saliern und Staufern versucht worden war. Und schließlich hatte sich die römische Kirche nach dem Investiturstreit der herrschaftlichen Instrumentalisierung durch den Kaiser entzogen. Die einstmals unter den Ottonen im 10. Jahrhundert verliehenen Herrschaftsrechte an Bischöfe und Klöster dienten nun zum Aufbau eigener Herrschaftsterritorien, und Erzbischöfe und Bischöfe konnten in ihren Gebieten als Reichsfürsten weltliche Landeshoheit innehaben.

Entscheidende Reformen wurden während der Herrschaft von Kaiser Maximilian I. (1495–1519) durchgesetzt. Durch geschickte Heiratspolitik war der Machtbereich der Habsburger Dynastie, aus der fast alle Könige und Kaiser der nächsten 300 Jahre kommen sollten, um das

Strukturmerkmale des Reichs

M 15 Friedrich der Weise (1463–1525), Kurfürst von Sachsen
Das politische Reformdenken Friedrich des Weisen verfolgte eine Stärkung der Territorialfürsten und damit auch gleichzeitig eine Machtminderung der kaiserlichen Zentralgewalt wie auch eine Schwächung des Papsttums, Gemälde aus der Werkstatt von Lucas Cranach d. Ä., um 1525/27.

M 16 **Kaiser Maximilian I., (1459–1519)** mit seiner Frau Maria von Burgund, dem Sohn Philipp dem Schönen und den Enkeln Ferdinand I., Karl V. und Ludwig II., Gemälde von Bernhard Strigel, um 1515/20

Erbe der beiden spanischen Kronen, ihre überseeischen Besitzungen in Amerika, Afrika und Asien und den wohlhabenden und kulturell weit entwickelten niederländischen Territorienkomplex angewachsen. Auch wenn die Regentschaft Maximilians als „Zeitalter der Reformen" in die Geschichte eingegangen ist, so sind die Reformwerke trotz Reformbewegung und unzähliger Reichsversammlungen im 15. Jahrhundert nicht das Ergebnis eines systematisch angelegten Reformprogramms, sondern eher die Folge pragmatischer Entscheidungen. Trotzdem brachte der Reichstag in Worms 1495 eine Reihe grundlegender Reformgesetze auf den Weg, die die strukturelle Entwicklung bis zum Ende des Heiligen Römischen Reiches 1806 bestimmten.

Die zunächst wichtigste Neuerung einer Reihe miteinander zusammenhängender Reformgesetze war der „Ewige Landfriede". Er beinhaltete ein zeitlich unbefristetes, immerwährendes und unbedingtes Fehdeverbot. Von nun an sollten Konflikte über den Rechtsweg ausgetragen werden und die Grundlage eines staatlichen, rechtlich klar definierten Gewaltmonopols wurde gelegt. Flankiert wurde diese Maßnahme mit der Gründung des Reichskammergerichts 1495, das als ständisch dominierte Gerichtsbarkeit mit einer festen Zahl teils adliger, teils rechtsgelehrter, teils bürgerlicher Mitglieder die traditionelle Rolle des Kaisers als oberster Gerichtsherr unterlief. Der Sitz des Gerichts wechselte mehrmals, bis es zu einer dauerhaften Einrichtung in Wetzlar kam. Das Reichskammergericht war die höchste Appellationsinstanz, und selbst einfache Leute konnten Prozesse dorthin tragen, es sei denn, der Landesherr besaß ein sogenanntes Privilegium de non appellando, womit die Obergerichte eines Landes die höchste Berufungsinstanz darstellten. Neben dem Reichskammergericht entwickelte sich der Reichshofrat als zentrale Regierungsinstanz des Kaisers zur zweiten höchsten Gerichtsbarkeit. Im Verlauf der Geschich-

„Ewiger Landfriede"

Fehde

geregelter, aber gewaltsamer privater Konfliktaustrag, besonders zwischen Rittern

Reichskammergericht

Appellation

Anrufung

Grundlagen moderner politischer Ordnungsformen

M 17 Audienz am Reichskammergericht in Wetzlar
Kupferstich von Peter Fehr, um 1735

te kam es aus politischen Interessenkonflikten zwischen Kaiser und Reichsständen häufig zu Kompetenzstreitigkeiten. Dennoch hat die Existenz dieser beiden Reichsgerichte dazu beigetragen, dass soziale, religiöse, wirtschaftliche und politische Konflikte zunehmend auf dem Rechtsweg ausgetragen wurden. Damit wurde eine Verrechtlichung der Beziehungen in Politik und Gesellschaft erreicht, verbunden mit einer wachsenden Gewähr von Rechtssicherheit und dem Wissen um Rechtsansprüche auch bei einfachen Untertanen.

Reichssteuer

Erstmals beschlossen wurde die Erhebung einer allgemeinen Steuer, der sogenannte Gemeine Reichspfennig. Diese Steuer sollte von allen Reichsuntertanen ab dem 15. Lebensjahr, Männern wie Frauen, abhängig von den Vermögensverhältnissen eingezogen werden. Die Pfarreien und eine neue Steuerbehörde waren für die Steuer verantwortlich, das Projekt scheiterte allerdings am Widerstand der Reichsstände, die dem Reich keinen direkten Zugriff auf die Ressourcen der einzelnen Territorien zugestehen wollten.

Funktion der Reichstage

Eine weitere entscheidende Reform, die auf dem Reichstag in Worms 1495 verabschiedet wurde, war die dauerhafte und institutionell abgesicherte Einbindung der Reichsstände in die Reichspolitik. In einer Vereinbarung zwischen Kaiser und Reichsständen, der sogenannten „Handhabung Friedens und Rechtens", wurde festgelegt, dass jährlich Reichstage stattfinden sollten. Festgeschrieben wurde die Notwendigkeit eines Konsenses der Stände bei Steuerbewilligungen, Entscheidungen über Krieg und Frieden und Bündnissen. Dem Reichstag gehörten drei Kollegien (Kurien oder Räte) an: die Kurfürsten (Königswahlrecht), die Reichsfürsten und die Reichsstädte. Ihre Rangfolge war streng geregelt und spiegelte sich sowohl in der Sitzordnung im Reichstag als auch in Zeremonien und Ritualen wider. Anders als in modernen Parlamenten waren die Reichstagsmitglieder nicht durch die Untertanen legitimiert, sondern sie repräsentierten das Reich als Teile eines gesamten Reichskörpers in ihrer Funktion als Territorialherren oder Gesandte der Reichsstädte. Interessant ist, dass Reichstagsbeschlüsse rein rechtlich nur für diejenigen verbindlich waren, die auf dem Reichstag anwesend waren; Abwesenheit konnte also rein theoretisch von Steuerzahlungen entbinden und war besonders bei erhöhtem Finanzbedarf in Kriegszeiten ein beliebtes politisches Mittel.

Ablauf der Reichstage

Im Verlauf des 16. Jahrhunderts hatte sich auf den Reichstagen ein klares Verfahren entwickelt: Der Reichserzkanzler, der Kurfürst von Mainz, lud im Auftrag des Kaisers alle Reichsstände in eine zuvor bestimmte Reichsstadt ein. Nach einer zeremoniellen Eröffnung des Reichstags durch eine Messe verlas der Kaiser oder sein Stellvertreter eine sogenannte Proposition, in der die zu beratenden Themen vorgestellt wurden. Die Beratungen selbst fanden nach Kurien getrennt statt, und es wurde so lange getagt, bis im Umfrageverfahren ein Konsens hergestellt wurde. Anschließend kam es zu einem Meinungsaustausch zwischen den Kurien der Kurfürsten und der Reichsfürsten und zu einem gemeinsamen Votum, das in einem nächsten Schritt der städtischen Kurie vorgestellt wurde. Das Ergebnis wurde als „Reichsgutachten" dem Kaiser überbracht. Erst wenn dieser zustimmte, wurde ein „Reichsschluss" verabschiedet. Für die effektivere Durchsetzung der „Reichsschlüsse" oder auch „Reichsabschiede" wurde das Reich 1500 in zunächst sechs, ab 1512 in zehn Reichskreise unterteilt, die aus

M 18 Kreiseinteilung im Heiligen Römischen Reich Deutscher Nation 1500/1512

Grundlagen moderner politischer Ordnungsformen

M 19 **Martin Luther (1483–1546),** Gemälde (o. J.) von Lucas Cranach d. Ä.

jeweils benachbarten Territorien bestanden. Neben dem ständischen Kurienverfahren etablierte sich ein ständeübergreifendes Ausschussverfahren, um konkrete Konflikte und Sachlagen schneller beraten zu können.

Seit 1663 tagte der Reichstag nicht mehr zu bestimmten Terminen, sondern als ständiger Gesandtenkongress. Dieser „Immerwährende Reichstag" hatte seinen Sitz in Regensburg, wo die Beratungsräume heute noch zu besichtigen sind.

Eine nahezu existenzielle Belastungsprobe für die gerade entstandenen Reichsinstitutionen bedeutete die Reformation. Ursprünglich eine Bewegung zur „Wiederherstellung" der katholischen Kirche auf der Grundlage der Heiligen Schrift frei von allen Herrschaftsansprüchen des Papstes, entwickelte die Reformation eine religiöse, politische und gesellschaftliche Dynamik und Sprengkraft, die zur Spaltung der Christenheit in Katholiken, Lutheraner und Reformierte sowie eine kaum überschaubare Zahl religiöser Sekten führte. Diese Spaltung und die damit einhergehenden Meinungsverschiedenheiten verursachten teilweise unüberbrückbare politische Konflikte zwischen katholischem Kaiser und katholischen Reichsständen auf der einen Seite und Reichsständen, die zum lutherischen oder reformierten Glauben übergetreten waren, auf der anderen Seite. Trotz kriegerischer Auseinandersetzungen zwischen den katholischen und reformatorischen Lagern, Aufständen und Revolten kam die gemeinsame Politik auf den Reichstagen in den 1530er- und 1540er-Jahren jedoch nicht vollständig zum Erliegen.

Augsburger Religionsfrieden

Auf dem Augsburger Reichstag 1555 schließlich wurde in einem Religionsfrieden auch rechtlich anerkannt, dass sich die Spaltung der Kirche weder militärisch noch rechtlich rückgängig machen ließ. Neben der katholischen Konfession wurde nun auch die lutherische Konfession offiziell anerkannt (die Anerkennung der reformierten Konfession erfolgte erst 1648 auf dem Westfälischen Frieden). Einzelne Reichsinstitutionen wie das Reichskammergericht sollten paritätisch von Katholiken und Lutheranern besetzt werden. Dem Landesherrn wurde das Reformationsrecht in seinem Territorium zugestanden, was zumindest theoretisch bedeutete, dass er über die Konfessionszugehörigkeit seiner Untertanen bestimmen konnte. Weitreichend war auch die Regelung, dass die Einziehung katholischen Kirchenguts – etwa durch die Auflösung der Klöster durch lutherische oder reformierte Landesherrn – nachträglich legalisiert wurde. Allerdings sollten katholische Besitztümer und Ämter in katholischer Hand bleiben, wenn etwa ein katholischer Fürstbischof, der zugleich Landesherr war, konvertierte: Dieser verlor dann seine Herrschaft und wurde durch einen katholischen Nachfolger ersetzt. Für das Verhältnis zwischen katholischer Kirche und lutherischen bzw. reformierten Landesherren war weiterhin von Bedeutung, dass bei allen nicht rein religiösen Fragen und Konflikten die geistliche Gerichtsbarkeit nicht länger zuständig war und durch weltliche Gerichte abgelöst wurde.

Die Forschung hat den Augsburger Religionsfrieden immer wieder als „verfassungsgeschichtlichen Meilenstein" bewertet, da mit diesem Friedenswerk erreicht wurde, dass die Konfessionsparteien in einem formal und rechtlich geregelten Rahmen einigermaßen friedlich nebeneinander existieren konnten, ohne dass über die theologische Wahrheitsfrage entschieden werden musste.

3. Die „Doppelstaatlichkeit" des Reiches

Reich und Territorien

Ein Kennzeichen der Staatsbildung im Heiligen Römischen Reich Deutscher Nation war, dass sich der Prozess der Herrschaftszentrierung auf zwei Ebenen vollzog: auf Reichsebene und auf Territorialebene. Die Grundlagen dieser Entwicklung waren bereits 1495 mit den Reichsreformen gelegt. Parallel zur Ausbildung des Reichstags und der Reichsgerichte vollzog sich der Staatsaufbau auf Territorialebene. Inwieweit allerdings für die Herausbildung der Reichsinstitutionen von Staatsbildung gesprochen werden kann und damit auch der Begriff der „Doppelstaatlichkeit" tragfähig ist, ist in der Geschichtswissenschaft heftig umstritten.

Das Herzogtum Bayern – Ein Beispiel

Bayern als Territorialstaat

Die Grundlagen für die Entwicklung zum bayerischen Territorialstaat wurden bereits im Mittelalter gelegt, mit der Übertragung der bayerischen Herzogwürde im 12. Jahrhundert, der Durchsetzung der Wittelsbacher Dynastie als erfolgreichem Herrscherhaus und schließlich dem Aufbau eines Rechts- und Verwaltungswesens unter Ludwig dem Bayern. Die endgültige Herausbildung einer politischen Zentralgewalt im Herzogtum Bayern und deren Durchsetzung im gesamten Herrschaftsgebiet erfolgte im 16. Jahrhundert und wurde von sehr unterschiedlichen Faktoren begünstigt. Dazu zählte der gescheiterte Versuch Kaiser Karls V., auf Reichsebene die Kirchenspaltung seit der

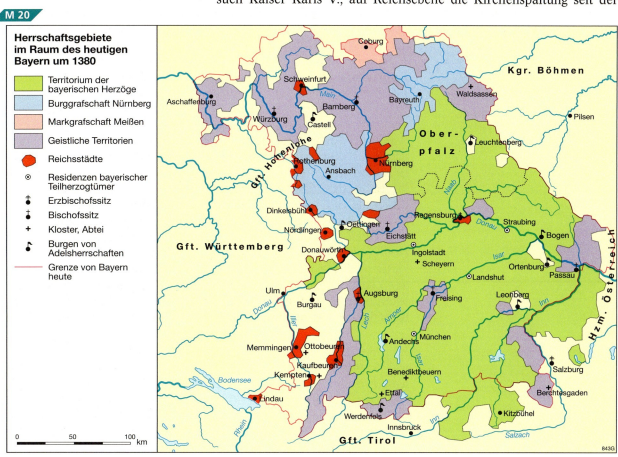

M 20

Grundlagen moderner politischer Ordnungsformen

Reformation zu überwinden. Ihm war es trotz aller Bemühungen nicht gelungen, eine einheitliche Reichskirche durchzusetzen. Daher wurde die Vereinheitlichung des religiösen Bekenntnisses zu einer politischen Herausforderung der einzelnen Landesherren.

Reform der katholischen Religion

Die Herzöge in Bayern hielten an der katholischen Konfession fest, leiteten eine innere Reform der katholischen Kirche ein und waren zunächst zu Zugeständnissen gegenüber den Forderungen protestantisch gewordener Mitglieder des Hochadels insbesondere in Niederbayern bereit. Als protestantische Adlige ihre Zustimmung zu Steuererhebungen auf dem Landtag 1563 an die Gewährung von mehr Religionsfreiheiten knüpften, kam es allerdings zum offenen Konflikt. Den Ständen wurde Unbotmäßigkeit und Rebellion gegen den Landesherrn vorgeworfen, und sämtliche Zugeständnisse an die Protestanten im Herzogtum wurden schon in der zweiten Hälfte des 16. Jahrhunderts schrittweise wieder zurückgenommen. Gleichzeitig versuchte die katholische Obrigkeit in Bayern, die katholische Konfession durch administrative Maßnahmen wie Visitationen der Gemeinden und eine bessere Ausbildung der Kleriker zu festigen. Eine zentrale Rolle in dieser sogenannten katholischen Konfessionalisierung spielte im Herzogtum Bayern der Jesuitenorden, dessen Mitglieder in Schulen und Universitäten und durch die Gründung marianischer Kongregationen die katholische Lehre in den Köpfen der Menschen zu verankern suchten. Mit der Errichtung eines Geistlichen Rats als Behörde wurde der Einfluss des frühmodernen bayerischen Staats auf die Kirche institutionalisiert. Die Kirchenpolitik der bayerischen Herzöge strebte nach der staatlichen Oberhoheit in kirchlichen Dingen, und man versuchte, die katholische Konfession im Reich zu stärken.

Visitationen
Besuche

Marianische Kongregationen
von Jesuiten ins Leben gerufene religiöse Zusammenschlüsse von Gläubigen

M 21 Die Jesuitenkirche St. Michael in München
Die 1597 geweihte Kirche war geistliches Zentrum der Gegenreformation in Bayern, aktuelles Foto.

Staatliche Organe

Ein weiterer Faktor, der den Prozess der Staatsbildung beeinflusst hatte, war der wachsende Finanzbedarf frühneuzeitlicher politischer Gemeinwesen, der nur durch ein effektives Steuersystem gedeckt werden konnte. Um diesen Anforderungen gerecht zu werden, entstand im Herzogtum Bayern im Zuge mehrerer Reformmaßnahmen eine Zentralbürokratie und die Herrschaftsrechte und Privilegien des Adels wurden zurückgedrängt. 1550 wurde der Hofkammerrat eingerichtet, ein kollegial von

Geheimer Rat

Herzog und Hofrat unabhängiges politisches Gremium mit der Aufgabe, kritisch über das Gemeinwohl des Staates zu wachen. In einer Denkschrift aus dem Jahre 1557, die Herzog Albrecht V. von Bayern angefordert hatte, übten die Hofkammerräte schonungslos Kritik an den Zuständen am Hof und am Herrscher selbst. Sie forderten radikale Sparmaßnahmen und die Erschließung neuer Finanzquellen, um die katastrophale wirtschaftliche Situation des Staatshaushaltes in den Griff zu bekommen. Herzog Albrecht allerdings verwahrte sich gegen eine derartig selbstbewusste Politik der Räte und strebte danach, die Stände seiner Herrschaft unterzuordnen. 1583 wurde angesichts zunehmender außenpolitischer Konflikte ein Kriegsrat gegründet. Von besonderer Bedeutung war die Errichtung des Geheimen Rates, der aus dem persönlichen Regiment des Herzogs und einem engen Kreis von Vertrauten hervorgegangen war. Der Aufgabenbereich des Geheimen Rates erstreckte sich auf Landtagssachen, den fürstlichen Haushalt und die Hofhaltung, die Oberaufsicht über andere Landesbehörden sowie die Außenpolitik.

Intensivierung der Gesetzgebung

Parallel mit dem Aufbau einer Zentralbürokratie entwickelte der frühmoderne Staat in Bayern wie auch in anderen deutschen Territorien eine intensive Gesetzgebung, um das gesamte Herzogtum politisch zu durchdringen und rechtlich zu einen. Neben Ordnungen, die das Funktionieren der neuen Verwaltung regeln sollten, wie beispielsweise die Hofratsordnung von 1551 oder die Hofratskanzleiordnung von 1581, trat eine Flut sogenannter Policey-Ordnungen. Ihr übergeordnetes Ziel war der Schutz des Gemeinwohls. Die gesetzgeberischen Gegenstände dieser Policey-Ordnungen bezogen sich auf nahezu alle Bereiche des menschlichen Zusammenlebens. Es gab klare Verhaltensvorgaben an Fest- und Feiertagen, die Meldepflicht von Fremden, Bestimmungen zu Prostitution, Unzucht, Ehekonflikten, Glücksspiel, Luxus, Trunksucht, Kleidung, aber auch Ausführungen zum Bekanntmachungswesen, Landschaftsbau, Holzschlag usw. Religiöse Sittengesetzgebung und herrschaftliche Sozialdisziplinierung gingen oft Hand in Hand, wie am Beispiel der Verordnungen zu Spinnstuben deutlich wird: Hier versammelte sich in den Abendstunden die weibliche Jugend zum Spinnen von Garnen. Oft gesellten sich junge Männer hinzu, und die Spinnstuben waren vor allem in ländlichen Gegenden ein Ort des Kennenlernens und des Austausches erster sexueller Erfahrungen. Entsprechend wurden diese Zusammenkünfte durch die neue Sittengesetzgebung geahndet und nicht selten in Flugschriften als Orte sexueller Ausschweifungen kriminalisiert.

„Policey-Ordnungen"

Beschwerdeschriften

Die Gesetzgebung war allerdings nicht nur ein Prozess von oben, mit dem frühmodernen Staat als Initiator neuer Ordnungen an der Spitze. Nicht selten waren die Untertanen selbst die Auslöser neuer Gesetze, indem sie sich mit Beschwerdeschriften direkt an den Herzog und seine Räte wandten und um Abhilfe baten. Viele der neuen Gesetze verletzten Gewohnheitsrechte der Untertanen, – wie das Holzsammeln, das nun unter Eigentumsdelikte fiel –, oder liebgewonnene Bräuche wie Wirtshausbesuche oder das Feiern von Festen. Entsprechend finden sich immer wieder Verstöße gegen Policey-Ordnungen, und es war ein langer Prozess des Ausbalancierens von Altem und von Neuem, bis das Gemeinwesen allmählich auf eine verbindliche Rechtsgrundlage gestellt werden konnte.

Grundlagen moderner politischer Ordnungsformen

M 22 Kirche des Stifts Rottenburg in Oberbayern, Foto, 2007

Bittschriften – Das Beispiel der Christina Vend

Zum Aufbau des frühmodernen Staates gehörte neben Verwaltung, Finanzwesen und Herstellung eines klaren Rechtszustands auch die Gewähr von Recht den Untertanen gegenüber. Oberstes Ziel war die Herstellung der Rechtseinheit in Bayern und damit verbunden die Überwindung von regional oft sehr unterschiedlichem Gewohnheitsrecht und adliger Gerichtsbarkeit. Das Herzogtum Bayern gehörte zu den Territorien, die 1620 das Appellationsprivileg erhielten, womit die letzte Appellationsinstanz für die Bewohner des Herzogtums nicht die höchsten Reichsgerichte (Reichskammergericht, Reichshofrat) waren, sondern bayerische Gerichte.

Die Untertanen nutzten zunehmend den Rechtsweg, um Konflikte mit lokalen Herrschaftsträgern zu lösen. So wurde beispielsweise ein jahrelanger Streit zwischen der Bauernschaft in Rottenbuch mit dem dortigen Stift, einer Genossenschaft von Geistlichen, um die Besitzrechte an den Bauernanwesen schließlich vor dem höchsten Gericht im Herzogtum Bayern ausgehandelt. Es waren die Bauern, die einen Prozess vor dem Hofrat gegen das Stift angestrengt hatten. Das Gerichtsurteil provozierte allerdings unterschiedliche Interpretationen und wurde vom Stift zuungunsten der Bauernrechte ausgelegt. 1628 kam es schließlich zum Aufstand der betroffenen Bauern. Im Zuge dieses Aufstandes wurden die Anführer hart bestraft und des Landes verwiesen. Zu den Leidtragenden gehörte Christina Vend, deren Mann verbannt wurde, die selbst ihre Hofstätte verlor und die sich nun mit zwei kleinen Kindern durchschlagen musste. Um ihr Recht einzufordern, wandte sie sich persönlich in unzähligen Bittschriften (Suppliken) an Kurfürst Maximilian I. Diese Supplikationspraxis war in der Frühen Neuzeit weitverbreitet und bietet einen wichtigen Einblick in das Rechtsempfinden der Untertanen.

Bedeutung der Stände

Die Frage nach der politischen Bedeutung der Stände im Herzogtum Bayern angesichts einer zunehmend strafferen Herrschaftszentrierung wird von der Geschichtswissenschaft kontrovers diskutiert. In den Jahren 1553 und 1557 wurde die „Landesfreiheitserklärung" erneuert. Diese Erklärung regelte die Rechte der Stände gegenüber der fürstlichen Zentralgewalt. Darüber hinaus konnten die Stände einige althergebrachte Privilegien bewahren und sogar noch neue Privilegien durchsetzen, wie die Verwaltungs- und Gerichtsrechte auf Gütern, die außerhalb des geschlossenen Besitzes lagen.

Steuerbewilligungsrecht

Das vornehmste Recht auf Landtagen war das Recht der Steuerbewilligung, die regelmäßig von den Ständen an die Erfüllung konkreter politischer Forderungen gebunden wurde. Kurfürst Maximilian I. versuchte, dieses Steuerbewilligungsrecht zu unterlaufen und damit den politischen Einfluss der Stände zu verringern, indem er der Landtagsverordnung, einem Ausschuss, der zwischen den Landtagen die Geschäfte führte, das Recht zubilligte, in Notsituationen Steuern zu bewilligen. Die These eines Niedergangs der Stände in Bayern seit der zweiten Hälfte des 16. Jahrhunderts ist allerdings durch neuere Studien widerlegt worden, in denen politische Prozesse der Willensbildung und Entscheidungsfindung analysiert werden, wobei sich die Bedeutung der Stände in diesen Prozessen gezeigt hat.

Der Westfälische Frieden

In der institutionellen und vor allem verfassungsrechtlichen Festigung der deutschen „Doppelstaatlichkeit" kam dem Westfälischen Frieden eine zentrale Bedeutung zu. Dieser Frieden beendete 1648 nicht nur den Dreißigjährigen Krieg, der aufgrund eng miteinander verwobener religiöser und machtpolitischer Konflikte fast ganz Europa in Mitleidenschaft gezogen hatte.

M 23 „Neuer aus Münster vom 25. des Weinmonats im Jahr 1648 abgefertigter Freud- und Friedensbringender Postreiter", zeitgenössisches koloriertes Flugblatt zum Friedensschluss vom 25. Oktober 1648

Verfassung und Grundlage des Völkerrechts

Das umfangreiche Vertragswerk gilt zudem als Fundament des Völkerrechts und als Rechtsgrundlage des Heiligen Römischen Reiches Deutscher Nation. Der Vertrag proklamierte einen christlichen allgemeinen und immerwährenden Frieden (pax sit christiana, universalis, perpetua) als Grundlage zwischenstaatlicher Beziehungen. Die gesamtstaatliche Reichsebene wurde mit einer Stärkung des Reichstags, der Kaiser und Reichsstände vereinte, institutionell gefestigt. Der Reichstag erhielt umfassende Kompetenzen und wurde beauftragt, eine beständige kaiserliche Wahlkapitulation zu errichten und straffe Verfahrensrichtlinien zu erarbeiten. Die verfassungsmäßige Stellung der Reichsstände wurde erweitert und klar definiert. Ohne jede Einschränkung sollten sie das Stimmrecht bei allen Beratungen über Reichsgeschäfte haben, und ohne die freiwillige Zustimmung aller auf dem Reichstag versammelten Reichsstände durften keine Entscheidungen getroffen oder Gesetze erlassen werden. Darüber hinaus wurde den Reichsständen das Bündnisrecht zur Friedenssicherung zugestanden, solange damit nicht der Reichsfrieden und die Stellung des Kaisers beeinträchtigt wurden. Zugleich bestätigte das Vertragswerk das Recht der Reichsstände, ungehindert ihre Landeshoheit sowohl in weltlichen als auch in geistlichen Fragen auszubauen. Ungeachtet dieser Staatsbildung auf Territorialebene blieben die Landesfürsten dem Reich durch das Lehnsrecht und die Mitbestimmung in den Reichsinstitutionen eng verbunden. Die Grundpfeiler dieser föderalen Gewaltenteilung waren regionale Partizipation, Rechtsstaatlichkeit und Friedensfähigkeit. Kaum eine andere Ordnungsstruktur hätte die religiöse Pluralisierung im Heiligen Römischen Reich, die kulturelle Vielfalt und die

Föderale Struktur des Reichs

Grundlagen moderner politischer Ordnungsformen

politischen und wirtschaftlichen Eigeninteressen mit übergreifenden politischen Institutionen, die für das Gemeinwohl zuständig waren, vereinen können. Die Form dieser Gewaltenteilung zwischen teil- und gesamtstaatlichen Kompetenzen verweist auf spätere föderale Strukturen, die sich im Verlauf der deutschen Geschichte weiter herausbilden sollten. Inwieweit diese föderale Gewaltenteilung auch ein Modell für das heutige Europa bieten kann, lässt sich aufgrund der historisch sehr unterschiedlichen Ausgangslagen nicht bestimmen. Deutlich wird allerdings das Potenzial föderaler Strukturen unter Wahrung größtmöglicher politischer und kultureller Eigenständigkeit für neue Formen (national)staatlicher Partizipation in Europa.

4. Kontroversen um den idealen Staat

Moderne politische Theorien

Politische Theorien zwischen dem 16. und 18. Jahrhundert entwickelten sehr unterschiedliche Vorstellungen über den idealen Staat, die sich keinesfalls auf eine absolute Regierungsform reduzieren lassen, wie es der lange als Epochenmerkmal verwendete Begriff des Absolutismus fälschlicherweise suggeriert hat. Neben die theoretische Begründung absoluter Herrschaft traten in der Frühen Neuzeit Verfechter einer republikanischen Staatsverfassung und vehemente Kritiker der absoluten Monarchie. Was sie verbindet, ist das Nachdenken über den Staat, über die religiöse, ethische und rechtliche Rechtfertigung und über die Formen und Grenzen von Herrschaft.

Die moderne Geschichtswissenschaft hat immer wieder einen Zusammenhang zwischen Krisenphänomenen und der Entwicklung von Staatstheorien hergestellt, die für einen absoluten Souverän an der Spitze des Gemeinwesens plädierten. Nur er schien der Aufgabe gewachsen zu sein, widerstreitende Parteien zu versöhnen, Aufruhr und Kriegen im Inneren Einhalt zu gebieten und für Frieden und Sicherheit zu sorgen. So kann Machiavellis „Il Principe" als eine Antwort auf die Krise der oberitalienischen Stadtstaaten gelesen werden, Bodins „Six Livre de la republique" sind unter dem Eindruck der französischen Religionskriege entstanden und Hobbes' „Leviathan" wurde vor dem Hintergrund des englischen Bürgerkrieges verfasst.

Für Bodin als Zeitzeuge von Bürger- und Religionskriegen in Frankreich im 16. Jahrhundert konnte ein Ausweg nur in der Stärkung der fürstlichen Kompetenzen gefunden werden. Aus seiner Perspektive war allein die Monarchie mit ihrer althergebrachten Legitimation in der Lage, die Einigung des Landes und die Aussöhnung der im Widerstreit miteinander liegenden Bürgerkriegsparteien zustande zu bringen. Bodin erklärte in der ersten Verfassungstheorie der Neuzeit die Souveränität des Herrschers zum Grundprinzip des Staates. Das Souveränitätsprinzip ist nach Bodin „die dem Staat eignende, von den Gesetzen losgelöste, zeitlich unbegrenzte und ungeteilte höchste Staatsgewalt". Das Prinzip der Unteilbarkeit und zeitlichen Unbegrenztheit der Souveränität sollte so die mittelalterliche Zersplitterung von Herrschaftsrechten überwinden. Der Herrscher ist nur an das Naturrecht als die grundlegenden Gesetze, die „leges fundamentales", und an das göttliche Recht gebunden. Ein eigenes Kapitel widmet Bodin der Frage

M 24 Katharina von Medici (1519–1589)
Gemahlin des französischen Königs Heinrich II., regierte nach dessen Tod Frankreich in Vertretung ihres minderjährigen Sohns. Bodin nahm u.a. ihre Regentschaft zum Anlass, seine Abhandlung gegen weibliche Herrschaft zu verfassen, Gemälde von François Clouet, 1555.

weiblicher Herrschaft. Trotz der Vielzahl von regierenden Fürstinnen, die er in seiner Abhandlung „Six Livre de la Republique" nennt, argumentiert er, nichts sei gefährlicher für einen souveränen Staat als die Gynäkokratie, d. h. die Herrschaft einer Frau. Diese gefährde den Respekt vor der souveränen Gewalt. Mit dieser Vorstellung, die sicher auch von der Krisensituation unter Katharina von Medici sowie drohenden Thronfolgestreitigkeiten in Frankreich beeinflusst war, stimmte Bodin mit den meisten Staatstheoretikern seiner Zeit überein.

Thomas Hobbes formulierte in seiner 1651 erschienenen Staatsphilosophie „Leviathan", die er im französischen Exil konzipiert hatte, einen grundlegenden Beitrag zur Theoretisierung absolutistischer Herrschaft, der von den Zeitgenossen breit rezipiert wurde. Hobbes' tiefe Skepsis gegenüber der menschlichen Natur bildete den Kern seiner These, dass eine Befriedung der Gesellschaft nur durch die freiwillige Unterwerfung der Menschen unter einen Souverän mit unbeschränkter Machtfülle auf der Grundlage eines vorzeitlichen Herrschaftsvertrages erreicht werden konnte.

M 25 Thomas Hobbes (1588–1679), zeitgenössischer Stich

Völlig anders argumentierten Verfechter republikanischer Staatstheorien. Einer der Bedeutendsten war Johannes Althusius. Für ihn bestand das Grundmodell jedes sozialen Verbandes in der Teilung der Aufgaben und Rechte zwischen den beauftragten Leitern und der Gesamtheit der vertraglich gebundenen Mitglieder. Mit seiner Volkssouveränitätslehre stand Althusius im Gegensatz zu den Befürwortern einer Zentrierung von Herrschaft im Interesse der Friedenswahrung. Althusius entwickelte die erste voll ausgebildete Theorie der ständischen Monarchie im Heiligen Römischen Reich. Doch auch im französischen Hochadel, etwa in den Schriften des Herzogs von Saint-Simon, regte sich Kritik an den Maximen der absoluten Monarchie. In England und in den Niederlanden entstand seit den 1670er-Jahren eine publizistische Strömung, die den französischen Absolutismus zunehmend als „Despotismus" bzw. als „türkische Tyrannei" ablehnte und für eine Mischverfassung unter Beteiligung der Stände eintrat.

Schließlich gab es radikale politische Gegner der absoluten Monarchie, die sogenannten Monarchomachen. Unter Berufung auf göttliches Recht und auf das Naturrecht kämpften sie gegen die Zentrierung von Herrschaftsprivilegien und forderten in politischen Traktaten ein aktives Widerstandsrecht – ius resistendi – der Stände und Magistrate sowie die Absetzbarkeit des Monarchen und verteidigten die Lehre vom Tyrannenmord. In der breit geführten frühneuzeitlichen Kontroverse um das Recht auf Widerstand ging es zentral darum, ob das Ius resistendi durch die Einrichtung einer Herrschafts- und Rechtsordnung entfiel oder unter bestimmten Bedingungen Bestand hatte.

Ständisches Widerstandsrecht

Ständisches Widerstandsrecht des 16. und 17. Jahrhunderts bezog sich auf die Verteidigung spezifischer Privilegien, darunter auch die rechtmäßige Handhabung von Gewalt. Im Zuge der Herrschaftszentrierung und der Beanspruchung des Gewaltmonopols wie auch der Rechtssetzung durch einen zentralisierten Staat münzte der Adel sein ursprünglich verbrieftes Recht auf Gewalthandhabung um in den Anspruch auf ein Widerstandsrecht der Stände. In seinem Selbstverständnis als Herrschaftsträger über einen begrenzten Untertanenverband agierte der Adel gewissermaßen als „Obrigkeit", die ihre Untertanen gegen Eingriffe „Dritter" schützen musste. Aus Sicht der Krone wurde stän-

Grundlagen moderner politischer Ordnungsformen

discher Widerstand allerdings als Rebellion betrachtet und entsprechend geahndet. In der zeitgenössischen Polemik des 16. und 17. Jahrhunderts wurden viele Autoren, die das Recht auf Widerstand verteidigten, als Königsmörder und Unruhestifter gebrandmarkt. Nach der Reformation und den daraus resultierenden Religionskonflikten entwickelte sich eine zweite Argumentation, in der zur Verteidigung des eigenen religiösen Bekenntnisses ebenfalls ein Recht auf Widerstand gefordert wurde. Es ging darum, Gottes Ordnung und das eigene Seelenheil zu verteidigen.

Rezeption des Absolutismus im Reich

Angesichts der strukturellen und politischen Ausgangslage des Heiligen Römischen Reiches wundert es wenig, dass frühneuzeitliche Staatsdenker in Deutschland große Bedenken gegen die absolute Souveränität eines Herrschers und die Form der absoluten Monarchie hegten. Ein Blick in die Staatenkunde seit dem 17. Jahrhundert belegt eine durchaus kritische Rezeption des französischen Absolutismus. Die vom Dualismus zwischen Kaiser und Reichsständen geprägte Machtstruktur, die die Grundlage des späteren föderal geordneten Staates bildete, hatte ja gerade als Kennzeichen, dass niemand, nicht einmal theoretisch, unumschränkte Macht beanspruchen konnte. In Bezug auf das Reich wurde unterschieden zwischen „maiestas personalis", der persönlichen Majestät des Kaisers, und „maiestas realis", der realen höchsten Gewalt, die bei der Gesamtheit der Reichsstände liege.

Aufklärung als politisches und gesellschaftliches Programm

Erweiterung der Staatsziele

Die klassischen Staatszwecke des Spätmittelalters und der beginnenden Neuzeit – die Wahrung von Frieden und Recht – wurden im Verlauf des 18. Jahrhunderts ergänzt um die Wahrung von Sicherheit, Wohlfahrt und „Glückseligkeit". In den Mittelpunkt rückten die Rechte der Untertanen auf Freiheit und materielle Wohlfahrt. Die Herrscher dynastischer Staatswesen selbst – im Unterschied zum republikanischen Gemeinwesen wie etwa der Republik der Niederlande – verstanden sich unter dem Einfluss der Aufklärung zunehmend als Diener des Volkes, hielten aber an der absoluten Monarchie fest. Eine Sonderrolle nahm Großbritannien ein, wo das Parlament in der zweiten Hälfte des 17. Jahrhunderts in zähen politischen und militärischen Auseinandersetzungen mit den Befürwortern einer starken Monarchie schließlich die Partizipation an der zentralstaatlichen Hoheitsgewalt durchsetzte und gesetzlich verankerte.

In den Naturrechtslehren des späten 17. und 18. Jahrhunderts tauchte immer wieder die Frage auf, wie die Autorität des Staates mit der Freiheit der Individuen zusammen bestehen könne. John Locke hatte die Sicherung der natürlichen und individuellen Rechte auf Leben, Freiheit und Eigentum zur Legitimation jeglicher politischer Ordnung erhoben und setzte der Staatsgewalt mit diesem Zweck feste Grenzen. In einer radikalen Kritik absolutistischer Herrschaft argumentierte er, dass den bürgerlichen Freiheitsrechten Priorität zukomme und politische Herrschaft den Zweck habe, diese zu schützen. Zusammen mit dem Werk von Hugo Grotius war die Naturrechtslehre des deutschen Juristen Samuel Pufendorf europaweit von größtem Einfluss. Für Pufendorf schuf der aufgeklärte Fürstenstaat Rechtssicherheit und Gleichheit der Bürger anstelle der Abhängigkeit von den Rechten und der Willkür verschiedener niederer Herrschaftsträger. Seine Lehre des starken, dem Naturrecht und der Vernunft verpflichteten Herrschers, der als Herrscherper-

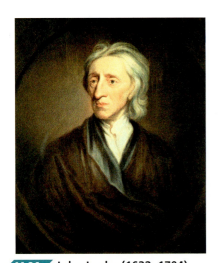

M 26 John Locke (1632–1704)
Zeitgenössische Kopie nach einem Gemälde von Godfrey Kneller, 1697

M 27 Jean-Jacques Rousseau (1712–1778), Gemälde von Allan Ramsay, 1766

son hinter seinem Amt zurücktritt und sich dem Wohl seiner Untertanen verpflichtet und die Menschenrechte schützt, hat wesentlichen Anteil an der Herausbildung des aufgeklärt-absolutistischen, rechtsstaatlich eingeschränkten Obrigkeits- und Wohlfahrtsstaats gehabt.

Jean-Jacques Rousseau griff die Problematik individueller Freiheit und Staatsgewalt 1762 in seiner Schrift vom Gesellschaftsvertrag auf. In Anlehnung an John Locke und Samuel Pufendorf argumentiert er, dass die politische Ordnung durch die Zustimmung aller gebildet werden soll. Die Grundlage des Gesellschaftsvertrags bildet der gemeinsame Wille aller Bürger (volonté générale), dem sich jeder Einzelne unterzuordnen hat. Durch diese Entäußerung aller Rechte unter einen Gemeinwillen, der zugleich die Rechte jedes Einzelnen schützt, kann der so zustande kommende Souverän keinen partikularen Herrschaftswillen ausüben.

Bei allen Unterschieden ist den Naturrechtstheorien gemein, dass sie das Volk, nicht mehr ständische Korporationen, als Quelle der Herrschergewalt und als ursprünglichen Souverän sehen. Allerdings konnte die Naturrechtslehre sowohl herangezogen werden, um einen starken Fürsten als Garanten der Volkssouveränität zu legitimieren, als auch dazu dienen, die Rechte der einzelnen Bürger gegen die Staatsgewalt zu stärken. Bis ins letzte Viertel des 18. Jahrhunderts stellte das Naturrecht auf dem Kontinent allerdings in erster Linie die Argumente zur Ausweitung staatlicher Tätigkeit gegen die bestehenden Rechte der ständischen Zwischengewalten zur Verfügung. Gleichzeitig wurden mit der fortschreitenden Zentralisierung und Rationalisierung von Herrschaftsstrukturen die Voraussetzungen geschaffen, weitreichende Reformprogramme zur Wirtschaftsförderung, zur Erhöhung der Staatseinkünfte, zur Verbesserung der Rechtslage der Bauern, zur Durchsetzung der allgemeinen Schulpflicht oder zur Vereinheitlichung und Humanisierung der Justiz durchzusetzen. Viele der politischen Reformprogramme des 18. Jahrhunderts kamen den Vorstellungen der

M 28 Ort des „Räsonnierens" Englisches Coffeehouse, anonyme Lithografie, um 1700

Grundlagen moderner politischer Ordnungsformen

Entstehung von Öffentlichkeit

Aufklärer von einer freiheitlichen, mündigen und gleichberechtigten Gesellschaft entgegen.

In neuen Formen der Geselligkeit, des wissenschaftlichen Austauschs und der Popularisierung des Wissens durch die Gründung von Salons und Sozietäten, wissenschaftlichen Gesellschaften, Akademien und Zeitschriften, wurden die Ideen und Forderungen der Aufklärer nach einem vernunftgeleiteten Fortschritt der Menschheit in eine breitere Öffentlichkeit getragen. Dabei wurden durchaus konkurrierende gesellschafts-, rechts- und wirtschaftsgeschichtliche Konzepte zur Diskussion gestellt. Gleichzeitig richtete sich das Bemühen und Wirken der Aufklärungszirkel darauf, die Zentren der Kultur und der politischen Macht für ihr Programm zu gewinnen.

Die Anwesenheit einzelner Aufklärer an europäischen Fürstenhöfen sowie umfangreiche Briefwechsel zeugen davon. Zu den bedeutendsten Dokumenten gehören der Gedankenaustausch zwischen Friedrich dem Großen und Voltaire, zwischen Katharina II. und Diderot sowie zwischen Gustav III., Mirabeau und Turgot.

M 29 König und Philosoph
Friedrich II. (Friedrich der Große), König von Preußen (1740–86), mit seinem Gast am Hofe, François Marie Arouet de Voltaire, zeitgenössischer Kupferstich von Pierre Charles Baquoy

Eine ebenso wichtige Rolle in der Politisierung der Aufklärung spielte die zunehmend organisierte aufgeklärte Öffentlichkeit und die Eingebundenheit von Aufklärern in den monarchischen Staat als Beamte. Die zentralen politischen Forderungen der Zeit hatten das Ziel, den Menschen, so formulierte es Immanuel Kant, aus der selbstverschuldeten Unmündigkeit zu befreien. Es ging um die Emanzipation der Wissenschaften von dem Einfluss der Kirchen, um religiöse Toleranz, um eine breite Volksbildung und um eine universelle Durchsetzung der Menschenrechte. Ausgeklammert aus den Reformforderungen blieb die Frage der Gleichberechtigung von Frauen.

M 30 Moses Mendelssohn (1729–1786), undatiertes Porträt

Kodifikation
Gesetzessammlung, systematische Zusammenstellung

Herrschaft auf mehreren Ebenen

Pluralisierung der Macht

Die Reformmaßnahmen aufgeklärter Herrscher hatten in erster Linie die Steigerung staatlicher Effizienz zum Ziel. Im Einzelnen führten sie zur Vermehrung und Qualifizierung der Beamtenschaft, bewirkten eine Umorganisation im Verwaltungsbereich, brachten Kodifikationen zur Staatsintegration und Rechtssicherheit sowie Strafrechtsreformen hervor. Initiiert wurde die Abschaffung der Erbuntertänigkeit bzw. Leibeigenschaft, neue Agrartechniken und Flurbereinigungen wurden eingeführt, eine umfassende Neuorganisation der Staatsfinanzen und einzelner Wirtschaftssektoren angestrebt. Schließlich wurden im Zeitalter der Aufklärung erste rechtliche Grundlagen für einen toleranten Umgang mit religiösen und konfessionellen Minderheiten gelegt. Wie ambivalent aber letztlich das Denken und Handeln der Aufklärer gerade in Bezug auf Menschenrechte und Toleranz war, zeigt das Urteil von Johann Wolfgang von Goethe über seine Zeit: „Toleranz sollte nur eine vorübergehende Gesinnung sein: Sie muss zur Anerkennung führen. Dulden heißt beleidigen." Und Moses Mendelssohn, einer der bedeutendsten Köpfe der jüdischen Aufklärung, der Haskala, schrieb mit Blick auf den Antijudaismus der christlichen Religionen, der die Verfolgung von Juden in Mittelalter und Früher Neuzeit rechtfertigte: „Freilich ist diese Maxime [Schutz der Religion] von jeher Schutzwehr der Heuchelei geworden und wir haben ihr so manche Jahrhunderte von Barbarei und Aberglauben zu verdanken. So oft man das Verbrechen greifen wollte, rettete es sich ins Heiligthum."

Die Frage der „Staatlichkeit" des Reiches – Ein Resümee

Die Historikerin Barbara Stollberg-Rilinger hat ihr Buch über das Heilige Römische Reich Deutscher Nation mit der Frage begonnen: Was war das eigentlich für ein politischer Verband, der sich da im Jahre 1806 selbst auflöste? Es war kein Staat im heutigen Sinne, aber auch kein Staatenbund. Anders als bei moderner Staatlichkeit, wo alle hoheitliche Gewalt beim Staat konzentriert ist und alle Bürger ein einheitliches Staatsbürgerrecht genießen, wurde im Reich auf verschiedenen Ebenen Herrschaft ausgeübt. Die Zeitgenossen selbst sprachen meist bildhaft von einem Körper aus Haupt und Gliedern. Auch die Geschichtswissenschaft sucht bis heute nach Begrifflichkeiten, um die Struktur und den Charakter des Heiligen Römischen Reiches insbesondere im Vergleich zu anderen europäischen Nationalstaaten zu beschreiben. Zentral bei allen Bestimmungen war die Vermeidung des Begriffs Staat. Im Unterschied zu anderen europäischen Staaten hat die Verstaatung in den deutschen Territorien und nicht auf Reichsebene stattgefunden.

Der markante Gegensatz der staatlichen Zersplitterung des Reiches zu den westeuropäischen Einheitsstaaten ist immer wieder als Zeichen unvollendeter Staatlichkeit interpretiert worden. In die Debatte wurde nun der Begriff des komplementären Reichs-Staats eingebracht – und heftig kritisiert. In Anlehnung an neuere Erkenntnisse der politischen Theorie und Staatsrechtslehre wurde die Forderung erhoben, dass der souveräne Nationalstaat nicht den alleinigen Maßstab erfolgreicher Staatlichkeit bilden könne. Stattdessen müsse das Heilige Römische Reich als ein neuer korporativer Staat verstanden werden, der vielfältig in sich gegliedert ist. Aus dieser Perspektive handelt es sich um einen in unterschiedlich groß- und kleinräumige kulturelle Bezugssysteme verwobener, Staat, den die Tendenz zu einer Pluralisierung der Macht kennzeichnet.

Grundlagen moderner politischer Ordnungsformen

Literatur

Franz-Rainer Erkens, Herrschersakralität im Mittelalter, Stuttgart 2006

Johannes Burkhardt, Vollendung und Neuorientierung des frühmodernen Staates 1648–1763, in: Gebhardt. Handbuch der europäischen Geschichte, Bd. 11, Stuttgart 2006

Dagmar Freist, Absolutismus. Kontroversen um die Geschichte, Darmstadt 2008

Wolfgang Reinhard, Geschichte der Staatsgewalt. Eine vergleichende Verfassungsgeschichte Europas von den Anfängen bis zur Gegenwart, München 1999

Walter Ziegler (Hg.), Der Bayerische Landtag vom Spätmittelalter bis zur Gegenwart. Probleme und Desiderate der Forschung, München 1995

Zusammenfassung

Die Grundlagen des modernen Staates wurden im Mittelalter und in der Frühen Neuzeit durch einschneidende Veränderungen im Verhältnis von Staat und Kirche, im Herrschaftsverständnis und in der „Gewaltausübung" gelegt. Hatte noch der Einheitsgedanke geistlicher und weltlicher Macht das Selbstverständnis von Kaiser und Papst in Früh- und Hochmittelalter geprägt und zu ständigen Konflikten um die politische Vormachtstellung geführt, so wurde diese Vorstellung im 12. Jahrhundert abgelöst von einer rechtlich festgeschriebenen Trennung geistlicher und weltlicher Sphäre (Wormser Konkordat 1122). Mit dem Primat des Papstes in allen geistlichen Bereichen verloren König und Kaiser ihre priesterliche Mittlerstellung zwischen Gott und den Menschen. Das Papsttum erhob zugleich den Anspruch, allein für das Seelenheil der Menschen zuständig zu sein. Für den weiteren Prozess der Staatsbildung schaffte die Trennung von Sacerdotium und Regnum die Voraussetzungen für eine allmähliche Loslösung weltlicher Herrschaft von den Suprematsansprüchen des Papstes. In der Frühen Neuzeit wurde die Bindung des Kaisertitels an die Verleihung durch den Papst endgültig überwunden. Die Reformation, der Augsburger Religionsfrieden 1555 und der Westfälische Frieden 1648 legten weitere Grundlagen für die Säkularisierung des Politischen. Das Herrschaftsverständnis wandelte sich seit dem Frühen Mittelalter vom Priesterkönigtum über den Anspruch absoluter Herrschaft seit dem späten 16. Jahrhundert hin zu einer Herrschaftsauffassung, die im 18. Jahrhundert unter dem Einfluss von Naturrechtslehren und Aufklärung den König oder Kaiser als obersten Diener seines Volkes definierte. Eine besondere Rolle für die politischen Ordnungsformen von Mittelalter und Früher Neuzeit spielte das Verhältnis von Ständen und Landesherren bzw. Reichsfürsten und Kaiser. Deutete sich bereits während des Investiturstreits ein wachsendes politisches Selbstbewusstsein des Adels gegenüber König und Kaiser an, so wurde der Anspruch politischer Partizipation seit dem 14. Jahrhundert in einer Reihe von „Reichsgesetzen" festgeschrieben. Den Beginn markiert die Goldene Bulle (Königswahlrecht). Entscheidende institutionelle Weichenstellungen wurden mit den Reichsreformgesetzen (1495–1521) vorgenommen. Ungeachtet der wachsenden Bedeutung des Reichstages und der Reichsgerichte fand im Heiligen Römischen Reich im Unterschied etwa zu England oder Frankreich die Staatsbildung auf territorialer Ebene statt. Im Herzogtum Bayern bildete sich wie auch in anderen größeren Territorien seit dem 16. Jahrhundert unter dem Zentralisierungsanspruch des Landesherrn eine zunehmend effizienter arbeitende Landesregierung heraus. Die parallele Herausbildung von Reichs- und Landesinstitutionen mit klarer Gewaltenteilung legte die Grundlagen für eine föderale Struktur, die bis heute die Verfassung der Bundesrepublik Deutschland prägt. Das Heilige Römische Reich Deutscher Nation, das bis 1806 Bestand hatte, war im europäischen Vergleich kein Staat. Die Bedeutung und Wahrnehmung der Reichsinstitutionen im politischen und gesellschaftlichen Alltag belegt jedoch, dass sowohl Landesherren als auch Untertanen sich als Teil eines Ganzen mit übergeordneten Rechten und Pflichten verstanden.

Zeittafel

476 n. Chr.	Ende des Weströmischen Kaisertums
800	Krönung Karls des Großen zum Kaiser
962	Begründung des mittelalterlichen Kaiserverständnisses durch die Krönung Ottos I. zum Romanorum Imperator Augustus
1077	Bußgang Heinrichs IV. nach Canossa im Rahmen des Investiturstreits
1122	Das Wormser Konkordat regelt das Verhältnis weltlicher und kirchlicher Macht
1356	Die „Goldene Bulle" gesteht den Kurfürsten das alleinige Recht der Königswahl zu
1453	Eroberung Konstantinopels durch die Türken; Ende des byzantinischen Reiches
1493	Krönung Maximilians I. zum Kaiser
1495	Kaiser Maximilian I. beruft den ersten „Reichstag" ein. Verabschiedung von Reichsreformgesetzen, u. a. der „Ewige Landfriede"
1517	95 Thesen Martin Luthers: Beginn der deutschen Reformation
1550	Einrichtung eines unabhängigen „Hofkammerrats" als Kontrollgremium in Bayern
1553 (und 1557)	Bayerische „Landesfreiheitserklärung" regelt die rechtliche Situation der Stände
1555	Augsburger Religionsfrieden
1576	Jean Bodins „Six livres de la République" erscheint
1648	Beendigung des Dreißigjährigen Krieges durch den Westfälischen Frieden
1651	Thomas Hobbes' staatstheoretische Schrift „Leviathan" erscheint
1762	Jean-Jacques Rousseau: „Der Gesellschaftsvertrag"
1784	Immanuel Kants Essay „Beantwortung der Frage: Was ist Aufklärung?"
1789	Sturm auf die Bastille (14.07.); Beginn der Französischen Revolution; Erklärung der Menschenrechte (29.08.)
1806	Ende des Heiligen Römischen Reichs Deutscher Nation

1. Wem gehört die Macht? Herrschaftsansprüche von Papst und Kaiser

M 31 **Otto III. im Liuthar-Evangeliar,** das Evangeliar ist um 990 in Reichenau entstanden. Otto III. sitzt auf einem von der personifizierten Terra getragenen Thron. Eine Buchrolle, getragen von den Figuren der vier Evangelisten (Stier, Löwe, Adler und Mensch), bedeckt das Herz Ottos. Zwei Könige huldigen Otto III. Es handelt sich um Boleslaw Chrobry und Stephan I., die ihre Herrschaft in Polen bzw. Ungarn Otto verdankten. Im unteren Teil des Bildes sind zwei Bischöfe und zwei Waffenträger dargestellt.

M 32 **Konrad II. und seine Dynastie**
Die Abbildung stammt aus der Chronik Ekkehards von Aura, von der nur eine Kopie aus den Jahren nach 1125 überliefert ist. Der sitzende Kaiser Konrad II. (um 990–1039) scheint auf seiner rechten Hand seine Nachfolger Heinrich III., Heinrich IV., dessen zweite Ehefrau Adelheid von Kiew sowie Heinrich V. und Konrad zu halten.

Grundlagen moderner politischer Ordnungsformen

M 33 Zweischwerterlehre

a) Die für die Zweischwerterlehre entscheidenden Bibelstellen lauten:

Da sagten sie: Herr, hier sind zwei Schwerter. Er erwiderte: Genug davon! (Lk 22, 38)

Da sagte Jesus zu Petrus: Steck das Schwert in die Scheide! Der Kelch, den mir der Vater gegeben hat – soll ich ihn nicht trinken? (Joh 18,11)

b) Kaiser Friedrich II. deutet die Zweischwerterlehre in einem Schreiben an den Papst 1232:

Es gibt also [...] nur dieses eine Schwert. Es ist aber zweifach geschärft, wie durch die Mehrzahl deutlich wird, die Petrus im Evangelium gebrauchte. „Siehe, hier sind zwei Schwerter." So wollen wir uns wörtlich vergegenwärtigen, und zum Verständnis haben wir die Worte so weit wiedergegeben: Zwei Schwerter sind es natürlich, aber die eine Mutter Kirche, die Mutter unseres Glaubens, ist die Scheide von beiden. Dass der Sprecher dies ganz klar festlegen wollte, zeigt der eigentümliche Gebrauch des Ortsadverbs: Indem er nämlich „hier" sagte, wollte er deutlich machen, dass sich beide Schwerter an einem einzigen Ort befinden; dadurch wird unwiderlegbar angenommen und zwingend bewiesen, dass diese Schwerter von derselben Art sind, denn es ist von Natur aus unmöglich, dass sich an ein und demselben Ort zwei verschiedene Dinge befinden. Tatsächlich bewirkt die eine Scheide, dass aus diesen beiden Schwertern eines wird, weil das eine vom anderen, bei Wahrung seiner Vollständigkeit, nicht getrennt werden kann, es sei denn, ein Teil würde vom Ganzen ohne Schaden für den Gegenstand insgesamt weggenommen, oder [...] wenn in ein und derselben tatsächlich vorhandenen Scheide zwei Schwerter stecken und eines davon wird herausgenommen, dann heißt das doch, dass das andere Schwert ohne festen Halt in der Scheide zurückbleibt.

Miethke, J./Bühler, A., Kaiser und Papst im Konflikt, Düsseldorf 1988, S. 99–101.

c) In der Bulle Unam sanctam aus dem Jahr 1302 deutet Papst Bonifaz VIII. die Zweischwerterlehre:

Beide sind also in der Gewalt der Kirche, das geistliche Schwert wie das irdische! Dieses aber ist für die Kirche, jenes von der Kirche zu führen. Jenes liegt in der Hand des Priesters, dieses in der der Könige und Ritter, aber zur Verfügung und mit Erlaubnis des Priesters. Es ziemt sich, dass das eine Schwert unter dem anderen stehe, und dass die weltliche Macht der geistlichen Gewalt unterworfen sei. Denn da der Apostel sagt: „Es gibt keine Gewalt außer von Gott; die es aber gibt, sind von Gott eingesetzt", wären sie nicht eingesetzt, wenn nicht ein Schwert unter dem anderen stünde und gleichsam das geringere über das andere Schwert von der höchsten Gewalt abgeleitet wäre. [...] Denn wie die Wahrheit selbst bezeugt, hat die geistliche Gewalt die irdische Gewalt einzusetzen und zu richten, falls sie nicht gut sein sollte. So erfüllt sich für die Kirche und die kirchliche Gewalt die Prophezeiung des Jeremias: „Siehe, ich setze dich heute über Völker und Reiche etc." [...] Daher aber erklären wir, bestimmen und verkünden wir, dass es für alle menschliche Kreatur überhaupt heilsnotwendig ist, dem römischen Papst Untertan zu sein.

Miethke, J./Bühler, A., Kaiser und Papst im Konflikt, Düsseldorf 1988, S. 123 f.

d) Der Gelehrte Wilhelm von Ockham vertritt folgende Ansicht (1. Hälfte 14. Jahrhundert):

Der König von Frankreich und sehr viele andere Könige empfangen die Befugnis, das Schwert zu gebrauchen, nicht vom Papst. [...] Also erhält auch der Kaiser seine Befugnis, das Schwert zu brauchen, nicht vom Papst. Zweitens: Auch außerhalb der Kirche gibt es die Befugnis zum Schwertgebrauch. Sonst könnte kein Heide in Wahrheit Herrscher sein. Drittens: Mag auch Christus Petrus gesagt haben: „Stecke dein Schwert in die Scheide!", wurde Petrus doch erst nach der Auferstehung mit dem Hirtenamt betraut, wenn er auch schon zuvor Apostel war, [...] folglich kann durch diese Worte nicht bewiesen werden, dass die Befugnis, das Schwert zu gebrauchen, dem Papst durch Christus übertragen wurde. Viertens: Andere Könige erhalten ihre Krone von Bischöfen oder Erzbischöfen ihres Reiches, und dadurch wird ihre Macht und weltliche Gewalt verdeutlicht. Und dennoch haben sie ihre Herrschaft nicht von diesen Bischöfen und Erzbischöfen ihres Reiches, haben sie doch alle Schwertgewalt und weltlichen Herrschaftsrechte auch schon vor ihrer Krönung inne, welche sie nach ihrer Krönung besitzen. [...] Fünftens: Derjenige, der zum Kaiser gewählt ist, wird zuerst zum König gekrönt, bevor er vom Papst zum Kaiser gekrönt wird. Jeder König aber hat die Gewalt des materiellen Schwertes. Also hat ein Kaiser, bevor er vom Papst das in der Scheide steckende Schwert überreicht bekommt, bereits das materielle Schwert auch hinsichtlich seines Gebrauchs.

Miethke, J. (Hg.), Wilhelm von Ockham. Texte zur politischen Theorie. Exzerpte aus dem Dialogus, Stuttgart 1995, S. 261–263.

M 34 Das Wormser Konkordat vom 23. September 1122

a) Das Privileg des Kaisers:

Im Namen der heiligen und unteilbaren Dreifaltigkeit. Ich, Heinrich, von Gottes Gnaden erhabener Kaiser der Römer, überlasse Gott, Gottes heiligen Aposteln Petrus und Paulus und der heiligen katholischen Kirche – aus Liebe zu Gott, zur heiligen römischen Kirche und zum Herrn Papst Calixt sowie zum Heil meiner Seele – jede Investitur mit Ring und Stab, und ich gestehe zu, dass in allen Kirchen, die in meinem König- oder Kaiserreich liegen, eine kanonische Wahl und eine freie Weihe stattfinden. Die Besitzungen und Regalien des seligen Petrus, die vom Beginn dieses Streites bis auf den heutigen Tag – sei es zur Zeit meines Vaters oder sei es auch zu meiner Zeit – abhanden gekommen sind, erstatte ich der heiligen römischen Kirche zurück, sofern ich sie [in meiner Gewalt] habe; sofern ich diese aber nicht besitze, werde ich getreulich helfen, dass sie zurückerstattet werden. Auch die Besitzungen aller anderen Kirchen, die von Fürsten und die von sonstigen Personen, die von Klerikern ebenso wie die von Laien, werde ich auf den Rat der Fürsten und aus Gerechtigkeit zurückgeben, sofern sie in diesem Streit verloren gegangen sind und ich sie [in meiner Hand] habe; sofern ich sie nicht besitze, werde ich getreulich helfen, dass sie zurückgegeben werden. Und ich gebe wahren Frieden dem Herrn Papst Calixt, der heiligen römischen Kirche und allen, die auf seiner Seite sind oder gewesen sind. Und in all den Angelegenheiten, in denen die heilige römische Kirche Beistand fordern wird, werde ich getreulich helfen, und ich werde ihr im Hinblick auf die Dinge, über die sie bei mir Klage führen wird, die ihr zustehende Gerechtigkeit verschaffen.

All dies wurde ausgehandelt mit der Zustimmung und dem Rat der Fürsten, deren Namen unterhalb aufgeschrieben sind: Adalbert, Erzbischof von Mainz; F.[riedrich], Erzbischof von Köln; H.[artwig], Bischof von Regensburg; O.[tto], Bischof von Bamberg; B.[runo], Bischof von Speyer; H.[ermann] von Augsburg; G.[odebald] von Utrecht; U.[lrich] von Konstanz; E.[rlolf], Abt von Fulda; Heinrich, Herzog; Friedrich, Herzog; S.[imon], Herzog; Berthold, Herzog; Markgraf Diepold; Markgraf Engelbert; Gottfried, Pfalzgraf; Otto, Pfalzgraf; Berengar, Graf.
+ Ich Friedrich, Erzbischof von Köln und Erzkanzler, habe wiedererkannt.

b) Das Privileg des Papstes:

Ich, Bischof Calixt, Knecht der Knechte Gottes, konzediere Dir, geliebter Sohn H.[einrich], von Gottes Gnaden erhabener Kaiser der Römer, dass die Wahlen der Bischöfe und Äbte des Deutschen Reiches in Deiner Gegenwart stattfinden, sofern diese zum Reich gehören, und zwar ohne Simonie [Ämterkauf] und irgendwelche Gewalt, damit Du, wenn unter den Parteien irgendwelche Zwietracht entstehen sollte, gemäß dem Rat und Urteil des Metropoliten [Erzbischofs] und der Kronprovinzialen dem gesünderen Teil Hilfe und Beistand gewährst. Der Gewählte aber soll von Dir durch das Zepter die Regalien [Hoheitsrechte] entgegennehmen, und er soll das leisten, was er Dir wegen dieser [Regalien] rechtmäßig schuldet. In den anderen Gebieten des Kaiserreiches soll der Geweihte innerhalb von sechs Monaten von Dir die Regalien durch das Zepter empfangen und das leisten, was er Dir wegen dieser [Regalien] rechtmäßig schuldet; dabei bleiben jedoch ausgenommen alle [Gebiete?], die offensichtlich zur römischen Kirche gehören. Im Hinblick auf die Dinge aber, deretwegen Du bei mir Klage führen und Beistand fordern wirst, werde ich Dir – gemäß der Schuldigkeit meines Amtes – Hilfe gewähren. Ich gebe Dir wahren Frieden und allen, die zur Zeit dieses Zwistes auf Deiner Seite sind oder gewesen sind.

Laudage, Johannes/Schröer, Matthias (Hg.), Der Investiturstreit. Quellen und Materialien, Köln 2006.

Aufgaben

1. a) Erläutern Sie die Begriffe Zweischwerterlehre und Zweigewaltenlehre.
   b) Skizzieren Sie Ursachen, Verlauf und Ergebnis des Investiturstreits. → Text
2. Analysieren Sie die bildlichen Darstellungen, indem Sie die einzelnen Elemente erläutern. → M31, M32
3. Zeigen Sie, wie Kaiser Friedrich II., Papst Bonifaz und Wilhelm von Ockham die Vorstellung von der Existenz zweier Gewalten jeweils interpretieren. → M33, M7, M10
4. a) Erläutern Sie, zu welchem Ergebnis das Wormser Konkordat im Streit zwischen weltlicher und geistlicher Gewalt kommt.
   b) Erörtern Sie, ob dieser Vorgang als Säkularisierung gedeutet werden kann. → M34

Grundlagen moderner politischer Ordnungsformen

2. Aufbruch und Umbruch: Herrschaftsverdichtung zu Beginn der Frühen Neuzeit

M 35 Verfassung des römisch-deutschen Reiches am Ende des 15. Jahrhunderts

Der Kaiser mit den sieben Kurfürsten, darunter weitere Reichsstände, geistliche und weltliche Fürsten sowie Reichsstädte, kolorierter Holzschnitt aus Hartmann Schedels Liber chronicarum (Weltchronik), Nürnberg 1493

Grundlagen moderner politischer Ordnungsformen

M 36

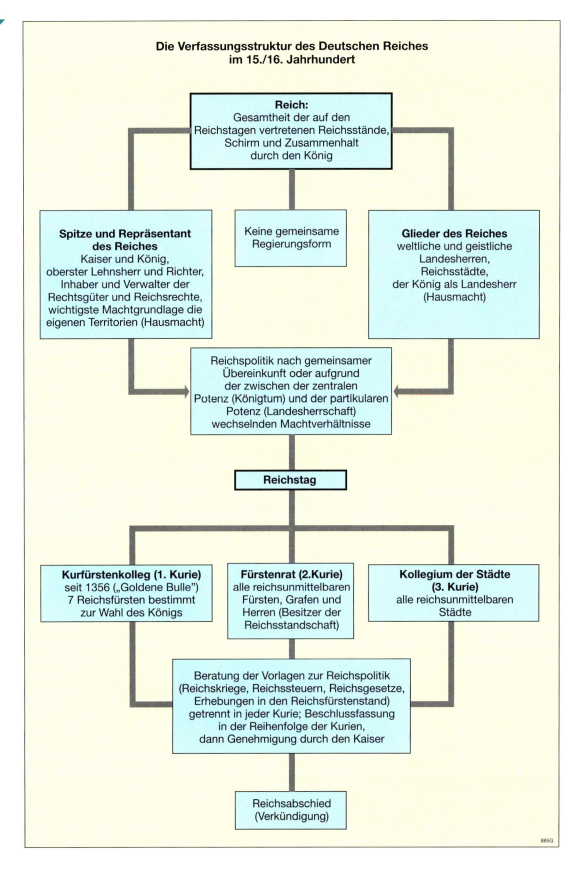

M 37 Die Reichsreform von 1495

a) Auf dem Reichstag in Worms wurden 1495 zahlreiche Gesetze verabschiedet. Von grundlegender Bedeutung war „Der Ewige Landfriede":

§ 1. Also das von Zeit diser Verkündung niemand, von was Wirden, Stats oder Wesens der sey, den andern bevechden, bekriegen, berauben, vahen, überziehen, belegern, auch dartzu durch sich selbs oder yemand anders von seinen wegen nicht dienen, noch auch ainich Schloß, Stet, Märckt, Bevestigung, Dörffer, Höff oder Weyler absteigen oder on des andern Willen mit gewaltiger Tat frevenlich einnemen oder gevarlich mit Brand oder in ander Weg dermassen beschedigen sol, auch niemands solichen Tätern Rat, Hilf oder in kain ander Weis kain Beystand oder Fürschub thun, auch sy wissentlich oder gevarlich nit herbergen, behawsen, essen oder drencken, enthalten oder gedulden, sonder wer zu dem andern zu sprechen vermaint, der sol sölichs suchen und thun an den Enden und Gerichten, da die Sachen hievor oder yetzo in der Ordnung des Camergerichts zu Außtrag vertädingt sein oder künftigklich werden oder ordenlich hin gehörn.

§ 2. Um darauf haben Wir all offen Vechd und Verwarung durch das gantz Reich aufgehabt und abgethan, heben auch die hiemit auff und thun die ab von Römischer Koniglicher Macht Volkommenhait in und mit Crafft dis Briefs.

§ 3. Und ob yemand, was Wirden oder Stands der oder die wärn, der wider ains oder mer, so vorgemelt im nechsten Artickel gesetzt ist, handeln oder zu handeln understeen wurden, die söllen mit der Tat von Recht zusampt andern Penen in Unser und des Hailigen Reichs Acht gefallen sein, die Wir auch hiermit in Unser und des Hayligen Reichs Acht erkennen und ercleren; also das sy, ir Leyb und Gut allermenigklich erlaubt und niemands daran freveln oder verhandeln sol oder mag.

b) Ebenfalls auf dem Reichstag in Worms wurde 1495 mit der „Ordnung des gemeinen Pfennings" eine reichsweite Steuererhebung beschlossen, die jedoch später am Widerstand der Reichsstände scheiterte:

§ 1. Namlich das die nechstkommenden vier Jahr lang, und nit lenger, alle und yeglich Menschen, si sein gaistlich oder weltlich, Frawen oder Mann, was Wirden, Ordens, Stands oder Wesens die sind, niemand außgeschlossen, durch das Hailig Reich gantz auß, järlich geben: namlich wer an Werd, es sey an beweglichen oder unbeweglichen Gütern oder Renten hat VC Gulden Reinischer, der sol geben ainen halben Guldin; welcher also tausent Reinisch Guldin hat, der sol geben ainen gantzen Reinischen Guldin; welcher aber über tausent Guldin Reinisch hat, der sol über ainen gantzen Reinischen Guldin, sovil sein Andacht ist, geben; welcher aber under VC Reinisch Guldin, und XV Jar Alters erlangt hat, sol geben ainen vierundtzwantzigsten Tail ain Reinischen Guldins, also das XXIIII Menschen ainen Reinischen Guldin geben. […]

§ 3. Jtem söllen auch die vier Jar järlich alle Juden, Mann und Frawen, jung und alt, yeder ainen Guldin Reinisch geben und in ainer yeden Stat, Marckt, Dorff oder Gegenhait dieselben einwonenden Juden aufgezaichnet und inen aufgelegt werden, die Anzal solcher Summa under inen nach ir yedes Vermügen und Gelegenhait anzuschlagen, einzunemen und furter N. den hernach geschribnen Comissarien zu bezaln.

Rudolf Buchner (Hg.), Ausgewählte Quellen zur deutschen Geschichte der Neuzeit, Bd. 8, Darmstadt 1976, S. 2 ff und 15 f.

Aufgaben

1. Erklären Sie den Vorgang der „Trennung von fürstlicher und ständischer Gewalt". → Text
2. a) Beschreiben Sie die einzelnen Bildelemente und erläutern Sie, wie bei Hartmann Schedel der Reichsaufbau dargestellt wird.
   b) Informieren Sie sich über die Rolle der Kurfürsten sowie über ihre ursprünglichen Aufgaben am Hof. → M35, Text, Bibliothek, Internet
3. a) Erläutern Sie anhand des Schaubildes die Verfassungsstruktur des Alten Reichs.
   b) Vergleichen Sie die zeitgenössische Darstellung mit dem aktuellen Schaubild. Nennen Sie Gemeinsamkeiten und Unterschiede. → M35, M36
4. a) Zeigen Sie, welche Maßnahmen im Rahmen der Reichsreform ergriffen wurden.
   b) Überlegen Sie, welche Beschlüsse erfolgreich waren und welche scheiterten.
   c) Begründen Sie, warum der Gemeine Pfennig als Reichssteuer scheiterte.
   d) Erörtern Sie, welche Vorteile die Reformen für das Reich gebracht hätten. → M37

Grundlagen moderner politischer Ordnungsformen

3. Die „Doppelstaatlichkeit" des Reiches

M 38 Eine bemerkenswerte Denkschrift ...

Angesichts der hohen Schulden bat der bayerische Herzog Albrecht V. (1550–1579) seine Räte, d. h. die höchsten Beamten, um entsprechende Vorschläge. In der Denkschrift aus dem Jahr 1557 nehmen die Räte zur Politik des bayerischen Herzogs Stellung. Der Herzog wies die Ausführungen übrigens zurück, da sie seines Erachtens nicht seinem Auftrag entsprachen, und setzte seine kostspielige Politik fort:

Bedenken, wellichergestalt unser genediger furst und herr mit hilf des allmechtigen zu ainer pessern ordentlichern hof- und haushaltung komen, dardurch weitere schuld, schaden und verderben, auch ⁵ yetziger obligender schuldenlast gemilltert und mit der zeit gar abgestellt werden möcht. Das steet ungefährlich auf dreien haubtpuncten: Erstlich an seiner F.G. [Fürstliche Gnaden] selbs aigner person, thun und wesen; Zum andern an ringerung deß ¹⁰ ausgebens; Zum dritten an merung deß einnemens und chamerguets. [...]

Fur das dritt mittl bey disem ersten hauptpuncten, unsers gnedigen herren selbs person betreffend, wirt bedacht, das S.F.G. sich allenthalben statlicher, ¹⁵ eerlicher, fromer diener vom höchsten bis zum nidristen, item teglicher eerlicher gesellschafft befleissen soll, dann wie sunst ain yegclicher bey seiner gesellschafft, also wirdet ain yeder herr bey seinen dieneren erkennt, nach denn selben von ²⁰ meinigclich geacht und gehalten. [...]

Weitter und zum sechsten wirdet bedacht, das unser gnediger herr zu erhaltung furstlicher hochait und reputation, zu verhuettung teglichs beschwerlichen anlauffs und allerlay pettlerei und procu- ²⁵ reien nit yederman ain söllichen freyen zuegang, uberantwortung der zettlen und supplicationen etc. gestatten, sonder nach gelegenhait an S.F.G. hof- oder chamer räth oder auch an die oberen officier abweisen soll. Darneben möcht S.F.G. der ³⁰ frembden brief und potten halben einsehen thun, darmit die nit durch ain yeden angenomen und S.F.G. die eröffnete verlesne brief yederzeit dem chamer secretari oder der reth ainem, so zugegen, und nit dem nechsten zuestelleten; dardurch wur- ³⁵ den die brief in pesser gehaim behalten, die poten desto eher abgefertigt, die zuzeiten nit wissen, wem sy die brief geben, wo und bey wem sy umb beschaid anhalten. [...]

Damit aber S.F.G. allen obgesetzten und anderen ⁴⁰ uberfluß und unordnung desto leichter abzestellen, kunftiger zeit sambt daraus volgenden verderben zufurkomen und zubegegnen, haben die reth auf nachvolgende zway furnemliche mittl gedacht, erstlich das unser gnediger furst und herr ime unter anderen klainatern und allem, so zu zier ⁴⁵ und pracht gehörig, das gelt und parschafft ließ das liebst und angenemist sein, also das S.F.G. dasselb nit so gar gering achteten noch so liederlich, wie bisher beschehen, hinwurfe, sunder in allem dem, das doch gelt chostet, ausgab verursacht, ⁵⁰ wolbedechtlich und retlich handlete, auf ain stattlichen vorrat trachtet, wie ettliche S.F.G. löbliche voreltern, auch andere fursichtige herren gethon, darmitt sy in grosse reputation und ansehen bey menigclich komen, ire unterthonen unbeschwert, ⁵⁵ in guetter gehorsam und friden erhalten, ir furstenthumb zum thail erweittert, auch dardurch zu hohen eern und wirdigkait komen; dann die reputation steet warlich nit in überflussigen klaideren, klainaten, zierlichait oder gepew, essen, ⁶⁰ drincken und andern wollust, sonder nach christlichem leben und furstlichen tugenten furnemlich in guetter hauswirtschafft, ainem dapferen vorrath an gelt und anderm zur not gehörig.

Dokumente zur Geschichte von Staat und Gesellschaft in Bayern, Bd. 3, Teil 1, bearbeitet von Walter Ziegler, München 1992, S. 247 ff.

M 39 ... und ihre historische Einordnung

*In einer wissenschaftlichen Darstellung über Albrecht V. schreibt Reinhold Baumstark (*1944):*

Hintergrund dieses Dokuments ist die den Staatshaushalt bedrückende Schuldenlast des neunundzwanzigjährigen Herzogs, die zunächst durch einen Schuldenberg des verstorbenen Vaters bei Beginn der Regierungsübernahme 1550 verursacht wurde ⁵ und dann durch nicht gezügelte Ausgaben auf die schwindelnde Höhe von mehr als einer Million Gulden – und damit nahezu auf das Zehnfache des jährlichen Einkommens von etwa 120 000 Gulden – angewachsen war. Albrecht V. hatte bewährte ¹⁰ Hofkammerräte und weitere Mitglieder seiner Beamtenschaft – insgesamt neun Experten – um ein Gutachten zur Minderung dieser Schuldenlast gebeten. Das Schriftstück, das ihm dann Anfang Juli 1557 vorgelegt wurde, ist allerdings zu einer ¹⁵ Abrechnung eigener Art geworden. Mit Freimut – zuweilen gesteigert in Bitternis und Sarkasmus – halten die Räte dem Fürsten einen Spiegel vor,

der, wie sie sagen, „thun und wesen Fürstlicher Gnaden selbs aigner person" reflektiert. Es ist das „thun", die Auswirkungen der Handlungen des Herzogs, und es ist sein „wesen", seine charakterliche Eigenschaft, die als Ursachen der Not erkannt und schonungslos, dabei mit aller Detailkenntnis beschrieben werden. Es ist zudem die Pflichttreue der Beamten, die Ergebenheit der Räte gegenüber ihrem Herrn, die ihnen das Recht geben, nicht ohne Ehrerbietung, aber mit der Schärfe eines sezierenden Messers die Übelstände bloßzulegen und auf deren Abstellung zu dringen. [...]
Dass damit die Kritik der Räte neben allem berechtigten Sparwillen in Unverständnis und Ignoranz mündete, lässt die Beamten einer anderen Welt angehören. [...] Doch in Wahrheit prallen nicht nur zwei generationsbedingte Ansichten aufeinander, hier ist zugleich ein grundlegender Dissens zu greifen, und er steckt im Begriff, in der Vorstellungswelt des Wortes von der Reputation. Die Räte schreiben: „dann die reputation steet warlich nit in überflussigen klaidern, klainaten, zierlichait oder gepew, essen, drincken und anderm wollust, sonder nach christlichem leben und fürstlichen tugenten furnehmlich in guetter hauswirtschafft, ainem dapferen vorrath an gelt und anderm zur not gehörig." Aber genau an diesem Punkt geht der Herzog einen neuen Weg, denn für ihn belegen erst die Pracht der Gebäude, die Kostbarkeit der Sammlungen, der Aufwand der Lebenshaltung, der Auftritt in prunkender Kleidung und Schmuck seinen Rang und seine Würde und führen die Reputation des Fürsten vor aller Augen.

Baumstark, Reinhold, Albrecht V. Der Renaissancefürst und seine Sammlungen, in: Schmid, Alois/Weigand, Katharina (Hg.), Die Herrscher Bayerns. 25 historische Portraits von Tassilo III. bis Ludwig III., S. 173–188, hier S. 176–179.

M 40 Herrschaftskritik um 1588/89
In Amberg entstandenes Spottbild über die Obrigkeit. Die Texte, in heutiges Deutsch übertragen, lauten wie folgt:

1.
Ich sehe dort zwei Boten von fern,
wie schade, dass ihre Briefe bald brennen wer'n.

2.
Wer allhier hat was zu richten,
muss lassen seine Sachen schlichten.
Und er muss warten bis zur Zeit,
wo ihm kann werden ein Bescheid.
Wenn aber einer gibt nicht Ruh,
so weist man ihn dem Ofen zu.
Da tun die Briefe sein Recht aufbacken,
in Feuersbrunst sieht man sie lachen.

3.
Das Warten sei Dir kein großer Verdruss,
weil alles seine Zeit haben muss.
Drum sei geduldig und still,
man macht's ja niemandem so,
wie er's will.

4.
So wie Du die Bürger lachen,
Ihre Briefe sind bald fertig gebacken.

Übertragen von Martin Engelmann, Berlin.

Grundlagen moderner politischer Ordnungsformen

M 41 Die Supplikantin und der Landesherr

Die Historikerin Renate Blickle beschreibt den Fall der Christina Vend, die sich um 1629 mit Bittschriften an den Kurfürsten Maximilian I. wandte und schließlich ihr Anliegen durchsetzen konnte:

Als die Vendin in die kurze „sichtbare" Phase ihres Daseins eintrat, befand sie sich in großer Not. Sie hatte ihren Mann und ihre Existenz verloren. Rechtlich galt sie als Witwe, ihre beiden kleinen
5 Kinder als Waisen, da der Ehemann und Vater als Aufrührer des Fürstentums Bayern auf ewig verwiesen worden war. Sie selbst hatte man nicht aus dem Land, aber doch von Haus und Hof vertrieben, das Dach über dem Kopf und die Nahrung waren
10 ihr genommen, und zudem war es ihr verboten, sich innerhalb eines Umkreises von fünf Meilen um die Hofmark niederzulassen. Also dort, wo sie Hilfe hätte finden können, wo ihre Verwandtschaft wohnte, man sie kannte und ihre Nachbarn lebten,
15 durfte sie sich nicht aufhalten.
In dieser Situation begann Christina Vend, das verlorene Terrain zurückzugewinnen. Ihre Ziele waren klar. Sie wollte für ihren Mann die Erlaubnis zur Heimkehr, die Landeshuld, erwirken, wofür sie den
20 persönlichen Konsens des Kurfürsten einwerben musste. Und zudem erstrebte sie die Rückkehr der ganzen Familie auf den Vendhof. Das setzte eine Genehmigung des Grundherrn, des Rottenbucher Stiftspropstes, voraus. Hinsichtlich der Mittel hat-
25 te sie wohl keine Wahl, es gab nur einen gangbaren Weg: Sie musste versuchen, die Zustimmung des Fürsten gleichsam herbeizuzwingen, ihm mit eigenen Bitten und den Fürbitten anderer so lange zusetzen, bis er sich genötigt sah – oder gerecht-
30 fertigt wähnte –, Gnade zu gewähren. Der Propst würde dann folgen. Christina Vend ist diesen Weg gegangen. Jede Woche, so behauptet der Stiftssyndikus als Chronist, „rannte" sie nach München und „quälte" dort mit ihren Schreiben und Bitten die
35 Räte des Landesherrn. Zwei dieser Supplikationsschriften [Bitt- oder Beschwerdeschriften] haben sich erhalten. [...]
In der Praxis gab es zwei Möglichkeiten, den Fürsten oder zumindest sein Regiment auf sich und
40 sein Problem aufmerksam zu machen. Entweder man klopfte in der Alten Feste an die Tür der Hofkanzlei, wartete, bis sie sich auftat und übergab dem heraustretenden Ratsdiener die mitgebrachte unverschlossene Supplikationsschrift, oder man
45 versuchte, dem Kurfürsten das Schreiben persönlich zu überreichen, wenn er sich in der Öffentlichkeit zeigte. Ob Christina Vend damals im Herbst 1628 die eine oder die andere Möglichkeit oder, was wahrscheinlich ist, beide erprobt hat, wird nicht berichtet. Sie hatte jedoch mit diesen frühen 50 Aktionen keinen Erfolg.
Über den Umgang Kurfürst Maximilians mit den Supplikanten, über seine persönliche Sicht des Supplikenwesens und über dessen konkrete Handhabung finden sich bislang nur wenige Informati- 55 onen, obwohl Supplikationen zu den Angelegenheiten zählten, mit denen ein Regent und seine zentralen Behörden in der frühen Neuzeit tagtäglich konfrontiert wurden. Man sieht sich für den Zusammenhang einerseits auf Normatives zurück- 60 verwiesen, wie die Prozess-, Polizei- und Verwaltungsordnungen, die dieses zentrale Institut des frühmodernen Staates regelten, und andererseits auf Streu- und Zufallsfunde, also Einzelvorgänge, denen eher Exempelcharakter zukommt oder 65 Anekdotisches anhaftet. [...] Die Standardsituation für eine persönliche Begegnung zwischen einem Untertanen und dem Landesherrn stellten tatsächlich die Fahrten des Fürsten von und zur Kirche dar. Selbstverständlich war das im fürstlichen 70 Tagesablauf eingeplant und unter den Untertanen allgemein bekannt. Auch die Rottenbucher hatten den Kurfürsten, als sie ihn in den letzten Jahren häufiger „persönlich anliefen", meist auf dem Kirchweg abgepasst und dort ihre Supplikationen 75 überreicht. Ob Maximilian die Schriften gewöhnlich sogleich las, wie es zumindest angelegentlich berichtet wird, ob bei diesen Szenen je ein Wort gewechselt wurde oder alles in stummer Gestik ablief, wird nicht dargelegt. 80

Renate Bickle, Die Supplikantin und der Landesherr, in: Ungleiche Paare: zur Kulturgeschichte menschlicher Beziehungen, hrsg. von Eva Labouvie, München 1997, S. 81 f. und 89 ff.

M 42 Die Bittschrift

In der Eingabe der Christina Vend an Kurfürst Maximilian I. vom 14. Febr. 1629 heißt es:

Durchleüchtigister Churfürst aller genedigister Herr,
Ich armes betrüebtes weib aus hechst trungener nott khan ich nit umbgangen E. Churfl. Dtl. [Euer Kurfürstliche Durchlaucht] mit disem khlainfüegigen 5 schreyben behelligen, durch Gottes Seiner geliebten Junckfrau Maria vnd Muetter Gottes vnd Jungsten gerichts willen, hochflechenliches anruefen vnd bitten Ir Churfl. Dtl. die wellen aus miltreicher Barmherzigkeit solche mein betruebnus vnd herz- 10 laid gnedigist vbersechen vnd anhörn.

Weiln in vnserm Hofmarch vnd Gericht, wider die Herrschafft vnd Obrigkheit Closter Rottenbuech, die ganze vnderthonen aufgeworffen, vnnd lange Zeit in grossem stritt gewest, aber jezunder wid' Gott Lob zu ainer fridtliebenter ainigkheit khomen, vnd mein Haußwirtt [Ehemann] in disem Handl dargeben, als wann er in disem Handl anfenger oder Rädlfiehrer gwöst solle sein, vnd dieser Handel zubeweysen, ehe mier zu Hauß khomen zuvor lengsten gewehrt, darbey abzunemen, er khain anfenger khan gewest sein.

Wie dann Gdister Fürst vnd herr schon vor disem nit allain zue München, vnd nit vnlangst zu Landtsperg in verhafft khomen, aber solchn inzicht Gott Lob bey ihme nhie gefunden, oder beybracht worden, und in ewigkheit sich nit erfünden wirdt, dannerst ihme das Landt verwhisen, das ohr abgeschnitten, vnd ausgestrichen worden, alles mit gdult vberstanden.

Welches nach meherer das ihr g. Rottenbuecherischer Richter mich nit allain mit meinen vnschuldigen Kündlein aus dem Hoffmarth verschafft, vnnd erst verschinen Sontag vor der Khürchen außrueffen lassen, vnd ganzer gmain verpotten, welcher mich oder meine Kündlein behause oder behofe, oder vber nacht beherberge erstlich bey 10 Taller, zum andern 20 Taller straff geben, Solches mueß Gott dem Allmechtigen im Hochen Himel geclagt sein, das mir vnverschuldter sachen in solchen nachtl vnd vmb vnser Armueth khomen, wiewol mein Mann alles was ihme geschehen, vnd auftragen worden, gehorsamblich mit aller gdult angenomen. [...]

Wie dann wann mein Haußwirtt ain anfenger oder aufwigler gwöst soll sein, er sich selbsten dargeben, nit alllein sein auferladne Straff gehorsam ausgestanden, sonder gar sein Leben dargeben hette. Nun es hilfft nicht, was man vns aufgetragen gehorsamblich ausstanden, verhoffe auch wann er solches alls gethon, vnd wiß Gott zum wenigisten nit geschechen, Ich als sein betrüebtes weib vnserm Haimet vertriben werdn, derowegen nit vnderlassen sellen, in diser hechsten nott E.Chursfrl. Dtl. mit disem khainfiegisten Schreyben diemüetigst behelligen vnd durch Gottes willen hochflechenlich anzuerueffen, vnd zuebitten, dieselbige wolln aus sonderbarn nichtig vnd barmherzigkheit mein bittliches begern gdist anhörn, vnd solchen gdisten bevelch abgeen lassen, vns nit allain bey vnserm haimetln gdist erhalten, auch meinen haußwirth widerumb zue vns haim lassen, das Landt eröffnen Solches welln umb E.Chufl. Dtl. so lang wür Leben Jherlichen auf dem Peyssenberg mit ainer heiligen Meßß vnvergössen zuverdienen, thue mich armes betrüebtes weib sambt den Meinigen gehorsamblich bevelchen, aines gdisten beschaidts erwarttent.

Supplikation von Christina Fend, BayHStA KL Fasz. 641 ad 18 Rottenbuch, fol. 418–420, 1629

Aufgaben

1. a) Zeigen Sie, worin die „Doppelstaatlichkeit des Reiches" bestand.
   b) Stellen Sie die wichtigsten Stationen auf dem Weg zu dieser „Doppelstaatlichkeit" zusammen.
   → Text

2. a) Formulieren Sie mit eigenen Worten thesenartig die Vorschläge der Räte Albrechts V.
   b) Zeigen Sie, wie Reinhold Baumstark den Vorgang deutet.
   c) Diskutieren Sie, davon ausgehend, Möglichkeiten und Grenzen einer Einflussnahme auf die fürstliche Politik.
   → M38, M39

3. Interpretieren Sie mithilfe der Erläuterungen das vorliegende Spottbild.
   → M40

4. a) Fassen Sie die zentralen Forderungen der Christina Vend zusammen.
   b) Skizzieren Sie anhand der Materialien den Fall und den Ausgang des Verfahrens.
   c) Bewerten Sie die Bedeutung des Supplikantenwesens im frühmodernen Staat.
   → M41, M42

Grundlagen moderner politischer Ordnungsformen

4. Kontroversen um den idealen Staat

M 43 „Über den Staat"

Jean Bodin schreibt in seinem Werk „Über den Staat" von 1576 im 8. Kapitel über die Souveränität:

Der Begriff Souveränität beinhaltet die absolute und dauernde Gewalt eines Staates, die im Lateinischen majestas heißt. […] Souveränität bedeutet höchste Befehlsgewalt. Es ist geboten, hier den Begriff der Souveränität genau zu bestimmen, weil noch kein Rechtsgelehrter oder Staatsdenker ihn bisher definiert hat, obwohl er doch von zentraler Bedeutung und seine Klärung für eine Abhandlung über den Staat am allerwichtigsten ist. Und da wir zuvor den Staat definiert haben als die dem Recht gemäß gehandhabte Lenkung mehrerer Familien und der ihnen gemeinsamen Dinge mit souveräner Gewalt, so ist zu erläutern, was unter dieser souveränen Gewalt zu verstehen ist. Ich sagte, dass es sich um eine dauernde Gewalt handelt. Es kann nämlich sein, dass absolute Gewalt auf einen Einzelnen oder mehrere für begrenzte Zeit übertragen wird, nach deren Ablauf sie wieder einfache Untertanen sind. Darum können sie, auch solange sie an der Macht sind, nicht als souveräne Herrscher betrachtet werden. Sie sind nur Treuhänder und Hüter dieser Gewalt, bis es dem Volk oder dem Fürsten gefällt, diesen Zustand zu widerrufen. Der wirkliche Souverän bleibt stets im Besitz der Staatsgewalt. Denn wie diejenigen, die anderen ihre Güter zum Gebrauch überlassen, doch immer Herren und Eigentümer bleiben, so verhält es sich auch mit denen, die die Verfügung über richterliche Gewalt oder Herrschaftsgewalt für eine begrenzte Zeit oder so lange, wie es ihnen gefällt, verleihen. Sie bleiben dennoch im Besitz der Staatsgewalt und Gerichtsbarkeit, die andere kraft Belehnung oder widerruflich ausüben. […]
Obwohl das Parlament im Königreich England, das alle drei Jahre zusammentritt, größtmögliche Freiheit hat (wie es charakteristisch ist für die nördlichen Völker), verfährt es nur mit dem Mittel der Bittschrift und des Gesuchs. […] Außerdem treten Parlamente in England (wie auch in Frankreich und Spanien) nur aufgrund königlicher Verordnung zusammen. Dies zeigt deutlich, dass die Ständeversammlungen und Parlamente über keine Macht verfügen, selbstständig etwas zu beschließen, zu befehlen oder festzusetzen. Ja, ohne ausdrückliche Weisung können sie weder zusammentreten noch sich auflösen. […]
Es wird nun vielleicht eingewandt, dass ohne Zustimmung des Parlaments keine Steuern auferlegt werden können. Dies stützt sich auf ein Gesetz König Eduards I., auf das sich das Volk gegenüber den Königen stets beruft. Darauf antworte ich, dass auch andere Könige nicht mehr Macht haben als der englische König. Weil nämlich kein Fürst die Macht hat, seinem Volk nach Gutdünken Steuern aufzuerlegen oder den Besitz eines anderen einzuziehen. […]. Im Fall einer zwingenden Notwendigkeit muss der Fürst jedoch nicht den Zusammentritt der Generalstände abwarten, noch die Zustimmung des Volkes einholen, dessen Wohl von der Voraussicht und der Sorgfalt eines weisen Fürsten abhängt. […]
Wir müssen also feststellen, dass durch die Existenz von Ständevertretungen die Souveränität eines Herrschers weder verändert noch geschmälert wird. Im Gegenteil: Seine Majestät erscheint größer und erlauchter, wenn sie als souverän vom ganzen Volk anerkannt wird, selbst für den Fall, dass die Fürsten – da sie ihre Untertanen nicht vor den Kopf stoßen wollen – in solchen Ständeversammlungen

M 44 Jean Bodin (um 1529–1596)
Zeitgenössischer Kupferstich

manchen Dingen zustimmen, die sie nicht gewährt hätten, wenn sie nicht durch Petitionen, Bitten und gerechtfertigte Klagen dazu gedrängt worden wären. Aber das Volk wird oft genug durch Lasten bedrückt, die dem Fürsten unbekannt bleiben. Der Herrscher allein kann nicht alles wissen und ist auf Informationen anderer angewiesen.

Aus alldem wird deutlich, dass das Hauptmerkmal der souveränen Majestät und absoluten Gewalt vor allem darin besteht, allen Untertanen ohne deren Zustimmung Gesetze auferlegen zu können.

Jean Bodin, Über den Staat. Auswahl. Übersetzung und Nachwort von Gottfried Niedhart, Stuttgart 1986, S. 19 ff.

M 45 „Politik, methodisch geordnet"

Der Staatstheoretiker Johannes Althusius (um 1563–1638) schreibt in seinem Werk „Politik, methodisch geordnet und dazu an heiligen Beispielen illustriert" 1603:

Gegenstand der Politik ist die Lebensgemeinschaft (consociatio), in der die Symbioten sich in einem ausdrücklichen oder stillschweigenden Vertrag (pactum) untereinander zur wechselseitigen Teilhabe all dessen verpflichten, was zum Zusammenleben notwendig und nützlich ist. […]

Darüber hinaus habe ich die sogenannten Rechte der Souveränität nicht dem obersten Magistrat (summus magistratus), sondern dem Gemeinwesen oder der universalen Gemeinschaft zugewiesen. […] Als Verwalter, Statthalter und Lenker der Rechte der Souveränität erkenne ich den Herrscher an. Als Eigentümer und Nutznießer der Souveränität aber keinen anderen als das gesamte Volk, das aus mehreren kleineren Gemeinschaften zu einem symbiotischen Körper vereinigt ist. […]

Die universale Gemeinschaft kennt zwei Arten von Verwaltern: die Ephoren und den obersten Magistrat […] Den Ephoren ist mit Zustimmung des zu einem politischen Gemeinschaftskörper vereinten Volks die Oberherrschaft über das Gemeinwesen oder die universale Gemeinschaft als Repräsentanten anvertraut […] Diesen Ephoren vertraut sich das Volk sicher an und überträgt all sein Handeln auf sie, sodass, was sie tun, das ganze Volk zu tun scheint. […]

Die Übertragung der Herrschaft besteht darin, dass die Verwaltung des Reichs dem obersten Magistrat als Empfänger von den Ephoren im Namen des Volks oder Gemeinschaftskörpers überlassen und anvertraut wird. […] Bei der Wahl werden im Namen der Gemeinschaft des Volks als des Auftraggebers dem zu wählenden Magistrat als Beauftragtem feste Gesetze und Bedingungen über die Unterordnung sowie über die Art und Form der künftigen Herrschaft vorgelegt […] Man spricht auch von einem zwischen Magistrat und Volk eingegangenen Bund (foedus) und einer gegenseitigen vertraglichen Verpflichtung (obligatio mutua contracta). […]

Eine Aufgabe der Ephoren besteht darin, dem obersten Magistrat Widerstand zu leisten, wenn er die Souveränitätsrechte missachtet und verletzt, ferner darin, ihn zu entfernen und abzusetzen, wenn er tyrannisch wird. […] Es ist Widerstand zu leisten, solange die Tyrannis andauert […] und [solange der Tyrann] das Gegenteil des geschlossenen Vertrages tut, sagt oder ins Werk setzt, bis die Dinge in ihrem früheren Zustand wieder hergestellt sind. Dies geht so weit, dass die Optimaten [= Ephoren] einen derartigen Tyrannen aus seinem Amt entfernen und ihn seines Herrschaftsauftrages berauben dürfen, ja mehr noch, wenn sie sich anders nicht gegen seine Gewalt verteidigen können, ihn sogar töten oder einen anderen an seine Stelle setzen dürfen. […] Was ist aber von den Untertanen und Privaten aus dem Volke zu denken? […] Diese Privaten besitzen nicht das Recht des Schwertgebrauchs und dürfen es deshalb nicht zur Anwendung bringen.

Johannes Althusius, Politik, methodisch geordnet und dazu an heiligen Beispielen illustriert, 1. Auflage Herbon 1603.

M 46 Johannes Althusius (1563–1638)
Zeitgenössisches Porträt

Grundlagen moderner politischer Ordnungsformen

M 47 Kristina von Schweden (1632–1654)
Gemälde von Sébastien Bourdon, 1653

M 48 Elisabeth I. von England (1533–1603)
Gemälde von George Gower, 1588

M 49 Herrscherinnen

Die Historikerin Dagmar Freist schreibt über weibliche Herrschaft in der Frühen Neuzeit:

Zu den wenigen Herrscherinnen aus eigenem Recht im frühneuzeitlichen Europa gehören Königin Elisabeth von England (1533–1603), Königin Anna von England (1702–1714), Königin Christina von Schweden (1632–1689) sowie Kaiserin Maria Theresia (1740–1780). In der Statthalterschaft der Niederlande findet sich eine Reihe von Frauen aus dem Hause Habsburg: Margarete von Österreich (1506–1530), Margarete von Parma (1559–1586) und Erzherzogin Maria Elisabeth (1725–1741). Erst seit einigen Jahren hat die Forschung vermehrt ihr Augenmerk auf die große Zahl von Regentinnen in den deutschen Territorialstaaten des 16. bis 18. Jahrhunderts gelenkt. Als Witwen in Vormundschaft ihrer minderjährigen Söhne führten sie über Jahre hinweg erfolgreich die Regierungsgeschäfte ihres Territoriums. Oftmals fiel es ihnen schwer, die Regierungsgeschäfte wieder abzugeben, wie beispielsweise Fürstin Christine Charlotte von Ostfriesland (1665–1690), die 25 Jahre für ihren Sohn regierte. Zu den hervorragenden Herrscherpersönlichkeiten zählt Amalie Elisabeth von Hessen-Kassel (1637–1650), die ihr Land energisch durch die Wirren des Dreißigjährigen Krieges führte.

Dagmar Freist, Absolutismus, München 2008, S. 195.

M 50 „The Monstrous Regiment of Women"

Der schottische Reformator John Knox (um 1514–1572) schreibt 1558:

Eine Frau, die dazu erhöht wird, den Thron Gottes zu besteigen und so zu lehren, zu richten oder über den Mann zu herrschen, ist ein Ungetüm der Natur, eine Verhöhnung Gottes, und seinem Willen und Gesetz gänzlich zuwider. Denn er hat ihnen, wie zuvor bewiesen, verboten, in der Gemeinde zu sprechen, und hat ihnen ausdrücklich untersagt, jedwede Autorität über den Mann an sich zu reißen. Wie sollte er es also ertragen, dass sie regieren und Herrschaft innehaben über Länder und Völker? Ich sage, dass er es niemals billigen wird, denn es ist ein Ding, das seinem vollendeten Gesetz gänzlich widerstrebt. […]
Doch die Frage ist: Dürfen Frauen ihren Vätern in Ämtern nachfolgen, und besonders in dieses Amt [des Königs], dessen Inhaber den Platz und Thron Gottes einnimmt? Und dieses lehne ich vollständig ab und scheue mich nicht zu sagen, dass es

eine Verschmutzung und Erniedrigung des königlichen Thrones bedeutet, wenn eine Frau die Herrschaft über ein Land erhält; des Thrones, welcher der Thron Gottes sein sollte, und wenn sie darin bestärkt werden, ist dies nichts anderes, als sich beständig gegen Gott zu erheben. […] Wo Frauen regieren oder Herrschaft innehaben […] da muss Eitelkeit vor Tugend den Vorzug erhalten, müssen Ehrgeiz und Stolz vor Mäßigung und Bescheidenheit gehen, und schließlich muss Habgier, die Mutter allen Übels, Recht und Gesetz verdrängen.

John Knox, The First Blast of the Trumpet against the Monstrous Regiment of Women (1. Aufl.: Edinburgh 1558)

M 51 „Eine Monarchie sollte nicht Frauen anvertraut werden"

Jean Bodin schreibt in seinem Werk „Über den Staat" von 1576 auch über die „Gynäkokratie", die weibliche Herrschaft:

Wie bereits gesagt, sollte die Monarchie streng auf der männlichen Thronfolge aufbauen, weil die Gynäkokratie im klaren Widerspruch steht zu den Gesetzen der Natur, die dem männlichen Geschlecht und nicht etwa der Frau die Gaben der Stärke, der Klugheit, des Kämpfens und des Befehlens verliehen hat. Ja das Gesetz Gottes sagt sogar ausdrücklich, das Weib solle dem Manne Untertan sein, und zwar nicht bloß, was das Regieren von Königreichen und Kaiserreichen anbelangt, sondern auch in jeder einzelnen Familie, und es droht seinen Feinden gleichsam wie mit einem fürchterlichen Fluch, ihnen Frauen zu Herrschern zu geben. Das Gesetz versagt der Frau überdies alle typischerweise dem Manne zukommenden Ämter, z.B. in Rechtsprechung, Anwaltschaft und anderen Bereichen. Der Grund hierfür ist nicht allein in ihrem Mangel an Klugheit zu suchen, […] der Grund liegt vielmehr darin, dass sich nach Mannesart zu verhalten dem weiblichen Geschlecht mit seiner Schamhaftigkeit und Bescheidenheit zuwiderläuft. […] Ist also schon die Teilnahme der Frau an den öffentlichen Amtsgeschäften unziemlich und naturwidrig, dann ist dies erst recht gefährlich im Fall der Souveränität. […] Denn ein mannhaftes, tapferes Volk könnte sich nur mühsam mit dem Regiment einer Frau abfinden. Nichts aber ist für einen Staat gefährlicher als mangelnder Respekt vor der souveränen Gewalt als der Grundlage für den Fortbestand der Gesetze und des Staates.

Jean Bodin, Über den Staat. Auswahl. Übersetzung und Nachwort von Gottfried Niedhart, Stuttgart 1986, S. 449 ff.

M 52 „Von edlen Handlungen und Fähigkeiten der Frauen"

Die italienische Autorin Lucretia Marinella (1571–1653) wandte sich in einer Schrift aus dem Jahre 1600 gegen das vorherrschende Frauenbild:

Wenig Ehre wird mir darauf erwachsen, wenn ich mit Gründen und Beispielen zeige, dass das weibliche Geschlecht in seinen Handlungen und Tätigkeiten hervorragender und vorzüglicher als das männliche ist. Ich sage, wenig Ehre werde ich erwerben: denn dies zu beweisen, wird leichter sein als deutlich zu machen, dass die Sonne der leuchtendste Körper am Himmel oder dass der entzückende Frühling Ursprung von Laub und Blumen ist. Um die bereits eingeschlagene Ordnung zu verfolgen und dazu gewissen, ich will nicht sagen Männern, sondern Schatten von Männern ein Licht aufzustecken, will ich in diesem Kapitel mit unwiderleglichen Gründen den Beweis antreten und in den folgenden zu Beispielen von Frauen kommen, würdig des schönsten Gedichtes der Geschichtsschreibung. […] Doch gibt es wenige, die in unseren Tagen Mühe auf diese Studien, z. B. die Kriegskunst, verwenden, denn die Männer verbieten ihnen dies nach Art unverschämter Tyrannen, da sie fürchten, die Herrschaft zu verlieren und Sklaven der Frauen zu werden; und so untersagen sie ihnen häufig sogar das Lesen- und Schreiben-Lernen. Sagt doch dieser gute Gesell Aristoteles: Sie sollen in allem und bei allem den Männern gehorchen und nicht suchen, was sich außerhalb des Hauses tut. Eine dumme Meinung, ein roher und gottloser Satz eines tyrannischen und furchtsamen Mannes. Aber ich will ihn entschuldigen, denn da er ein Mann war, war es ihm gemäß, sich nach Größe und Überlegenheit der Männer und nicht der Frauen zu sehnen. […] Wolle Gott, in unseren Zeiten würde den Frauen erlaubt, sich in den Waffen und in den Wissenschaften zu üben. Wunderbare und unerhörte Dinge würde man sehen zum Schutz und zur Erweiterung der Reiche. Und wer wäre schneller bereit, als Schutzschild mit unerschrockener Brust bei der Verteidigung des Vaterlandes zu dienen als die Frauen? Mit welcher Bereitschaft und Glut würde man sie ihr Blut und Leben hingeben sehen zur Verteidigung der Männer! Wie ich also bewiesen habe, sind die Frauen in ihren Handlungen edler als die Männer.

Lucretia Marinella, Le Nobiltà et Eccellenze delle Donne et i Diffetti e Mancamenti de gli Huomini (1. Aufl.: Venedig 1600), Kapitel IV: Von edlen Handlungen und Fähigkeiten der Frauen, welche jene der Männer bei weitem übertreffen, wie mit Vernunftgründen und Beispielen gezeigt wird.

M 53 „Abhandlung über die Regierung"

Der englische Philisoph John Locke (1632–1704) schreibt in seinem Werk „Second Treatise of Civil Government" 1690 über die „Ziele der politischen Gesellschaft und der Regierung":

§ 123. Wenn der Mensch im Naturzustand so frei ist, wie gesagt worden ist, wenn er der absolute Herr seiner eigenen Person und seiner Besitztümer ist, dem Größten gleich und niemandem Untertan, warum soll er auf seine Freiheit verzichten? Warum soll er seine Selbstständigkeit aufgeben und sich der Herrschaft und dem Zwang einer anderen Gewalt unterwerfen? Die Antwort darauf liegt auf der Hand: Obwohl er nämlich im Naturzustand ein solches Recht hat, so ist doch die Freude an diesem Recht sehr ungewiss, da er fortwährend den Übergriffen anderer ausgesetzt ist. Denn da jeder im gleichen Maße König ist wie er, da alle Menschen gleich sind und der größere Teil von ihnen nicht genau die Billigkeit und Gerechtigkeit beachtet, so ist die Freude an seinem Eigentum, das er in diesem Zustand besitzt, sehr ungewiss und sehr unsicher. Das lässt ihn bereitwillig einen Zustand aufgeben, der bei aller Freiheit voll von Furcht und ständiger Gefahr ist. Und nicht grundlos trachtet er danach und ist dazu bereit, sich mit anderen zu einer Gesellschaft zu verbinden, die bereits vereinigt sind oder doch die Absicht hegen, sich zu vereinigen, zum gegenseitigen Schutz ihres Lebens, ihrer Freiheiten und ihres Vermögens, was ich unter der allgemeinen Bezeichnung Eigentum zusammenfasse. […]

§ 129. Die erste Gewalt, nämlich alles zu tun, was er für die Erhaltung seiner selbst und der übrigen Menschheit als richtig ansieht, gibt er auf, damit sie durch die Gesetze der Gesellschaft soweit geregelt werde, wie es die Erhaltung seiner selbst und der übrigen Glieder dieser Gesellschaft erfordert. Diese Gesetze der Gesellschaft schränken in vieler Hinsicht die Freiheit ein, die er nach dem natürlichen Gesetz hatte.

§ 130. Die zweite Gewalt, nämlich die Gewalt zu strafen, gibt er vollständig auf und verpflichtet seine natürliche Kraft (die er vorher aufgrund seiner eigenen Autorität nach seinem Gutdünken nur zur Vollstreckung des natürlichen Gesetzes gebrauchen durfte), die exekutive Gewalt der Gesellschaft zu unterstützen, so wie es das Gesetz verlangt. Er befindet sich jetzt in einem neuen Zustand, der ihm von der Arbeit, Hilfe und Gesellschaft anderer in dieser Gemeinschaft viele Vorteile und auch den Schutz ihrer gesamten Stärke bringen soll. Deshalb muss er aber auch seinerseits soweit auf seine natürliche Freiheit, allein für sich selbst zu sorgen, verzichten, wie es das Wohl, das Gedeihen und die Sicherheit der Gesellschaft erfordern. Das ist nicht nur notwendig, sondern auch gerecht, weil die anderen Glieder der Gesellschaft das Gleiche tun.

§ 131. Mit ihrem Eintritt in die Gesellschaft verzichten nun die Menschen zwar auf die Gleichheit, Freiheit und exekutive Gewalt des Naturzustandes, um sie in die Hände der Gesellschaft zu legen, damit die Legislative soweit darüber verfügen kann, wie es das Wohl der Gesellschaft erfordert. Doch geschieht das nur mit der Absicht jedes Einzelnen, damit sich selbst, seine Freiheit und sein Eigentum besser zu erhalten (denn man kann von keinem vernünftigen Wesen voraussetzen, dass es seine Lebensbedingungen mit der Absicht ändere, sie zu verschlechtern). Man kann deshalb auch nie annehmen, dass sich die Gewalt der Gesellschaft oder der von ihr eingesetzten Legislative weiter erstrecken soll als auf das gemeinsame Wohl. Sie ist vielmehr verpflichtet, das Eigentum eines jeden dadurch zu sichern, dass sie gegen jene drei erwähnten Mängel Vorsorge trifft, die den Naturzustand so unsicher und unbehaglich machten. Wer immer daher die Legislative oder höchste Gewalt eines Staatswesens besitzt, ist verpflichtet, nach festen, stehenden Gesetzen zu regieren, die dem Volke verkündet und bekannt gemacht wurden, und nicht nach Beschlüssen des Augenblicks; durch unparteiische und aufrechte Richter, die Streitigkeiten nach diesen Gesetzen entscheiden müssen. Weiter ist er verpflichtet, die Macht dieser Gemeinschaft im Innern nur zur Vollziehung dieser Gesetze, nach außen zur Verhütung und Sühne fremden Unrechts und zum Schutz der Gemeinschaft vor Überfällen und Angriffen zu verwenden. Und all dies darf auf kein anderes Ziel gerichtet sein als auf den Frieden, die Sicherheit und das öffentliche Wohl des Volkes.

John Locke, Zweite Abhandlung über die Regierung, aus dem Englischen von Hans Jörn Hoffmann, durchgesehen und überarbeitet von Ludwig Siep, Frankfurt 2008, S. 103 ff.

M 54 „Second Treatise of Civil Government", Titelblatt der Ausgabe von 1690

M 55 „Vom Gesellschaftsvertrag"

Der Philosoph Jean-Jacques Rousseau (1712–1778) schreibt in seinem Werk „Du contrat social ou principes du droit politique" 1762:

Ich nehme an, dass die Menschen den Punkt erreicht haben, an dem die Hindernisse, die ihrem Fortbestehen im Naturzustand schaden, in ihrem Widerstand über die Kräfte siegen, die jeder Einzelne aufbringt, um sich in diesem Zustand zu erhalten. Der natürliche Zustand kann dann nicht länger fortbestehen, das Menschengeschlecht würde zugrunde gehen, wenn es seine Lebensweise nicht veränderte.

Da nun die Menschen nicht neue Kräfte schaffen können, sondern nur die bestehenden zu vereinen und zu lenken imstande sind, verfügen sie zu ihrer Erhaltung über kein anderes Mittel, als durch Zusammenschluss eine Summe von Kräften zu schaffen, die über jeden Widerstand zu siegen vermögen, und diese aus einem einzigen Antrieb heraus gemeinschaftlich vereint wirken zu lassen.

Diese Summe von Kräften kann nur aus dem Zusammenwirken mehrerer entstehen: Wie aber kann der Einzelne, ohne sich zu schaden und ohne die Fürsorge zu vernachlässigen, die er sich schuldet, seine Kraft gemeinschaftlich einsetzen, wenn doch Stärke und Freiheit jedes Menschen die ersten Werkzeuge zu seiner eigenen Erhaltung sind? Auf mein Anliegen bezogen, lautet die Schwierigkeit wie folgt: Wie lässt sich eine Form des Zusammenschlusses finden, die mit aller gemeinsamen Kraft die Person und die Güter jedes Teilhabers verteidigt und schützt, und durch die ein jeder, der sich allen anderen anschließt, dennoch nur sich selber gehorcht und ebenso frei bleibt wie zuvor? Das ist die grundsätzliche Schwierigkeit, für die der Gesellschaftsvertrag die Lösung bietet.

Die Bestimmungen dieses Vertrages sind durch die Natur des Aktes solchermaßen vorgegeben, dass die geringfügigste Veränderung sie null und nichtig machen würde; obwohl sie vielleicht niemals in Worten ausgesprochen wurden, sind sie stets die gleichen, stets stillschweigend gültig und anerkannt, bis, falls der gesellschaftliche Pakt verletzt wird, ein jeder wieder in seine ursprünglichen Rechte zurückkehrt und erneut seine natürliche Freiheit an sich nimmt, wobei er die vertragsbedingte bürgerliche Freiheit verliert, zu deren Gunsten er auf seine frühere verzichtet hatte. Natürlich beschränken sich diese Bestimmungen allesamt auf eine einzige, und zwar auf die völlige Entäußerung jedes Mitglieds mit allen seinen Rechten an das größere Gesamtwesen: Da zum Ersten ein jeder sich mit seiner ganzen Person gibt, besteht für alle die gleiche Bedingung, und weil sie für alle gleich ist, hat keiner Interesse daran, sie für die anderen belastend zu machen.

Da darüber hinaus die Entäußerung rückhaltlos erfolgt, ist das Bündnis so vollkommen, wie es nur sein kann, und kein Mitglied hat noch etwas zu fordern: Wenn dem Einzelnen einige Rechte bleiben sollten, würde jeder, weil es keine höhere Instanz gäbe, die zwischen ihm und der Öffentlichkeit Recht sprechen könnte, und weil jeder gewissermaßen sein eigener Richter ist, bald den Anspruch anmelden, in allen Dingen den Maßstab vorzugeben. Der Naturzustand würde fortbestehen und der Zusammenschluss müsste notwendigerweise tyrannisch und nichtig werden.

Da schließlich ein jeder sich allen gibt, gibt keiner sich irgendwem, und da man über jedes Mitglied dasselbe Recht erwirbt, das man auch allen über sich einräumt, gewinnt man dabei ebenso viel, wie man abtritt, und dazu noch ein mehr an Kraft, um zu bewahren, was man hat.

Wenn man nun vom gesellschaftlichen Pakt alles Nicht-Wesentliche beseitigt, verdichtet er sich wie folgt: Jeder von uns stellt gemeinsam seine Person und ganze Kraft unter die oberste Richtlinie des allgemeinen Willens; und wir nehmen in die Gemeinschaft jedes Mitglied als untrennbaren Teil des Ganzen auf. Dieser Akt des Zusammenschlusses schafft augenblicklich und anstatt der Einzelperson jedes Vertragspartners eine sittliche und kollektive Gemeinschaft, die aus so vielen Mitgliedern besteht, als die Versammlung an Stimmen besitzt, und die aus diesem Akt heraus ihr gemeinschaftliches Ich, ihr Leben und ihren Willen erhält. Diese öffentliche Person, die aus dem Zusammenschluss aller ihr Leben bezieht, trug früher den Namen der Cité [Polis], und heißt heute Republik oder staatliche Körperschaft, die ihre Mitglieder Staat im passiven Sinne oder Souverän in ihrer aktiven Rolle nennen, während untereinander, also zwischen den Staaten, von Macht die Rede ist. Im Hinblick auf die Mitglieder ist in der Gesamtheit vom Volk die Rede, als Individuen jedoch nennen die Teilhaber der souveränen Macht sich Bürger oder Untertanen, wenn sie den Gesetzen des Staates unterworfen sind. Aber diese Begriffe finden sich oft vermischt und einer steht nur zu oft für einen anderen; es genügt, sie auseinanderzuhalten, wenn es um strenge Genauigkeit geht.

Jean-Jacques Rousseau, Vom Gesellschaftsvertrag oder Grundlagen des politischen Rechts, aus dem Französischen von Erich Wolfgang Skwara, Frankfurt 2000, S. 23 ff.

Grundlagen moderner politischer Ordnungsformen

M 56 Der Philosoph und der König

Voltaire und Friedrich der Große pflegten einen regen Briefwechsel. Aus einem Brief des französischen Philosophen an den Prinzen von Preußen, den späteren (ab 1740) preußischen König aus dem Jahr 1736:

Monseigneur, man müsste fühllos sein, um von dem Brief, mit dem Ew. Kgl. Hoheit mich zu ehren geruhten, nicht inniglichst gerührt zu sein. Er schmeichelte meiner Eigenliebe nur zu sehr; aber
5 die Liebe zum Menschengeschlecht, die seit je in meinem Herzen lebt und die, wie ich zu behaupten wage, meinen Charakter prägt, schenkte mir eine tausendfach reinere Freude, als ich erkannte, dass es auf der Welt einen Prinzen gibt, der als
10 Mensch denkt, einen Fürsten-Philosophen, der die Menschen beglücken wird.
Gestatten Sie mir anzumerken, dass es auf der Erde keinen gibt, der ein heiteres Dasein nicht eben jener Sorgfalt verdankt, mit der Sie durch heilsame
15 Philosophie eine Seele pflegen, die zum Befehlen geboren wurde. Es stimmt, nur die wahrhaft guten Könige waren es, die, ganz wie Sie, damit begannen, dass sie sich bildeten, die Menschen zu ergründen suchten, das Wahre liebten, Verfolgung
20 und Aberglauben verabscheuten. Es gibt keinen so gesonnenen Fürsten, der seine Staaten nicht ins Goldene Zeitalter zurückzuführen vermöchte. Warum streben so wenige Könige dies an? Sie ahnen es, Monseigneur, fast alle sinnen mehr auf das könig-
25 liche Gepränge als auf Menschlichkeit; bei Ihnen verhält es sich exakt umgekehrt. Seien Sie gewiss, falls Staatsgeschäfte und die Bösartigkeit der Menschen einen so göttlichen Charakter nicht eines Tages verändern, werden Sie von Ihren Völkern angebetet und von der ganzen Welt gepriesen 30 werden. Philosophen, die dieses Titels würdig sind, werden in Ihre Staaten eilen; und so wie berühmte Künstler in das Land strömen, in dem ihr Können in den höchsten Ehren steht, werden sich jene Menschen, die denken, um Ihren Thron versammeln. 35 […]

Es ist fürwahr betrüblich für die Menschheit, dass jene, die sich Verkünder göttlicher Gebote, Übermittler des Göttlichen, mit einem Wort: Theologen nennen, bisweilen die Gefährlichsten von allen 40 sind; dass etliche unter ihnen für die Gesellschaft so schädlich sind wie dunkel in ihren Ideen, dass ihre Seele in dem Maße, in dem sie der Wahrheit ermangelt, von Eifer und Hochmut gebläht ist. Durch trugschlüssiges Wortgeklingel möchten sie 45 die Erde beben machen und alle Könige dazu bringen, die Ehre irgendeines Arguments in ferio oder in barbara, mittels Eisen und Feuer, wiederherzustellen. […]

Mit der Freude eines Herzens, das von der Liebe 50 zum allgemeinen Wohl erfüllt ist, sehe ich, Monseigneur, die unermessliche Distanz, die Sie zwischen jenen Menschen schaffen, die friedvoll die Wahrheit suchen, und denen, die wegen Begriffen, die sie nicht begreifen, in den Krieg ziehen. 55

Hans Pleschinski (Hg.), Aus dem Briefwechsel Voltaire – Friedrich der Große, Zürich 1992, S. 13 f.

Aufgaben

1. Erstellen Sie auf der Grundlage des Textes eine grafische Übersicht zum Thema „Kontroversen um den idealen Staat". → Text
2. Fassen Sie zusammen, wie Jean Bodin den Begriff der Souveränität definiert. Welche Bedeutung misst er den Ständeversammlungen zu? → M43
3. a) Stellen Sie dar, wie Johannes Althusius Souveränität definiert. Welche Rolle spielen in seinem Entwurf die Ephoren bzw. der Magistrat?
   b) Vergleichen Sie die Ausführungen von Bodin und Althusius. → M43, M45
4. Erarbeiten Sie, welche Argumente vonseiten männlicher Kritiker an Herrscherinnen vorgebracht wurden und nehmen Sie hierzu Stellung. → M50, M51
5. Stellen Sie eine der in der Darstellung genannten Herrscherinnen im frühneuzeitlichen Europa vor. Halten Sie dazu ggf. ein Kurzreferat. → M47, M48, M49
6. Erörtern Sie, inwieweit die Replik der Lucretia Marinella eine heute triftige Begründung weiblicher Herrschaft darstellt. → M52
7. a) Erläutern Sie den Begriff „Vertragstheorie".
   b) Vergleichen Sie die Ausführungen von John Locke und Jean-Jacques Rousseau zu Staat und Gesellschaft, indem Sie Ähnlichkeiten bzw. Unterschiede herausarbeiten. → M53, M55

Methode: Umgang mit historischen Karten

Historischen Karten von Bayern

Bis zu Beginn des 16. Jahrhunderts gab es keine detaillierte Darstellung Bayerns. Auf Karten Europas oder der Welt erschien Bayern nur ungenau konturiert und wenig differenziert abgebildet. Die erste genauere kartografische Darstellung fertigte 1523 Johannes Turmair, genannt Aventinus (1477–1534), als Illustration zu seiner historischen Darstellung Bayerns. Eine genauere kartografische Erfassung Bayerns regte der Mathematiker und Astronom Philipp Apian (1531–1589) beim bayerischen Herzog Albrecht V. (1528–1579) an. Dieser ordnete die erste bayerische Landesvermessung an. Diese „Landes-Mappierung" stellte eine herausragende wissenschaftliche Leistung dar, weil sie zum ersten Mal auf exakten Messungen beruhte: Apian führte hierfür sieben Jahre lang in den verschiedensten Orten Bayerns astronomische Längen- und Ortsbestimmungen durch. Ausgangspunkt dieser Messungen waren die größeren Flüsse Bayerns, von denen aus Helfer die topografischen Details ermittelten. 1563 vollendete Philipp Apian sein europaweit einzigartiges Werk: eine aus 40 Pergamentblättern bestehende handgezeichnete Karte Bayerns etwa im Maßstab 1:45000, die moderne Kennzeichen wie Nordung, Maßstab und Legende aufwies. Seine 1568 geschaffene verkleinerte Version dieser Karte in 24 „Landtafeln" diente bis ins 18. Jahrhundert als Grundlage für Landkarten Bayerns.

Politisch war das Unternehmen vielfältig motiviert. Zum einen repräsentierte die Karte den Anspruch des Fürsten auf ein geschlossenes Territorium. Zum anderen diente sie als Grundlage für militärische, verkehrspolitische und statistische Überlegungen. Darüber ließ sich mithilfe der Karte der Besitzstand festlegen und Steuern erheben bzw. die Staatsverwaltung und die Gerichtsbarkeit effektiver organisieren, d. h. moderne Staatlichkeit durchsetzen.

M 1 Philipp Apian (1531–1589), zeitgenössischer Holzschnitt von Jakob Lederlein

Fragen an historische Karten (vgl. Seite 104/105)

1. **Bestandteile der Karte**
   a) Benennen Sie die einzelnen Elemente der Karte Apians.
   b) Verschaffen Sie sich einen Überblick, was der Kartenausschnitt darstellt.
   c) Erläutern Sie den Sinn der beigefügten Wappen.

2. **Art der Karte**
   a) Um welche Art von Karte handelt es sich bei der vorliegenden Karte?
   b) Welche Informationen kann man der Karte im Einzelnen entnehmen?
   c) Prüfen Sie, was eine historische Karte wie die vorliegende von einer Geschichtskarte unterscheidet.

3. **Aussagewert der Karte**
   a) Prüfen Sie, inwiefern die Karte Apians den Ansprüchen an eine moderne Karte entspricht. Welche Informationen vermissen Sie?
   b) Informieren Sie sich Im Internet (www.bayerische-landesbibliothek-online.de) über die anderen Baierischen Landtafeln Apians bzw. über die Geschichte der Landvermessung in Bayern.

Methode: Umgang mit historischen Karten

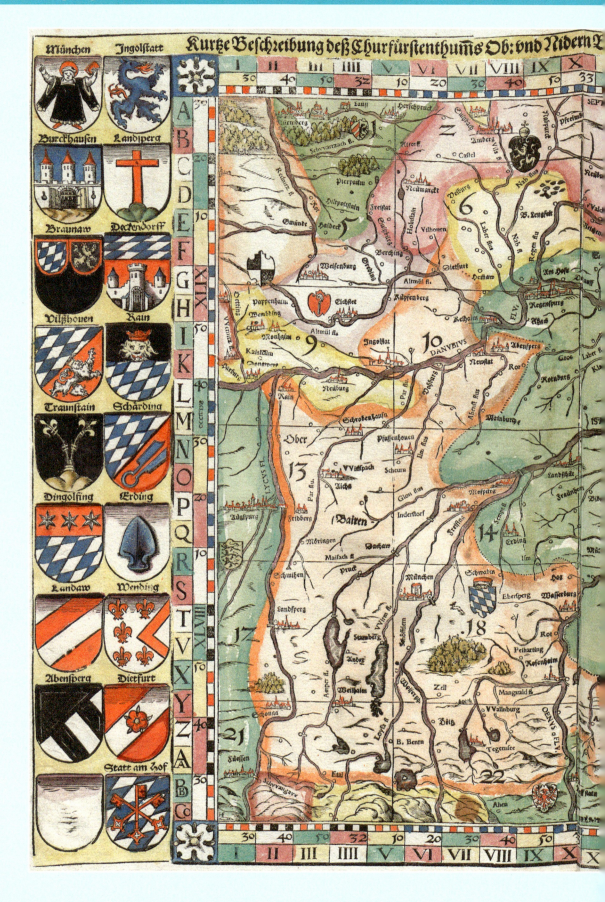

M 2 **Brevis Totius Bavariae Descriptio 1568,** Karte von Philipp Apian

Wurzeln und Traditionen europäischer Denkhaltungen

M 1 „Roma Antica", Gemälde von Giovanni Paolo Pannini, 1757 (Ausschnitt)

III. Wurzeln und Traditionen europäischer Denkhaltungen

Wie wir denken und argumentieren, wie wir fühlen und was wir gut und schön finden, auch wie wir uns historisch vergewissern, all das ist keineswegs selbstverständlich. In Europa besteht hierin, bei allen Unterschieden, in vielem Übereinstimmung. Wie ist diese Übereinstimmung, die vor allem dann deutlich wird, wenn wir die europäische Kultur mit anderen Kulturen vergleichen, zu erklären?

Die Frage betrifft die europäische Identität. Historiker, die diese Frage im Blick auf die Vergangenheit stellen, sehen in Antike und Christentum wesentliche Grundlagen der europäischen Kultur. Die Denkweisen der westlichen Moderne formierten sich in einem langgestreckten Prozess, in dem das Vorbild der griechischen und römischen Antike und die Auseinandersetzung mit antiken Denkformen und Texten prägend waren. Historiker erkennen darin eine Besonderheit der europäischen Kultur. Auf beispiellose Weise, schreibt der Althistoriker Christian Meier, „ist die Antike wirkungsmächtiger Teil der europäischen Geschichte des Mittelalters und der Neuzeit gewesen". Es spreche deshalb „vieles dafür, Europa nicht einfach ethnisch, von den Völkern, sondern von dem her zu verstehen, was diese Völker so eigenartig durchdrungen, sie herausgefordert, was ihnen so ungeheure Spielräume eröffnet, was sie (oder wenigstens mehrere von ihnen) zum Beispiel seit dem sechzehnten Jahrhundert dazu befähigt hat, die ganze Welt teils in Besitz zu nehmen, teils in Bann zu schlagen".

Macht und Wirkung, welche die Antike auf das abendländische Wissen ausübte, war lange Zeit verknüpft mit der lateinischen Sprache. Bis in die Neuzeit hinein war Latein die Sprache von Bibel und Gottesdienst, von Recht und Verwaltung, von Diplomatie und Wissenschaft. Das Christentum wurde Traditionsträger, der die Auseinandersetzung mit antiken Texten auch nach der Auflösung der Römischen Imperiums im Westen nicht abreißen ließ. Die Bibel war dem westlichen Abendland zunächst ausschließlich in lateinischer Sprache zugänglich. Christliche Gelehrte der Antike wurden zu Vermittlern antiken Wissens und Denkens. Sie legten den Text der Bibel mithilfe der antiken Philosophie aus und begründeten die christliche Lehre in antikem Geist. Auch die im westlichen Teil des Römischen Reiches entstehende Kirche organisierte sich nach römischen Vorbildern und benutzte die lateinische Sprache. Das Römische Recht wurde zu einem Modell für die europäische Rechtswissenschaft und prägte bis in die Neuzeit die Rechtspraxis der sich formierenden Staaten Europas.

Wie unsere Denkweise, unsere Sprach- und Vorstellungswelt von Vorgaben der antiken Kultur geprägt wurden, kann in den folgenden Ausführungen nur in Ausschnitten dargestellt werden. Nach dem Abschnitt „Freiheit und Philosophie: griechische Denkformen" untersuchen wir historische Wirkungen des „Imperium Romanum" auf die kulturelle Entwicklung Europas („Christentum und Römisches Recht: römische Traditionen"), danach die „mittelalterliche Universität" und schließlich die „Ursprünge der modernen Wissenschaft".

Wurzeln und Traditionen europäischer Denkhaltungen

1. Freiheit und Philosophie: Antikes Griechenland

„Kultur, um der Freiheit willen"

„Kultur, um der Freiheit willen" – auf diese prägnante Formel bringt Christian Meier die Besonderheit griechischer Kultur. Was ist darunter zu verstehen?

Seit dem 18. Jahrhundert werden Philosophie und Rationalität, wie sie sich im antiken Griechenland herausgebildet haben, mit der politischen Ordnung der antiken griechischen Gesellschaft in Verbindung gebracht. Die übliche Herrschaftsform der frühen Hochkulturen, in Ägypten ebenso wie im persischen Großreich, war die Monarchie. In Griechenland dagegen, schreibt der Althistoriker Christian Meier, entwickelte sich eine neue Herrschaftsform. Dort war es nicht die Monarchie und auch kein „herrschaftsgeübter Adel" wie im frühen Römischen Reich, sondern „eine relativ breite, über Hunderte von selbstständigen Gemeinden sich verteilende Schicht von Freien, von ‚Bürgern', die sich ihre Welt formte". Sicherlich waren auch in Griechenland die Mitglieder der besitzenden Oberschicht maßgebend. Aber die Idee der Freiheit und Eigenständigkeit bestimmte das Handeln der „freien Grundeigentümer" wie überhaupt die Beziehungen der aus freien Städten zusammengesetzten Poliswelt. Weil aber ein größerer Kreis an Bürgern in den Gemeinwesen bei politischen Entscheidungen mitreden wollte und konnte, war die antike griechische Gesellschaft im Vergleich zu den Monarchien instabiler. Man musste daher lernen, unterschiedliche Interessen unter sich auszubalancieren. Daraus entwickelte sich das griechische politische Denken und überhaupt die Demokratie als politische Ordnungsform. Die Instabilität zwang aber auch dazu, sich auf besondere Weise in der Welt zu vergewissern. So war die griechische Gesellschaft der freien Städte „zu Philosophie und Wissenschaft geradezu herausgefordert – und findet die Antwort in einem Denken, wie es wohl nur in einer freien Gesellschaft aufkommen kann. Wo vieles in Bewegung geraten ist, wo aber kein Subjekt herrschen soll, muß man suchen, objektive Maße zu finden, nach denen sich alles verhält und eingeteilt werden muß" (Christian Meier).

Theorien über Zahlen oder Untersuchungen über den Kosmos und den Menschen, wie sie aus griechischen Städten seit dem 6. Jahrhundert v. Chr. überliefert sind, lassen sich als Ausdruck einer besonderen politischen und sozialen Lebensform verstehen. Die Konfrontation mit dem persischen Weltreich im 5. Jahrhundert v. Chr. und die dadurch beschleunigten Veränderungen, die in Athen zur ersten Demokratie führten, verstärkten die Herausforderungen und das Problem der Selbstbehauptung. Herkömmliche mythische Glaubensvorstellungen und Wissensformen wurden stärker als bisher infrage gestellt. Die neu entstehende Tragödie stellte die beunruhigenden Fragen und Ängste auf die Bühne und ermöglichte es so, sich gemeinsam mit ihnen auseinanderzusetzen. „Schließlich", so nochmals der Althistoriker Christian Meier, „reichten die Fragen so tief, daß ein Zweifel den andern trieb und Sokrates', Platons und Aristoteles' Philosophie einen völlig neuen Grund legen mussten, um die Welt, die Polis und den Menschen zu verstehen".

In diesem hier knapp skizzierten Zusammenhang ist jenes rationale Welt- und Wissenschaftsverständnis der antiken Griechen entstanden, das bis in die Neuzeit hinein, im Prinzip bis heute, als Maßstab für Wis-

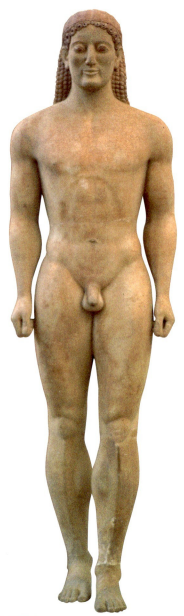

M 2 Kuros aus Anavyssos in Attika

Die griechischen Männerstatuen, die sogenannten Kouroi, sind Inkarnationen des griechischen Menschenbildes. Sie verkörpern das griechische Ideal der Eigenständigkeit und Freiheit, Marmor, Höhe 194 cm, um 520 v. Chr.

M 3 Das antike Theater in Delphi
Fotografie, 2006

Entstehung des rationalen Weltbildes

Mythos (gr.)
„Erzählung", Welterklärung mithilfe von Helden- und Göttergeschichten

Philosophie

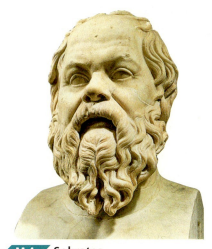

M 4 Sokrates
(um 470 – 399 v. Chr.),
antike Büste aus Marmor

senschaft gilt. Die Suche nach Gesetzlichkeiten in Natur und menschlicher Welt, wie sie die griechische Wissenschaft antreibt, zeigt sich in vielfältigen und unterschiedlichen Theorien und philosophischen Lehren, die in Abgrenzung zu mythischen Welterklärungen entstanden, auch in der Historiographie. Während Herodot (490/480 v. Chr. – um 424 v. Chr.), der seit Cicero (106 v. Chr. – 43 v. Chr.) als „Vater der Geschichtsschreibung" gilt, sich in seinen „Historien" noch weitgehend auf die Darstellung der ihm zugetragenen Berichte beschränkt, fragt bereits Thukydides (um 460 v. Chr. – 399/396 v. Chr.) vor allem nach Gründen und Motiven, welche die dargestellten politischen Handlungen erklären sollten.

Die ersten griechischen Philosophen, über deren Lehren wir in einzelnen überlieferten Fragmenten unterrichtet sind, stammten nicht vom griechischen Festland, sondern aus griechischen Städten in Kleinasien und Italien. Man nennt sie „Vorsokratiker", d. h. Philosophen, die vor und deshalb unbeeinflusst von Sokrates (um 470 v. Chr. – 399 v. Chr.), dem großen Erneuerer der griechischen Philosophie, lehrten. Die Vorsokratiker beschäftigten sich insbesondere mit der Frage nach dem Ursprung (arché) des Universums und den Grundbausteinen des Kosmos.

Erst Sokrates habe die Philosophie vom Himmel auf die Erde geholt, argumentierte später Cicero, und meinte damit, dass mit Sokrates der Mensch in den Mittelpunkt des philosophischen Interesses rückte. Seine Philosophie kennen wir nur über seinen Schüler Platon (428/427 v. Chr. – 349/348 v. Chr.). Sokrates selbst hat nichts Schriftliches hinterlassen. Das dialogische Prinzip seines Philosophierens wirkte vor allem über die „sokratischen Dialoge" Platons. Ausgehend von einer Frage, zum Beispiel der Frage nach der Gerechtigkeit, deren Beantwortung augenscheinlich einfach scheint, dient der Dialog als ergebnisoffenes Verfahren einer Wahrheitsfindung, in dessen Verlauf unbegründeten Meinungen und unüberlegten Überzeugungen der Prozess gemacht wird. Sokrates bezeichnete sein Verfahren laut Platon als Mäeutik („Hebammenkunst").

Wurzeln und Traditionen europäischer Denkhaltungen

M 5 **Platon**
(428/427 – 349/348 v. Chr.)
Antike Büste aus Marmor

Platon selbst und sein Schüler Aristoteles waren die wirkungsmächtigsten Philosophen der griechischen Antike, die sowohl die arabische als auch die westliche Philosophie und Wissenschaft entscheidend prägten und lange Zeit beherrschten. Die Frage, warum gerade Platon und Aristoteles diesen einzigartigen, lang andauernden Erfolg hatten, ist nicht einfach zu beantworten. Einer der Gründe liegt sicherlich in der sachlichen Breite der von ihnen behandelten Wissensgebiete, die bei Aristoteles von der Wissenschaftstheorie über die Logik, Biologie, Physik, Ethik und Dichtungstheorie bis zur Staatslehre reicht. Bis zum Ende der Antike galt eher Platon als der große Philosoph, seit dem Ende der Antike, zunächst im arabischen und ab dem 11. Jahrhundert auch im europäischen Kulturkreis, war es dann Aristoteles, der bis zum 17. Jahrhundert als Philosoph und Wissenschaftler Maßstäbe setzte. Das wiederum erklärt sich aus der systematischen Geschlossenheit der aristotelischen Wissenschaft, die der schulmäßigen Aufbereitung und Weiterentwicklung entgegenkam. Erst mit der von Italien ausgehenden humanistischen Bewegung im 15. Jahrhundert setzte erneut eine intensive Auseinandersetzung mit den Schriften Platons und seiner Philosophie ein.

Griechische Philosophie und Wissenschaft waren inhaltlich in vielem vom Wissen benachbarter Hochkulturen inspiriert. Was die griechischen Denkformen unterscheidet, was sie einzigartig macht, auch im Vergleich zur ebenfalls um 500 v. Chr. aufblühenden indischen und chinesischen Philosophie, die allerdings erst seit dem 18. Jahrhundert auf Europa wirkte, ist die Akzentuierung der geistigen Autonomie und der Besonderheit des Menschen.

2. Christentum und Römisches Recht

Spätantike Kirchenväter

Verhältnis zwischen antiker und christlicher Bildung

Die Frage nach dem Verhältnis von antik-heidnischer und christlicher Bildung und Wissenschaft ist eine Grundfrage abendländischer Bildungs- und Wissenschaftsgeschichte. Seit den antiken Anfängen des Christentums bis in die Neuzeit hinein gibt es dazu aus christlicher Sicht zahlreiche und unterschiedliche Antworten. Sie reichen von der schroffen Ablehnung „heidnischen" Wissens über die Auffassung von dessen Funktion als Instrument der Gotteserkenntnis bis zur Vorstellung einer Konkordanz, d. h. der komplementären Übereinstimmung von christlicher und profaner Bildung und Wissenschaft im Blick auf das Ziel allen Erkenntnisstrebens.

Die Position der vollständigen Ablehnung vertrat etwa der zum Mönchtum übergetretene Aristokrat Sulpicius Severus (um 363 bis zwischen 420 und 425). An der Wende vom 4. zum 5. Jahrhundert schrieb er in einer Lebensbeschreibung des heiligen Martin von Tours (um 316/317 – 397): „Nutzlos, wahnwitzig und verderblich ist es, dem kämpfenden Hektor und philosophierenden Sokrates nachzustreben, seine Hoffnungen auf Fabeleien zu setzen und die Seele damit dem Grabe, d. h. dem ewigen Tode zu überantworten."

Origines: Vereinbarkeit von antiker Philosophie und christlicher Religion

Die Gegenposition begegnet rund zwei Jahrhunderte früher beim christlichen Theologen Origenes (185 – 253/254), und zwar in Alexandria, einem Zentrum hellenistischer Wissenschaft. Origenes nahm

110

M 6 „De doctrina christiana"
Das Werk von Augustinus ist eines der wirkmächtigsten Bücher über christliche Wissenschaft, Titelblatt eines frühen Drucks, Leipzig 1515.

Augustinus: „heidnische Weisheit" als Fundament „christlicher Wissenschaft"

die gesamte profane Bildung unter Einschluss der platonischen Philosophie in sein Bildungsprogramm auf. Er ging davon aus, dass platonische und christliche Lehre sich nicht widersprechen, vielmehr sich gegenseitig bestätigen. Was Philosophen wie Platon, ausgehend von der natürlichen Vernunft, mit größerer oder geringerer Klarheit erahnt hätten, sei durch die christliche Offenbarung zur Gewissheit geworden. Aus dieser Konkordanzbeziehung folgte für Origenes einerseits, dass die platonische Philosophie christlich auszulegen ist, andererseits, dass die Exegese, die Auslegung der Bibel, sich der Methoden bedienen kann, die hellenistische Philosophen für die Auslegung Homers entwickelt hatten.

Origenes war allerdings bereits zu Lebzeiten heftigen Angriffen seitens der Kirche ausgesetzt, die nach seinem Tod zunahmen und schließlich im Jahr 553 zu seiner Verurteilung als Häretiker führten.

Damals hatte sich die Position der Überordnung des christlichen Glaubens als maßgeblich durchgesetzt, die mit großer Wirkung der Kirchenvater Augustinus (354–430) in seinem Werk „De doctrina christiana" („Von christlicher Wissenschaft") vertrat. Geboren in Nordafrika, in der damaligen römischen Provinz Numidien, war Augustinus zunächst Berufsredner (Rhetor) gewesen, bevor er zum Anhänger der neuplatonischen Philosophie wurde; und er hat diese philosophische Bildung nicht vergessen, als er im Jahr 386 in Mailand das Christentum als Glaubensüberzeugung und neue Lebensform annahm. So wie sein eigener Bildungsweg ihn von römisch-rhetorischer Bildung über griechische Philosophie zur christlichen Heilslehre geführt hatte, so suchte nun Augustinus aus all dem, was die „heidnische Weisheit" Brauchbares für die christliche Lehre enthielt, ein Fundament für seine „christliche Wissenschaft" zu bauen.

M 7

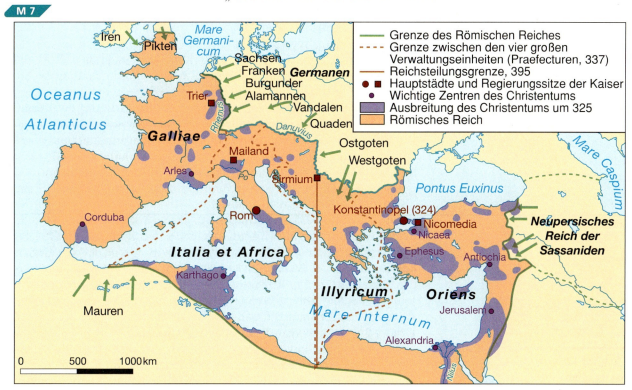

111

Wurzeln und Traditionen europäischer Denkhaltungen

Cassiodor: „Sieben freie Künste"

Die Bibel selbst gab für diese Aneignung von fremdem Besitz Gleichnisse vor. Denn hatten nicht die Juden, als sie aus Ägypten flohen, die Silber- und Goldgefäße der Ungläubigen mitgenommen, ohne sich ins Unrecht zu setzen?

Der römische Staatsmann und christliche Schriftsteller Cassiodor (um 485 – um 580), der im italischen Ostgotenreich hohe politische Ämter bekleidet, sich nach 540 auf seine Güter in Kalabrien zurückgezogen und dort das Kloster Vivarium gegründet hatte, fügte dem von Augustinus aufgerufenen biblischen Gleichnis ein zweites hinzu: Die Weisheit baut sich ein Haus mit sieben Säulen. Cassiodor legte dies in dem Sinne aus, dass christliche Bibellektüre und Wissenschaft auf den sieben freien Künsten („septem artes liberales") der Heiden gründen sollten. Mit solchen und ähnlichen bildlichen Mitteln wurde die profane Überlieferung der Antike auch später, im Mittelalter und noch in der Neuzeit, immer wieder gegen ihre Verächter in Schutz genommen, allerdings, in der Sicht des Augustinus oder Cassiodor, nicht als Wert an sich, sondern als Instrument der Gotteserkenntnis, als Magd der Theologie („ancilla theologiae"), wie das Verhältnis von profaner antiker Philosophie und Theologie im Mittelalter oft bestimmt wurde.

Verbot antiker Autoren

Die Auseinandersetzung darüber, welche Rolle die profane antike Überlieferung im Christentum spielen sollte, beschränkte sich nicht auf literarische und wissenschaftliche Texte. Es gab auch Bestrebungen, die Lektüre „heidnischer" Autoren durch kirchliche Gesetzgebung zu verbieten. So forderte im Jahr 398 das Konzil von Karthago, dass die Bischöfe keine heidnischen Autoren lesen dürften. Und Isidor von Sevilla (um 560–636), mit seiner Enzyklopädie „Etymologiarum sive originum libri XX" selbst einer der wichtigsten Vermittler des profanen Wissens der Antike an das christliche Mittelalter, verbot in seiner Mönchsregel die Lektüre nicht nur von Häretikern, sondern auch von heidnischen Schriftstellern.

Will man die ambivalente Einstellung des Christentums gegenüber der profanen Antike verstehen, muss man berücksichtigen, dass alle großen christlichen Schriftsteller und Kirchenväter der Spätantike, die wie Augustinus mit ihren Werken die christliche Lehre begründeten und zu anerkannten Autoritäten der christlichen Lehre aufstiegen, durch ihren Bildungsweg von der heidnischen Antike geprägt worden waren. Ob sie es wollten oder nicht: Sie transportierten in ihren eigenen Werken, in den darin zum Ausdruck kommenden Denkformen und verwendeten Argumenten, in den aufgerufenen Beispielen und zitierten Klassikern die heidnische Bildungswelt der Antike.

Dem konnten sich auch solche Kirchenväter wie Papst Gregor der Große (um 540–604) nicht entziehen, die ausdrücklich und scharf alle heidnische Bildung und Kultur ablehnten. Berühmt wurde Gregors Äußerung, er halte es für unwürdig, die Worte der Bibel den Regeln des Grammatikers Donat – der heidnischen grammatischen Autorität der Spätantike – zu unterwerfen. Es wäre jedoch falsch, daraus Rückschlüsse auf die Bildung Gregors, der aus einer vornehmen römischen Patrizier-Familie stammte, und das Niveau seiner Schriften zu ziehen. Zwar bediente sich Gregor eines bewusst schlichten Lateins, um sich damit gegen die Sprache der heidnischen Vergangenheit abzugrenzen. Doch respektierte er dabei durchaus die Regeln des Donat, ja er setzte diese feinsinnig um. Auch finden sich in seinen Werken trotz der

M 8 Gregor der Große wird vom Heiligen Geist inspiriert
Buchmalerei, 11. Jahrhundert

Hieronymus' Angsttraum

scharfen Kritik an der heidnischen Bildung und Wissenschaft eindeutige Zeugnisse, die verdeutlichen, dass er die profane Bildung für die Bibelauslegung für unentbehrlich hielt.

Wie sich die Spannung zwischen profaner und heiliger Überlieferung als innerer Zwiespalt der christlichen Schriftsteller selbst ausdrücken konnte, verdeutlicht der Kirchenvater Hieronymus (347–419), Verfasser der sogenannten „Vulgata", der maßgeblich gewordenen lateinischen Bibelübersetzung. In einem Brief berichtet er reuig über einen Angsttraum. Im Traum habe er lieber Cicero oder Plautus-Komödien gelesen als die Bibel. Gott habe ihn deshalb als Intellektuellen und Nichtchristen getadelt und für eine Tracht Prügel gesorgt. Die mit der beklemmenden Sorge um das eigene Seelenheil verbundene „Urangst" vor der Verführungskraft heidnischer Literatur taucht im Zusammenhang mönchischen Lebens häufig auf, so etwa auch in der Lebensbeschreibung des südfranzösischen Mönches Caesarius von Arles (542–570): Unter dem Kopfkissen des Heiligen verwandelt sich eine heidnische lateinische Grammatik in einen Drachen.

Bedeutung der Klöster

Die Angst vor Verführung durch heidnische Literatur ist vor allem für die monastische Lebensform charakteristisch. Im christlichen Mönchtum, das für die Ausbreitung des Christentums eine große Rolle spielte, war die Ablehnung paganer Bildung und Wissenschaft besonders stark verbreitet. Das erklärt sich daraus, dass mit dem Eintritt in das Kloster die „conversio", der radikale Bruch mit dem bisherigen profanen Leben, verbunden war, dem in der Spätantike häufig die Bekehrung zum Christentum vorausging. Zugleich aber war das Kloster jene Institution, die für die Überlieferung der antik-heidnischen Literatur die entscheidende Schaltstelle war. Ohne das mühevolle Abschreiben von Handschriften durch meist anonyme Mönche, wie es in klösterlichen Skriptorien üblich wurde, wäre der größte Teil der antik-heidnischen Literatur für immer verloren gegangen. Sicherlich wurden vor allem kirchlich-christliche Texte abgeschrieben und dafür oft ältere Texte überschrieben (diese sogenannten Palimpseste können heute durch technisch-naturwissenschaftliche Verfahren wieder sichtbar gemacht werden). Doch ohne die Kulturleistung der Mönche würden wir von der Antike und ihrer Kultur kaum etwas wissen.

Skriptorium
Schreibstube

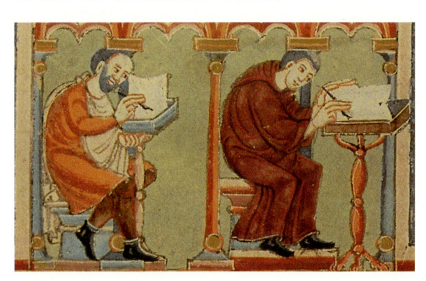

M 9 Mönche in der Schreibstube eines Klosters
Buchmalerei, um 1040

Wurzeln und Traditionen europäischer Denkhaltungen

Römisches Recht

Neben dem Christentum der spätantiken Kirchenväter wurde Europa auf besondere Weise durch das Römische Recht geprägt. Noch heute ist es im bürgerlichen Recht der Nationalstaaten präsent. Ausgangs- und Bezugspunkt seiner Wirkungsmacht war die systematische Erfassung des Römischen Rechts, die der oströmische Kaiser Justinian I. (527–565) veranlasste. Dieses sogenannte „Corpus iuris civilis" enthält drei Teile: die Zusammenstellung der kaiserlichen „Konstitutionen" (Rechtsvorschriften) bis zu Justinian, eine didaktisch orientierte Einführung in das Römische Recht (die sogenannten „Institutionen") sowie die „Digesten" (auch „Pandekten" genannt), eine systematische Zusammenstellung der wissenschaftlichen römischen Rechtsliteratur. Im Jahre 529 wurde das aus verschiedenen Handschriften („Codices") zusammengestellte „Corpus", das nach seinem Auftraggeber auch „Codex Justinianus" heißt, mit Gesetzeskraft verkündet.

Das Römische Recht ist die eigentliche geistige Schöpfung und zivilisatorische Leistung der Römer. Mit ihm hat das Römische Reich eine wesentliche Grundlage für die Einheit des lateinischen Westens und Europas geschaffen. Justinian war in seinem politischen Handeln ebenso brutal wie organisatorisch hochbegabt. Im selben Jahr, als der „Codex" Gesetzeskraft erhielt, vertrieb er die platonischen Philosophen aus Athen und schloss die platonische Akademie. Wie beide kaiserlichen Erlasse demselben Ziel dienten, verdeutlicht die Aussage des byzantinischen Geschichtsschreibers Johannes Malalas: „In Athen solle keiner mehr ‚heidnische' Philosophie lehren und Gesetze interpretieren." Justinian hat mit seinem „Codex" dem Mittelalter eine repräsentative und effektiv organisierte Summe der römischen Rechtswissenschaft hinterlassen. Nach der Eroberung des Ostgotenreichs durch Ostrom war das justinianische Recht in Italien eingeführt worden. Und in Italien wurde das „Corpus iuris civilis" im 11. Jahrhundert wiederentdeckt und zum Gegenstand der neuen mittelalterlichen Rechtswissenschaft. Als deren Begründer am Ende des 11. Jahrhunderts gilt Irnerius (um 1050 – um 1130). Bologna wurde für die folgenden Jahrhunderte zum Zentrum der Rechtsgelehrsamkeit. Auf Irnerius folgte eine lange Schule von sogenannten „Glossatoren". Sie machten es sich zur Aufgabe, das gewaltige Material des „Corpus iuris civilis" zu durchdringen, indem sie es kommentierten, Querverweise erstellten und Widersprüche bereinigten. Das abschließende Werk dieser Glossatorenarbeit war die „Glossa ordinaria" des Juristen Accursius (1182/85 – 1260/63) aus der Mitte des 13. Jahrhunderts.

Das Römische Recht prägt auch das Kirchenrecht, das um 1140 der Mönch Gratian als eine systematisch gegliederte Sammlung vorlegte, die bald von der römischen Kirche anerkannt wurde. Die Rezeption des „Corpus iuris civilis" veränderte nicht nur die Gerichtspraxis, sondern bewirkte auch die Herausbildung eines professionellen Juristenstandes und führte zur Verwissenschaftlichung des Rechtsdenkens und der Rechtspraxis. Das Römische Recht war noch in der Neuzeit das Rückgrat von Verwaltungen und politischen Institutionen. Auch das 1495 von Kaiser Maximilian im „Heiligen Römischen Reich Deutscher Nation" errichtete Reichskammergericht wandte Römisches Recht an. Erst das am 1. Januar 1900 in Kraft getretene Bürgerliche Gesetzbuch setzte einen Einschnitt in diese Tradition.

„Corpus iuris civilis"

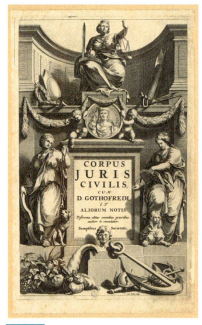

M 10 „Corpus iuris civilis"
Titelblatt einer Druckausgabe aus Portugal, um 1620

Einflüsse des Römischen Rechts

3. Die mittelalterliche Universität

Universität heute

Universitäten sind heute weltweit präsent. Es gibt kaum ein Land ohne Universität. Gewiss sind die nationalen Institutionen der universitären Bildung unterschiedlich. Doch historisch betrachtet sind sie alle, mehr oder weniger, von jener Organisation des Wissens geprägt, die in Europa im 13. Jahrhundert entstanden ist. „Die Universität", schreibt der Universitätshistoriker Walter Rüegg, „ist eine, ja die europäische Institution par excellence: Als Gemeinschaft von Lehrenden und Lernenden, ausgestattet mit besonderen Rechten der Selbstverwaltung, der Festlegung und Ausführung von Studienplänen und Forschungszielen sowie der Verleihung öffentlich anerkannter akademischer Grade ist sie eine Schöpfung des europäischen Mittelalters."

Entstehung der Universität

Die Universität entstand aus der Verbindung der für die europäische Vormoderne charakteristischen selbstständigen Genossenschaft, der Korporation, mit einer besonderen Form der Wissensorganisation, die auf der Auseinandersetzung mit antiken Texten gründete. Die Selbstorganisation von wissenschaftlich interessierten Menschen in Verbindung mit der Etablierung von vernunftgeleiteten Verfahren der Erkenntnisgewinnung schuf die Grundlagen jenes Erkenntnisstrebens, das in veränderter Gestalt noch die moderne Wissenschaft orientiert. Um diese Verbindung von Selbstorganisation und wissenschaftlicher Rationalität genauer zu verstehen, müssen wir etwas weiter ausholen.

Bologna und Paris

Die ältesten Universitäten entstanden um die Wende vom 12. zum 13. Jahrhundert in Bologna und Paris. Ein Gründungsdatum lässt sich nicht angeben, denn die beiden ältesten Universitäten wurden nicht gegründet – sie formierten sich nach und nach in einer besonderen Konstellation. In Bologna waren es Rechtsstudenten, die sich zu Korporationen zusammenschlossen. Als Knotenpunkt der Handels- und Pilgerwege vom Norden nach Rom, von Frankreich nach Venedig und dem Osten besaß Bologna eine günstige Lage. Berühmte Lehrer des Römischen Rechts, die Studenten aus vielen Ländern Europas anzogen, wirkten bereits im 12. Jahrhundert in Bologna. Zur universitären Organisation kam es aber erst, als sich, so nochmals Walter Rüegg, „die fremden, zumeist aus vornehmen Familien stammenden, wirtschaftlich, gesellschaftlich und politisch mächtigen Studenten zusammenschlossen, um gegenüber der Stadt und den Lehrern ihre Interessen gemeinsam zu sichern."

Paris war mit der Festigung der französischen Königsmacht zum politischen, wirtschaftlichen und kulturellen Zentrum Frankreichs aufgestiegen. Im Verlauf des 12. Jahrhunderts kam es auch in Paris zur Konzentration berühmter Lehrer, die wie in Bologna eine große Zahl von Studenten aus ganz Europa anzogen. Die Lehrer in Paris unterrichteten Theologie. Sie taten das unter Berücksichtigung von antiken Texten vor allem des Aristoteles, die seit dem 12. Jahrhundert, vermittelt insbesondere durch arabische Gelehrte, neu ins Lateinische übersetzt worden waren. Die Pariser Lehrer standen bei ihrer Lehrtätigkeit zunächst unter der strengen Aufsicht des Bischofs. Sie schlossen sich zusammen im Bemühen, diese Kontrolle zu lockern und ihren Unterricht selbstständig und gemeinsam zu organisieren. Unterstützt wurden sie dabei vom französischen König sowie vom Papst. In mehre-

M 11 Siegel der Universität Paris

Das Siegel aus Eisen und Silber stellt anschaulich die Beziehung zwischen Religion und Wissen(schaft) dar: Quelle und Ziel der Erkenntnis ist Gott, worauf die Gottesmutter und das Jesuskind sowie ein Heiliger und ein Bischof verweisen. Auf der unteren Ebene sind Lehrer und Studenten abgebildet, 13. Jahrhundert.

Wurzeln und Traditionen europäischer Denkhaltungen

„universitas": Gemeinschaft der Studenten und Lehrer

ren Auseinandersetzungen mit dem Bischof von Paris und der Pariser Bürgerschaft erreichten sie zwischen 1208 und 1231 die Anerkennung als eine selbstständige Korporation.

In Bologna waren es also die Studenten, die sogenannten „Scholaren", in Paris die Lehrer, die sogenannten „Magister", die sich zu einer Universität verbanden. Erst der Zusammenschluss der Studenten in Bologna und der Lehrer in Paris zu einer mit Freiheiten und rechtlichen Privilegien ausgestatteten Korporation im 13. Jahrhundert begründete die mittelalterliche Universität. Bologna und Paris sind die beiden Archetypen, die beiden Urformen der europäischen Universität. Sie entstanden nicht als Gründung obrigkeitlicher Mächte, sondern als Zusammenschluss von Menschen mit gemeinsamen Interessen. Ein solcher Zusammenschluss hieß im Mittelalter „universitas" (in wörtlicher deutscher Übersetzung: „gesellschaftliche Gesamtheit"). Auch Zusammenschlüsse von Berufsgruppen, etwa der Gruppe der Schuster oder Bäcker, hießen „universitates". „Universitas" bedeutete ganz allgemein Genossenschaft oder Zunft. „Universität" bezeichnete damit ursprünglich nicht die Lehreinrichtung (dafür stand der Begriff „studium"), sondern eine Gemeinschaft, die besondere Freiheiten und Rechte beanspruchte und diese von der Obrigkeit verliehen bekam. Als privilegierter Personenverband besaß die „universitas" das Recht, sich eigene Gesetze, sogenannte „Statuten", zu geben, ein Oberhaupt, den Rektor, zu wählen und ihre Angelegenheiten selbst zu regeln. Ursprünglich waren an der Selbstverwaltung auch Studenten beteiligt, ja in Bologna waren es zunächst ausschließlich Studenten, aus denen sich die „universitas" zusammensetzte (sie wählten ihre Lehrer selbst aus und bezahlten sie auch). Doch die Mitbestimmungsrechte der Studenten wurden im Laufe der Zeit stark eingeschränkt. Am Ende des 15. Jahrhunderts beschränkten sich die Rechte beinahe ausschließlich auf die Lehrer.

„Matricula": Mitgliederliste

Die Mitgliedschaft in der „universitas" erwarb man sich durch die Immatrikulation, den Eintrag in die Mitgliederliste („Matricula") der Korporation. Mitglieder der „universitas" waren u. a. von Steuern befreit und unterstanden nicht den städtischen oder sonstigen Gerichten, sondern, zumindest in erster Instanz, dem Rektor der Universität. Die „universitas" umfasste gewöhnlich Studenten und Lehrer, aber auch die Gruppe der sogenannten „Universitätsverwandten", zu denen u. a. Hausmeister und Buchdrucker gehörten.

M 12 Die fünf Typen von Studenten um 1500
(nach Rainer Christoph Schwinges, in: Geschichte der Universität in Europa, Bd. 1, S. 182–184)

„Scholaris simplex": der Artistenfakultät zugeordnet, zwischen 14 und 16 Jahre alt, Erstimmatrikulierter, mittlere Verweildauer an Universitäten etwa zwei Jahre, erwirbt keinen Grad, betrifft ca. die Hälfte der Studenten einer Universität.

„Bakkalar": ebenfalls der Artistenfakultät zugeordnet, Ziel: „Baccalaureus Artium", erreicht den Grad gewöhnlich nach etwa 2,5 Jahren und ist dann ca. 16 bis 19 Jahre alt, betrifft ca. 20 bis 40 Prozent (zwischen 1350 und 1500) der Studenten einer Universität.

„Magisterstudent": ebenfalls der Artistenfakultät zugeordnet, erwirbt den Magister in zwei bis drei Jahren nach dem Bakkalariat, ist dann ca.19 bis 21 Jahre alt, ein Teil beginnt ein Studium an einer höheren Fakultät, betrifft insgesamt ca. 10 bis 20 Prozent der Studenten einer Universität.

„Standesstudent": gewöhnlich der Juristenfakultät zugeordnet, hohes Ansehen aufgrund adeliger Stellung oder als Inhaber von Kirchenpfründen, Altersstruktur weit gestreut, erwirbt meist keine Graduierung.

„Fachstudent": will sein Hauptstudium an einer der oberen Fakultäten mit Examen abschließen, ist in den Zwanzigern oder Dreißigern seines Lebensalters, betrifft nur wenige Prozentzahlen an Universitäten (an Universitäten im Reich zwei bis drei Prozent).

M 13 Universitätsgründungen im Mittelalter

Katheder

Lehrpult, Lehrpodium

M 14 Hohes Haus der Universität Ingolstadt
Die Universität Ingolstadt wurde 1472 als erste Universität im Herzogtum Bayern gegründet, aktuelles Foto.

Vermittlung des Wissens

Die ältesten Universitäten Europas entstanden wie gesagt um 1200 in Paris und Bologna. Ebenfalls noch auf das 13. Jahrhundert gehen die Universitäten Oxford und Cambridge zurück. Die ersten Universitäten im Deutschen Reich sind dagegen wesentlich jünger: 1348 gründete Kaiser Karl IV. Prag, 1365 entstand als habsburgische Konkurrenzuniversität Wien. Es folgten Ende des 14. Jahrhunderts Köln (1388) und Erfurt (1392), die pfälzische Gründung Heidelberg (1386) und am Beginn des 15. Jahrhunderts Leipzig (1409). Im Unterschied zu Bologna und Paris handelte es sich bei den ersten Universitäten im Heiligen Römischen Reich um obrigkeitliche Gründungen, denen jedoch die Gründer und die beiden Universalmächte Papst und Kaiser die Privilegien als selbstständige Korporation bestätigten.

Die europäische Universität war eine neue Organisationsform der Wissensvermittlung. Sie steht nicht in der Tradition der Akademien und Gymnasien Griechenlands, der Hochschulen des Römischen Reichs, der Medresen, der Hochschulen des Islams, oder der christlichen Kloster- und Domschulen des frühen Mittelalters. Der Unterschied liegt in der Selbstorganisation, im korporativen Charakter der von Bologna und Paris ausgehenden europäischen Universität. Sie war und ist noch heute eine sich weitgehend selbst verwaltende Gemeinschaft, eine autonome Körperschaft demokratischer Struktur, wenngleich die Autonomie der Universitäten seit der Frühen Neuzeit durch landesherrliche Eingriffe stark eingeschränkt wurde.

Wir kommen zum zweiten Aspekt: Wie wurde Wissen an den Universitäten vermittelt? Von Anfang an stand die Vorlesung („lectio") im Zentrum. Schon im Mittelalter las ein Lehrer vom Katheder aus etwas vor. Die Studenten saßen wie noch heute vor ihm auf Bänken, hörten zu, teilweise schrieben sie mit, wie überlieferte Bildquellen verdeutlichen. Auch entwickelte sich bereits früh eine Aufteilung in verschiedene Fachbereiche, in sogenannte „Fakultäten". Wie in den Anfängen in Bologna gab es aber auch reine Juristenuniversitäten. Vorherrschend jedoch war seit dem Spätmittelalter die Vier-Fakultäten-Universität. Vier Fakultäten hieß: eine artistische, eine medizinische, eine juristische und eine theologische Fakultät. Medizin, Jurisprudenz und Theologie galten als „obere" Fakultäten. Obwohl die artistische Fakultät im Prinzip rechtlich gleichgestellt war und auch hinsichtlich der Studien- und Prüfungsorganisation ähnliche Strukturen aufwies, war sie den drei anderen Fakultäten untergeordnet. Darin drückt sich ihre allgemeinbildende Funktion aus. Denn das artistische Studium galt, im Prinzip vergleichbar mit dem heutigen Gymnasium, als propädeutische Grundlage für das Studium an den höheren Fakultäten. Die Vorformen unserer Gymnasien entstanden im 16. Jahrhundert. Erst seit damals begann sich die gymnasiale Funktion der höheren Bildung zu verselbstständigen.

Ein wichtiger Unterschied zwischen moderner und vormoderner Universität besteht in den Gegenständen und Modalitäten der Wissensvermittlung. In der Vorlesung las der Lehrer, für den seit dem Spätmittelalter die Bezeichnung „Professor" üblich wurde, nicht wie heute über ein spezielles Thema oder Problem. Gegenstand der Vorlesung war, im Prinzip bis zum 18. Jahrhundert, ein bestimmtes Buch. Gewöhnlich las der Professor zunächst einen Abschnitt (die sogenannte „distinctio") vor, den er anschließend kommentierte. Entstanden ist die Vorlesung im Handschriftenzeitalter, als Bücher, die sogenannten „codices", kostbar und selten waren. Das bloße Vorlesen von Büchern erfüllte deshalb für die Wissensvermittlung eine elementare Funktion. Ein weiterer Lehrveranstaltungstyp war die Disputation („disputatio").

propädeutisch

vorbereitend, ins Studium einführend

M 15 Disputation
Statutenbuch des Freiburger Collegium Sapientiae, um 1500

Sie diente der Einübung und Vertiefung des in der Vorlesung vorgetragenen Lehrbuchtextes. Zu diesem Zweck wurden im Anschluss an eine Frage („quaestio") verschiedene Lösungsmöglichkeiten erörtert und widerlegt. Am Ende stand die Beantwortung der Frage in Form einer These („conclusio"). Das Verfahren der „disputatio" bestand darin, die Funktionen des Fragens, Widerlegens und Antwortens auf verschiedene Personen zu verteilen.

Was aber wurde an der mittelalterlichen Universität gelehrt und gelernt? Die artistische Fakultät verdankt ihren Namen dem antiken Bildungsmodell der „freien Künste" („artes liberales"). Seit der Spätantike verband man damit sieben Künste: Grammatik, Rhetorik und Dialektik (Logik), das sogenannte „trivium", sowie Arithmetik, Geometrie, Astronomie und Musik, das sogenannte „quadrivium". Dem Unterricht dieser Fächer an der mittelalterlichen Universität lagen bestimmte, in den Statuten der Universität genau festgeschriebene Lehrbücher zugrunde, deren Zusammensetzung sich über Jahrhunderte nur wenig änderte. Es handelte sich entweder um antike Texte oder um später entstandene Texte, die aber auf antiken Texten gründeten. Im Zentrum des artistischen Studiums stand die Logik des Aristoteles. Die Fächer des „quadrivium" dagegen spielten an der mittelalterlichen Universität nur eine marginale Rolle. Die Wiederentdeckung der vollständigen aristotelischen Logik im 12. Jahrhundert sowie von weiteren Büchern des Aristoteles, nämlich seiner Naturphilosophie („Physik"), Metaphysik und Ethik, hing unmittelbar mit der Entstehung der Universitäten zusammen. Der Logik und Naturphilosophie des Aristoteles wurde an mittelalterlichen und noch an frühneuzeitlichen Universitäten die meiste Zeit eingeräumt. Was man also an der Artistenfakultät studierte, waren entgegen ihrer Bezeichnung nicht gleichmäßig alle sieben freien Künste, und es waren andererseits, schaut man auf die aristotelische Naturphilosophie, keineswegs nur die sieben freien Künste.

Auch den Vorlesungen an den „oberen" Fakultäten lagen vorgeschriebene Lehrbücher zugrunde. In der Medizin wurde über lateinische Auszüge aus Texten der beiden bedeutendsten Autoritäten der griechischen Antike, Hippokrates und Galen, gelesen, die arabische Gelehrte zusammengestellt hatten. Juristische Vorlesungen gründeten auf dem spätantiken „Corpus iuris civilis", diejenigen über das Kirchenrecht, das eine eigene Abteilung innerhalb der juristischen Fakultät ausmachte, auf der vom Römischen Recht geprägten Zusammenstellung von Konzilsbeschlüssen und Papstdekreten. Gegenstand der Vorlesungen an der theologischen Fakultät war die lateinische Bibel. Ihr Text wurde mithilfe eines Kommentars (die sogenannte „Glossa ordinaria") aus dem 12. Jahrhundert und einem systematischen Lehrbuch, den sogenannten „Sentenzen" des Petrus Lombardus (um 1100–1160), erschlossen und ausgelegt.

Die Schulung an antiken, insbesondere aristotelischen Texten, die das Studium der artistischen Fakultät beherrschte, orientierte auch das Studium an den höheren Fakultäten. Das verdeutlichen die „Sentenzen" des Petrus Lombardus. Sie vermitteln das biblische Textmaterial systematisch gegliedert, unter Anwendung der Regeln der aristotelischen Logik, nach den zentralen Fragestellungen christlicher Lehre (Gott, Trinität, Schöpfung, Menschwerdung Christi, christliche Tugenden, Sakramente). In Form der Frage („quaestio") und ihrer

Inhalte

M 16 Hauptgesichtspunkte einer Vorlesung über eine Rechtsquelle aus dem „Corpus iuris civilis"

1. Casus: Zusammenfassung des Rechtsfalls
2. Littera: Lektüre des Textes mit Erklärung schwieriger Stellen
3. Similia: Hinweis auf Parallelstellen anderer Rechtsquellen
4. Contraria: Vorlage und Auflösung von Gegenargumenten mithilfe von distinctiones
5. Vorlage und Auflösung von Problemen des Textes
6. Notabilia: Hinweise auf die wichtigsten thematischen und ideellen Ergebnisse der Vorlesung

Nach Garcia y Garcia, in: Geschichte der Universität in Europa, Bd. 1, S. 350 f.

Dekret
Verordnung, Verfügung

Wurzeln und Traditionen europäischer Denkhaltungen

logischen Erörterung („disputatio") spiegelt sich das logische Verfahren, wie es an der artistischen Fakultät als methodische Grundlage universitärer Wissensvermittlung eingeübt wurde. Eben dieses Prinzip strukturierte auch die sogenannten „Summen" des Wissens, welche die großen Gelehrten der mittelalterlichen universitären Wissenschaft ins Werk setzten. Unter ihnen ragt Thomas von Aquin (um 1225–1274) heraus, der besonders die Vereinbarkeit von christlicher Tradition und profanem antiken Wissen, von Glauben und Vernunft, mit nachhaltiger Wirkung begründete.

Bedeutung der Universitäten

Mit der mittelalterlichen Universität schuf sich das christliche Europa sein eigenständiges Gehäuse, in dem es sich an antikem Denken und Wissen schulte. „Die Aufnahme der antiken und christlichen Tradition", schreibt der Philosophiehistoriker Günther Mensching, „verbindet sich mit dem Verfahren der rationalen Disputation, in der die übermittelte Lehre sich der dialektisch [logisch] geschulten Kritik stellen muss. Die Berufung auf die Autorität der Heiligen Schrift, der Kirchenväter oder der langen Tradition genügt als Beweis einer These nicht mehr. Die Universität institutionalisierte in der Disputation, die für alle Lehrenden und Lernenden nach feststehenden Regeln obligatorisch war, den Geist der Kritik, der in äußerlich veränderter Gestalt bis heute zur Verfahrensweise Wissenschaft gehört."

4. Ursprünge der modernen Wissenschaft

Eine „neue" Wissenschaft

Applikation
Anwendung

Wie wir gesehen haben, war die Wissenschaft, wie sie an der mittelalterlichen Universität entstand, auf die Auslegung und Applikation eines überschaubaren Kanons tradierten Wissens bezogen, auf Texte der griechischen und römischen Antike, die Maßstäbe setzten, sowie auf die Bibel, die nicht nur als „heiliger" Text, vielmehr überhaupt als Inbegriff von Wissen gelesen und ausgelegt wurde. Nach dem Vorbild der Bibel lag jedem Fach ein bestimmtes „Buch der Bücher" zugrunde. Universitäre Fächer konstituierten sich damit nicht über spezielle Sachfragen und Methoden, sondern vielmehr über die Vorlesung, Auslegung und Einübung von vorgeschriebenen Lehrbüchern. Der hierarchisch geordneten, von der Theologie regierten universitären Wissenschaft korrespondiert die ständische Ordnung der vormodernen Gesellschaft sowie eine symbolische Ordnung gelehrter Kultur, die sich in Kleiderordnungen und Zeremonien manifestierte. All das änderte sich im Fall der an Universitäten betriebenen Wissenschaft auch in der Frühen Neuzeit, also bis in das 18. Jahrhundert, kaum. Doch formierte sich seit dem 16. Jahrhundert, in Abgrenzung von der universitären, auf Bücher der Antike und ihre Auslegung bezogenen Wissensformation, eine „neue" Wissenschaft. Sie beanspruchte, die Natur, geleitet durch Experiment und Erfahrung sowie auf mathematischer Grundlage, zu entschlüsseln. Die Frontstellung gegenüber der buchfixierten Wissenschaft der Universitäten verdeutlichen viele frühneuzeitlichen Polemiken der neuen Wissenschaft, etwa diejenige von Galileo Galilei (1564–1642), der gegen die „Historiker oder Doktoren der Auswendiglernerei" seine eigenen Forschungen profilierte, die „die Welt der Sinne zum Gegenstand" hätten und „nicht eine Welt von Papier".

M 17 **Galileo Galilei (1564–1642),** Zeichnung von Ottavio Mario Leoni, 1624

M 18 Akademie der Wissenschaften und der schönen Künste
Die französische „Académie des sciences" wurde 1666 gegründet. Sie geht auf Pläne von Jean-Baptiste Colbert zurück, der eine Einrichtung schaffen wollte, die sich nur der Forschung widmet. Anfangs trafen sich die Mitglieder alle zwei Wochen zu Arbeitssitzungen. Der Stich zeigt das programmatische Selbstverständnis der Akademie: Technik und Naturforschung mithilfe von Instrumenten stehen im Zentrum, Ende 17. Jahrhundert.

Wissenschaftshistoriker beschreiben den Formierungsprozess der neuen Naturwissenschaft gewöhnlich als „wissenschaftliche Revolution", die mit dem 17. Jahrhundert verbunden wird. Die neue Wissenschaft privilegierte neue Orte, Institutionen und Praktiken des Wissens. Ihr Kennzeichen war die Bevorzugung des „Buchs der Natur" gegenüber dem „Buch der Schrift", wie der Wissenschaftshistoriker Hans Blumenberg den Gegensatz in Aufnahme der zeitgenössischen Terminologie bezeichnet. Das Selbstverständnis der Vertreter neuer Wissenschaften ist verbunden mit veränderten methodischen Idealen sowie experimentellen Verfahren und instrumentellen Wahrnehmungshilfen wie dem Fernrohr oder dem

Wurzeln und Traditionen europäischer Denkhaltungen

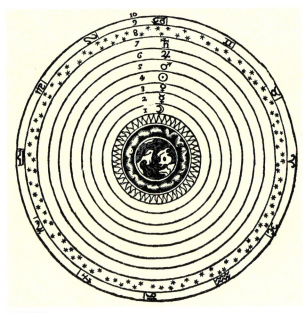

M 19 Vereinfachte Darstellung des ptolemäischen Weltbildes
Holzschnitt, 1658

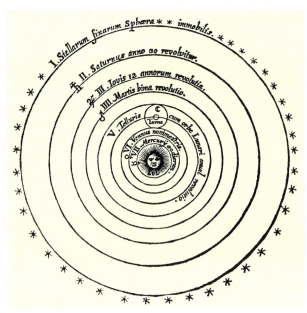

M 20 Vereinfachte Darstellung des kopernikanischen Weltbildes
Holzschnitt, 1658

M 21 Nikolaus Kopernikus (1473–1543), zeitgenössisches Bildnis

heliozentrisch
Weltbild, bei dem die Sonne im Mittelpunkt steht

Mikroskop. Orte des neuen Wissens sind die Werkstätten und Laboratorien der Erfahrung, die gegen die Orte des alten Wissens, die Gelehrtenstuben und Universitäten, ausgespielt werden. Auch eher vermittelnde Gelehrte wie Gottfried Wilhelm Leibniz (1646–1716) erkannten in den Erfahrungen unterschiedlicher Art, die noch nicht schriftlich fixiert waren, einen Bestand an Wissen, der qualitativ wie quantitativ bei weitem das Bücherwissen übertrifft. Institutionelle Zentren und Informationsbörsen der neuen Naturwissenschaft waren die Akademien, die sich im 17. und 18. Jahrhundert als Orte empirischer Forschung gegen die Universitäten als bloße Verwalter gelehrten Wissens abgrenzten.

Aus der erfahrungsgeleiteten Forschung ergaben sich im 16. und dann besonders im 17. Jahrhundert Einsichten, die Vorstellungen infrage stellten, welche jahrhundertelang feststanden. Am prominentesten ist die Entwicklung des heliozentrischen Weltbilds, das sich allerdings trotz der bahnbrechenden Forschungen des Nikolaus Kopernikus (1473–1543) aufgrund seiner theologischen Konsequenzen nur langsam durchsetzen konnte. Die Entdeckungen, die Galilei mit seinem Fernrohr machte, spielten für die wachsende Überzeugungskraft der neuen Astronomie eine entscheidende Rolle.

Ein weiteres Beispiel ist die Medizin. Andreas Vesal (1514–1564), der Begründer der modernen Anatomie, korrigierte aufgrund eigener Erfahrungen mittels Sektionen seit der Antike geltende, aus der Tieranatomie gewonnene Lehrmeinungen über die Anatomie des menschlichen Körpers, so die Lehre von der fünflappigen Leber des Menschen, einem besonderen Gefäßnetz im menschlichen Gehirn oder von der Durchlässigkeit der Herzscheidewand. William Harvey (1578–1657) wiederum entdeckte auf Grundlage anatomischer Beobachtungen an den Venenklappen sowie mithilfe mathematischer Berechnungen des menschlichen Blutvolumens den Blutkreislauf.

M 22 René Descartes
(1596–1650)
Porträt von Frans Hals, um 1640

Allerdings wird heute der von der klassischen Wissenschaftsgeschichte betonte Gegensatz zwischen altem und neuem, methodisch-analytischem Erkenntnisverfahren, für das der Name René Descartes (1596–1650) und sein „Discours de la méthode" (1637) stehen, eher relativiert. In vielem stützte sich auch die neue Naturwissenschaft auf ältere Erkenntnisideale und Methoden. Doch markierte die Idee des Fortschritts, als dessen Signatur seit dem 16. Jahrhundert der Dreiklang Buchdruck, Schießpulver und Kompass galt, eine veränderte Einstellung. Zur Vervollkommnung des Wissens ging der Blick in eine offene Zukunft, nicht in die Vergangenheit des Wissens. Die Offenheit gegenüber zukünftigem Wissen muss nach Francis Bacons (1561–1626) Programm „Of the proficience and advancement of learning" (1605), einem einflussreichen Dokument empirischer Wissenschaft, auch für die Ordnung des Wissens gelten. Besonderes Interesse beanspruchen „desiderata", d. h. Leerstellen im Wissenssystem. Die neue Wissensordnung dient so als Programm und Plan des Fortschritts der Wissenschaften. Gegen das „non plus ultra", das gemäß antiker Überlieferung in die Säulen des Herkules eingemeißelt war, steht das „plus ultra", das Bacon als Devise auf das Titelblatt seines Hauptwerks „Instauratio magna" (1620) drucken ließ.

Die Umstellung auf Wissensordnungen, die das Erkenntnisvermögen und -verfahren profilieren, verdeutlicht Bacons Wissensklassifikation. Bacon hat das Wissen nach den drei Grundkategorien des menschlichen Erkenntnisvermögens – Gedächtnis, Erfindungs- und Urteilsvermögen („memoria", „ingenium" und „iudicium") – geordnet und mit diesem Modell bis hin zur großen französischen Aufklärungsenzyklopädie, der „Encyclopédie, ou Dictionnaire raisonné des sciences, des arts et des métiers" (1751–1780) von Denis Diderot und Jean Baptiste le Rond d'Alembert, einflussreich gewirkt. Das mit dem Gedächtnis verbundene Wissen wird dabei funktional dem mit dem Erfindungs- und Urteilsvermögen verbundenen Wissen untergeordnet. D'Alembert verbindet damit eine historische Perspektive: Die dem Gedächtnis zugeordnete „érudition" (Gelehrsamkeit) ist historische Durchgangsstation auf dem Weg zur Herausbildung des aufgeklärten, vom Urteil der Vernunft regierten Wissens. Das Zeitalter, in dem man mit Eifer Ideen zusammentrug, allein durch Lesen gelehrt zu werden glaubte und „wahllos" alles verschlang, „was auf den verschiedensten Gebieten von der Antike auf uns gekommen war", erscheint aus der Sicht d'Alemberts als eine durch Vernunft und Kritik überwundene Epoche.

In der mit Bezug auf Bacon entworfenen „Landkarte" des Wissens, die in der „Encyclopédie" in tabellarischer Form präsentiert wird, ist die Theologie der Philosophie untergeordnet. Charakteristisch für die moderne Ordnung wissenschaftlicher Disziplinen, die sich im 19. Jahrhundert auch an Universitäten etablierte, ist allerdings nicht die Umwertung der traditionellen universitären Fächerhierarchie, vielmehr die Arbeitsteilung zwischen autonomen Disziplinen. Bacon zog die Grenzlinie zwischen Theologie und Philosophie deshalb so deutlich, weil erst dadurch der Philosophie jene unbegrenzte Freiheit des Fragens und Forschens eröffnet wurde, die ihr noch in der Frühen Neuzeit von der Theologie bestritten wurde. In der modernen Ordnung wissenschaftlicher Disziplinen sind daraus Grenzen geworden, welche die Beweglichkeit und Transformationsfähigkeit des gesamten Wissenschaftssystems sichern sollen.

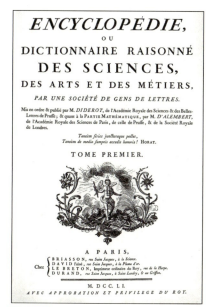

M 23 Titelseite der Encyclopédie von Diderot und d'Alembert
Titelblatt des ersten Bandes, 1751

Wurzeln und Traditionen europäischer Denkhaltungen

Literatur

Christian Meier, Kultur, um der Freiheit Willen. Griechische Anfänge – Anfang Europas, München 2009

Helmut Zedelmaier, Die Antike in Mittelalter und Neuzeit. Von der Präsenz zur Historisierung, in: Die Römer zwischen Alpen und Nordmeer. Zivilisatorisches Erbe einer europäischen Militärmacht. Katalog-Handbuch zur Landesausstellung des Freistaates Bayern, Rosenheim 2000, hrsg. v. Ludwig Wamser u. a., Mainz 2000, S. 294–299

Clemens Zintzen, Europa – Gedanken zum Ursprung seiner Kultur, in: Europa – Idee, Geschichte, Realität, hrsg. v. der Deutschen Akademie der Wissenschaften und der Literatur, Mainz 1996, S. 13–42

Friedrich Prinz, Von Konstantin zu Karl dem Großen. Entfaltung und Wandel Europas, Düsseldorf und Zürich 2000

Geschichte der Universität in Europa, Bd. 1: Mittelalter, hrsg. v. Walter Rüegg, München 1993

Das Licht der Vernunft. Die Anfänge der Aufklärung im Mittelalter, hrsg. v. Kurt Flasch und Udo Reinhold Jeck, München 1997

Arno Seifert, Das höhere Schulwesen. Universitäten und Gymnasien, in: Handbuch der deutschen Bildungsgeschichte, Bd. 1, hrsg. v. Notker Hammerstein, München 1996, S. 197–374

Macht des Wissens. Die Entstehung der modernen Wissensgesellschaft, hrsg. v. Richard van Dülmen und Sina Rauschenbach, Köln u. a. 2004

Helmut Zedelmaier, Wissensordnungen der Frühen Neuzeit, in: Handbuch Wissenssoziologie und Wissensforschung, hrsg. v. Rainer Schützeichel, Konstanz 2007, S. 835–845

Zusammenfassung

Jede Kultur gründet auf einem Bestand an Traditionen, der für ihr Selbstverständnis und ihren Zusammenhalt konstitutiv ist. Der Begriff „Tradition" geht auf das Lateinische zurück und heißt, wörtlich übersetzt, „Überlieferung". Keine Kultur kann sich vollständig neu erfinden. Immer werden Kulturen von Vorstellungen und Einstellungen, von Erfahrungen, Wissensbeständen und Denkformen bestimmt, die eine oft weit zurückreichende Geschichte haben. Über Sprache und Schrift werden sie überliefert, durch Institutionen der Bildung wie die Schule eingeübt. Der Kulturhistoriker Jan Assmann beschreibt die Formen und Funktionen dieser kollektiven Erinnerung als „kulturelles Gedächtnis". Im Unterschied zu „traditionalen" Gesellschaften, die sich vor allem an überlieferten Vorbildern und Mustern orientieren, begreift sich die europäische Moderne seit der Aufklärung als eine traditionskritische Kultur, deren Kennzeichen die ständige Überprüfung der geltenden Vorstellungen und Wissensbestände ist.

Doch haben sich auch die Denkformen der europäischen Moderne in einem langen und komplexen historischen Prozess ausgebildet. Wie wir gesehen haben, diente dabei die antike Kultur als Maßstab und Vorbild. Auch nach der politischen Auflösung des Römischen Reiches im Westen prägte sie bis in die Neuzeit das europäische Denken. Die Macht der Antike manifestierte sich in der lateinischen Sprache, die bis zum 17. Jahrhundert Sprache der europäischen Wissenschaft war. Sie zeigte sich ebenso in der Vorbildfunktion des rationalen Welt- und Wissenschaftsverständnisses, das sich im antiken Griechenland entwickelte. In der Auseinandersetzung mit Texten der griechischen Antike, vor allem mit dem wissenschaftlichen Werk des Aristoteles, formierten sich die modernen Vorstellungen, was als wissenschaftliche Erkenntnis Geltung beanspruchen kann. Die Rezeption des unter Kaiser Justinian kodifizierten Römischen Rechts schuf die Grundlage europäischer Rechts- und Politikvorstellungen.

Das Verhältnis von Christentum und profaner Wissenschaft war anfangs ambivalent. Viele christliche Gelehrte der Spätantike konzentrierten sich auf die biblische Wahrheit und lehnten die „heidnischen" Wissenschaften ab, andere wie Augustinus verstanden die profanen Wissenschaften der Antike als notwendiges Fundament christlicher Wissenschaft. Für die Überlieferung profaner Texte der Antike waren christliche Mönche durch ihre Abschreibetätigkeit eine wichtige Schaltstelle.

Mit den seit dem 12. Jahrhundert entstehenden Universitäten wurde dann eine Institution geschaffen, die das christliche Europa in antikem Denken schulte und zugleich profane und christliche Traditionen vermittelte. Die neuen Naturwissenschaften des 17. Jahrhunderts brachen schließlich mit der Vorherrschaft antik-christlicher Wissenschaft und legten die Grundlagen für die moderne Wissenschaftsauffassung, die auf der Unterscheidung von Vernunft und Glauben beruht.

Eine kommentierte Linkliste finden Sie unter: www.westermann.de/geschichte-linkliste

Zeittafel

600 bis 400 v. Chr.	Ansätze eines rationalen Wissenschaftsverständnisses bei den Vorsokratikern
5. Jh. v. Chr.	Beginn der Blütezeit griechischer Kultur und Wissenschaft; Herodot (490/480 v. Chr.–um 424 v. Chr.) und Thukydides (um 460 v. Chr.–399/396 v. Chr.) begründen die europäische Geschichtsschreibung
4. Jh. v. Chr.	Höhepunkt griechischer Kultur und Wissenschaft, Platon (428/427 v. Chr.–349/348 v. Chr.) und Aristoteles (384–322 v. Chr.) verfassen ihre einflussreichen philosophischen Werke
2. bis 8. Jh.	Formierung der christlichen Lehre durch die Kirchenväter, u. a. Hieronymus (347–419), Augustinus (354–430), Gregor der Große (um 540–604)
seit dem 3. Jh.	Ausbreitung des christlichen Mönchtums; Benedikt von Nursia (um 480–547) gründet 529 das Kloster Monte Cassino und verfasst eine einflussreiche Regel für das Zusammenleben der Mönche („Regula Benedicti")
380	Anerkennung des Christentums als Staatsreligion unter Kaiser Theodosius I.
527–565	Regierungszeit Kaiser Justinians I., 529 Verkündigung des „Codex Justinianus" (auch: „Corpus iuris civilis"), des Grundlagentextes für die europäische Rezeption des Römischen Rechts seit dem 11. Jahrhundert
zweite Hälfte 12. Jh.	Entstehung der Universitäten Bologna und Paris
1348	Gründung der Universität Prag durch Kaiser Karl IV., die erste Universität im Reich
1472	Gründung der Universität Ingolstadt durch Herzog Ludwig IX. der Reiche von Niederbayern-Landshut, die erste und lange Zeit einzige bayerische Landesuniversität, die 1800 nach Landshut, 1826 nach München verlegt wird
1543	Nikolaus Kopernikus (1473–1543) vertritt in „De Revolutionibus Orbium Coelestium" („Von den Umdrehungen der Himmelskörper") das heliozentrische Weltbild
17. Jh.	Beginn der „wissenschaftlichen Revolution"; Formierung einer auf Erfahrung und Experiment gegründeten Naturwissenschaft
1605	Francis Bacon (1561–1626) fordert in „Of the proficience and advancement of learning" eine neue, empirisch fundierte Wissenschaft
1633	Prozess gegen Galileo Galilei (1564–1642) wegen dessen Verteidigung des kopernikanischen Systems
1637	René Descartes (1596–1650) verfasst den „Discours de la méthode", in dem die traditionelle (aristotelische) Wissenschaft radikal in Frage gestellt wird
1652	Gründung der „Academia Naturae Curiosorum" in Schweinfurt, der ältesten deutschen Akademie für naturwissenschaftliche Forschung
1660	Gründung der Wissenschaftsakademie „Royal Society" in London zur Förderung naturwissenschaftlicher Experimente

Wurzeln und Traditionen europäischer Denkhaltungen

1. Freiheit und Philosophie: Antikes Griechenland

M 24 Anfänge der Geschichtswissenschaft

Der athenische Geschichtsschreiber Thukydides (ca. 460–396 v. Chr.) verfasste eine umfangreiche Geschichte über den Peloponnesischen Krieg. Er beschreibt dabei auch seine Arbeitsweise als Historiker:

So also fand ich die Vorzeit, in mühsamer Untersuchung, da nicht jedem ersten besten Zeugnis zu trauen war. Denn die Menschen nehmen alle Nachrichten von Früherem, auch was im eigenen Land
5 geschah, gleich ungeprüft voneinander an [...]. Und so gibt es noch manches, auch Heutiges, nicht durch die Zeit Verschollenes, was auch die andern Hellenen irrig meinen [...]. So unbemüht sind die meisten in der Erforschung der Wahrheit und blei-
10 ben lieber bei den herkömmlichen Meinungen. Wer sich aber nach den genannten Zeichen die Dinge doch etwa so vorstellt, wie ich sie geschildert habe, wird nicht fehlgehen, unverführt von den Dichtern, die sie in hymnischer Aufhöhung ausgeschmückt
15 haben, noch von den Geschichtsschreibern, die alles bieten, was die Hörlust lockt, nur keine Wahrheit – meistenteils unglaubhafte, durch die Zeit sagenartig eingewurzelte Unbeweisbarkeiten [...]. Was aber tatsächlich geschah in dem Kriege, erlaubte
20 ich mir nicht nach Auskünften des ersten Besten aufzuschreiben, auch nicht nach meinem Dafürhalten, sondern bin Selbsterlebtem und Nachrichten von anderen mit aller erreichbaren Genauigkeit bis ins Einzelne nachgegangen. Mühsam war diese For-
25 schung, weil die Zeugen der einzelnen Ereignisse nicht dasselbe über dasselbe aussagten, sondern je nach Gunst und Gedächtnis. Zum Zuhören wird vielleicht diese undichterische Darstellung minder ergötzlich scheinen; wer aber das Gewesene klar erkennen will und damit auch das Künftige, das 30 wieder einmal, nach der menschlichen Natur, gleich oder ähnlich sein wird, der mag es so für nützlich halten, und das soll mir genug sein: zum dauernden Besitz, nicht als Prunkstück für einmaliges Hören ist es aufgeschrieben. 35

Zit. nach: Antike Geisteswelt. Eine Sammlung klassischer Texte, hrsg. von Walter Rüegg, Frankfurt a.M. 1980, S. 481–483.

M 25 Thukydides, Mosaik aus der um 1920 ausgegrabenen frühchristlichen Kathedrale von Gerasa (Jordanien), um 350 n. Chr.

M 26 „Vorsokratiker"

Die sogenannten „Vorsokratiker" sind nur in Fragmenten erhalten. Sie thematisieren vor allem Grundfragen der Natur. Über die Naturphilosophie des Thales von Milet (um 624 v. Chr. – um 546 v. Chr.), der nicht nur als Philosoph, sondern auch als Staatsmann, Mathematiker, Astronom und Ingenieur wirkte und für Aristoteles der Begründer von Philosophie und Wissenschaft ist, heißt es:

Von denen, die als Erste philosophiert haben, glaubten die meisten, dass der einzige Urgrund aller Dinge im Wesen des Stofflichen liege. Denn das, woraus alles Seiende ist und woraus es als Erstem wird und in was es am Ende wieder vergeht, 5 indem es seiner Substanz nach erhalten bleibt, in seinen Zuständen aber sich wandelt, erklärten sie als Urelement und Urgrund alles Bestehenden. Deswegen nehmen sie an, dass weder etwas entsteht noch gänzlich vergehen könne, da die Ganzheit der 10 Natursubstanz immer erhalten bleibe. Denn eine gewisse Natursubstanz müsse immer bestehen, entweder als Einheit oder als Mehrheit, aus der die übrigen Dinge entstehen, während sie selbst sich stets erhält. Über die Menge und Art eines so 15 gearteten Urgrundes sind allerdings nicht alle der nämlichen Meinung; Thales aber, der Begründer einer solchen Philosophie, erklärt das Wasser für den Urgrund der Dinge – deshalb sagte er auch, dass die Erde auf dem Wasser schwimme –; er ent- 20 nahm diese Meinung wahrscheinlich der Beobachtung, dass die Nahrung aller Wesen feucht ist und das Warme selbst hieraus wird und hierdurch lebt – das, woraus ein anderes wird, ist für alle Dinge ihr Urgrund –, ferner aus der Beobachtung, dass der 25 Same seiner Natur nach feucht ist. Das Wasser aber ist für das Feuchte der natürliche Urgrund.

Zit. nach: Antike Geisteswelt. Eine Sammlung klassischer Texte, hrsg. von Walter Rüegg, Frankfurt a.M. 1980, S. 89 f.

M 27 Griechische Kultur

Der Althistoriker Christian Meier schreibt über die Besonderheit griechischer Kultur und Lebensverhältnisse:

Homines maxime homines, Menschen, die im höchsten Sinne Menschen sind, hat der römische Senator Plinius um 100 n. Chr. die Griechen genannt. Damals lag es zweihundert Jahre zurück, daß sich
5 die römische Oberschicht griechischen Erkenntnissen, Philosophie, Kunst und Lebensformen aufgeschlossen und die eigene Welt nach und nach damit durchdrungen hatte. Aber die Römer waren eben durch Herrschaftsverhältnisse gegliedert und
10 bestimmt geblieben – in jenem ursprünglichen republikanischen, rechtlichen Rahmen, der ihnen eigen war. Da gab es Über- und Unterordnung, vielerlei Abhängigkeiten und Relativierungen. Da hatte jeder seine Funktionen, seinen festgelegten
15 Platz in der Rangordnung, seine Pflichten (falls er sich nicht auf seine Villa zurückzog, um entweder ganz oder zeitweilig zu privatisieren; weitgehend im griechischen Stil). Das ließ sich mit dem Leben der Griechen nicht vergleichen. Nicht mit denen
20 der Vergangenheit, mit denen man geistig so viel verkehrte, auch nicht mit denen der Gegenwart. Diesen Griechen war es eben zu eigen, daß sie eher Menschen als Kaiser, Consul oder Senator waren. Daß sie sich nicht einzwängen lassen wollten in die
25 Regeln einer ständisch gegliederten Gesellschaft. Daß sie nicht vieles zu delegieren gewohnt waren, um bei aller Macht (wie viele Römer sie besaßen) doch stets von andern, von ganzen Bündeln von Beziehungen abzuhängen; folglich gleichsam ver-
30 mittelt zu leben. Einer wie der andere waren die Griechen vielmehr – zumindest in der Oberschicht, an die Plinius ja aber dachte – Teil einer Allgemeinheit (aber in der Regel nicht höheren Instanzen). Es hatte die Griechen schon in früher Zeit ausge-
35 zeichnet, daß sie den verschiedensten Anforderungen des Lebens gleichermaßen genügen mußten. Wer eigenständig sein will, darf ja möglichst wenig auf andere angewiesen sein (außer auf solche, über die er verfügen kann). Wo man
40 in kleinem Kreis zusammenlebt, ganz konkret und unmittelbar, wenig beansprucht durch sachliche, politische oder wirtschaftliche Aufgaben, muß man sich aneinander messen. Im Sport zum Beispiel. Wo der Zusammenhalt durch kein politisches
45 Zentrum gesichert ist, müssen andere Institutionen dafür aufkommen, unter anderem die religiösen Feste. Ihre politische Bedeutung erklärt die des Musischen in diesem Volk. Und auch hier haben sich die Griechen aneinander gemessen. Singen
50 und Tanzen mußten sie also können, die eigene Wirtschaft besorgen ohnehin; mußten die Regeln des Sich-Ausgleichens beherrschen, ebenso das Kriegführen. Das ergab einen Menschenschlag, der sich kaum in Spezialisten aufteilte, in partielle
55 Bezüge verlor, vielmehr sich gleichsam rundum auszubilden hatte, körperlich, geistig, seelisch, wie er uns ja auch in den griechischen Statuen entgegentritt, dort freilich als Ideal. Jeder möglichst ein Ganzes, das Allgemeine in sich ausprägend und
60 alles stark auf allgemein-menschliche Problematik konzentriert.

Christian Meier, Kultur, um der Freiheit Willen. Griechische Anfänge – Anfang Europas, München 2009, S. 22 f.

Aufgaben

1. a) Entwickeln Sie ein Schaubild, anhand dessen Sie die historische Methode des Thukydides erläutern.
   b) Zeigen Sie, gegen welches Vorgehen er sich bei der Erschließung der Vergangenheit wendet.
   c) Stellen Sie einen Vergleich mit den Methoden der modernen Geschichtsschreibung an.
   → M24
2. Diskutieren Sie, inwieweit Thales als Vorläufer aufgeklärter Naturforschung gelten kann. Vergleichen Sie sein Verfahren mit der mythologischen Natursicht.
   → M26
3. Kontrastieren Sie die römische Lebensauffassung mit der griechischen.
   → M27
4. Fassen Sie die Bedeutung der antiken Kultur für spätere europäische Denkhaltungen zusammen.
   → Text, M24–M27

Wurzeln und Traditionen europäischer Denkhaltungen

2. Christentum und Römisches Recht

M 28 „Confessiones"

In seinen „Bekenntnissen" (Confessiones), dem noch in der Neuzeit wirkmächtigen Dokument autobiografischen Schreibens, blickt Augustinus zurück auf seine pagane (heidnische) Bildung:

Was der Grund war, dass ich die griechische Sprache hasste, die ich als ganz kleiner Knabe schon erlernen musste, das habe ich selbst heute noch nicht klar erkannt. Das Latein hatte ich liebge-
5 wonnen, nicht das der Elementarschule, sondern das erst, das die sogenannten Grammatiker lehren. Denn jener erste Unterricht, wo man Lesen, Schreiben und Rechnen lernt, war mir nicht weniger lästig und unerträglich als alles Griechische.
10 Und woher kam dies, wenn nicht von der Sünde und von der eitlen Nichtigkeit des Lebens? War ich doch „Fleisch und ein Windeshauch, der vorüberziehet und nicht wiederkehrt" (Ps. 78, 39). Denn jener Anfangsunterricht, der es fertigbrachte und
15 dem ich es verdanke, dass ich lesen kann, was ich geschrieben finde, und schreibe, was ich schreiben will, galt einem gewisseren Gegenstand und war darum weit besser als jener vorangeschrittene, der mich zwang, eines gewissen Aeneas Irrfahrten im
20 Gedächtnis zu behalten und darüber meiner eigenen Irrfahrten zu vergessen, den Tod der Dido zu beweinen, die aus Liebe sich ums Leben brachte, und dabei trockenen Auges mir selbst zuzusehen, wie ich Elendester in diesen Erbärmlichkeiten befangen dir starb, o du mein Gott und Leben! 25
[...]
Darum beschloss ich nun, meine Aufmerksamkeit auf die heiligen Schriften zu richten und zu sehen, wie sie wären. Und siehe, was ich sah, das war die Wahrheit, verschlossen dem Stolzen und enthüllt 30 dem Kinde, arm und niedrig erscheinend dem, der zu ihr tritt, riesengroß und geheimnisschwer dem, der mit ihr geht. Ich aber war damals nicht der, der hätte eintreten können in ihr Heiligtum, der demütigen Hauptes ihrem Schritte hätte folgen 35 können. Denn nicht so, wie ich heute rede, fühlte ich damals, da ich anfing, die Schrift zu lesen. Unwürdig schien sie mir, auch nur verglichen zu werden mit der Würde Ciceros. Mein Stolz ertrug nicht ihre Art und Maß und mein Scharfsinn drang 40 nicht in ihre Tiefen. Und doch war sie so, dass sie mit den Kleinen wuchs. Ich aber verschmähte es, zu den Kleinen zu zählen, und glaubte mich groß, weil ich aufgebläht war von Stolz und Hoffart.

Augustinus, Bekenntnisse, übertragen v. Herman Hefele, Düsseldorf und Köln 1958, S. 39 u. 66 f.

M 29

Augustinus in der Lateinschule der nordafrikanischen Stadt Tagasthe in der römischen Provinz Numidien, undatierte Wandmalerei des Benozzo Gozzoli (um 1420–1497) in der Kirche Sant Agostino in San Gimignano, 15. Jahrhundert

M 30 Römisches Recht

a) Neben straf-, zivil-, privat-, prozess- und verwaltungsrechtlichen Bestimmungen enthält der „Codex Justinianus" auch ein Buch über Fragen des Kirchenrechts, eingeleitet mit der folgenden Bestimmung:

Die Kaiser Gratian, Valentinian II. und Theodosius I. an die Einwohner von Konstantinopel, Thessalonike, 27. Februar 380:
Alle unter Unserer milden Herrschaft stehenden Völker sollen nach Unserem Willen demjenigen Glauben angehören, den der heilige Apostel Petrus, wie die von ihm offenbarte Religion beweist, den Römern mitgeteilt hat und dem auch der Papst Damasus und Petrus, der Bischof von Alexandria, ein Mann von apostolischer Heiligkeit, folgen. Wir glauben nämlich nach der Vorschrift der Apostel und der evangelischen Lehre an die einige Gottheit des Vaters, des Sohnes und des Heiligen Geistes in gleicher Erhabenheit und in Heiliger Dreieinigkeit. Diejenigen, die diesem Gesetz folgen, sollen den Namen katholische Christen führen, die übrigen aber, die Wir als töricht und wahnwitzig erklären, sollen als Abtrünnige vom Glauben mit Ehrlosigkeit bestraft und mit dem Zorne Gottes und dann nach Unserer Entscheidung, die wir aus dem himmlischen Ratschluss schöpfen wollen, mit einer (anderen) Strafe belegt werden.

b) Eine weitere Bestimmung dieses Buches lautet:

Kaiser Constantius II. an den Prätorianerpräfekten Thalassius, Mailand, 3. Juli 353:
Verlässt ein Mitglied der christlichen Kirche dieselbe und wird Jude, schließt er sich den Zusammenkünften der Ungläubigen an und erweist sich die gegen ihn erhobene Anklage als wahr, so sollen alle seine Güter dem Fiskus anheimfallen.

c) Heidnische Religionsgebräuche werden in der folgenden Bestimmung verboten:

Kaiser Constantius II. an den Prätorianerpräfekten Taurus, ohne Ort, 1. Dezember 356:
Wir fordern, dass in allen Orten und in allen Städten die Tempel geschlossen werden. Wir verbieten den Verlorenen den Zugang zu denselben, um ihnen jede Gelegenheit unmöglich zu machen, zu sündigen. Wir befehlen, dass sie sich der Opfer enthalten. Haben sie aber dergleichen etwas unternommen, so werden sie mit dem Schwerte bestraft. Ihre Güter soll in diesem Falle der Fiskus mit Beschlag belegen. Ebenso sollen die Rektoren in den Provinzen bestraft werden, wenn sie solche Verbrechen ungeahndet lassen.

Codex Justinianus, ausgewählt und hrsg. von Gottfried Härtel und Frank-Michael Kaufmann, Leipzig 1991, S. 29, 40, 42

M 31 „Kaiser Justinian als Gesetzgeber"
Gemälde von Giovanni Domenico im Kaisersaal der Würzburger Residenz, 1751

Wurzeln und Traditionen europäischer Denkhaltungen

M 32 Römisches Recht

Michael Stolleis, Professor für Rechtsgeschichte, äußert sich über die Bedeutung des Römischen Rechts:

Die Juristen, die sich in Deutschland während des 16. und 17. Jahrhunderts zum „Staat", zum „Ius Publicum" und zur „Politik" äußerten, bezogen ihre Argumente aus einem gemeinsamen Fundus. Die-
5 ser bestand aus der aristotelisch-scholastischen Tradition der „Politik" und aus dem Römischen Recht. Kein Jurist jener Zeit konnte sich den Kosmos juristischer Begriffe und die Methoden der Auslegung ohne das Römische Recht vorstellen. Die Standards
10 der Rationalität und der Systematik, des Strebens nach Widerspruchsfreiheit und nach Eleganz der Begründungen, wie sie an den europäischen Universitäten des späten Mittelalters erreicht waren und die nun über die humanistische Jurisprudenz
15 durch Quellenkenntnis und Quellenkritik verstärkt wurden, bildeten die Maßstäbe.

Letzteres ist auch der entscheidende Punkt der Entstehung des modernen Staates. Die Bindung an Texte bedeutete langfristig auch, dass die Rechtsanwendung kontrollierbar wurde. Die Juristen 20 gewöhnten sich an schriftliche Verfahren und an Führung von Akten (files, records). Anders als bei den mittelalterlichen Urkunden führt erst die Anlage systematischer Akten zur Überprüfbarkeit der Regierungsvorgänge und damit zur Beherrsch- 25 barkeit von Territorien. Quod non est in actis, non est in mundo, d. h. der moderne Staat erzeugt sich hier über die Bindung an Texte und durch den Buchdruck seine eigene Bürokratie, die von nun an durch schriftliche Anweisung und zentrale Gesetz- 30 gebung gesteuert werden kann.

Die dem Römischen Recht immanente oder ihm im Laufe der Zeit unterlegte Systematik führte notwendig dazu, dass alles, was sich dieser Systematik nicht fügte, unter Legitimitätsdruck geriet. […]. 35 Was am Römischen Recht gelernt worden war, konnte nun in die Verwaltung, in das Finanz- und Steuerwesen, die Ökonomie und das Militärwesen umgesetzt werden.

Michael Stolleis, Römisches Recht und die Entstehung des modernen Staates, Akademie-Journal 2/2002, S. 56.

Aufgaben

1. Zeigen Sie exemplarisch, in welchem Verhältnis antikes Wissen und christliche Religion gesehen werden konnten.
   → Text
2. Fassen Sie die Kritik des Augustinus an der heidnischen Bildung zusammen.
   → M28
3. a) Zeigen Sie, wie die im Text beschriebene Erfahrung von Augustinus im Bild dargestellt wird.
   b) Erarbeiten Sie aus dem Bild die Vorstellung von spätrömischer Erziehung.
   → M29
4. a) Fassen Sie die einzelnen Bestimmungen stichpunktartig zusammen und erläutern Sie deren Sinn.
   b) Erarbeiten Sie den historischen Hintergrund des „Codex Justinianus".
   c) Diskutieren Sie die politische Bedeutung des „Codex Justinianus". Suchen Sie nach vergleichbaren Ansätzen in der späteren Geschichte und verorten Sie diese auf einer Zeitleiste.
   → M30, M32, Bibliothek, Internet
5. a) Erläutern Sie die einzelnen Elemente der Deckenmalerei.
   b) Überlegen Sie, mit welcher Absicht die Deckenmalerei am angegebenen Ort angebracht wurde.
   → M31

3. Die mittelalterliche Universität

M 33 Matrikel
Die erste Seite der ältesten Matrikel der Ludwig-Maximilians-Universität von 1472. Das sogenannte „Stifterblatt" zeigt Rektor Mendel von Steinfels (mit Kopfbedeckung) und Herzog Ludwig den Reichen zu Füßen der Madonna, der Schutzpatronin der Universität.

M 34 Stiftungsbrief der Universität Ingolstadt

Die erste Universität im Herzogtum Bayern wurde 1472 in Ingolstadt von Herzog Ludwig dem Reichen von Niederbayern mit päpstlicher Genehmigung gegründet. Im Stiftungsbrief von Herzog Ludwig heißt es:

In dem namen der heiligen trivaltigkeit Amen. Wir Ludwig von gottes genaden phaltzgrave bey Rein hertzoge in Nidern und Obern Beirn etc. bekennen und thun kund offenlich mit dem brief für uns
5 unser erben und nachkomen gein allermenigklich. So wir betrachten, das under andrn seligkeiten, die die menschen in diesem vergenncklichem leben aus gnaden des allmächtigen gottes erraichen mögen, lere und kunst, so durch emssigen
10 vleiss erlanngt würdet, nicht die mynst, sonnder der mercklichisten und vörderisten eine zuachten ist, dann dardurch wirdet der weg zu heiligem gutem leben goweyset, menschlich vernunfft in rechter erkanntnuss mit göttlicher und ander ler erleuchtet, zu löblich wesen und guten sitten 15 getzogen, christenlicher gelaub gemeret, das recht und gemainer nutz gepflanntzet, auch die, so von nider gepurt herkomen, zu hohen wirden und stannd gefürdert; so wir auch dabey zu hertzen nemen, das die göttliche barmhertzigkeit 20 unser vordren und uns vor lannger zeit in fürstlich ere und wirdigkeit erhöhet und seines volcks und ertrichs ein michel tail bevolhen hat, so erkennen wir uns pflichtig zu sein, seiner milltigkeit danck zu sagen und unsern getrwen und emssigen vleis 25 anzukern, damit die kunst in menschlich gemüet gebracht, ir synne und vernunfft erleuchtet, der kristenlich gelaub ererweyttert, auch das recht gut syten und erberkait gepflanntzet werden; und darumh got dem allmechtigen zulob, der kristen- 30 hait zu besterckung, allen glaubigen menschen zu gut, gemainem nutz und dem rechtn zufürdrung, auch unser vorfordern, unser, unser erben und nachkomen sele zutrost, so haben wir in kraft der vergönnung und erlaubnuss, so uns unser hei- 35 liger vater babst Pius der ander selig gedechtnuss vetterlich und genedigklich innhalt seiner heiligkeit bullen darüber aussgangnen getan hat, auch nach manigfeltiger vorbedrachtung zeittigem rat und rechter wyssen ein hohe gemain wirdig und 40 gefreyet universitet und schul in unser stat Ingolstat fürgenomen geordent und gestifftet, nemen sy für, orden und stifften die auch für uns alle, unser erben und nachkomen unwiderrufflich in crafft des briefs, allso das man fürbas ewigklich daselbst 45 nach solcher ordnung und gewonhait, alls in der hohen gefroytten universitet und schul zu Wienn, die dann auf herkomen der hohn schul zu Athonis der haubtstat in Kriechen, auch zu Rome der welthaubtstat und zu Pariss in Frannkreich haubtstat 50 gestifftet ist, lesen leren und lernen solle all göttlich erlaubt und gewondlich kunst von naturlichm, guten syten und gesatzten lewfen und wesen, von gaistlichn und weltlichen rechten, von der artzeney und den freyen kunsten, allsdann uns solchs 55 der genannt unser heiliger vater babst Pius aus sonndren genaden erlaubet und gegeben hat.

Karl von Prantl, Geschichte der Ludwig-Maximilians-Universität in Ingolstadt, Landshut, München 1872, Bd. 2, S. 10 f.

Wurzeln und Traditionen europäischer Denkhaltungen

M 35 Vorlesung im Mittelalter
Miniatur von Laurentius de Voltolina im „Liber ethicorum" des Henricus de Alemannia, Einzelblatt, Szene: Henricus de Alemannia vor seinen Studenten, 14. Jahrhundert

M 36 Artistischer Lehrplan bis zum Bakkalariatsexamen
- Grammatik (ausführlich). Lehrbuchtexte (alternativ): „Doktrinale" des Alexander de Villa Dei (spätes 12. Jh.), „Ars minor" des Donat (4. Jh.); „Institutiones grammaticae" des Priscian (6. Jh.)
- Rhetorik (gelegentlich). Lehrbuchtext: Herennius-Rhetorik (Spätantike)
- (aristotelische) Logik. Lehrbuchtexte: „Parva logicalia"; „Vetus ars" (Kommentar des Porphyrius zu den logischen Relationsbegriffen Gattung, Art, Differenz, Eigenschaft und Akzidenz); die zwei ersten Teile des aristotelischen „Organon"

M 37 Artistischer Lehrplan nach dem Bakkalariatsexamen
- (aristotelische) Logik (ausführlich). Lehrbuchtext: „Nova logica" (übrige Teile des aristotelischen „Organon")
- (aristotelische) Physik (ausführlich). Lehrbuchtext: gleichnamiges Werk des Aristoteles
- (aristotelische) Kosmologie, Meteorologie, Biologie, Psychologie (gelegentlich). Lehrbuchtexte: gleichnamige Werke des Aristoteles
- (aristotelische) Ethik, Metaphysik (gelegentlich). Lehrbuchtexte: gleichnamige Werke des Aristoteles
- Arithmetik (gelegentlich). Lehrbuchtext: „Algorismus" des Johannes de Sacrobosco
- Geometrie (gelegentlich). Lehrbuchtext: Auszüge aus den „Elementen" des Euklid
- Astronomie (gelegentlich). Lehrbuchtext: „Sphaera materialis" des Johannes de Sacrobosco
- Musik (gelegentlich). Lehrbuchtext von Johannes de Muris

Nach: Arno Seifert, Das höhere Schulwesen, S. 208–211.

M 38 Hierarchie des Wissens

Abbildung aus Gregor Reisch (1467–1525): Margarita Philosophica Nova, Erstdruck 1503, kolorierter Holzschnitt, 1535

Die Basis:
Donatus und Priscianus, Verfasser lat. Grammatiken.

Nächste Ebene:
Logik (Aristoteles), Rhetorik und Poetik (Cicero), Arithmetik (Boethius).

Nächste Ebene: Musik (Pythagoras), Geometrie (Euklid), Astronomie (Ptolemäus).

Nächste Ebene: Physik/Naturphilosophie und Ethik (Seneca).

Höchste Ebene:
Theologie (Petrus Lombardus, ca. 1100–1160, einzig nichtantiker Autor).

Außerhalb die Grammatik, die einem Studenten mit einer Alphabet-Tafel den Weg weist.

Aufgaben

1. Stellen Sie die wichtigsten Stationen bei der Entstehung der mittelalterlichen Universität zusammen.
   → Text
2. Erschließen Sie die Aussage der Bilddarstellung des Stifterblattes. Welche Absichten lassen sich darin erkennen?
   → M33
3. a) Erarbeiten Sie aus der Stiftungsurkunde die mit der Gründung der Universität Ingolstadt beabsichtigten Ziele.
   b) Welche „Fakultäten" sind an der Universität vorgesehen?
   → M34
4. a) Beschreiben Sie anhand der Miniatur den Ablauf einer Vorlesung im 14. Jahrhundert.
   b) Gehen Sie auf die Anordnung und das Verhalten der dargestellten Personen ein und versuchen Sie, diese den einzelnen Studentengruppen zuzuordnen.
   c) Diskutieren Sie, inwieweit das Bild die Realität wiedergibt.
   d) Stellen Sie die Darstellung szenisch nach.
   → Text, M12, M35
5. a) Beschreiben Sie den Bildinhalt. Stellen Sie die Hierarchie der Disziplinen grafisch dar.
   b) Informieren Sie sich über die im Bild dargestellten Personen und untersuchen Sie die Konsequenzen der dargestellten Rangordnung für den Bildungskanon der Zeit.
   → M38

4. Ursprünge der modernen Wissenschaft

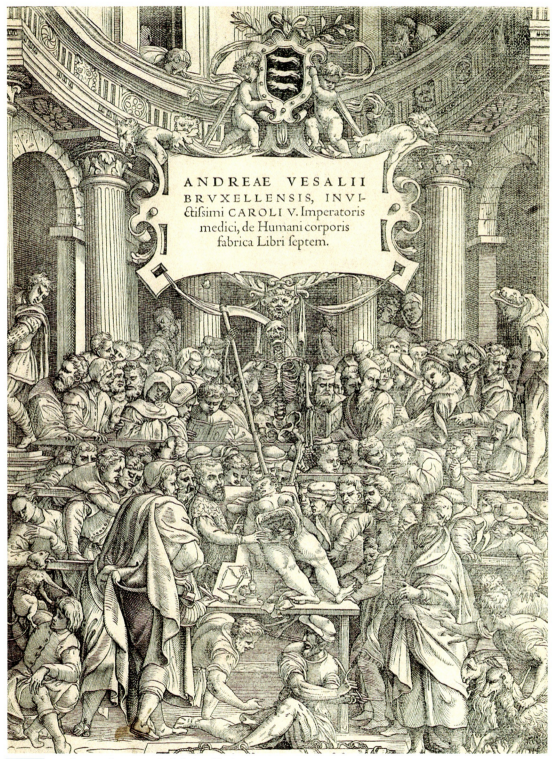

M 39 „De humanis corporis fabrica libri septem"
Titelblatt der Erstausgabe des Hauptwerks von Andreas Vesal, dem Begründer der modernen Anatomie, 1543

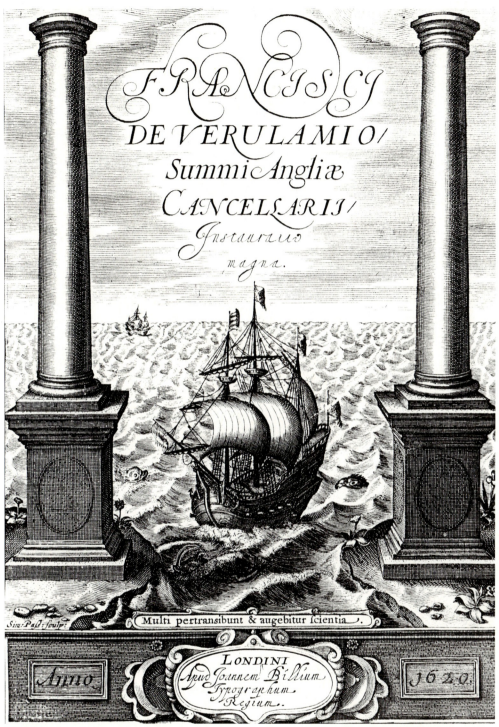

M 40 Frontispiz von Francis Bacons Hauptwerk „Instauratio Magna" (Erstdruck 1620)
Bacon vertritt darin eine neue Methode wissenschaftlicher Forschung, die die alte und überholte des Aristoteles ablösen sollte. Das Schiff segelt durch die Säulen des Herkules, die nach antiker Tradition die Grenzen menschlicher Forschung markierten. Anstatt des traditionellen „ne plus ultra" erklärt die Titelseite „plus ultra" (darüber hinaus). Das lateinische Zitat zu Füßen der Wellen ist dem biblischen Buch Daniel entnommen und lautet: „Viele werden hindurch kommen und das Wissen wird wachsen."

Wurzeln und Traditionen europäischer Denkhaltungen

M 41 Dialog über die beiden hauptsächlichsten Weltsysteme

Im „Dialog über die beiden hauptsächlichsten Weltsysteme. Das Ptolemäische und das Kopernikanische" lässt Galileo Galilei drei Gelehrte streiten. Einer kritisiert die Autorität des Aristoteles. Er wird von einem Zweiten mit dem sprechenden Namen Signore Simplicio gefragt: „Wenn man sich aber von Aristoteles lossagt, wer soll Führer in der Wissenschaft sein? Nennt Ihr irgend welchen Autor!" Die Antwort lautet:

Des Führers bedarf man in unbekannten wilden Ländern, in offener ebener Gegend brauchen nur Blinde einen Schutz. Wer zu diesen gehört, bleibe besser daheim. Wer aber Augen hat, körper-
5 liche und geistige, der nehme diese zum Führer! Darum sage ich nicht, dass man Aristoteles nicht hören soll, ja ich lobe es, ihn einzusehen und ihn fleißig zu studieren. Ich tadele nur, wenn man auf Gnade oder Ungnade sich ihm ergibt, derart, dass
10 man blindlings jedes seiner Worte unterschreibt, und ohne nach anderen Gründen zu forschen, diese als ein unumstößliches Machtgebot anerkennen soll. Es ist das ein Missbrauch, der ein anderes schweres Übel im Gefolge hat: Man bemüht sich
15 nicht mehr, sich von der Strenge seiner Beweise zu überzeugen. Was kann es Schmählicheres geben als zu sehen, wie bei öffentlichen Disputationen, wo es sich um beweisbare Behauptungen handelt, urplötzlich jemand ein Zitat vorbringt, das gar oft
20 auf einen ganz anderen Gegenstand sich bezieht und mit diesem dem Gegner den Mund verstopft? Wenn ihr aber durchaus fortfahren wollt, auf diese Weise zu studieren, nennt Euch fernerhin nicht Philosophen, nennt Euch Historiker oder Doktoren
25 der Auswendiglernerei; denn wer niemals philosophiert, der darf den Ehrentitel eines Philosophen nicht beanspruchen [...] Darum, Signore Simplicio, bringt uns Eure Beweise oder des Aristoteles Gründe und Beweise, nicht aber Zitate und bloße Auto-
30 ritäten; denn unsere Untersuchungen haben die Welt der Sinne zum Gegenstand, nicht eine Welt von Papier.

Galileo Galilei, Dialog über die beiden hauptsächlichsten Weltsysteme. Das Ptolemäische und das Kopernikanische, hrsg. v. Roman Sexl und Karl von Meyenn, Darmstadt 1982, S. 117 f.

M 42 „Discours de la Méthode"

René Descartes schildert im „Discours de la Méthode" die Enttäuschung über die traditionelle Wissenschaft als Ausgangspunkt seines „methodischen Zweifels":

Von Kindheit an habe ich wissenschaftliche Bildung genossen, und da man mir einredete, dass man sich mithilfe der Wissenschaften eine klare und gesicherte Kenntnis alles für das Leben Nütz-
5 lichen aneignen könne, so wünschte ich sehnlich, sie zu erlernen. Doch sobald ich den ganzen Studiengang durchlaufen hatte, an dessen Ende man für gewöhnlich unter die Gelehrten aufgenommen wird, änderte ich völlig meine Meinung. Denn ich fand mich verstrickt in soviel Zweifel und Irrtümer,
10 dass es mir schien, als hätte ich aus dem Bemühen, mich zu unterrichten, keinen anderen Nutzen gezogen, als mehr und mehr meine Unwissenheit zu entdecken.

René Descartes, Discours de la Méthode. Von der richtigen Methode des richtigen Vernunftgebrauchs und der wissenschaftlichen Forschung, hrsg. v. Lüder Gäbe, Hamburg 1960 (Philosophische Bibliothek Bd. 261), S. 7–9.

Aufgaben

1. Fassen Sie thesenhaft zusammen, wie es zur Entstehung der modernen Wissenschaft kam.
   → Text
2. a) Beschreiben Sie die Darstellung einer Leichenöffnung.
   b) Überlegen Sie, warum dieses Bild als Titelbild gewählt wurde.
   → M39
3. Erschließen Sie die Aussage des Bildes ausgehend von der Bildunterschrift.
   → M40
4. a) Untersuchen Sie, welche neue Auffassung von Wissenschaft und Bildung von Galileo Galilei postuliert wird.
   b) Diskutieren Sie die damit verbundenen neuen Methoden des Erkenntnisgewinns.
   → M41
5. a) Informieren Sie sich über Person und Bedeutung von René Descartes und fertigen Sie eine Kurzbiografie an.
   b) Vergleichen Sie die Aussagen von Galileo Galilei mit denen von René Descartes.
   → Text, M41, M42, Bibliothek, Internet

Methode: Umgang mit Gemälden

Ein Gemälde aus dem 17. Jahrhundert

Im 17. Jahrhundert erlebte die holländische Malerei eine Blütezeit. Neben Porträts, Landschaftsbildern und Seestücken, Interieurs und Architekturansichten erteilten auch Gilden öffentliche Aufträge für Gruppenbildnisse. Das im Auftrag des Vorstehers der Chirurgengilde, Dr. Nicolaes Tulp, geschaffene Werk „Anatomie des Dr. Tulp" von Rembrandt zeigt eine Anatomie-Vorführung durch den Auftraggeber des Werks. Öffentliche anatomische Vorführungen waren zur Zeit der Entstehung alltäglich und populär. Die wohlhabende männliche Bevölkerung nahm mit Begeisterung an wissenschaftlichen, anatomischen Seminaren teil, die in „anatomischen Theatern", die zur damaligen Zeit gewinnbringend betrieben wurden, stattfanden. Der dargestellte Tote ist ein Verbrecher, der hingerichtet wurde. Der französische Philosoph und Naturwissenschaftler René Descartes, der einigen Aussagen zufolge bei der dargestellten Anatomievorführung anwesend war, vertrat die Meinung, dass alle Lebewesen mit Ausnahme des Menschen lediglich Maschinen oder Automaten seien. Unweigerlich tat sich die Möglichkeit auf, dass auch der Mensch nichts anderes als eine Maschine sein könnte, wenn auch eine, die für Eitelkeit und Selbstüberschätzung anfällig war.

Fragen an Gemälde (vgl. Seite 138/139)

1. Entstehung des Gemäldes
a) Informieren Sie sich mithilfe von Lexika, kunstgeschichtlichen Darstellungen und Internet über den Künstler und seine Produktions- und Arbeitsbedingungen.
b) Stellen Sie mithilfe des Autorentextes und Fachliteratur fest, welche gesellschaftlichen Bedingungen in den Niederlanden zur Zeit der Entstehung des Bildes herrschten.

2. Beschreibung des Gemäldes
a) Beschreiben Sie den Aufbau des Bildes genau.
b) Erstellen Sie eine Skizze mit den Hauptlinien des Bildes.
c) Betrachten Sie die dargestellten Personen. Welcher Gesellschaftsschicht sind sie zuzuordnen?
d) Worauf sind die Blicke der Zuschauer gerichtet? Welche Bedeutung hat das betrachtete Objekt?
e) Vergleichen Sie die dargestellten sezierten Partien mit der Darstellung in einem anatomischen Atlas. Diskutieren Sie Gründe für mögliche Abweichungen.

3. Bedeutung des Gemäldes
a) Bestimmen Sie die Aussageabsicht des Bildes.
b) Erschließen Sie, wie die Teilnehmer charakterisiert werden.
c) Informieren Sie sich über mögliche Ursachen von Leichenöffnungen ausgehend von der Zeit der Renaissance und über das damit verbundene Menschenbild.
d) Ordnen Sie das Bild geistesgeschichtlich ein.
e) Diskutieren Sie kritisch, welche Aussagen Sie dem Bild als historischer Quelle entnehmen können.

Methode: Umgang mit Gemälden

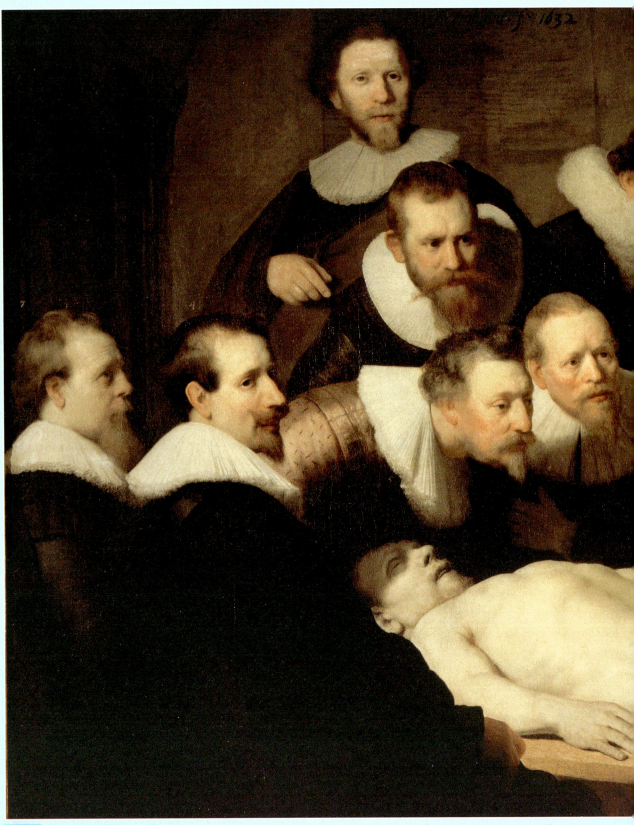

M 1 „**Anatomie des Dr. Tulp**", Gemälde von Rembrandt van Rijn (1606–1669), 169,5 x 216,5 cm, 1632

Der Nahe Osten: Historische Wurzeln eines weltpolitischen Konflikts

M 1 „Wir waren schon immer hier!"
Karikatur von Fritz Behrendt

I. Der Nahe Osten: Historische Wurzeln eines weltpolitischen Konflikts

Der Nahostkonflikt zwischen Israel und den Arabern ist ein außergewöhnlich komplexes historisches Phänomen: Er hat seine tiefsten Wurzeln in der Antike ebenso wie im europäischen Antisemitismus. Er gehört zur jüdischen ebenso wie zur arabischen Geschichte. Bei seiner Entstehung hat der europäische Imperialismus ebenso eine Rolle gespielt wie der arabische Nationalismus und der jüdische Zionismus. Verschärft wurde der Konflikt, der ursprünglich ein reiner Interessengegensatz war, eine Auseinandersetzung um sich gegenseitig ausschließende Ansprüche, durch Ideologisierung und Radikalisierung auf beiden Seiten. Zugleich ist der Nahostkonflikt ein Musterbeispiel für die „historische Globalisierung".

Es kann uns nicht mehr gleichgültig sein, was in Weltregionen, die auf den ersten Blick weit entfernt scheinen, geschieht. Wir sind – das hat vor allem und zu allererst der Nahostkonflikt gezeigt – darauf angewiesen, weltweite historische Zusammenhänge zu verstehen. Gleichzeitig ist der Nahostkonflikt Beweis dafür, dass aktuelle Probleme nur verstanden werden können, wenn wir ihre geschichtliche Dimension erfassen. Aus der Gegenwart heraus allein bleiben die Gründe für den Nahostkonflikt sowie die Motive der Akteure unverständlich – und nur aus seiner Geschichte können wir verstehen, was wir mit diesem Konflikt zu tun haben. Auch im 21. Jahrhundert bleibt der Nahostkonflikt einer der Krisenherde, die auf der weltpolitischen Agenda (Tagesordnung) ganz oben stehen; dies hat nicht zuletzt die Prioritätensetzung des im Jahre 2008 gewählten amerikanischen Präsidenten Barack Obama gezeigt.

Wie mehrere seiner Vorgänger hat auch er verstanden, dass ein Frieden im Nahen Osten ein vorrangiges Ziel für die führende Weltmacht bleiben muss. Auch die EU hat ein vitales Interesse an einer Stabilisierung des Nahen Ostens, zu der sie Beiträge leistet.

Der Nahe Osten: Historische Wurzeln eines weltpolitischen Konflikts

1. Juden und Römer, Araber und Kreuzfahrer

Widerstreit zwischen römischen Herrschaftsinteressen und jüdischem Selbstständigkeitsstreben im antiken Palästina

Als die Juden im 13. Jahrhundert vor Christus sich in der Gegend zwischen dem Fluss Jordan und dem Mittelmeer niederließen, kamen sie als Eroberer in ein schon seit der Steinzeit besiedeltes Land. Die Landnahme war nicht zentral geplant, und die Entstehung eines jüdischen Staates aus einem losen Stammesverband war ein langwieriger, schwieriger Prozess, der gegen den Widerstand der bereits dort lebenden Bevölkerung stattfand. Widersprüchliche, unvollständige und verwirrende Informationen, auch möglicherweise „erfundene Traditionen" erlauben es uns nicht, uns ein stimmiges, eindeutiges Bild von diesen Vorgängen zu machen oder genaue Vorstellungen von der Ausdehnung des jüdischen Herrschafts- oder Siedlungsraumes zu bekommen. Bis heute herrscht hierüber Streit, der keinesfalls rein akademisch ist, sondern um gegensätzliche politisch-ideologische Standpunkte und Ansprüche geführt wird.

Soviel lässt sich sagen: Nach dem Jahr 1000 v. Chr. bildeten sich zwei rivalisierende jüdische Staaten heraus – Juda und Israel –, die im 8. vorchristlichen Jahrhundert ins assyrische Herrschaftssystem eingegliedert wurden. Kurz nach 600 v. Chr. geriet ein großer Teil der jüdischen Bevölkerung in die sogenannte „babylonische Gefangenschaft": Sie wurden ins babylonische Kernland nach Mesopotamien, den heutigen Irak, deportiert und die gesamte Region wurde Teil des babylonischen Reichs. Später wurde den Juden die Rückkehr und der Neubau ihres zerstörten Tempels in Jerusalem erlaubt. Viele Juden blieben jedoch in Babylonien. Nur noch in einem Teil des ehemaligen Königreichs Juda bildeten Juden jetzt die Bevölkerungsmehrheit.

Im 1. Jahrhundert v. Chr. etablierte Rom seine Herrschaft in der Region. Dieser Prozess gestaltete sich langwierig und konfliktreich, da gleichzeitig in einem erbitterten Bürgerkrieg zunächst Pompeius und Caesar sowie danach Marcus Antonius und Octavianus, der spätere Augustus, um die Macht im Römischen Reich kämpften. Hinzu kam, dass in der Gegend um Jerusalem zur Zeit der römischen Herrschaft das Christentum entstand, das die Schauplätze seines Ursprungs als heilige Stätten verehrt. Palästina war mithin eine sehr unruhige Region im römischen Imperium. Die Juden genossen unter römischer Herrschaft zunächst weitgehende Autonomie, was sich jedoch bald ändern sollte.

Gegen Rom und seine zunehmende Einmischung gab es dann immer wieder Aufstände, die gewaltsam niedergeschlagen wurden. Der Widerstand richtete sich dabei gegen die römische Fremdherrschaft als solche sowie gegen die Versuche, die jüdische Religionsausübung zu unterdrücken und den römischen Kaiserkult zu etablieren. Ein Beispiel war der sogenannte jüdische Zeloten-Aufstand 66–70 n. Chr., der zu einem regelrechten Krieg führte und schließlich nach langen, verlustreichen Kämpfen mit der Zerstörung Jerusalems und des Tempels durch Titus endete. Ein Triumphbogen, der so genannte Titusbogen auf dem Forum Romanum, erinnerte in Rom an den Sieg über die Juden. Die Überreste des Tempels in Jerusalem bestehen bis heute als „Klagemauer", ein Zentrum jüdischer Identität, an dem

Die Juden erobern Palästina

M 2

M 3 **Menora,** der siebenarmige Leuchter vor dem Parlamentsgebäude in Jerusalem. Auch im Tempelschatz, der im Jahre 70 n. Chr. nach Rom transportiert wurde, befand sich eine Menora, aktuelles Foto.

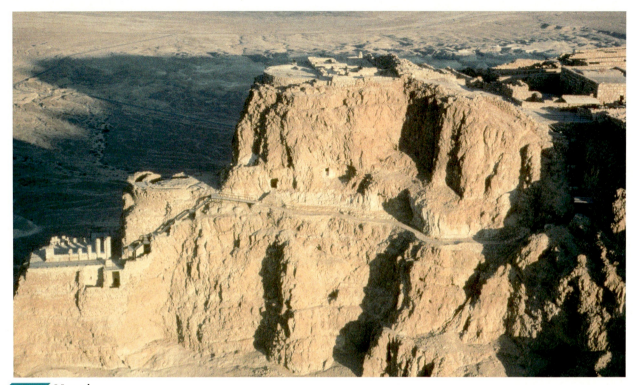

M 4 Masada
Heute gehört die Bergfestung zum Weltkulturerbe der Unesco, aktuelles Foto.

M 5 Eine Koranseite
16. Jahrhundert

bis heute der Zerstörung gedacht wird. Das Jahr 70 n. Chr. bedeutet mithin das Ende des jüdischen Staates. Das letzte Häuflein jüdischer Rebellen beging schließlich in der Festung Masada im Jahre 73 kollektiven Selbstmord – dieses Ereignis ist bis heute für das jüdische Selbstverständnis von zentraler Bedeutung. Noch schwerwiegendere Folgen hatte der Aufstand des Bar Kochba 132–135 n. Chr., den seine Anhänger zum Messias hochstilisierten. Der Aufstand brach aus, als die Römer den jüdischen Tempelbezirk Jerusalems in eine römische Kultstätte umwandeln wollten. Er wurde niedergeschlagen, Jerusalem wurde zur römischen Kolonie Aelia Capitolina, römische Tempel und Statuen wurden errichtet und Juden wurde der Zugang nach Jerusalem verwehrt. Die Juden zerstreuten sich daraufhin und verloren die Bevölkerungsmehrheit in Palästina. Um 300 n. Chr. machten sie in „Syria Palaestina" nur noch ein Viertel der Bevölkerung aus: Bereits im 5. Jahrhundert war die Mehrheit der Einwohner Jerusalems christlich. Die Juden hatten keinen jüdischen Staat und lebten nun in der Diaspora, das heißt weit verstreut als religiöse Minderheiten.

Religiöse und kulturelle Konfliktpotenziale zwischen Christen und Muslimen in der Zeit der Kreuzzüge

Palästina wechselte noch mehrmals die Herrschaft, geriet in persische Hand und wurde wieder byzantinische (oströmische) Provinz, bevor es 636 bis 638 schließlich von den muslimischen Arabern erobert wurde. Auch im Islam spielt Jerusalem eine wichtige sakrale Rolle. Obwohl die jüdisch-muslimischen Beziehungen auf der arabischen Halbinsel zu Zeiten des Propheten des Islam, Muhammad, nicht gut gewesen waren, wurden die arabischen Muslime von jüdischer Seite eher positiv empfangen. Erklärt werden kann dies damit, dass die Zeit der byzantinischen Herrschaft über Palästina mit zahlreichen Schikanen und Repressalien gegenüber den dort lebenden Juden verbunden gewesen war. Zudem gingen die Ausbreitung des Islam und die Entstehung eines arabischen Weltreiches so atemberaubend schnell, dass für die arabischen Muslime gar keine Zeit blieb, tief greifend die Verhältnisse der unterworfenen (nicht zwangsbekehrten) Völker und Religionsgemeinschaften zu verändern.

Der Islam betrachtete außerdem Anhänger der von ihm als verwandt anerkannten „Schwesterreligionen" Judentum und Christentum als „Leute des Buches", da sie über eine dem Koran ähnliche Offenbarungsschrift verfügten, und erlaubte ihnen, als Juden und Christen weiterhin im Machtbereich des Islam zu leben und ihre Religion auszuüben – wenn auch nicht als den Muslimen gleichberechtigt und zahlreichen Einschränkungen unterworfen.

Palästina – „Filastin", wie es im Arabischen heißt – wurde im Lauf der Jahrhunderte muslimischer Herrschaft weitgehend arabisiert und islamisiert (wie fast alle Regionen Vorderasiens und Nordafrikas), wenn auch nur in seltenen Ausnahmefällen zwangsweise. Doch gab es weiterhin eine jüdische und ebenso eine christliche Minderheit in Palästina; Jerusalem erlebte sogar eine Art Renaissance als Zentrum des Judentums in frühislamischer Zeit, und selbst aus Europa wurden Tote gebracht, um in Jerusalem oder an anderen Orten (z. B. Hebron) beigesetzt zu werden. Mit der Zeit verlor das Judentum an seinen historischen Stätten an Bedeutung, doch weltweit pflegten Juden eine Bindung an „Eretz Israel", das Land Israel, der biblischen Bezeichnung für den Staat der Juden; dies sollte im 20. Jahrhundert unmittelbare politische Relevanz bekommen.

Der Islam und Europa

Im ständigen Konflikt mit der seit dem 7. Jahrhundert entstehenden und sich dynamisch ausbreitenden islamischen Welt entstand das christliche Europa nördlich des Mittelmeers. Als östlicher Vorposten gegen die islamische Welt, die sich bald von der chinesischen Grenze bis an die Pyrenäen, von der Sahara bis Sizilien erstreckte, fungierte das Byzantinische Reich. Auch für das christliche Europa waren die Stätten in und um Jerusalem, an denen das Christentum seinen Ursprung hatte, „heilig". Vor diesem Hintergrund traf ein byzantinischer Hilferuf im christlichen Abendland auf fruchtbaren Boden. Papst Urban II. rief 1095 zu einer „bewaffneten Wallfahrt" nach Jerusalem auf. Für ein solches Unternehmen war die Stimmung schon reif, seit vor Jahrzehnten der Kalif al-Hakim die Grabeskirche zerstört und verschiedene antichristliche Maßnahmen ergriffen hatte. Zahlreiche Gründe – darunter Hoffnung auf materielle Vorteile und Beute, Ruhm und Ehre, Perspektivlosigkeit im damaligen Europa, aber auch echte Religiosität sowie religiöser Fanatismus, nicht zuletzt machtpolitische Motive – trugen zur Entstehung der Kreuzzugsbewegung bei, die 1096 zum 1. Kreuzzug und zur Eroberung Jerusalems mit einem schrecklichen Massaker unter der Bevölkerung führte. Die Juden zum Beispiel wurden in der Hauptsynagoge der Stadt zusammengetrieben und verbrannt. Für die Muslime hat dieses Massaker bis heute das Bild vom Christentum negativ geprägt. Vier Kreuzfahrerstaaten entstanden in der Levante, doch blieben die Kreuzzüge Episode: 1291, also nach

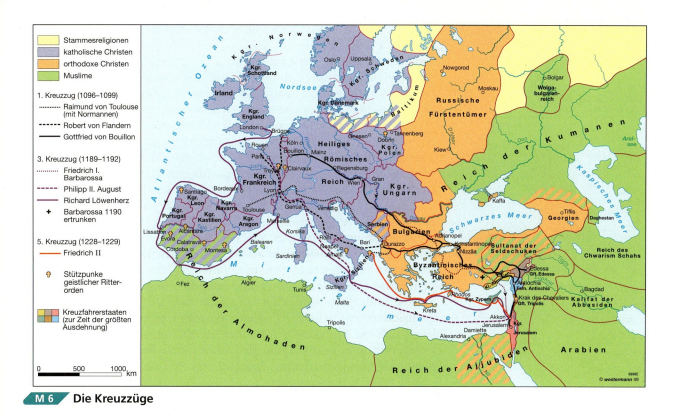

M 6 Die Kreuzzüge

knapp zwei Jahrhunderten, war die gesamte Welt der Kreuzfahrer aus Palästina wieder verschwunden. Bis ins 20. Jahrhundert blieben Jerusalem und die „Heiligen Stätten" der drei monotheistischen Weltreligionen unter muslimischer Kontrolle.

2. Ein „Judenstaat" auf historischem Boden

Der Zionismus

Assimilation

Anpassung der eigenen Lebensweise an die herrschende Kultur

Dreyfus-Affäre

Skandal in Frankreich, bei dem ein jüdischer Offizier erst nach öffentlichen Protesten von Vorwürfen entlastet wurde.

1896 erschien ein Buch, das Weltgeschichte machten: „Der Judenstaat" von Theodor Herzl, einem assimilierten österreichisch-ungarischen Juden, der das Projekt eines jüdischen Nationalstaates entwarf. Im Jahr darauf trat auf Herzls Initiative in Basel der erste Zionistenkongress zusammen, der ein Grundsatzprogramm verabschiedete, welches zur Basis des politischen Zionismus wurde. Vor dem Hintergrund der Dreyfus-Affäre in Paris und schwerer Pogrome in Osteuropa im Verlauf des 19. Jahrhunderts war Herzl – aufbauend auf Palästina-Visionen, welche deutsche und osteuropäische Autoren in der zweiten Hälfte des 19. Jahrhunderts formuliert hatten und anknüpfend an eine Sehnsucht nach Zion (= Jerusalem), die die Juden im Laufe von fast zwei Jahrtausenden nie ganz aufgegeben hatten – zur Überzeugung gelangt, dass nur durch die Gründung eines jüdischen Staates die „Lösung der Judenfrage" möglich sei. Zwar hatte es seit dem Ende des 19. Jahrhunderts eine starke jüdische Emigrationsbewegung aus Osteuropa gegeben, allein zwischen 1882 und 1914 verließen 2,6 Millionen Juden Russland, dazu kamen weitere Auswanderer aus Osteuropa. Doch zog es die Mehrheit dieser Auswanderer nach Westeuropa, in die USA oder allenfalls nach Südafrika. Sie wurden von dem Streben

Der Nahe Osten: Historische Wurzeln eines weltpolitischen Konflikts

M 7 Theodor Herzl
(1860–1904), Schriftsteller und zionistischer Politiker, Fotografie, um 1900

Jüdische Einwanderung nach Palästina – Britische Versprechungen

M 8 Jüdische Siedler in Palästina
Fotografie, um 1925

Araber in Palästina

getrieben, ein besseres Leben in Sicherheit und Toleranz führen zu können; eine ideologische Neigung, in „Zion" an biblische Traditionen anzuknüpfen, verspürten nur wenige. So kamen von 1882 bis 1903 lediglich um die 30 000 jüdische Einwanderer nach Palästina, das damals eine abgelegene Proviz des Osmanischen Reiches war. Obwohl diese jüdischen Immigranten nach Palästina ihrem Wesen nach wenig zu tun hatten mit den späteren Migrationsströmen, werden sie als erste „Alijah" oder Einwanderungswelle von insgesamt sechs gezählt. Waren dies noch überwiegend Juden stark religiöser Prägung, so setzen sich die späteren Wellen zunehmend aus „politischen" Zionisten und aus Juden, die angesichts der nationalsozialistischen Judenvernichtung ihr Leben retten wollten, zusammen. Seit dem 19. Jahrhundert hatte es Ansätze zur Emanzipation des europäischen Judentums gegeben, das sich mehr und mehr in die Gesellschaften der jeweiligen Länder integrierte, nachdem sich die Rechtsstellung der Juden wesentlich verbessert hatte und sie – vor allem im westlichen Europa – weniger Repressionen und Diskriminierung erdulden mussten. In diesen Ländern schienen der Mehrheit der Juden Assimilierung, Angleichung an das nicht-jüdische Umfeld, Abbau von Unterschieden zwischen Juden und Nichtjuden die eigentlichen Ziele zu sein, nicht etwa die – um 1900 utopisch anmutende – Konstituierung einer „jüdischen Nation" in einem „jüdischen Staat". Denn ein jüdisches Volk im nationalen Sinn gab es eigentlich nicht. Wenig verband einen russischen mit einem deutschen, französischen oder gar marokkanischen Juden. Es gab nicht einmal eine gemeinsame Sprache; eine Aktivierung und Wiederbelebung des Hebräischen, wie sie später in Israel tatsächlich gelang, hielt selbst Herzl um 1900 für eine Illusion.

Gedanken über einen Judenstaat kreisten zwar naheliegenderweise um das historische Land der jüdischen Geschichte, in das vor allem die „religiösen" Zionisten ausschließlich strebten, aber auch um andere Länder, wie Argentinien, Uganda oder Madagaskar, wo man sich eine jüdische (säkulare) Staatsbildung vorstellen konnte. Letztendlich fokussierten sich alle Bemühungen aber doch auf Palästina. Um hier eine Art Autonomiegebiet für die Juden sichern zu können, musste die Unterstützung einer der damaligen Großmächte gesichert werden. Dies gelang zunächst nicht – Vorstöße beim osmanischen Sultan oder beim deutschen Kaiser blieben erfolglos. Doch im Kontext des Ersten Weltkrieges war es dann der britische Außenminister Balfour, der den Juden schriftlich eine Heimstätte zusicherte (1917). Die sogenannte Balfour-Declaration konnte als widersprüchlich zu den Zusagen empfunden werden, die man auf britischer Seite gegenüber den Arabern gemacht hatte, um ihre Unterstützung im Krieg gegen das Osmanische Reich zu sichern. Ebenso widersprachen beide Verpflichtungen dem Geist des Sykes-Picot-Abkommens, das den Nahen Osten in eine britische und eine französische Einfluss-Sphäre aufteilte. Zumindest aber schufen diese Absprachen Misstrauen, Unsicherheit und Konfliktstoff in einer ohnehin destabilisierten Region. Die Zionisten verfolgten zielstrebig und konsequent ihre Pläne weiter, die Auswanderung von Juden nach Palästina wurde nachdrücklich gefördert und es begann eine jüdische Infrastruktur zu entstehen.

Nachdem die Anwesenheit der Araber als mögliches Problem nur langsam ins Bewusstsein der Zionisten und der Briten rückte, waren

M 9 Bevölkerung in Palästina bis zum Ersten Weltkrieg
1880: 240 000 (davon ca. 13 000 Juden)
1914: 720 000 (davon etwa 39 000 Juden und 600 000 Muslime)

Konflikte mit der arabischen Bevölkerung vorhersehbar. Herzl selbst hatte sich Interessengegensätze zwischen Juden und Arabern kaum vorstellen können, hatte doch die jüdische Einwanderung in Palästina für die dort lebenden nichtjüdischen Gruppen in seiner Vorstellung nur Vorteile: steigende Grundstückspreise, eine Belebung des wirtschaftlichen Lebens und starkes Entwicklunspotenzial. Die überwiegend sozialistischen Zionisten hielten arabisch-jüdische Gegensätze allenfalls in einem Klassenkampf-Kontext für möglich: Die arabische Elite könnte der Entstehung einer sozialistischen Gesellschaft natürlich wenig abgewinnen; der einfache Araber jedoch würde von ihr nur profitieren. Vielfach ging man auch nicht davon aus, dass die Araber in Palästina eine eigene Identität hatten und Ansprüche auf einen unabhängigen Staat erheben würden. Man nahm vielmehr an, dass die Einwohner Palästinas zu einer umfassenden, großen „arabischen Nation" gehörten, für welche der geplante jüdische Staat an ihrem geografischen Rand verschmerzbar sein würde – zumal man die Vorstellung eines weitgehend menschenleeren Landes Palästina pflegte, das erst durch „hebräische Arbeit" in Wert gesetzt und erschlossen werden musste. Eine Auseinandersetzung mit den Rechten der arabischen Bevölkerung fand vor diesem Hintergrund im Zionismus nicht statt – ein Sachverhalt, der sich bis heute auswirkt. Schon früh entwickelte der Zionismus „staatliche" Züge wie eine eigene Hymne und paramilitärische oder zumindest polizeiähnliche Milizen sowie Institutionen – etwa der jüdische Nationalfonds (1901) – durch die eine Staatsgründung später erleichtert wurde.

3. Auf dem Weg zum Staat Israel

Interessengegensätze

Der Zionismus war die ideologische Grundlage für die Entstehung eines jüdischen Staates in Palästina. Das Programm des zionistischen Kongresses in Basel 1897 formulierte noch: „Der Zionismus erstrebt für das jüdische Volk die Schaffung einer rechtlich gesicherten Heimstätte in Palästina." Und der britische Außenminister Balfour schrieb genau 20 Jahre später an Lord Rothschild, die britische Regierung betrachte die Schaffung einer nationalen Heimstätte in Palästina für das jüdische Volk mit Wohlwollen und werde die Erreichung dieses Zieles unterstützen; allerdings dürften die Rechte anderer Bewohner Palästinas nicht beeinträchtigt werden. Ausdrücklich von einem „jüdischen Staat" war weder beim Zionistenkongress noch im Brief Balfours die Rede. Dass hier aber zwei nationale Ansprüche aufeinanderprallten, die nur schwer vereinbar waren, wurde spätestens in der Zeit zwischen den beiden Weltkriegen immer deutlicher. David Ben Gurion, später israelischer Premierminister, brachte dies 1936 auf die Formel: „Wir und sie (die arabischen Palästinenser) wollen dasselbe: Wir wollen beide Palästina. Und das ist der grundsätzliche Konflikt."

Palästinensischer und arabischer Nationalismus

Mit zunehmender jüdischer Einwanderung intensivierten sich Gegensätze zwischen Juden und Arabern, schärfte sich das politische Bewusstsein der Palästinenser, entstand eine Art Nationalgefühl palästinensischer Prägung. Nicht ganz unbeteiligt daran war die Nahostpolitik der Großmächte. Die Briten hatten den Arabern für ihre Unterstützung der Alliierten im Ersten Weltkrieg ein unabhängiges arabisches Reich in Aussicht gestellt. Die Regelung, die dann im Zuge

Der Nahe Osten: Historische Wurzeln eines weltpolitischen Konflikts

der Auflösung des Osmanischen Reiches getroffen wurde, als man die arabischen Regionen Vorderasiens aufteilte und als Völkerbundsmandate England und Frankreich unterstellte, erfüllte in arabischen Augen dieses Versprechen nur unzureichend. Zwar hatten Mitglieder der Familie der Haschemiten, die lange Zeit Schirmherren der Heiligen Stätten des Islam in Mekka und Medina gewesen waren, das Zweistromland („Mesopotamien", den heutigen Irak) und ein künstlich am Ostufer des Jordan geschaffenes Emirat „Transjordanien" als Herrschaftsgebiete erhalten, andere arabische Regionen – Syrien etwa oder der Libanon und eben auch „Palästina" – blieben unter der mehr oder weniger direkten Kontrolle der Mandatsmächte. Ein „arabisches Reich" – der Traum vieler Araber und auch ihr konkretes politisches Ziel – war aus der Auflösung des Osmanischen Reiches nicht entstanden. In Palästina war demnach ein allgemeiner arabischer Nationalstaat keine realistische Option. Angesichts der Entstehung arabischer Regionalstaaten wurden auch die Araber in Palästina auf ihre engere Heimat als Bezugsrahmen für die eigene Identität und für ihren Nationalismus zurückgeworfen. Dieser arabische Palästina-Patriotismus erhielt seine besonders scharfe Ausprägung dadurch, dass gerade auf dieses Palästina energische jüdische Ansprüche erhoben wurden und dass gerade die Heimat der arabischen Palästinenser in unmittelbarer Gefahr war, Staatsgebiet eines anderen Volkes zu werden.

Der Nationalsozialismus und Palästina – Bürgerkrieg im Heiligen Land

Die jüdische Einwanderung nach Palästina nahm indes – parallel zum Aufstieg des Nationalsozialismus in Europa – Ausmaße an, die vorher nicht absehbar gewesen waren. Die Gesamtbevölkerung Palästinas entwickelte sich von 816 000 Menschen im Jahr 1922 auf 1,94 Mio. Einwohner im Jahr 1946. Eine Zählung 1922 ergab dabei knapp 84 000 Juden, 1946 lag ihre Zahl bei 600 000 – eine Zahl, die sicherlich höher gewesen wäre, hätte Großbritannien als Mandatsmacht nicht durch eine restriktive Einwanderungspolitik den Zustrom von weiteren jüdischen Flüchtlingen verhindert. Vor diesem demografischen Hintergrund sind

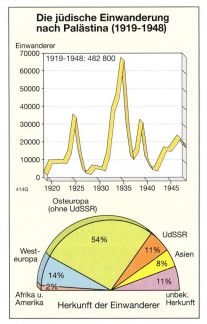

M 10

M 11 „Palästina 1935"
Veranstaltungsplakat der Zionistischen Ortsgruppe München, Juli 1935

M 12 **Führer des arabischen Aufstandes gegen die Briten und die Juden,** Fotografie, 1938

Mufti

islamischer Rechtsgelehrter

M 13 „Palästina"
Karikatur von Fritz Behrendt

Gründung Israels

die Ausbrüche von Gewalt zwischen Juden und Arabern und gegen die britische Mandatsmacht zu sehen, die im arabischen Aufstand einen Höhepunkt erreichten, der in der zweiten Hälfte der 1930er-Jahre stattfand. Britischen Versuchen, Kompromisse zu erreichen und Lösungspläne zu entwickeln, wie etwa der Teilungsplan der Peel-Kommission 1937, blieb der Erfolg versagt. Die Radikalisierung auf beiden Seiten führte bei Arabern und Juden zur Entstehung von Terrorgruppen, veranlasste die Briten zu einschneidenden Maßnahmen (Reduzierung der jüdischen Einwanderung während des arabischen Aufstands) und zu vermehrter Gewalt. Im Zeitraum des arabischen Aufstandes hatte sich die räumliche, politische und wirtschaftliche Trennung von Arabern und Juden weiter verschärft, eine bereits bestehende eigene jüdische Infrastruktur hatte sich noch stärker verselbstständigt.

Das Ende des arabischen Aufstands fiel in das Jahr des Ausbruchs des Zweiten Weltkriegs (1939). Von jüdischer Seite wurden die Alliierten in diesem Krieg mit allen Mitteln unterstützt, doch andererseits wuchs im Verlauf des Krieges und insbesondere vor dem Hintergrund des Völkermords der Nationalsozialisten an den europäischen Juden der entschlossene jüdische Widerstand gegen Einwanderungs-, Ansiedlungs- und Landkauf-Verbote der britischen Mandatsmacht in Palästina. Den Briten musste daran gelegen sein, nicht die Gesamtheit der Araber zu verprellen und sie ins Lager der Achsenmächte zu treiben.

Für die Juden schien Palästina zusehends zum einzigen sicheren Hafen zu werden, in dem sie nicht von Verfolgung und Vernichtung bedroht waren. Dies führte dazu, dass die Juden sich nicht mehr mit einer Art Heimstatt begnügen wollten – jetzt war das erklärte Ziel ein jüdischer Staat. Dies wurde im Biltmore-Programm, das 1942 in New York beschlossen und veröffentlicht wurde, ausdrücklich gefordert und festgeschrieben. In Anknüpfung an die Balfour-Declaration und unter positiver Bewertung der Entwicklung der arabischen Staaten sprachen sich die Zionisten dafür aus, „dass Palästina als ein jüdischer Staat errichtet wird, der in das Gebäude der neuen demokratischen Welt integriert ist". In den USA fand dies starke Unterstützung.

Auf arabischer Seite war es der Großmufti von Jerusalem, der in einer Allianz mit dem nationalsozialistischen Deutschland die Interessen der Araber Palästinas besonders gut vertreten zu können glaubte. Das NS-Regime instrumentalisierte ihn geschickt, und der Mufti geriet in den Sog der Nazi-Ideologie. Die Bewertung seiner Rolle ist allerdings umstritten: Während die einen ihn eher als Mitläufer betrachten, betonen andere seine aktiven Versuche, den arabischen Nationalismus und den Nationalsozialismus in Berührung zu bringen sowie seine Haltung zur Ermordung der Juden.

Anlässlich der Gründung der Arabischen Liga 1945 drückten die Araber jedoch ihr Mitgefühl aus für das, was dem jüdischen Volk von europäischen Diktaturen angetan worden war – betonten aber gleichzeitig, dass eine Wiedergutmachung nicht auf Kosten der Araber erfolgen dürfe.

Nach dem Ende des Zweiten Weltkriegs gingen die jüdischen Bemühungen um einen jüdischen Staat in Palästina mit besonderer Intensität weiter. Angesichts des zunehmenden jüdischen Terrors und einer schweren Wirtschaftskrise war Großbritannien daran gelegen, sich des Landes und des Problems „Palästina" möglichst schnell zu ent-

Der Nahe Osten: Historische Wurzeln eines weltpolitischen Konflikts

M 14 Der Staat Israel 1949

ledigen. 1947 übergab das Empire den neu gegründeten Vereinten Nationen als Nachfolgeorganisation des Völkerbundes die Palästinafrage zur Lösung. Die UNO erarbeiteten Pläne für die Unabhängigkeit, zunächst im Rahmen eines binationalen Staates, dann – als dies auf den Widerstand beider Seiten stieß – für einen arabischen und einen jüdischen Staat mit einem internationalisierten Gebiet Jerusalem. Die Vollversammlung der Vereinten Nationen beschloss dies mit der erforderlichen Zwei-Drittel-Mehrheit am 29. November 1947 in ihrer Resolution 181. Von arabischer Seite wurde der Teilungsplan abgelehnt – den Vereinten Nationen stehe es nicht zu, gegen den Willen der in Palästina lebenden arabischen Mehrheit über das Schicksal des Landes zu entscheiden. Die Juden dagegen akzeptierten den Teilungsplan, bedeutete er doch für sie die Aussicht auf einen international legitimierten Staat, der von vielen Mitgliedern der internationalen Gemeinschaft anerkannt werden würde. Nach den Plänen der Vereinten Nationen sollte der jüdische Staat gut 56 % der Fläche Palästinas umfassen und über eine Million Einwohner haben (deren Mehrheit allerdings Araber gewesen wären); der arabische Staat hätte knapp 43 % des Territoriums Palästinas umfasst und 760 000 Einwohner gehabt. Beide Seiten waren bereit, ihre jeweiligen Ziele auch mit gewaltsamen Mitteln weiter zu verfolgen. Auch wenn von jüdischer Seite der Teilungsplan der UNO im Prinzip akzeptiert worden war, so gab es doch hinsichtlich der Fläche eines künftigen jüdischen Staates ganz eigene Vorstellungen.

Doch es kam zu weiteren arabisch-jüdischen Zusammenstößen. Die Gründung eines jüdischen Staates stand unmittelbar bevor, die entsprechenden Institutionen auf jüdischer Seite waren im Rahmen der Jewish Agency bereits geschaffen worden, im Frühjahr 1948 gab es schon eine Art provisorisches jüdisches Parlament und eine vorläufige Regierung. Die Zionisten waren nicht mehr bereit, das weitere UN-Verfahren abzuwarten, sondern fest entschlossen, Fakten zu schaffen. Im Mai 1948 verließen die letzten britischen Truppen und der britische Hochkommissar das Land. Nur Stunden später erfolgte am 14. Mai 1948 die Gründung des Staates Israel. Dem waren bereits Massaker an der arabischen Zivilbevölkerung vorausgegangen – das bekannteste in Deir Yasin, wo über 250 Menschen, darunter viele Kinder, ermordet wurden. Es kam zu arabischen Gegenreaktionen, wie zu dem Überfall auf einen jüdischen Rot-Kreuz-Konvoi, bei dem fast 80 Zivilisten umkamen. Weitere Terrorakte folgten. Ben Gurion entschuldigte sich beim jordanischen König Abdallah für die Massaker an Arabern, aber die Zionisten hatten mit den gezielten Aktionen bereits eine arabische Flüchtlingswelle ausgelöst: Aus jüdisch kontrollierten Gebieten flohen bis Ende 1948 etwa 700 000 Araber – so waren auch demografisch günstige Voraussetzungen dafür geschaffen, dass Israel ein jüdischer Staat werden würde. Dabei verwirklichten die Zionisten territoriale Kriegsziele, die weit über den Teilungsplan der Vereinten Nationen hinausgingen, und sie erweiterten ihr bisheriges Territorium erheblich.

Dass aufgrund der Ermordung von sechs Millionen europäischer Juden durch die Nationalsozialististen die Gründung eines jüdischen Staates sinnvoll und notwendig war, fand in der internationalen Gemeinschaft überwiegend Zustimmung.

M 15 **Staatsgründung in Tel Aviv**
Der spätere israelische Ministerpräsident David Ben Gurion verliest vor Vertretern aller Parteien am 14. Mai 1948 die Unabhängigkeitserklärung Israels, die am folgenden Tag in Kraft trat.

4. Nahostkriege 1948–2008

Die Geschichte Israels ist eine Geschichte von Kriegen. Allein vier konventionelle Kriege im klassischen Sinn zwischen Israel und seinen Nachbarstaaten hat es seit dem Tag der Staatsgründung gegeben – weitere Operationen, die den Charakter eines regelrechten Krieges hatten, kommen dazu.

Unabhängigkeitskrieg

Die Feuertaufe für den neuen jüdischen Staat kam unmittelbar nachdem seine Gründung erklärt worden war: In der Nacht vom 14. zum 15. Mai begannen Ägypten, Syrien, (Trans-)Jordanien und Libanon einen Angriff auf Israel, unterstützt von symbolischen Kontingenten aus dem Irak sowie Saudi-Arabien und dem Jemen. Der Mythos entstand – vielleicht durch den irreführenden Blick auf die Landkarte bedingt – ein israelischer „David" sei gegen einen arabischen „Goliath" angetreten. Die arabischen Staaten boten jedoch insgesamt weniger Soldaten als der neu gegründete jüdische Staat auf; eine hoch motivierte, straff organisierte, gut ausgerüstete und ausgebildete israelische Armee stand unkoordinierten, schlecht ausgebildeten und unzureichend ausgerüsteten Einzelkontingenten arabischer Staaten gegenüber. Keines der arabischen Nachbarländer war mit seiner gesamten Armee im Einsatz. Dem lag die völlig unrealistische Einschätzung der Lage durch die Politiker der arabischen Seite zugrunde. Diese glaubten, teilweise im Gegensatz zu ihren eigenen Militärführern, die militärischen Einheiten des eben erst entstandenen Staates seien keine ernstzunehmenden Gegner. Der Krieg – unterbrochen durch Waffenstillstände und begleitet von Friedensbemühungen der UN – endete mit einem israelischen Sieg: Der neu gegründete Staat Israel war konsolidiert und hatte seine Überlebensfähigkeit unter Beweis gestellt. Zur Gründung eines palästinensischen Staates, wie im UN-Teilungsplan vorgesehen, kam es nicht. Zum einen kontrollierte Israel als Ergebnis des Krieges über drei Viertel des Gesamtterritoriums Palästinas, zum anderen hatten arabische Nachbarstaaten sich das verbleibende Territorium, in welchem ein palästinensischer Staat hätte gebildet werden können, angeeignet: Der Gazastreifen wurde ägyptisch besetzt, Jerusalem und Regionen westlich des Jordan („Westbank") wurden Jordanien zugeschlagen. Zwischen Israel und seinen arabischen Nachbarn kam es bis Juli 1949 zu Waffenstillstandsvereinbarungen, keineswegs zu Friedensschlüssen. Israel hatte eine Ausdehnung erreicht, die bis Juni 1967 unverändert bleiben sollte. Alle Voraussetzungen für einen langen, komplizierten Konflikt waren gegeben. Die USA und die UdSSR erkannten den jüdischen Staat sofort an, der Ostblock hatte durch Waffenlieferungen dessen Überleben gesichert.

M 16 Flagge des Staates Israel

M 17 Kampf in Jaffa 1948
Palästinenser kämpfen gegen jüdische Streitkräfte kurz nach der Staatsgründung, Fotografie, 1948

Im Spannungsfeld des Kalten Krieges

Der israelisch-arabische Konflikt, von der Weltöffentlichkeit nach wie vor als ein Gegensatz zwischen Israel und seinen arabischen Nachbarn wahrgenommen, geriet in den folgenden Jahren in das Koordinatensystem des Ost-West-Konflikts. Die Sowjetunion, die zunächst aufgrund der sozialistischen Neigung unter den Zionisten darauf gesetzt hatte, Israel werde zu einem Vorposten ihres Machtbereichs in Nahost werden, woraufhin im Unabhängigkeitskrieg Waffen aus dem Ostblock an Israel geliefert worden waren, sah sich bald in diesen Hoffnungen getäuscht und begann folglich, ihren Einfluss auf die arabische Seite auszubauen. Israel sah seine Interessen hingegen

Der Nahe Osten: Historische Wurzeln eines weltpolitischen Konflikts

Suezkrieg

M 18 **Gamal Abdel Nasser (1918–1970),** Fotografie, Februar 1954

Der Sechs-Tage-Krieg 1967

M 19 **Israelische Soldaten an der Klagemauer**
Nach der Eroberung Ost-Jerusalems im Sechs-Tage-Krieg, 1967

besser gewahrt in einer Allianz mit dem Westen. Aus dieser Konstellation ergab sich 1956 eine Zuspitzung vorhandener Spannungen.

Ägypten hatte sich mehr und mehr aus der Abhängigkeit von Großbritannien gelöst und 1954 mit den Briten den Suez-Vertrag geschlossen, in dem britische und ägyptische Rechte in der Kanalzone abgesteckt wurden. Präsident Nasser strebte eine führende Rolle unter den blockfreien Staaten an. Gegen Israel hatte Ägypten – vor dem Hintergrund häufiger Grenzzwischenfälle – zunehmend Verbalattacken geführt, aber auch konkrete Maßnahmen ergriffen: Seit 1950 war der Suezkanal für Israel gesperrt, seit 1955 auch der Golf von Akaba und damit Israels Zugang zum Roten Meer und zum Indischen Ozean.

Als Nasser am 26. Juli 1956 in einer aufsehenerregenden Rede die Verstaatlichung des Suezkanals verkündete und die volle ägyptische Souveränität beanspruchte, sahen Großbritannien, Frankreich und Israel dies als Anlass, gegen den zunehmend anti-imperialistisch auftretenden ägyptischen Präsidenten vorzugehen. Zunächst griffen israelische, dann auch französische und britische Truppen Ägypten an. Israel okkupierte den Gazastreifen und die Sinaihalbinsel und stieß bis zum Ostufer des Suezkanals vor. Frankreich und Großbritannien führten Luftlandeunternehmen in der Nähe des Suezkanals durch und bombardierten ägyptische Städte. Die Sowjetunion drohte öffentlich mit militärischer Intervention. Die USA, angesichts der Gefahr, im Nahen Osten an Einfluss zu verlieren, und verärgert über den Alleingang Israels, Frankreichs und Englands, übten Druck aus auf die drei Angreifer, sodass diese ihre Truppen zurückziehen mussten. Aus einem militärischen Misserfolg wurde für den ägyptischen Präsidenten Nasser ein politischer Triumph: Er erreichte seinen Höhepunkt als Führungspersönlichkeit des arabischen Nationalismus – gleichzeitig war der Einfluss der Sowjetunion im Nahen Osten gestärkt. Auf dem Sinai wurden UN-Truppenkontingente stationiert.

Die Beziehungen zwischen den Arabern und Israel blieben in den folgenden Jahren gespannt. Im Frühjahr 1967 eskalierten die Spannungen, die Araber überwanden ihre Streitigkeiten; Ägypten forderte die UNO auf, ihre Truppenkontingente aus dem ägyptisch-israelischen Grenzbereich abzuziehen und besetzte deren Stellungen sofort mit eigenen Einheiten. Als Ende Mai der Golf von Akaba durch Ägypten erneut für israelische Schiffe gesperrt wurde, aus den arabischen Hauptstädten die verbalen Attacken schärfer und militärische Abkommen zwischen Ägypten, Syrien und Libanon geschlossen wurden, war offensichtlich, dass es zu einem militärischen Konflikt kommen würde. Israel erklärte seinen Luftschlag am 5. Juni 1967 gegen die arabischen Nachbarländer mit der Notwendigkeit, einem koordinierten arabischen Angriff zuvorkommen zu müssen. In einem Blitzkrieg eroberte Israel, nachdem die Luftwaffe seiner Gegner schon am ersten Kriegstag ausgeschaltet worden war, den Gazastreifen und die Sinai-Halbinsel (von Ägypten), das Westjordanland (von Jordanien) und die Golanhöhen (von Syrien).

Bereits am 10. Juni trat ein von der UNO zustande gebrachter Waffenstillstand ein. Der Sicherheitsrat der Vereinten Nationen verlangte im November 1967 in seiner Resolution 242 den Abzug der israelischen Truppen aus den besetzten Gebieten, dem Israel bis heute nicht nachgekommen ist. Durch den Sechs-Tage-Krieg gab es eine

M 20 Palästinensisches Flüchtlingslager bei Amman
Jordanien, 1969

Der Yom Kippur/Ramadan-Krieg 1973

neue palästinensische Flüchtlingswelle: 500 000 Menschen verließen die nun von Israel okkupierten Regionen und flohen in die arabischen Nachbarländer, lediglich knapp 10 % von ihnen kehrten nach dem Krieg zurück.

Der Ausgang des Sechs-Tage-Krieges war ein Schock für die arabische Welt gewesen. Als plötzlich und unerwartet der ägyptische Präsident Nasser starb, leitete sein Nachfolger Sadat einen Kurswechsel ein: Dazu gehörte eine Abwendung von der Ideologie des arabischen Sozialismus und gleichzeitig vom traditionellen Partner Sowjetunion, eine Tolerierung islamisch-traditionalistischer Kräfte im Inneren und eine Öffnung zum Westen, ein Primat ägyptischer gegenüber gesamtarabischen Interessen und schließlich – eine revolutionäre Neuerung – die Entschlossenheit, mit Israel zu einer Friedensregelung zu kommen. Um dieses Programm umsetzen zu können, glaubte Sadat zunächst einen Achtungserfolg gegen Israel zu benötigen, nicht zuletzt auch, um das arabische Trauma zu überwinden, das Folge zahlreicher Niederlagen der Araber war. So kam es am „Yom Kippur", einem hohen jüdischen Feiertag, der damals mitten in den islamischen Fastenmonat Ramadan fiel, im Oktober 1973 zu einem syrisch-ägyptischen Überraschungsangriff auf Israel. Der Vorstoß der arabischen Armeen im Golan und im Sinai verlief zunächst erfolgreich. Schnellen arabischen Siegen folgte jedoch ein israelischer Gegenschlag: Israelische Truppen drangen tief nach Syrien und Ägypten ein. Die arabischen Öl-Staaten hatten sich mit den Krieg führenden Staaten solidarisiert und ein Öl-Embargo verhängt, das zwar weniger faktische, aber doch starke psychologische Auswirkungen, vor allem auf Europa, hatte. Die beiden Großmächte, die USA und die Sowjetunion, brachten schließlich eine Waffenruhe zustande sowie eine Entflechtung und den Rückzug der Armeen.

Durch den Krieg vom Oktober 1973 wurde eine Dynamik ausgelöst, die zu tief greifenden Veränderungen führen sollte. Stärkere Bemühungen der USA und der UdSSR setzten ein, eine Friedensregelung zu erreichen. In Israel kam es zu einem Regierungswechsel, der die Möglichkeit eines Friedensprozess eröffnete, und der ägyptische Präsident Sadat sah eine Gelegenheit, Frieden mit Israel anzustreben.

Der Nahe Osten: Historische Wurzeln eines weltpolitischen Konflikts

Der Oktoberkrieg von 1973 war der letzte „klassische" Nahostkrieg, keineswegs aber der letzte kriegerische Konflikt zwischen Israel und den Arabern.

Israel im Libanon

Als die Stellung der Palästinenser im Verlauf des libanesischen Bürgerkriegs immer stärker wurde und vom Südlibanon zunehmend terroristische Aktivitäten gegen Israel ausgingen, wodurch israelisches Territorium Ziel von Attacken wurde, begann Israel 1982 eine militärische Libanon-Invasion. Die israelischen Truppen schlossen Beirut ein, rückten zur Straße Beirut-Damaskus vor und brachten die PLO-Führung in West-Beirut (dem muslimischen Viertel der libanesischen Hauptstadt) in schwere Bedrängnis. Amerikanische Vermittlung führte zum Abzug der PLO-Soldaten und der PLO-Führung, die in Tunis ihr neues Hauptquartier aufschlug. In Beirut rückte eine internationale Friedenstruppe ein, die jedoch zu schnell wieder abzog. Daraufhin kam es – unter den Augen der israelischen Armee – zu einer gewalttätigen Aktion maronitischer (arabisch-christlich-libanesischer) Milizen an palästinensischen Flüchtlingen in den Lagern Sabra und Schatila, denen zwischen 2000 und 3000 Menschen zum Opfer fielen.

M 21 Opfer in Sabra und Schatila, Fotografie, 18.9.1982

Immer wieder gab es vom libanesischen Territorium aus gewaltsame Aktionen gegen Israel, wiederholt erfolgten dann militärische Aktionen Israels gegen libanesische Gruppen, so gegen die schiitische Hizbullah im Jahr 2006. Dabei zeigte sich, dass die israelische Armee Schwierigkeiten mit Guerrilla-Gegnern auf ungewohntem Terrain hatte. Auch israelische Vorstöße gegen palästinensische Ziele im Gazastreifen und in die Westbank gab es immer wieder – vor allem von Gaza aus war Israel durch die Miliz der Hamas beschossen worden.

5. Suche nach einem Frieden in Nahost

Camp David, Oslo, Annapolis – und weiter?

Seit über einem Jahrhundert, seit die Zahl jüdischer Einwanderer nach Palästina zunahm und die Gründung einer jüdischen Heimstätte – wenn anfangs auch noch in sehr vager Form – sich abzeichnete, gab es auch Überlegungen, wie man den jüdisch-palästinensischen Interessengegensatz friedlich auflösen könnte. Faktisch war der Weg zum Staat Israel und dessen über 60-jährige Geschichte aber von Gewalt bestimmt. Zwar gab es immer wieder Ansätze und Kontakte im Hinblick auf mögliche Friedensvereinbarungen, doch erst nach dem Oktoberkrieg 1973 kam es erstmals zu greifbaren Ergebnissen. Eine umfassende Friedensregelung steht für den Nahostkonflikt weiter aus und ist auch nicht in Sicht. Was zunächst jegliche Bemühungen um Frieden von vornherein unmöglich machte, waren einander ausschließende Ansprüche beider Seiten. Während die arabische Seite das Existenzrecht Israels anfangs nicht anerkannte und einige Araber die Vernichtung des jüdischen Staates forderten, zog Israel militärische Lösungen vor, schien an einer Friedensregelung gar nicht interessiert und lehnte später die PLO, eine „terroristische Organisation", als Verhandlungspartnerin ab, selbst dann noch, als die PLO bereits allgemein, nicht mehr nur bei Palästinensern und Arabern, als die Vertreterin der Palästinenser schlechthin anerkannt war.

Unter der Ägide der UNO und der Großmächte kam bereits Ende 1973 eine Nahostkonferenz in Genf zustande, bei der jedoch wichtige

Akteure – die PLO (aufgrund des Widerstandes Israels und der USA) und Syrien – fehlten. Doch zumindest wurde ein Truppenentflechtungsabkommen auf dem Sinai erreicht, das zum Rückzug Israels vom Ostufer des Suezkanals führte. Auch geistige Anstöße in Richtung Frieden und Verständigung gab es in den Jahren unmittelbar nach dem Oktoberkrieg 1973. Nahum Goldmann, selbst überzeugter Zionist, veröffentlichte 1975 ein Buch, in dem er ein Umdenken in Israel forderte. Israel dürfe nicht länger versuchen, durch die Sicherung einer möglichst breiten territorialen Basis seine Position gegenüber den Arabern militärisch zu festigen. Ein dauerhafter Friede sei nur möglich, wenn Israel den Arabern anbiete, ihnen für eine Anerkennung Israels Territorien zurückzugeben.

Friede zwischen Israel und Ägypten: Camp David

Vor diesem Hintergrund kam es zu einer vorsichtigen, langsamen Annäherung zwischen Israel und Ägypten: Nach einem Aufruf des israelischen Ministerpräsidenten Menachem Begin an Ägypten, nicht nur Frieden zu schließen, sondern Freundschaft zu suchen, erklärte der ägyptische Präsident Awar as-Sadat 1977 seine Bereitschaft, vor der Knesset, dem israelischen Parlament, seine Vorstellungen von einem Frieden in Nahost darzulegen. Trotz heftiger Kritik aus dem arabischen Lager nahm Sadat eine daraufhin erfolgte Einladung der Knesset an. Am 19.11.1977 reiste der ägyptische Präsident nach Israel, wo ihm das ganze Land einen überwältigenden Empfang bereitete.

Was aber für die einen eine Sternstunde und Vorstufe für Frieden und Zusammenarbeit war, bedeutete für die anderen einen Verrat an der arabischen Sache und an den Rechten der Palästinenser. Damals wurden in Sadats historischer Rede vor der Knesset Voraussetzungen für einen Frieden zwischen Israel und Ägypten geschaffen – doch andererseits bildete sich gleichzeitig eine arabische „Ablehnungsfront". Die israelische Führung besuchte daraufhin Ägypten; ein Friedensprozess hatte, trotz aller Einschränkungen, begonnen. Der amerikanische Präsident Carter lud Begin und Sadat auf seinen Landsitz Camp David ein, wo – erstmals seit der Gründung Israels – ein Friedensschluss zwischen einem arabischen Land und Israel zustande kam (17. September 1978). Zwei Abkommen wurden geschlossen: Das eine sah im Westjordanland und im Gazastreifen palästinensische Autonomie vor, über deren

M 22 „Camp David"
Menachem Begin, Jimmy Carter und Awar as-Sadat, Fotografie, September 1978

Der Nahe Osten: Historische Wurzeln eines weltpolitischen Konflikts

„Land für Frieden"

genauere Bedingungen multilaterale Verhandlungen unter Einschluss von Palästinensern geführt werden sollten. Das andere sah einen Rückzug Israels vom Sinai und einen ägyptisch-israelischen Frieden vor: „Land für Frieden", lautete die Formel. Dabei blieben jedoch zahlreiche essenzielle Fragen, wie etwa das künftige Schicksal Jerusalems, weiter offen. Die arabische Ablehnungsfront ergriff Boykottmaßnahmen, doch eine wirkliche Isolierung Ägyptens gelang nicht, da wichtige konservative Staaten (wie Saudi-Arabien) sich derartigen Bestrebungen nicht anschlossen.

Was für die westliche Welt eine historische Chance bedeutete, als erster Schritt hin zu einem umfassenden Nahostfrieden, galt vielen Arabern als ein Aufgeben wichtiger Positionen, ein Eingehen auf Wünsche der USA und eine Aufwertung Israels ohne adäquate Gegenleistung. Der israelische Ministerpräsident Begin und der ägyptische Präsident Sadat erhielten 1978 gemeinsam den Friedensnobelpreis. Dass Sadat nicht persönlich zur Verleihung nach Oslo kam, zeigte seine Skepsis gegenüber dem weiteren Friedensprozess, möglicherweise auch seinen Wunsch, weitere Irritationen im arabischen Lager zu vermeiden. Die USA nahmen es in die Hand, den Fortgang des Friedensprozesses voranzutreiben, der aber nur langsam und zögernd Fortschritte machte. In Washington wurde am 26.3.1979 das Vertragswerk von Begin, Sadat und dem amerikanischen Präsidenten Carter unterzeichnet. Unmittelbar nach der Unterzeichnung verhängte die Arabische Liga ein Wirtschaftsembargo gegen Ägypten. Die Ermordung des ägyptischen Präsidenten im Oktober 1981 stand in direktem Zusammenhang mit seiner Israel-Politik. Bereits in einer Erklärung von 1979 hatte PLO-Chef Arafat seinen gewaltsamen Tod vorhergesagt. Dass Israel bis 1982 den Sinai räumte, war für die Gegner der israelisch-ägyptischen Verständigung irrelevant.

M 23 Yassir Arafat (1929–2004)
Fotografie, um 2000

Frieden auch für die Palästinenser?

Das Vertragswerk sah aber auch eine Autonomie für die Palästinenser auf der Westbank und im Gazastreifen vor. Hier zeigten sich zwar nur sehr langsam Fortschritte, da über die Details auseinandergehende Vorstellungen auf arabischer und israelischer Seite bestanden, aber es setzte sich weltweit zumindest die Überzeugung durch, dass die Sicherheit des Staates Israel und das Selbstbestimmungsrecht der Palästinenser in Einklang gebracht werden mussten, um einen gerechten und dauerhaften Frieden zu erreichen. Damit rückten die Palästinenser mehr und mehr in den Mittelpunkt von Diskussionen über einen dauerhaften Frieden im Nahen Osten; es ging nicht mehr primär um Friedensschlüsse zwischen Israel und seinen Nachbarn. Man stand damals noch ganz am Anfang des Weges zu einem Frieden, der eine Lösung des Palästinenserproblems beinhaltete, denn es gab noch schwer überwindbare Hindernisse: Auf der einen Seite gab es die Charta der PLO, in welcher die Vernichtung Israels als Ziel formuliert war, auf der anderen Seite stand die Weigerung Israels, die PLO als Vertreterin der Palästinenser und somit als Verhandlungspartnerin anzuerkennen.

Es gab zahlreiche kleine Fortschritte und ebenso viele Rückschläge. Aber Bemühungen um einen Frieden in Nahost, der auch die Palästinenser einschloss und mehr sein würde als nur eine vorübergehende Vereinbarung, waren zu einem Dauerthema der internationalen Politik geworden.

Im Golfkrieg 1991 – die USA führten eine Koalition gegen den Irak an, weil dieser seinen Nachbarn Kuwait okkupiert hatte – trat der Nahostkonflikt zwar zunächst in den Hintergrund, aber die Friedensbemühungen gewannen eine neue Dynamik, als der irakische Präsident Hussein eine Verbindung zwischen seinem Rückzug aus Kuwait und einem israelischen Rückzug aus den palästinensischen Gebieten herstellte.

Ein Durchbruch wurde möglich, als nach Neuwahlen in Israel 1992 die Arbeitspartei die Regierung bildete und Yitzhak Rabin Regierungschef wurde. Sein Außenminister wurde Shimon Peres, der als „Taube", als Friedensbefürworter bekannt war und für Verhandlungen mit den Arabern gut geeignet schien. Die Nahostkonferenz von Madrid im Herbst 1991 hatte noch unter tief greifenden, auch persönlichen Gegensätzen gelitten. Der Durchbruch kam aber nicht auf der politischen Bühne im Scheinwerferlicht der Weltöffentlichkeit, sondern über halbprivate Kontakte: Im Januar 1993 fanden geheime Gespräche zwischen Vertretern Israels und der PLO in Oslo statt. Anfangs war nicht einmal die US-Regierung im Bilde. Spektakulär und ganz neu daran war, dass erstmals von israelischer Seite Repräsentanten der PLO als Verhandlungspartner akzeptiert wurden. In Oslo einigten sich beide Seiten auf eine Prinzipienerklärung, in welcher das weitere Vorgehen mit dem Ziel einer palästinensischen Autonomie und einer vertraglichen Regelung des israelisch-palästinensischen Verhältnisses festgelegt wurde. Zunächst aber, und das war vielleicht das Wichtigste, erkannten sich beide Seiten in einem Briefwechsel gegenseitig an. Die in Oslo ausgehandelte Prinzipienerklärung wurde am 13.9.1993 in Washington vom israelischen Ministerpräsidenten Rabin und von PLO-Chef Arafat unterzeichnet, wobei der amerikanische Präsident Clinton als Garant auftrat. In der Folge wurden verschiedene Einzelabkommen ausgehandelt und unterzeichnet, welche die Prinzipienerklärung von Oslo mit Leben erfüllten. So wurde eine palästinensische Autonomiebehörde gegründet, der Rückzug israelischer Truppen aus einigen Regionen des Gazastreifens und der Westbank vereinbart und zahlreiche Kompetenzen gingen von der israelischen auf die palästinensische Seite über.

Der Oslo-Prozess

M 24 Gaza-Jericho-Abkommen
Rabin, Clinton und Arafat, Fotografie, 1994

M 25 „Sprung über den eigenen Schatten"
Karikatur von Karl-Heinz Schoenfeld, 1993

Der Nahe Osten: Historische Wurzeln eines weltpolitischen Konflikts

M 26 Der Nahe Osten vor der Räumung der Siedlungen im Gazastreifen (Stand 2004)

Intifada

Die USA und der Nahostfrieden

Auf der Grundlage von „Oslo I" wurde dann im September 1995 ein weiteres, ausführliches Vertragswerk unterschrieben, das den Titel „Oslo II" trug und Detailregelungen für die Umsetzung der zuvor gefassten Beschlüsse traf. Die palästinensischen Territorien wurden in drei Zonen aufgeteilt: In Zone A sollten die Palästinenser weitgehende Autonomierechte erhalten, in Zone B hatte die palästinensische Autonomiebehörde zivile Befugnisse, Israel aber behielt die Sicherheitskompetenz. In Zone C lagen die meisten israelischen Siedlungen, die seit 1967 gegründet worden waren; hier behielt Israel die vollständige Kontrolle.

Auf beiden Seiten stießen die Abkommen auf scharfe Kritik, aber auf internationaler Ebene wurden die Friedensbemühungen durch die Verleihung des Friedensnobelpreises 1994 an Rabin, Peres und Arafat gewürdigt. 1995 wurde Rabin Opfer eines Attentats, galt er doch radikalen israelischen Friedensgegnern als Verräter. Viele, die in Israel Frieden wollen, verehren ihn heute als Märtyrer.

Auch wenn die kühnen Hoffnungen, die man in den Oslo-Prozess gesetzt hatte, nicht wahr wurden, eine Art Friedensdynamik hatte eingesetzt, ein Bann war gebrochen: Israel und die PLO hatten direkt verhandelt und sich formell gegenseitig anerkannt.

Der Friedensprozess ging indessen nur langsam und mühsam weiter, denn auf beiden Seiten gab es in Detailfragen mehr Probleme und weniger Flexibilität als erhofft und als es beim Abstecken einer Generallinie den Anschein gehabt hatte. Regierungswechsel in Israel führten dazu, dass die Bereitschaft zu Zugeständnissen an die palästinensische Seite zurückging und kein starkes Interesse mehr bestand, schnell zu einer Lösung zu gelangen, die zu einem unabhängigen Palästinenserstaat führte. Parallel dazu nahm auch unter den Palästinensern die Zustimmung zum Friedensprozess ab, als sich Israel weniger kooperativ zeigte. Die Stimmung verdüsterte sich, Spannungen wurden stärker und auf beiden Seiten nahm die Bereitschaft ab, den Friedensprozess voranzubringen. Eine Spirale der Gewalt entstand: Palästinensischer Terrorismus und Militäraktionen Israels im Gazastreifen und im Westjordanland wechselten sich ab und schaukelten einander hoch. Eine breite Widerstandsbewegung, die Intifada, brach unter den Palästinensern aus. Man war wieder weit von einer Friedenslösung entfernt, die unter der Regierung Rabin/Peres schon zum Greifen nahe geschienen hatte. Ein Muster für weitere Entwicklungen etablierte sich: Gewalt und Gegenwalt führten zu einer Eskalation, internationale Bemühungen führten daraufhin zu neuen Friedensinitiativen. Diese blieben jedoch nach kurzer Zeit wieder stecken, da die Gewaltspirale erneut begann. Nacheinander kam es zum Wye-River-Memorandum I (1998), zum Wye-River-Memorandum II (1999), zu erneuten Verhandlungen – nicht zufällig – in Camp David (2000) und zu Verhandlungen im ägyptischen Taba 2001 (beide von den USA lanciert), der Mitchell-Report und der Tenet-Plan entstanden – alle scheiterten.

Dies ist umso bemerkenswerter, als die USA als einzige Macht, die auf beiden Seiten wirklichen Einfluss hat, sich mehr und mehr zugunsten eines praktikablen Friedens engagierte. Gerade in Hinblick auf die Bildung einer Koalition gegen den Irak benötigten die USA Rückhalt in der Region und damit auch das Wohlwollen und die Unterstützung der arabischen Partner. Sie bemühten sich, Friedensbemühungen

M 27 Palästinensische Demonstranten verbrennen die US-Flagge und die Flagge Israels
Gazastreifen, 2002

auf eine breitere internationale Grundlage zu stellen: So entstand das Nahostquartett, in dessen Rahmen die USA, Russland, die EU und die Vereinten Nationen gemeinsam nach Lösungen suchten. Das Nahostquartett legte 2002 einen Plan vor, der bis 2005 zur Gründung eines palästinensischen Staates führen sollte. Nach Abschluss des Irakkrieges ergriff das Quartett eine weitere Friedensinitiative, die innerhalb von zwei Jahren zu einem Palästinenserstaat führen sollte: Eine sogenannte Roadmap sollte den Weg dorthin vorzeichnen. Im Zuge dieses Prozesses ließ Ministerpräsident Scharon 2005 – gegen erheblichen Widerstand im eigenen Land – die jüdischen Siedlungen im Gazastreifen räumen. Allerdings blieb diesem Ansatz der Erfolg versagt, und selbst eine vom republikanischen amerikanischen Präsidenten Bush nach Annapolis (Maryland) einberufene Konferenz zeitigte keine weiterführenden Resultate. 2009 trat eine neue israelische Regierung ihr Amt an, die einem palästinensischen Staat grundsätzlich ablehnend gegenüber steht. Erst infolge des Drucks, den der neue demokratische amerikanische Präsident Barack Obama ausübte, sprach sich Ministerpräsident Netanjahu erstmals für einen palästinensischen Staat – wenn auch mit zahlreichen Einschränkungen – aus. Somit ist weiterhin Skepsis bezüglich einer schnellen und dauerhaften Friedensregelung zwischen Israel und den Palästinensern angebracht. Denn selbst wenn beiderseits Verhandlungsbereitschaft besteht, gibt es konkrete Detailprobleme, die nach wie vor ungelöst sind. Die wichtigsten sind die Verteilung der Wasser-Ressourcen, die Rückkehr palästinensischer Flüchtlinge, die Zukunft der jüdischen Siedlungen in den seit 1967 israelisch besetzte Gebieten sowie der Status von Jerusalem. Hinzu kommt, dass die Zahl der Palästinenser weit schneller wächst als die der Israelis. Dies könnte dazu führen, dass beide Seiten aufeinander zugehen müssen.

6. Die Palästinenser gewinnen ihre Identität: Vom Flüchtlingsproblem zur Zwei-Staaten-Lösung

Arabischer oder palästinensischer Nationalismus?

Gibt es ein palästinensisches Volk? Kaum jemand würde heute diese Frage verneinen – vor hundert Jahren hätte sie kaum jemand bejaht. Damals war die „arabische Nation" der Bezugsrahmen der meisten Araber. Die Vision eines geeinten arabischen Vaterlandes aber zerbrach an den machtpolitischen Realitäten des 20. Jahrhunderts. Die arabische Welt wurde aufgeteilt in Einzelstaaten, die mit der Zeit auch eigene Identitäten und einen genuinen Nationalismus entwickelten. Arabischer Nationalismus schlechthin hatte kein realistisches, konkretes Ziel mehr, je weiter die Schaffung eines großen arabischen Nationalstaates in die Ferne rückte oder gänzlich unrealistisch erscheinen musste. Ein spezifisch palästinensischer Patriotismus und Nationalismus dagegen entstand in der Auseinandersetzung mit den Juden, die Palästina zu ihrer Heimat machen wollten. Gerade aus dem Konflikt, aus dem Widerstand gegen Ansprüche anderer wurde eine palästinensische Identität, bildete sich ein palästinensisches Nationalbewusstsein.

Diese Reaktion auf eine Herausforderung, die von außen kam, hielt zunächst nicht Schritt mit der Entwicklung auf jüdischer Seite, wo seit den 1930er-Jahren die Entstehung eines Staates vorbereitet wur-

Der Nahe Osten: Historische Wurzeln eines weltpolitischen Konflikts

de. Vergleichbares fand auf palästinensischer Seite nur sehr verzögert statt, und zur Gründung eines palästinensischen Staates, wie vorgesehen und auch von der UNO geplant, ist es nie gekommen, einerseits, weil Israel dies verhindert hat, aber andererseits auch, weil sich das politische Bewusstsein der Palästinenser erst entwickeln musste. Auch die arabischen Nachbarn Israels waren nicht primär an der Schaffung eines eigenständigen Staates Palästina interessiert. Insbesondere Jordanien wollte die Kontrolle über die von ihm besetzten Regionen westlich des Jordans behalten. Ägypten wollte ebenso wenig, dass Gaza zur Keimzelle staatlicher Institutionen Palästinas würde.

„Palästina" in der arabischen Diskussion

„Palästina" wurde zum Schlagwort im Rahmen des rhetorischen Repertoirs arabischer Politik. Die arabischen Regime forderten, je nach Stimmung und Lage, die arabische Einheit als Voraussetzung für eine Befreiung Palästinas oder die Befreiung Palästinas als ersten Schritt zur Einigung der Araber. Weder die Realisierung der arabischen Einheit gelang – einige Ansätze scheiterten bald – noch die Befreiung Palästinas.

Die Weltöffentlichkeit nahm einerseits den Nahostkonflikt als eine Auseinandersetzung zwischen Israel und seinen arabischen Nachbarn wahr und sah andererseits – wenn überhaupt – ein Flüchtlingsproblem, um dessen Lösung sich die arabische Welt kümmern sollte. Die Palästinenser wurden als bedauernswerte Flüchtlinge gesehen, die in Lagern lebten, während ihre Gastländer, so die Meinung vieler westlicher Beobachter, ihre Integration vernachlässigten, um sie in der Auseinandersetzung mit Israel zu instrumentalisieren.

Die Palästinenser organisieren sich

Nur langsam gelang es den Palästinensern, das Trauma von Flucht und Vertreibung zu überwinden und sich in der Diaspora, in der Fremde, politisch zu organisieren. So gründeten palästinensische Studenten an der amerikanischen Universität Beirut 1951 die Arab Nationalist Movement, und Ahmad al-Schukairi berief 1964 einen palästinensischen Nationalkongress nach Jerusalem ein. Dieser beschloss im Mai 1964 die Gründung der palästinensischen Befreiungsorganisation PLO, die in ihrer Charta die Befreiung ganz Palästinas forderte. Eine palästinensische Befreiungsarmee wurde gegründet. Schon 1957 war von einigen palästinensischen Studenten unter der Führung von Yassir Arafat, der später zum Führer der Palästinenser schlechthin werden sollte, die Fatah als Bewegung zur nationalen Befreiung Palästinas gegründet worden. Sie war es, die, anfangs noch nicht zur PLO gehörend, Mitte der 60er-Jahre mit Anschlägen auf israelische Ziele begann. Dies war die Konsequenz, die die Palästinenser aus der erfolglosen Rhetorik der arabischen Staaten zogen, durch die sie ihre Anliegen nicht wirkungsvoll und glaubwürdig vertreten sahen sowie aus der Unaufrichtigkeit Israels. Es schien an der Zeit, dass die Palästinenser ihre Sache in die eigene Hand nahmen. Die PLO und vor allem die Fatah traten ins Rampenlicht der Weltöffentlichkeit. Yassir Arafat wurde zum Führer der Palästinenser, obwohl heftig umstritten, gehasst und lange Zeit von vielen nicht anerkannt.

M 28 Geiselnahme in München
Ein arabischer Terrorist zeigt sich am 5. September 1972 auf dem Balkon des israelischen Mannschaftsquartiers im Olympischen Dorf.

Die palästinensischen Organisationen beschränkten sich nicht auf Anschläge, die israelische Ziele betrafen, sondern sie verübten auch spektakuläre Attentate im internationalen Kontext: Das aufsehenerregendste war eine Geiselnahme bei den Olympischen Spielen in München 1972, als eine palästinensische Terrorgruppe einen Teil der israelischen Olympiamannschaft in ihre Gewalt brachte. Auch Flugzeugentführungen gehörten zum Repertoire des palästinensischen Terrors. Von arabischer Seite wurde Terrorismus-Kritikern vorgehalten, auch Israel habe auf dem Weg zum Staat terroristische Mittel benutzt.

Die Palästinenser in Jordanien und im Libanon

Gleichzeitig konsolidierten sich die palästinensischen Organisationen in den Nachbarstaaten Israels. Jordanien wurde zum Zentrum palästinensischer Präsenz: Hier bildeten nicht nur Palästinenser mehr als die Hälfte der Bevölkerung, die lange Jordan-Grenze zu Israel (bzw. den besetzten Gebieten) bot zahlreiche Möglichkeiten zu Operationen gegen Israel von jordanischen Basen aus. Je mehr sich die palästinensischen Organisationen in Jordanien ausbreiteten, je häufiger sie von dort aus Operationen gegen Israel durchführten und je häufiger in der Folge israelische Gegenschläge Ziele auf jordanischem Territorium trafen, desto angespannter wurde die Lage. Die Palästinenser waren innerhalb Jordaniens zum Staat im Staate geworden, zu einem wichtigen Machtfaktor, zu einem Bereich, den der jordanische Staat kaum noch kontrollierte. Es sah so aus, als stehe ein Putsch bevor, als würden die Palästinenser die Macht in Jordanien übernehmen, dessen Einwohner ohnehin mehrheitlich Palästinenser waren. Sollte auf diese Weise die israelische Formel „Jordanien ist Palästina" wahr werden? (Gemeint war damit, dass die Palästinenser in Jordanien – ein Land mit palästinensischer Bevölkerungsmehrheit – eine Heimat finden sollten.) Doch der jordanische König ging 1970 in die Offensive und schaltete in einer groß angelegten Militäraktion die Palästinenser und ihre bewaffneten Einheiten aus. Die Palästinenserführung verließ das Land östlich des Jordans, das seinen konservativen und an den USA orientierten Kurs beibehalten konnte, dem es aber gleichzeitig gelang, einen unverhältnismäßig hohen Palästinenseranteil zumindest teilweise zu integrieren. Die palästinensischen Organisationen PLO und Fatah verlegten ihren Sitz und den Schwerpunkt ihrer Aktivitäten in den Libanon, wo auch eine beträchtliche Anzahl palästinensischer Flüchtlinge lebte. Auch im Libanon hatte die neue intensivierte Palästinenserpräsenz weitreichende Auswirkungen: Die Palästinenser störten das prekäre Gleichgewicht zwischen muslimischen und nichtmuslimischen Bevölkerungsgruppen in dem kleinen Land, das mühsam durch einen Religionenproporz in Balance gehalten wurde. Die Palästinenser wurden zu einem Akteur auf der politischen Bühne des Libanons und zu einem Machtfaktor im libanesischen politischen System. Die Präsenz der Palästinenser hatte katalytische Wirkung und trug mit zum Ausbruch des libanesischen Bürgerkriegs 1975 bei. So wurden die Palästinenser in ihrem wichtigsten Gastland zur Partei und – auf lange Sicht ähnlich wie in Jordanien – in einigen Regionen zum Staat im Staate. Da Israel zunehmend Attacken vom Libanon aus ausgesetzt war und israelische Verbündete im Libanon unter Druck gerieten, kam es 1982 zu einer israelischen Libanon-Invasion, zur Flucht vieler militanter Palästinenser und letztlich zur Ausreise der PLO-Führung nach Tunis. Arabische christlich-libanesische Milizen verübten die bereits erwähnten Massaker in den Palästinenserlagern Sabra und Schatila.

M 29 Bürgerkrieg im Libanon
Die amerikanische Botschaft in Beirut nach einem Bombenanschlag extremistischer islamischer Terroristen, 18. April 1983.

Die Palästinenser auf der weltpolitischen Bühne

Doch diese gesamte Entwicklung, so widersprüchlich, von Brüchen und Gegensätzen gekennzeichnet und so wenig geradlinig sie auch verlaufen sein mag, hat die palästinensische Identität gestärkt, die PLO und ihren Führer Arafat zu einem wesentlichen Faktor, auch im

Der Nahe Osten: Historische Wurzeln eines weltpolitischen Konflikts

M 30 **Flagge der Palästinensischen Autonomiegebiete**
Ein Arafat-Anhänger bekundet seine Teilnahme für den tödlich erkrankten Präsidenten, 2004.

internationalen Zusammenhang, gemacht und „die Palästinenser" auf der ganzen Welt zu einem Begriff werden lassen. Ein erster Höhepunkt für die Palästinenser war die Gewährung des Beobachterstatus, den die PLO 1974 bei der UNO erhielt. Geradezu einen Triumph stellte die Rede Arafats vor der Vollversammlung der UNO dar. Hierauf äußerte der deutsche Botschafter bei der UNO von Wechmar: „Wir treten ein für das Selbstbestimmungsrecht des palästinensischen Volkes. Gerade für uns Deutsche mit unseren leidvollen Erfahrungen ist dies eine Selbstverständlichkeit."

Die Forderung, den Palästinensern endlich zu ihrem Recht zu verhelfen, wurde immer nachdrücklicher erhoben. Die Erklärung von Venedig der Europäischen Gemeinschaft (1980) forderte: „Das palästinensische Volk, das sich bewusst ist, als solches zu existieren, muss in die Lage versetzt werden, durch einen … im Rahmen der umfassenden Friedensregelung definierten Prozess sein Selbstbestimmungsrecht voll auszuüben." Israel übte scharfe Kritik an solchen Forderungen, doch auch die USA äußerten sich in dieser Richtung. US-Außenminister Shultz trat 1982 vor der UNO für die legitimen Rechte der Palästinenser ein, nachdem sich US-Präsident Reagan gegen die Errichtung neuer israelischer Siedlungen in den besetzten Gebieten ausgesprochen hatte.

Heute bildet die palästinische Autonomiebehörde, nicht zuletzt Ergebnis internationaler Bemühungen und von der EU finanziell unterstützt, die Keimzelle eines palästinensischen Staates. Wenn sie auch bisher kaum mehr als beschränkte Selbstverwaltungsaufgaben wahrnehmen kann, so ist sie doch in weiten Teilen der Welt anerkannt und unterhält Vertretungen in vielen Hauptstädten.

Intifada

Auch die Palästinenser selbst entwickelten ein neues Selbstbewusstsein und demonstrierten Entschlossenheit, sich als Nation zu konsolidieren und nicht nur eine Organisation, die PLO, für sich handeln und sprechen zu lassen. 1987 brach ein palästinensischer Volksaufstand aus, der auch die PLO-Führung überraschte, die diese sogenannte „Intifada" für sich vereinnahmte und zu koordinieren versuchte. Sie entstand aber als echte Volksbewegung aus einer Situation, die von

M 31 **Intifada**
Gewalttätige Auseinandersetzungen in Nablus (Westjordanland), 12. Dezember 1987

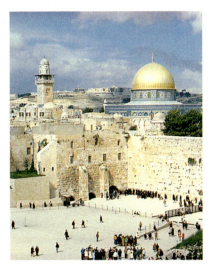

M 32 Tempelberg in Jerusalem
Hier befinden sich mit der Klagemauer sowie dem Felsendom und der Al-Aqsa-Moschee die wichtigsten Heiligtümer der beiden Weltreligionen, aktuelles Foto.

Israel und die PLO

wachsenden wirtschaftlichen Problemen, Perspektivlosigkeit und Frustration unter der palästinensischen Bevölkerung gekennzeichnet war. Steinwürfe auf israelische Soldaten, ziviler Ungehorsam, Streiks, Boykott israelischer Institutionen und Waren gehörten zu den Instrumenten der Aufständischen, wodurch wiederum israelische Repressionsmaßnahmen ausgelöst wurden. Die Intifada entfaltete aber vor allem eine enorme nationale Mobilisierungsdynamik, welche die PLO für sich nutzte, gleichwohl blieb die Intifada eine echte Nationalbewegung. Dies war auch dem jordanischen König Hussain nicht verborgen geblieben, der vor allem die Gefahren der Intifada sah und ein Übergreifen auf die anderen Teile Jordaniens (das Westjordanland wurde ja weiterhin als Teil Jordaniens betrachtet) befürchtete. Deshalb gab er 1988 alle Ansprüche auf das Westjordanland auf, die dortigen jordanischen Beamten verloren Status und Gehalt, die Bewohner verloren ihre jordanische Staatsangehörigkeit. Die Intifada schädigte Israel, sie schwächte die Palästinenser aber noch mehr. Sie dauerte bis in die 90er-Jahre, als neue Friedensbemühungen zu wirken begannen. Eine zweite Intifada begann 2000, als der konservative israelische Politiker Scharon, dem Mitschuld an den Palästinensermassakern von Sabra und Schatila (Libanon) gegeben wird, den Tempelberg besuchte. Die Zweite Intifada hatte das Ergebnis, dass die Palästinenser endgültig zu einer Nation verschmolzen sind und weltweit als eine solche anerkannt werden.

Israel konnte sich nicht auf Dauer einer Anerkennung der PLO als Vertreterin des palästinensischen Volkes widersetzen. Nachdem die PLO die Vernichtung Israels aus ihrer Charta gestrichen hatte, wurden im Zuge des Oslo-Prozesses direkte Verhandlungen zwischen Israel und der PLO möglich. Mit den Vereinbarungen über eine palästinensische Teilautonomie entstand eine Art Keimzelle eines palästinensischen Staates: Eine Zwei-Staaten-Lösung ist nun erklärtes Ziel, zu der sich Israel, wenn auch unter Einschränkungen, bekannt hat. Der Weg dorthin sieht noch weit und schwierig aus.

7. Radikalismus und Fundamentalismus bei Juden und Arabern

Aus den besonderen Gegebenheiten und Bedingungen des Nahostkonfliktes wird deutlich, dass radikale Haltungen und extremistische Strömungen auf beiden Seiten – unter Palästinensern ebenso wie unter Israelis – von Anfang an eine besondere Rolle gespielt haben und den Verlauf des Konfliktes oft stärker beeinflussten als Realitätssinn und Kompromissbereitschaft. Unter den Gründern Israels waren viele Juden, die vor dem Nationalsozialismus aus Europa nach Palästina geflohen waren und deshalb nicht einfach „Zionisten" waren, sondern die, oft nach traumatischen Erfahrungen (viele hatten nächste Verwandte in den nationalsozialistischen Vernichtungslagern verloren), die Gründung eines jüdischen Staates als existenzielle, überlebensnotwendige Forderung betrachteten; die aus dem Genozid, den die Nazis an Europas Juden verübt hatten, ein unbestreitbares Recht auf Palästina ableiteten und zu Kompromissen mit anderen Ansprüchen nicht bereit waren. Nur hieraus sind Massaker an der palästinensischen

Der Nahe Osten: Historische Wurzeln eines weltpolitischen Konflikts

Bevölkerung im Zuge des Unabhängigkeitskrieges zu erklären. Während die bisherige historische Interpretation diese Aktionen, denen auch Frauen und Kinder zum Opfer fielen – das berüchtigste fand im Dorf Deir Yasin statt –, zwar einräumt, aber eine bewusste Planung bestreitet, ist eine neuere Historikerschule zu dem Schluss gelangt, dass es sich um gezielte Aktionen handelte, um arabische Palästinenser zur Flucht zu bewegen, denn nur so schien ein jüdisches Israel möglich. In der Tat verließen 700 000 Flüchtlinge das Territorium des entstehenden Staates Israel.

Auch die arabische Seite neigte unter dem Druck der Bedrohung zu extremen Reaktionen, wie etwa die Hinwendung des Muftis von Jerusalem, Huseini, zu den Nationalsozialisten belegt. Zu einer harmonischen Koexistenz von Juden und Arabern, wie sie Herzl in seinem Roman „Altneuland" als Vision skizzierte, konnte es bei so gegensätzlichen Positionen und angesichts verhärteter Fronten nicht kommen. Aktion und Reaktion, eine Spirale von Hass und Gewalt förderte den Radikalismus. Seit den 1930er-Jahren kam es vermehrt zu arabischen Gewalttaten. Vertreter der „Irgun" und der „Sternbande", jüdische Terrorgruppen aus der Zeit vor der Staatsgründung Israels, setzten auch nach der Gründung auf Terror als Mittel der Politik. Einem Anschlag aus diesen Kreisen fiel beispielsweise 1948 der UN-Beauftragte Graf Bernadotte zum Opfer, der eine Friedensregelung aushandeln sollte. Die Täter wurden nicht zur Rechenschaft gezogen.

Die PLO

Auch die Palästinenser griffen, je mehr sie ihre Sache als verraten und perspektivlos erkannten, zum Mittel des Terrors: Überfälle auf Ziele in Israel gehörten ebenso dazu wie Aktionen im internationalen Raum – berüchtigt etwa waren die palästinensischen Flugzeugentführungen der 1970er-Jahre mit Geiselnahmen und Angriffen auf öffentliche Stätten wie Hotels, Behörden oder während der Olympischen Spiele in München 1972. Bis heute sind Terroranschläge, die aber nicht mehr von der PLO, die auf terroristische Methoden längst verzichtet hat, ausgeübt werden, Teil des palästinensischen Instrumentariums der Auseinandersetzung mit Israel.

Spirale der Gewalt

Je schlechter die wirtschaftliche Lage in den palästinensischen Regionen wird, je weniger konkrete politische Veränderungen hin zu einer Zwei-Staaten-Lösung feststellbar sind und je perspektivloser die Lage für den einzelnen Palästinenser sowie die Palästinenser als Volk wird, desto größer ist das Potenzial für Terrorismus, desto mehr Kandidaten gibt es für Selbstmordanschläge. Die Verelendung in den Palästinensergebieten – noch 2009 lebten mindestens die Hälfte der Palästinenser an der Armutsgrenze – hat diese Tendenz noch verstärkt. Die Anschläge wiederum führen zu israelischen Angriffen gegen Ziele in den besetzten Gebieten, wo nicht nur mutmaßliche Terroristen, sondern auch unbeteiligte Zivilisten und Kinder ums Leben kommen. Deshalb wird auch gegenüber Israel der Vorwurf erhoben, „Staatsterrorismus" auszuüben. Wird Palästinensern gegenüber der Vorwurf des Terrorismus erhoben, fragen sie, wie man Terrorismus definiere. Damit wollen sie darauf aufmerksam machen, dass die Weltöffentlichkeit ihrer Meinung nach mit zweierlei Maß messe: Was von palästinensischer Seite Terror sei, würde auf israelischer Seite als legitime Militäraktion betrachtet werden. Beide Seiten haben einander vorgeworfen, Eskalationen verschuldet und den Teufelskreis von Gewalt und Gegengewalt angeheizt zu haben.

M 33 Palästinensischer Selbstmordattentäter
(Dem Attentat fielen 16 Menschen zum Opfer), Jerusalem, 2001

Entwicklung der Hamas

1988 entstand aus den palästinensischen Muslimbrüdern – eine traditionsreiche islamisch-fundamentalistische Bewegung, die vor 80 Jahren in Ägypten gegründet wurde – die Organisation Hamas, die zeitweise von Israel als Gegengewicht zur PLO gestärkt und gefördert wurde. Die Hamas ist eine stark religiös geprägte Bewegung, die einen fundamentalistisch-islamistischen Kurs verfolgt, der umso mehr Anhänger fand, als die eher weltlich-linksorientierte PLO in den Augen vieler zu kompromissbereit wurde und sich im Zuge des Friedensprozesses zu sehr internationalem und israelischem Druck beugte. Damit hatte die PLO sich in den Augen vieler Palästinenser, die sich in ihren Hoffnungen auf Frieden und palästinensische Eigenstaatlichkeit enttäuscht sahen, kompromittiert. Die Hamas wird in Israel und auch im Westen häufig als reine „Terrorgruppe" bezeichnet. Diese Einschätzung wird ihr jedoch nicht gerecht, denn sie kann ihre starke Verwurzelung in weiten Teilen der palästinensischen Bevölkerung nicht plausibel erklären. Es handelt sich bei Hamas um eine gleichermaßen politische wie religiöse Organisation, die innerhalb der palästinensischen Gesellschaft auch soziale Funktionen erfüllt. Sie gewinnt an Glaubwürdigkeit und Einfluss, je stärker die Verelendung in den palästinensischen Gebieten voranschreitet, während der PLO von vielen Klüngelwirtschaft und Korruption vorgeworfen wird. Terroraktionen finden zudem umso mehr Akzeptanz unter den Palästinensern, je weniger die Verhandlungen und palästinensischen Konzessionen zu Ergebnissen führen. Dies schwächt die PLO und stärkt Hamas, deren Charta weiterhin radikale Forderungen erhebt.

Rechtsruck in Israel

Analoge Entwicklungen zeigen sich auf israelischer Seite: Auch israelische Regierungen, die den Palästinensern nach Ansicht weiter Bevölkerungskreise in Israel zu weit entgegenkamen, mussten bei Wahlen Stimmenverluste hinnehmen. So verlor das „linke" Spektrum, vor allem die traditionell führende Arbeitspartei, die Mehrheit an den konservativen

Der Nahe Osten: Historische Wurzeln eines weltpolitischen Konflikts

M 34 „Alltag in der Westbank"
Ein jüdischer Siedler mit seinen Kindern, 2001

Block. In neuester Zeit haben sich noch weiter rechts stehende Gruppierungen gebildet, die – wie etwa „Unser Haus Israel" des Außenministers Liebermann (2009) – an Regierungen beteiligt wurden. Unter diesem Zeichen haben sich auch israelische Aktionen gegen palästinensische Gebiete radikalisiert und zunehmend finden es selbst israelische Soldaten, traditionell hoch motiviert und äußerst loyal, schwer, die Linie ihrer Führung mitzutragen. „Breaking the Silence" ist eine Initiative israelischer Militärangehöriger, die offen über Menschenrechtsverletzungen und Übertretung internationaler Normen im Zuge von Militäraktionen sprechen wollen. Bewusste Terrorakte, die jüdische Täter geplant und durchgeführt haben, wie das Massaker, das Baruch Goldstein, ein extremistischer Siedler, am 25.2.1994 in der Ibrahim-Moschee in Hebron anrichtete, bei dem er 29 Menschen erschoss, sind eher selten. Doch innerhalb der Siedlerbewegung zeigen sich seit jeher radikale Strömungen: Im Gazastreifen und vor allem im gesamten Westjordanland wurden seit 1967 jüdische Siedlungen angelegt, planmäßig ausgebaut und im Westjordanland bis heute mit staatlichen Mitteln stark unterstützt. Sie trugen der Ideologie Rechnung, dass überall, wo historische jüdische Präsenz nachgewiesen werden kann, Juden siedeln dürften, und dass sich Israel über ganz Palästina ausbreiten müsse.

Immer wieder haben Siedler Zwischenfälle mit Palästinensern ausgelöst, und die Siedlungen in den palästinensischen Gebieten können heute als eines der größten Hindernisse auf dem Weg zu einer Friedenslösung gelten. Knapp 300 000 jüdische Siedler leben heute (2009) in (Ost-)Jerusalem und dem Westjordanland (im Gazastreifen wurden die jüdischen Siedlung 2005 geräumt). Der amerikanische Präsident Obama hat sich im Juli 2009 energisch gegen einen weiteren Ausbau der Siedlungen ausgesprochen. Doch selbst Entscheidungen des obersten israelischen Gerichtshofes, illegale Siedlungen zu räumen, werden von den Behörden äußerst zögerlich umgesetzt.

M 35 (Stand: Anfang 2005)

8. Zusammenleben von Juden und Arabern

Wer lebte in Palästina?

Die oft gebrauchte Propagandaformel „Ein Land ohne Volk für ein Volk ohne Land" beschrieb die Situation von Anfang an nicht zutreffend. Sie mag daher stammen, dass Palästina Anfang des 20. Jahrhunderts dünner besiedelt war als die Ballungsräume in europäischen Industriegebieten. Andererseits entstand der Zionismus in der Blütezeit des Imperialismus, als große Teile Afrikas und Asiens unter europäischer Kolonialherrschaft standen und die Bevölkerung dieser unterworfenen Regionen marginalisiert und nicht ernst genommen wurde. Es war bequem, sich Palästina als öde und menschenleer mit ein paar Nomadenstämmen und einigen arabischen Dörfern vorzustellen.

Um 1850 dürfte die Bevölkerungszahl von Palästina etwa 340 000 betragen haben, darunter 13 000 Juden; die Mehrheit bildeten arabischsprachige Muslime. 1880 lag die Einwohnerzahl bei insgesamt fast 460 000, darunter 26 000 Juden; 1914 wurden innerhalb des späteren Mandatsgebietes Palästina 722 000 Menschen gezählt, davon etwa 5 % (39 000) Juden. Doch die Zahlenverhältnisse kehrten sich vollständig um: Bei seiner Gründung (1948) hatte der Staat Israel 716 000 jüdische und 92 000 arabische Einwohner; nach anderen Rechnungen standen 650 000 Juden 156 000 Arabern gegenüber. Über 700 000 arabische Palästinenser waren in die benachbarten arabischen Staaten geflohen. Israel war kein rein jüdischer Staat geworden, aber doch ein Staat, in welchem die Araber lediglich eine Minderheit waren, jedoch eine starke Minderheit von deutlich über 10 %. Die hohe Geburtenrate der Araber wurde lange durch die jüdische Zuwanderung aus der Sowjetunion und Osteuropa sowie durch die Zuwanderung orientalischer Juden aus islamischen Ländern ausgeglichen.

Nebeneinander oder zusammen? Araber und Juden in einem Land

Juden und Araber waren auf Gedeih und Verderb auf eine Koexistenz in ein und demselben Land angewiesen. In Israel leben heute auf engstem Raum (das israelische Kernland ist, ohne die besetzten Gebiete, etwa so groß wie Hessen, erreicht also nicht ganz ein Drittel der Fläche Bayerns) über 5,7 Millionen Juden und über 1,4 Millionen Araber.

Auch innerhalb Israels gibt es Regionen, in denen Juden weniger als die Hälfte der Bevölkerung bilden. Im Norddistrikt des Landes beispielsweise waren 1948 knapp 63 % der Bevölkerung Nichtjuden, 1987 immerhin noch über 50 %. Im Jahr 2005 gab es 563 000 Juden und 622 000 Araber in Nordisrael.

Auch wenn Juden und Araber in einem Land leben und sogar in einem Staat – ein wirkliches Zusammenleben ist daraus nur bedingt geworden. Der Historiker Wolffsohn kommt zu dem Schluss: „Ein Miteinander von Juden und Arabern gab es auch in den gemischten Städten eher selten. Das Nebeneinander war nie unproblematisch." Tendenziell bleiben sowohl Araber als auch Juden lieber unter sich. Dabei ist interessant, was die beiden Bevölkerungsgruppen voneinander halten: 1989 hielten 83 % der israelischen Araber ein friedliches Nebeneinander von Arabern und Juden in Israel für möglich, aber lediglich 53 % der Juden teilten diese Auffassung. Nach den Vereinbarungen von Oslo, als die Gründung eines palästinensischen Staates in greifbarer Nähe schien, wollten 78 % der israelischen Araber auch nach der Gründung eines Staates Palästina in Israel bleiben. Zahlreiche Juden jedoch sahen die Araber im Land mit Misstrauen, wenn

M 36 „Friedenstauben"
Karikatur von Brigitte Schneider, o. J.

Der Nahe Osten: Historische Wurzeln eines weltpolitischen Konflikts

nicht mit Ablehnung. Die Universität Haifa stellte 1995 fest, dass über 30 % der jüdischen Israelis den israelischen Arabern das Wahlrecht zur Knesset (Parlament) nehmen wollten. 58 % der Juden wollten lieber einen nichtdemokratischen jüdischen als einen demokratischen nichtjüdischen Staat. Ende der 1990er-Jahre hielten über 60 % der jüdischen Israelis ihre arabischen Mitbürger für illoyal. Andererseits waren 2003 über die Hälfte der Juden Israels für die „Gleichheit der Araber".

Die beiden Intifada-Wellen, die Zunahme des Terrorismus und israelische Militäraktionen in den besetzten Gebieten sowie das wiederholte Scheitern immer neuer Ansätze zu einer Friedensregelung haben auch innerhalb Israels die gegenseitige Toleranz herabgesetzt und zu einer Negativentwicklung des Bildes vom jeweils anderen geführt. Dass Israel ein jüdischer Staat ist und dies bleiben wird, auch wenn Araber im Parlament sitzen, in etablierten Parteien politisch aktiv sind und sogar eigene arabische Parteien gründen können, darüber sind sich „Tauben" und „Falken" unter den Juden Israels einig. Und trotz allem: Gemäß dem „Friedensindex" der Universität Tel Aviv des Jahres 2006 sollen immerhin 71 % der israelischen Araber gesagt haben, sie seien lieber Staatsbüger Israels als irgendeines anderen Landes der Welt, auch wenn sich 90 % von ihnen für einen Palästinenserstaat aussprechen. Allerdings haben vor dem Hintergrund der negativen politischen Entwicklung auch Kritik und Ablehnung zugenommen. 1995 kam die Universität Haifa noch zu dem Ergebnis, dass lediglich 7 % der arabischen Israelis das Existenzrecht Israels bestreiten, 2004 waren es bereits (wieder) 19 %.

Nicht nur innerhalb Israels stellt sich das Problem jüdisch-arabischen Zusammenlebens. Auch das besetzte Westjordanland ist mit Israel verflochten: einmal durch die zahlreichen jüdischen Siedlungen, die in den letzten 40 Jahren gegründet wurden, andererseits auch durch die große Zahl von Arabern, die in Israel arbeiten. Auch die abgestufte Autonomieregelung hat viele Berührungspunkte und Reibungsflächen zwischen Arabern und Israelis geschaffen. Im Gazastreifen und im Westjordanland leben insgesamt 3,8 Millionen Araber (2006), dazu kommen 250 000 in Ostjerusalem, das von Israel als Teil des „Kernlandes" betrachtet und verwaltet wird. Während seit 2005 im Gazastreifen keine jüdischen Siedlungen mehr existieren, leben heute fast 300 000 jüdische Siedler im Westjordanland und in Ostjerusalem. Diese Siedlungen sind ein beständiger Krisenfaktor in der Beziehung zwischen Juden und Arabern; sind die Siedler doch keineswegs diejenigen Israelis, die eine einvernehmliche Koexistenz mit den Arabern wünschen.

Im Laufe der Jahre waren die Araber in den besetzten Gebieten immer stärker darauf angewiesen, in Israel zu arbeiten. 1970 waren schon 12 % der berufstätigen Palästinenser in Israel beschäftigt, dieser Anteil stieg in den 1980er-Jahren auf zunächst ein Drittel, dann auf fast zwei Drittel und fiel 1987 (Erste Intifada) stark zurück, erreichte 1992 wieder 36 % (116 000 Araber), wurde jedoch 1994 auf eine Höchstzahl von 30 000 beschränkt. Die häufig infolge von Anschlägen und Militäraktionen erfolgte Abriegelung der besetzten Gebiete beeinträchtigte die Beschäftigung von Arabern aus diesen Gebieten in Israel stark. Die Verelendung der Westbank und Gazas nahm dramatische Dimensionen an, durch welche die PLO an Einfluss verlor. Die radikale Hamas, die auch soziale Funktionen erfüllt– spielte eine immer stärkere Rolle. Auch

Die besetzten Gebiete

M 37 Grenzzaun (Sperranlage)
Zwischen israelischen und palästinensischen Siedlungen, Fotografie, 2004

M 38 „Peace is The Way" und „Stop The Occupation"
Israelisch-palästinensische Friedensdemonstration in Tel Aviv, 2002

Wirtschaftliche Entwicklung

die israelische Wirtschaft litt unter der Abriegelung, stellten doch die Westbank- und Gaza-Palästinenser billige und willige Arbeitskräfte dar. Doch die Gesamtwirtschaftsleistung Israels ging zwischen September 2000 und September 2001 nur um 0,6 % zurück, in den palästinensischen Gebieten sank sie um über 50 %. Ganz allgemein hatten die Intifada und die israelischen Militäraktionen in den besetzten Gebieten starke Beeinträchtigungen des täglichen Lebens zur Folge. Die besetzten Gebiete sind für ihre Im- und Exporte, für Personenverkehr und Steuereinnahmen auf enge Kooperation mit Israel angewiesen. Auch die Bewegungsfreiheit innerhalb der besetzten Gebiete war durch israelische Militäraktionen – oft Folge vorangegangener Anschläge, vielfach von den Palästinensern auch als reine Schikane aufgefasst – stark eingeschränkt. Ambulanzen kamen nicht zu den Patienten, Arbeiter nicht zu ihren Firmen, Bauern nicht auf ihre Felder, landwirtschaftliche Produkte nicht auf den Markt oder zum Exporthafen. In Israel waren die Auswirkungen nicht so dramatisch, doch litten auch hier Investitionsklima und Tourismus: Kamen im Jahr 2000 noch 2,6 Millionen Touristen nach Israel – ein Rekordergebnis – so lagen die Zahlen in den folgenden Jahren nur bei 1–1,5 Millionen, fielen 2002 sogar auf deutlich unter 1 Millionen und haben, trotz steigender Tendenz, auch in den Jahren 2005/2006 die 2 Millionen-Grenze nicht mehr erreicht. Die israelische Auslandsverschuldung hat sich zwischen 1993 und 2005 unter den negativen Rahmenbedingungen immer wieder scheiternder Friedensbemühungen und damit verbundener Gewalt verdoppelt. In jedem Fall drängt sich eine wirtschaftliche Symbiose zwischen einem künftigen Palästinenserstaat und Israel förmlich auf. Ein steiler Anstieg der Touristenzahlen in Israel sowie Palästina wäre zu erwarten.

Bevölkerungsentwicklung

Araber und Israelis hätten allen Grund, ihr Zusammenleben friedlich zu organisieren und positiv zu gestalten, denn das Land, das sie gemeinsam bewohnen, birgt beträchtliches Entwicklungspotenzial. Noch zwingender sind die demografischen Fakten: Ein starkes Bevölkerungswachstum, besonders auf palästinensischer Seite, wird zu einer Verschärfung der Spannungen und Probleme führen. Es wird sich zeigen, ob eine Mauer zwischen den palästinensischen Gebieten und dem israelischen Kernland ausreicht, um Konflikte zu verhindern oder gar die Probleme dauerhaft zu lösen.

Der Nahe Osten: Historische Wurzeln eines weltpolitischen Konflikts

Literatur

M. Johannsen, Der Nahost-Konflikt, Wiesbaden 2009

G. Krämer, Geschichte Palästinas, München 2002

W. Laqueur / B. Rubin, The Israel-Arab Reader, New York 2008

V. Perthes, Orientalische Promenaden, München 2006

A. Schlicht, Die Araber und Europa, Stuttgart 2008

T. Segev, Die ersten Israelis, München 2008

A. Shlalm, The Iron Wall. Israel and the Arab World, New York 2001

A. Timm, Israel – Gesellschaft im Wandel, Opladen 2003

Zusammenfassung

Der Nahostkonflikt hat die zweite Hälfte des 20. Jahrhunderts wie ein roter Faden durchzogen: Er gehört in Vergangenheit und Gegenwart zu den Dauerthemen der Weltpolitik. Kein Konflikt hat so viele kriegerische Auseinandersetzungen hervorgerufen und gleichzeitig zu so zahlreichen und intensiven Friedensbemühungen auf höchster Ebene Anlass gegeben.

Seine Konstanten sind bemerkenswert stabil:
- Unvereinbarkeit der Ziele der Konfliktparteien: Beide beanspruchen prinzipiell das gleiche Land; auf beiden Seiten gibt es Minderheiten, die davon nicht abgehen.
- Mangelnde Kompromissbereitschaft auf einer oder beiden Seiten: Verhandlungen scheitern immer wieder an Details, bei denen sich dann letztlich kein Kompromiss erzielen lässt.
- Involvierung von Mächten außerhalb der Region wie Großbritannien, Frankreich, Sowjetunion, USA, EU, UN etc.
- Konfliktlösungsbemühungen von außen: UN, EU, Sowjetunion, USA; verschiedene US-Präsidenten ergreifen Initiativen; „Nahostquartett", das sich um Frieden bemühen soll, besteht aus USA, Russland, UN und EU.
- Implikationen: Öl (arabisches Embargo nach dem Oktoberkrieg 1973), internationale Verkehrswege (Sperrung der Straße von Tiran), Stabilität des Mittelmeerraums, regionales Entwicklungspotenzial.
- Eskalationsgefahr. Früher: Involvierung arabischer Staaten; heute: Involvierung Irans.

Der Nahostkonflikt gehört zu den historischen Erscheinungen, die einerseits weit in die Geschichte zurückreichen und nur aus ihr erklärt werden können, andererseits unvermindert aktuell sind und auch in der Zukunft eine wesentliche Rolle in den internationalen Beziehungen spielen werden, denn eine Lösung ist kurz- oder mittelfristig nicht in Sicht. Er hat wie kaum ein anderer Konflikt in der Weltgeschichte zu starker Emotionalisierung nicht nur bei den Beteiligten, sondern auch in der Weltöffentlichkeit geführt.

Eine kommentierte Linkliste finden Sie unter: www.westermann.de/geschichte-linkliste

Zeittafel

13. Jh. v. Chr.	Juden dringen in Palästina ein (Spätbronzezeit)
6. Jh. v. Chr.	„Babylonische Gefangenschaft" der Juden
70 n. Chr.	Zerstörung des jüdischen Tempels in Jerusalem durch die Römer, Judäa wird kaiserliche Provinz
634	Arabisch-muslimische Eroberung Palästinas
1095	Aufruf zum Ersten Kreuzzug durch Papst Urban II. („Gott will es")
1099	Kreuzfahrer erobern Jerusalem
1291	Fall der letzten Kreuzfahrerbastion Akko (Akka)
1897	Erster Zionistenkongress in Basel
1917	Balfour-Declaration
1933	Nationalsozialistische „Machtergreifung" in Deutschland
1948/49	Israelische Unabhängigkeitserklärung – erster Arabisch-Israelischer Krieg
1956	Suez-Krieg (Israel, Frankreich, Großbritannien gegen Ägypten)
1964	Gründung der Palästinensischen Befreiungsorganisation (PLO)
1967	„Sechs-Tage-Krieg": Israel besetzt Ostjerusalem, Westbank, Golan-Höhen und Gazastreifen
1973 Oktober	„Yom Kippur"- oder „Ramadan"-Krieg
1978/79	Camp-David-Abkommen: Israelisch-Ägyptischer Frieden
1981	Ermordung des ägyptischen Präsidenten Sadat
1982	Israelische Libanon-Invasion
1987	Gründung der Hamas
1987–1993	Erste Intifada (= Aufstand)
1993–1995	„Oslo-Prozess": Abkommen über palästinensische Autonomie
1994	Frieden zwischen Israel und Jordanien
1995	Ermordung des israelischen Ministerpräsidenten Rabin
2000–2005	Zweite („Tempelberg"-)Intifada
2005	Waffenstillstand von Scharm El-Scheich (Israel, Palästinensische Autonomiebehörde); der israelische Ministerpräsident Ariel Scharon lässt die jüdischen Siedlungen im Gazastreifen räumen
2006	bei Wahlen in palästinensischen Autonomiegebieten Erfolg der Hamas
2008/2009	Gaza-Krieg (israelische Operation „gegossenes Blei")

Der Nahe Osten: Historische Wurzeln eines weltpolitischen Konflikts

1. Juden und Römer, Araber und Kreuzfahrer

M 39 Masada

Über die Ereignisse in der von den Römern belagerten Festung Masada im Jahre 73 n. Chr. berichtet der jüdische Historiker Josephus wie folgt:

An Flucht jedoch dachte [der Anführer] Eleazar nicht, wie er sie auch keinem andern gestattet haben würde. Vielmehr überlegte er, da er die Mauer vom Feuer zerstört sah und kein weiteres
5 Mittel zur Rettung oder Verteidigung ausfindig machen konnte, wie die Römer die Frauen und Kinder behandeln würden, wenn sie in ihre Hände fielen, und kam zu dem Entschluss, dass alle in den Tod gehen müssten. Weil er, wie die Dinge standen,
10 dies für das Beste hielt, versammelte er die mutigsten seiner Gefährten und suchte sie mit folgenden Worten zur Tat zu entflammen:

„Schon lange sind wir, meine Mitkämpfer, entschlossen, weder den Römern noch sonst jemand Untertan
15 zu sein außer dem Gott allein, weil er der wahre und rechtmäßige Gebieter der Menschen ist; jetzt ist der Augenblick gekommen, unsern Entschluss durch Taten zu verwirklichen. Entehren wir uns nicht selbst, indem wir […] uns freiwillig die schrecklichs-
20 ten Qualen aufbürden, die uns sicher bevorstehen, wenn wir in die Hände der Römer fallen. […] Ich halte es für eine besondere Gnade Gottes, dass er uns in den Stand setzt, ehrenvoll als freie Menschen unterzugehen, was anderen, die unversehens über-
25 wältigt wurden, nicht vergönnt war." […]

Als er mit seinen Ermahnungen fortfahren wollte, unterbrachen ihn alle, drängten, von unaufhaltsamem Ungestüm ergriffen, zur Tat und rannten wie besessen davon. Einer suchte dem andern
30 zuvorzukommen, und jeder glaubte sich dadurch besonders tapfer und entschlossen zu zeigen, dass er sich nicht unter den Letzten finden ließ – ein solch gieriges Verlangen hatte sich ihrer bemächtigt, ihre Frauen und Kinder sowie sich selbst unter-
35 einander zu morden. Auch erkaltete, wie man vielleicht hätte meinen können, ihr Eifer nicht, als sie zur Ausführung schritten, sondern sie beharrten bei dem Entschluss […].

So setzten sie, indem sie ihre Frauen liebevoll
40 umarmten, ihre Kinder herzten und sie unter Tränen zum letzten Mal küssten, ihren Entschluss ins Werk, als stände ihnen eine fremde Hand zu Gebot; Trost fanden sie dafür, dass sie zum Morden gezwungen wurden, in dem Gedanken an die Misshand-
45 lungen, die ihre Angehörigen erdulden müssten, wenn sie in Feindeshand fallen würden. Schließlich erwies sich keiner als zu schwach für das grausige Werk, sondern alle erfüllten die Aufgabe an ihren Nächsten. Opfer der Not, die es den Unglücklichen als das kleinste Übel erscheinen ließ, mit eigener 50 Hand Frauen und Kinder hinzuschlachten! Unfähig, den Schmerz über ihre Tat zu ertragen, und in dem Gefühl, ein Unrecht an den Toten zu begehen, wenn sie diese auch nur eine kurze Zeit überlebten, schleppten sie eiligst alles Wertvolle auf einen Hau- 55 fen zusammen, wählten hierauf zehn ihrer Genossen aus, die alle Übrigen töten sollten. Hingestreckt an der Seite seiner Gattin und seine Kinder und die Arme über sie ausbreitend, bot jeder von ihnen bereitwillig seine Kehle dem mit dem traurigen 60 Amt Beauftragten dar. Kaum hatten diese ohne zu zögern alle getötet, als sie durchs Los die gleiche Entscheidung für sich selbst trafen: der, auf den das Los fiel, sollte die anderen neun und endlich sich selbst umbringen; alle hegten das feste Ver- 65 trauen zueinander, dass jeder von ihnen das gleiche tun und das gleiche leiden werde. So unterzogen sich die neun dem Tod durchs Schwert; der letzte Überlebende untersuchte noch den Haufen der Daliegenden, ob nicht etwa einer übrig geblieben 70 sei, der zum Sterben seiner Nachhilfe bedürfe. Als er sie alle tot fand, legte er Feuer an den Palast, durchbohrte dann sich selbst mit kräftiger Hand und sank neben seiner Familie nieder. Sie starben überzeugt, keine Seele übrig gelassen zu haben, 75 die in die Gewalt der Römer geraten könnte.

Flavius Josephus, Geschichte des jüdischen Krieges, 5. Auflage, Wiesbaden 1982, S. 481 ff.

M 40 Weltkulturerbe Masada

Aus der offiziellen Begründung für die Aufnahme Masadas in das Weltkulturerbe der UNESCO:

Punkt 3: Masada ist ein Symbol des historischen Königreichs Israel, seiner gewaltsamen Zerstörung im späten 1. nachchristlichen Jahrhundert und der anschließenden Diaspora der Juden. […]

Punkt 6: Die tragischen Ereignisse, die sich in den 5 letzten Tagen der jüdischen Flüchtlinge, die den Palast und die Festung Masada besetzt hatten, abspielten, machen diesen Ort sowohl zu einem Symbol der kulturellen Identität der Juden als auch darüber hinaus zu einem Zeichen des andauernden 10 menschlichen Kampfs zwischen Unterdrückung und Streben nach Freiheit.

http://whc.unesco.org, übers. von Christian Larisika (2005).

M 41 Relief auf dem Titusbogen

Der Titusbogen auf dem Forum Romanum in Rom ist der älteste erhaltene Triumphbogen. Er wurde zu Ehren des Kaisers Titus für dessen Sieg über die jüdischen Aufständischen sowie die Eroberung Jerusalems errichtet. Die Widmungsinschrift lautet:
SENATUS
POPULUSQUE ROMANUS
DIVO TITO DIVI VESPASIANI F(ILIO)
VESPASIANO AUGUSTO
Der Senat
und das römische Volk
dem vergöttlichten Titus Vespasianus Augustus
dem Sohn des vergöttlichten Vespasian.
Der Bogen ist 14,50 Meter hoch, 13,50 Meter breit und 4,75 Meter tief. Ein Relief zeigt eine Szene aus dem Triumphzug: Diener tragen Beutestücke aus dem Tempel in Jerusalem, nämlich den siebenarmigen Leuchter, die Menora, rituelle Silbertrompeten, die Chazozra, sowie der Schaubrottisch, auf dem am Sabbat Brote lagen.

M 42 Orientalisierte Franken

Der arabische Schriftsteller Usama ibn Munqidh (1095–1188) berichtet über die Franken zur Zeit der Kreuzzüge:

Es gibt unter den Franken einige, die sich im Lande angesiedelt und begonnen haben, auf vertrautem Fuße mit den Muslimen zu leben. Sie sind besser als die anderen, die gerade neu aus ihren Hei-
5 matländern gekommen sind, aber jene sind eine Ausnahme, und man kann sie nicht als Regel nehmen. Hierzu soviel: Einmal schickte ich einen Gefährten in einem Geschäft nach Antiochia, dessen Oberhaupt Todros ibn as-Safi war, mit dem ich
10 befreundet war und der in Antiochia eine wirksame Herrschaft ausübte. Er sagte eines Tages zu meinem Gefährten: „Ein fränkischer Freund hat mich eingeladen. Komm doch mit, dann siehst du ihre Gebräuche." – „Ich ging mit", erzählte mein Freund, „und wir kamen zum Hause eines der 15 alten Ritter, die mit dem ersten Zug der Franken gekommen waren. Er hatte sich von seinem Amt und Dienst zurückgezogen und lebte von den Einkünften seines Besitzes in Antiochia. Er ließ einen schönen Tisch bringen mit ganz reinlichen und 20 vorzüglichen Speisen. Als er sah, dass ich nicht zulangte, sagte er: ‚Iss getrost, denn ich esse nie von den Speisen der Franken, sondern habe ägyptische Köchinnen und esse nur, was sie zubereiten; Schweinefleisch kommt mir nicht ins Haus!' Ich aß 25 also, sah mich aber vor, und wir gingen. Später überquerte ich den Markt, als eine fränkische Frau

Der Nahe Osten: Historische Wurzeln eines weltpolitischen Konflikts

mich belästigte und in ihrer barbarischen Sprache mir unverständliche Worte hervorstieß. Eine Menge Franken sammelte sich um mich, und ich war schon meines Todes sicher: Da erschien der Ritter, erkannte mich, kam herbei und sagte zu der Frau: ‚Was hast du mit diesem Muslim?' – ‚Er hat meinen Bruder Urso getötet!', erwiderte sie. Dieser Urso war ein Ritter aus Apamea, der von einem Soldaten aus Hama getötet worden war. Er fuhr sie an: ‚Das hier ist ein Bürger, ein Kaufmann, der nicht in den Krieg zieht und sich nicht aufhält, wo man kämpft.' Dann herrschte er die Menge an, die sich angesammelt hatte. Sie zerstreute sich, und er nahm mich bei der Hand. So hatte die Tatsache, dass ich bei ihm gespeist hatte, zur Folge, dass mir das Leben gerettet wurde."

Usama ibn Munqidh (1095–1188), in: F. Gabrieli, Die Kreuzzüge aus arabischer Sicht, Zürich/München 1973, S. 121 f.

M 43 Muslime töten Christen und entweihen Kirchen
Miniatur, um 1325

M 44 Die Kreuzzüge

Die Historikerin Claudia Märtl schreibt zusammenfassend über die Kreuzzüge:

Wieso galten die Kreuzzüge als gerechte Kriege? Nach mittelalterlichem Verständnis war ein Krieg dann gerecht, wenn er zur eigenen Verteidigung oder zur Wiedereroberung geraubten Guts diente und von einer hierzu berechtigten Autorität ausgerufen wurde. Durch das Leben und Leiden Jesu galt das Heilige Land den Christen als ihr ureigenster Besitz, der im 11. Jahrhundert von den muslimischen Seldschuken erobert wurde. Im Jahr 1095 rief Papst Urban II. in Clermont den Ersten Kreuzzug aus, um Byzanz in seinem Abwehrkampf gegen die Ungläubigen zu unterstützen und Jerusalem zu befreien. Unerwartet viele Menschen aus allen sozialen Gruppen nahmen mit dem Ruf „Gott will es!" das Kreuz, und der Kriegszug entwickelte rasch das auch für die späteren Kreuzzüge typische Eigenleben, das sich vor allem am Rhein zuerst in Judenpogromen äußerte. 1099 eroberten die Kreuzfahrer Jerusalem und richteten ein Massaker unter den Bewohnern an. Gottfried von Bouillon wurde zum ersten lateinischen Herrscher von Jerusalem gewählt; es folgte die Gründung mehrerer Kreuzfahrerstaaten im Heiligen Land. Nach dem Dritten Kreuzzug änderte sich das Ziel: nicht mehr das Heilige Land, sondern Ägypten wurde von den Kreuzfahrern angesteuert. Seit dem ausgehenden 14. Jahrhundert wurden Kreuzzüge gegen die osmanische Expansion in Kleinasien und auf dem Balkan ausgerufen; die in den östlichen Mittelmeerraum gerichteten Unternehmungen des 15. Jahrhunderts leiteten schließlich zu den Türkenkriegen der frühen Neuzeit über.
Die Kreuzzüge in das Heilige Land galten als bewaffnete Pilgerfahrten, die den Teilnehmern einen vollkommenen Ablass versprachen. Kreuzzüge richteten sich aber nicht nur gegen die Muslime im Heiligen Land, Ägypten und Spanien, sondern auch gegen heidnische Völker in Europa, insbesondere im Ostseeraum. Zudem wurden Kreuzzüge gegen christliche Häretiker geführt, so der äußerst

blutige Albigenserkreuzzug (1208–1229) und die letztlich erfolglosen Hussitenkreuzzüge des 15. Jahrhunderts. Schon im 12. Jahrhundert wurde kritisiert, dass nicht allein Frömmigkeit, sondern
45 auch Abenteuerlust und Besitzgier viele Kreuzfahrer antrieben.

Als bleibende Folgen der hochmittelalterlichen Kreuzzüge werden häufig Phänomene des Kulturtransfers genannt, doch ist der Austausch zwischen
50 islamischer und christlicher Kultur wohl eher auf Zeiten friedlichen Zusammenlebens als auf Phasen kriegerischer Auseinandersetzung zurückzuführen. Eine Spätfolge der neuesten Zeit ist die Legitimation antiwestlicher Ziele des islamischen Funda-
55 mentalismus durch das Schreckbild der christlichen Kreuzheere.

Claudia Märtl, Die 101 wichtigsten Fragen – Mittelalter, München 2006, S. 67f.

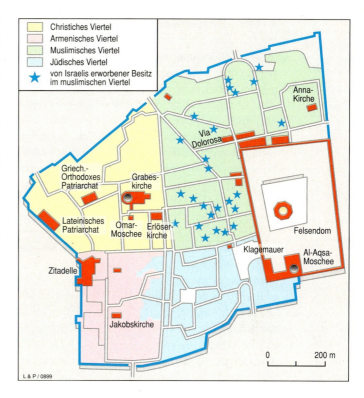

M 45 Das Zentrum von Jerusalem

Aufgaben

1. a) Fassen Sie die Darstellung der Ereignisse in Masada durch Josephus Flavius zusammen.
   b) Analysieren Sie, aus welcher Sicht er das Geschehen beschreibt und welche Absicht er damit verfolgt. Begründen Sie Ihre Einschätzung am Text.
   c) Ordnen Sie die Ereignisse in den Gang der jüdischen Geschichte ein.
   d) Begründen Sie, warum Masada ein „Mythos des Judentums" ist.
   e) Ist die Erklärung zum UNESCO-Weltkulturerbe Ihrer Meinung nach berechtigt? Begründen Sie Ihre Meinung.
   → M39, M40

2. a) Beschreiben Sie die Szene auf dem Titusbogen und erläutern Sie – mithilfe einer Internetrecherche – die Bedeutung der rituellen Gegenstände Menora, Chazozra und Schaubrottisch.
   b) Zeigen Sie, wie der römische Sieg und die jüdische Niederlage im Triumphbogen inszeniert werden.
   → M41

3. a) Erarbeiten Sie aus dem Text, wie der arabische Schriftsteller Usama ibn Munqidh die Christen sieht.
   b) Untersuchen Sie, wie in der Abbildung die Muslime dargestellt werden.
   c) Vergleichen Sie die Sichtweisen der beiden Quellen.
   → M42, M43

4. a) Fassen Sie die zentralen Aussagen des Textes zusammen.
   b) Zeigen Sie, wie die Autorin ihre Ausgangsfrage „Wieso galten die Kreuzzüge als gerechte Kriege?" beantwortet.
   c) Überlegen Sie, welche Informationen sich im Hinblick auf die historischen Wurzeln des Nahostkonflikts aus diesem Text entnehmen lassen.
   → M44

5. a) Informieren Sie sich über die Geschichte und religiöse Bedeutung der im Stadtplan von Jerusalem verzeichneten Gebäude.
   b) Stellen Sie dar, welche Bedeutung Jerusalem für die drei Weltreligionen Judentum, Christentum und Islam hat.
   → M45

Der Nahe Osten: Historische Wurzeln eines weltpolitischen Konflikts

2. Ein „Judenstaat" auf historischem Boden

M 46 Der Judenstaat

Theodor Herzl schreibt 1896 in seinem berühmten Buch:

Ich glaube den Antisemitismus, der eine vielfach komplizierte Bewegung ist, zu verstehen. Ich betrachte diese Bewegung als Jude, aber ohne Hass und Furcht. Ich glaube zu erkennen, was im Antisemitismus roher Scherz, gemeiner Brotneid, angeerbtes Vorurteil, religiöse Unduldsamkeit – aber auch, was darin vermeintliche Notwehr ist. Ich halte die Judenfrage weder für eine soziale noch für eine religiöse, wenn sie sich auch noch so und anders färbt. Sie ist eine nationale Frage, und um sie zu lösen, müssen wir sie vor allem zu einer politischen Weltfrage machen, die im Rate der Kulturvölker zu regeln sein wird.
Wir sind ein Volk, *ein* Volk.
Wir haben überall ehrlich versucht, in der uns umgebenden Volksgemeinschaft unterzugehen und nur den Glauben unserer Väter zu bewahren. Man lässt es nicht zu. Vergebens sind wir treue und an manchen Orten sogar überschwängliche Patrioten, vergebens bringen wir dieselben Opfer an Gut und Blut wie unsere Mitbürger, vergebens bemühen wir uns, den Ruhm unserer Vaterländer in Künsten und Wissenschaften, ihren Reichtum durch Handel und Verkehr zu erhöhen […]
Wir sind ein Volk – der Feind macht uns ohne unseren Willen dazu, wie das immer in der Geschichte so war. In der Bedrängnis stehen wir zusammen, und da entdecken wir plötzlich unsere Kraft. Ja, wir haben die Kraft, einen Staat, und zwar einen Musterstaat, zu bilden. Wir haben alle menschlichen und sachlichen Mittel, die dazu nötig sind […]
Der ganze Plan ist in seiner Grundform unendlich einfach und muss es ja auch sein, wenn er von allen Menschen verstanden werden soll. Man gebe uns die Souveränität eines für unsere gerechten Volksbedürfnisse genügenden Stückes der Erdoberfläche, alles andere werden wir selbst besorgen […]
Es werden für die im Prinzip einfache, in der Durchführung komplizierte Aufgabe zwei große Organe geschaffen: die Society of Jews und die Jewish Company. Was die Society of Jews wissenschaftlich und politisch vorbereitet hat, führt die Jewish Company praktisch aus. Die Jewish Company besorgt die Liquidierung aller Vermögensinteressen der abziehenden Juden und organisiert im neuen Lande den wirtschaftlichen Verkehr […]. Die Juden, welche sich zu unserer Staatsidee bekennen, sammeln sich um die Society of Jews. Diese erhält dadurch den Regierungen gegenüber die Autorität, im Namen der Juden sprechen und verhandeln zu dürfen. Die Society wird, um es in einer völkerrechtlichen Analogie zu sagen, als staatsbildende Macht anerkannt. Und damit wäre der Staat auch schon gebildet […]
Zwei Gebiete kommen in Betracht: Palästina und Argentinien […] Argentinien ist eines der natürlich reichsten Länder der Erde, von riesigem Flächeninhalt, mit schwacher Bevölkerung und gemäßigtem Klima. Die argentinische Republik hätte das größte Interesse daran, uns ein Stück Territorium abzutreten. Die jetzige Judeninfiltration hat freilich dort Verstimmung erzeugt; man müsste Argentinien über die wesentliche Verschiedenheit der neuen Judeneinwanderung aufklären.
Palästina ist unsere unvergessliche historische Heimat. Der Name allein wäre ein gewaltig ergreifender Sammelruf für unser Volk. Wenn seine Majestät der Sultan uns Palästina gäbe, könnten wir uns dafür anheischig machen, die Finanzen der Türkei gänzlich zu regeln. Für Europa würden wir dort ein Stück des Walles gegen Asien bilden, wir würden den Vorpostendienst der Kultur gegen die Barbarei besorgen. Wir würden als neutraler Staat im Zusammenhang bleiben mit ganz Europa, das unsere Existenz garantieren müsste.

Theodor Herzl, Der Judenstaat, in: Wenn ihr wollt, ist es kein Märchen. Altneuland/Der Judenstaat, hrsg. von Julius Schoeps, Kronberg/Ts. 1978, S. 201, 211 f.

M 47 Ein Kommentar

Der israelische Historiker Avi Shlaim ist Professor für Internationale Beziehungen in Oxford. Über Theodor Herzls Vorstellungen schreibt er (2000):

Herzl selbst war ein Beispiel für die zionistische Neigung, sich Wunschdenken hinzugeben. Er war sich sicher bewusst, dass Palästina bereits von einer substanziellen Zahl von Arabern bevölkert war, obwohl er nicht besonders gut informiert war über die soziale und wirtschaftliche Lage des Landes. Er betrachtete die Einheimischen als primitiv und rückständig, und seine Haltung ihnen gegenüber war ziemlich herablassend. Er war der Meinung, dass sie als Einzelpersonen volle Bürgerrechte in einem jüdischen Staat genießen sollten, aber er betrachtete sie nicht als eine Gesellschaft mit kollektiven politischen Rechten bezüglich des Landes, in dem sie die überwältigende Mehrheit bildeten. Wie viele andere frühe Zionisten hoffte Herzl, dass wirtschaftliche Vorteile die arabische Bevölkerung mit dem zionistischen Unternehmen in Palästina versöhnen würde. Als Träger all der Wohltaten der westlichen Zivilisation würden die Juden, so meinte er, von den Bewohnern des rückständigen Orients willkommen geheißen werden. Diese optimistische Vorhersage arabisch-jüdischer Beziehungen in Palästina fand ihren klarsten Ausdruck in einem Roman, der 1902 von Herzl unter dem Titel „Altneuland" publiziert wurde. Raschid Bey, ein Sprecher der einheimischen Bevölkerung, beschreibt die jüdische Ansiedlung als eindeutigen Segen: „Die Juden haben uns wohlhabend gemacht, warum sollten wir böse mit ihnen sein? Sie leben mit uns als Brüder, warum sollten wir sie nicht lieben?" Dieses Bild war jedoch nichts anderes als ein Traum, eine utopische Phantasie. Ihr Autor übersah völlig die Möglichkeit, dass eine arabische Nationalbewegung in Palästina entstehen würde als Reaktion auf die jüdische Bemühung, das Land in eine jüdische nationale Heimstätte mit einer jüdischen Mehrheit umzugestalten.

Zu Herzls Gunsten sollte darauf verwiesen werden, dass am Ende des 19. Jahrhunderts Palästina eine Provinz des Osmanischen Reiches war, eine arabische Nationalbewegung begann dort erst, sich zu entwickeln. Und dennoch konnte kein Zweifel herrschen darüber, dass er es bevorzugte, das Spiel der großen Politik zu spielen. Seine nachhaltigsten Bemühungen waren darauf gerichtet, den osmanischen Sultan zu überzeugen, eine Charta zu erlassen für eine jüdische Ansiedlung, eine jüdische Heimstätte in Palästina. Aber er trat auch an viele andere politische Führer heran. […] Dabei blieb Herzls wichtigstes Ziel unverändert: Die Unterstützung der Großmächte zu erhalten, um Palästina zu einem politischen Zentrum für das jüdische Volk zu machen.

Die unausgesprochene Annahme von Herzl und seinen Nachfolgern war, dass die zionistische Bewegung ihr Ziel nicht durch Verständigung mit den Palästinensern vor Ort, sondern durch eine Allianz mit der jeweils dominierenden Großmacht erreichen würde.

Avi Shlaim, The Iron Wall, London 2000, S. 4 f.

Gesinnungsgenossen!

Die russische Revolution hat den Juden Rußlands die Freiheit gegeben. Die Fesseln, welche den größten Teil unseres Volkes gebunden hielten, sind gefallen. In tiefer Erregung grüßen wir unsere befreiten Brüder.

Wir alle haben ihre Schmerzen mitempfunden, ihre Enttäuschungen mitgefühlt. Ihr Kampf war unser Kampf. Ihr Ringen entfachte zur Flamme den Freiheitsdrang des jüdischen Volkes, der seinen leuchtenden Ausdruck in der zionistischen Bewegung gefunden hat. Starker Hoffnung voll sehen wir der Zukunft entgegen, in der es unseren Brüdern in Rußland möglich sein wird, in Freiheit an der nationalen Erneuerung des jüdischen Volkes mitzuarbeiten. Hierfür ist uns Bürgschaft die Haltung des russischen Judentums in den letzten Jahrzehnten und die Entwicklung, die die jüdische Freiheitsbewegung jetzt schon in Rußland genommen hat. In dem Freiheitsschrei der unterdrückten Völker Rußlands klang hell und freudig der Ruf der russischen Juden. Es war kein Zögern und kein Bedenken. Die Juden Rußlands haben ihre nationalen Forderungen aufgestellt in vollem Bewußtsein der hohen Bedeutung der Stunde.

Die russischen Juden waren stets die treusten, die tätigsten, die hingebensten Zionisten. Unsere Bewegung verdankt ihnen Unschätzbares.

 „Das Jüdische Echo"
Einleitung zur Ausgabe vom 27. April 1917

Aufgaben

1. Stellen Sie die Situation in Palästina zu Beginn des 20. Jahrhunderts dar.
   → Text

2. a) Fassen Sie die zentralen Aussagen Theodor Herzls mit eigenen Worten zusammen.
   b) Schildern Sie den historischen Hintergrund der Entstehung des Zionismus.
   → Text, M46

3. a) Untersuchen Sie, wie der Historiker Avi Shlaim Herzls Aussagen bewertet.

   b) Stimmen Sie seiner Einschätzung zu? Begründen Sie Ihre Meinung.
   → M47

4. a) Stellen Sie dar, wie sich die jüdische Einwanderung nach Jerusalem entwickelte und welche Folgen dies hatte.
   b) Untersuchen Sie vor diesem Hintergrund den Aufruf aus dem „Jüdischen Echo".
   → Text, M10, M48

3. Auf dem Weg zum Staat Israel

Foreign Office,
November 2nd, 1917.

Dear Lord Rothschild,

I have much pleasure in conveying to you, on behalf of His Majesty's Government, the following declaration of sympathy with Jewish Zionist aspirations which has been submitted to, and approved by, the Cabine

"His Majesty's Government view with favour the establishment in Palestine of a national home for the Jewish people, and will use their best endeavours to facilitate the achievement of this object, it being clearly understood that nothing shall be done which may prejudice the civil and religious rights of existing non-Jewish communities in Palestine, or the rights and political status enjoyed by Jews in any other country".

I should be grateful if you would bring this declaration to the knowledge of the Zionist Federation.

M 49 Die Balfour-Declaration, Faksimile, 2. November 1917

M 50 Proklamation des Staates Israel

Am 14. Mai 1948 verlas der erste Ministerpräsident Israels, David Ben Gurion, die Unabhängigkeitserklärung:

Im Lande Israel trat das jüdische Volk ins Leben; hier wurde sein geistiges, religiöses und politisches Antlitz geformt; hier führte es sein Leben in staatlicher Selbstständigkeit; hier schuf es nationale und
5 allmenschliche Kulturgüter und schenkte der Welt das unvergängliche Buch der Bücher.
Mit Gewalt aus seinem Lande vertrieben, hielt es ihm allenthalben in der Zerstreuung die Treue und hörte niemals auf, die Rückkehr in sein Land und
10 die Wiederherstellung seiner politischen Freiheit in ihm zu erflehen und zu erhoffen. [...]
Dieses Recht wurde in der Balfour-Deklaration vom 2. November 1917 anerkannt und im Völkerbundsmandat bestätigt, das der historischen Verbunden-
15 heit des jüdischen Volkes mit dem Lande Israel und dem Anspruch des jüdischen Volkes auf die Wiedererrichtung seines Nationalheimes internationale Geltung verschaffte.
Die Katastrophe, die in unseren Tagen über das
20 jüdische Volk hereinbrach und der Millionen Juden in Europa zum Opfer fielen, bewies erneut und eindringlich, dass es unerlässlich ist, die Frage des heimat- und staatenlosen jüdischen Volkes durch Wiedererrichtung des jüdischen Staates im Lande
25 Israel zu lösen, der seine Tore jedem Juden weit öffnen und dem jüdischen Volk die Stellung einer gleichberechtigten Nation unter den Völkern verleihen wird.

Die jüdischen Flüchtlinge, die sich aus dem furchtbaren Blutbad des Nationalsozialismus in Europa retten konnten, und Juden anderer Länder hörten nicht auf, trotz aller Schwierigkeiten, Hindernisse und Gefahren ins Land Israel zu kommen. Sie forderten unablässig ihr Recht, in der Heimat ihres Volkes ein Leben redlicher Arbeit in Würde und Freiheit zu führen. [...]
Am 29. November 1947 beschloss die Vollversammlung der Vereinten Nationen die Errichtung eines jüdischen Staates im Lande Israel. [...]
45 Das jüdische Volk hat gleich allen anderen Völkern das natürliche Recht, ein selbstständiges Leben in seinem souveränen Staat zu führen.
Daher sind wir, die Mitglieder des Volksrates, die Vertreter der jüdischen Bevölkerung Palästinas und 50 der zionistischen Bewegung, heute, am Tage, an dem das britische Mandat über das Land Israel zu Ende geht, zusammengetreten und proklamieren hiermit kraft unseres natürlichen und historischen Rechtes und aufgrund des Beschlusses der Vollver- 55 sammlung der Vereinten Nationen die Errichtung eines jüdischen Staates im Lande Israel, des Staates Israel.

Zit. nach: D. Ben Gurion, Israel, Die Geschichte eines Staates, Frankfurt/M., 1973, S. 111 f.

M 51 Ben Gurion Propagandaplakat, um 1950

Aufgaben

1. a) Übersetzen Sie den Text der Balfour-Declaration.
   b) Klären Sie den unmittelbaren Kontext, in dem die Erklärung abgegeben wurde. Informieren Sie sich insbesondere über den Adressaten „Lord Rothschild" und den Absender „James Balfour". Untersuchen Sie, welche Verbindlichkeit der Erklärung Balfours zukam.
   c) Erläutern Sie den historischen Hintergrund der Balfour-Declaration. Beziehen Sie dabei auch das vorangegangene Kapitel mit ein.
   → Text, M49

2. a) Skizzieren Sie die wesentlichen Schritte auf dem Weg zur Staatsgründung Israels.
   b) Fassen Sie die zentralen Aussagen der Proklamation des Staates Israel mit eigenen Worten zusammen.
   c) Erstellen Sie einen biografischen Abriss über David Ben Gurion
   d) Untersuchen Sie, welche Bedeutung die Balfour-Declaration „auf dem Weg zum Staat Israel" hatte.
   → Text, M49, M50, M51

3. Erörtern Sie, warum es damals zu einer israelischen, aber zu keiner palästinensischen Staatsgründung kam.
   → Text

Der Nahe Osten: Historische Wurzeln eines weltpolitischen Konflikts

4. Nahostkriege 1948–2008

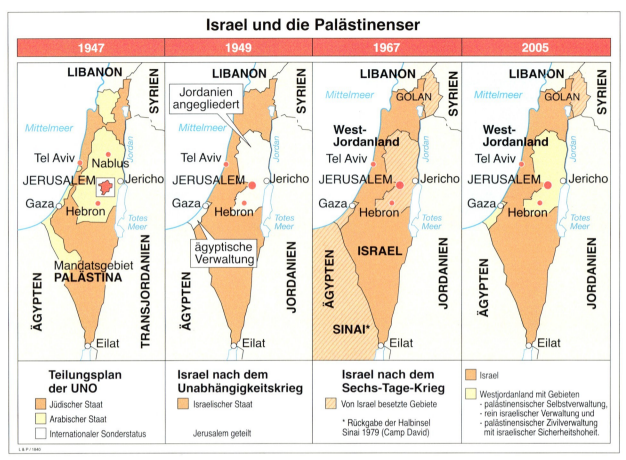

M 52

M 53 UN-Resolution

Auf der 1382. Sitzung des Sicherheitsrates der UN wurde am 22. November 1967 die Resulution Nr. 242 einstimmig verabschiedet:

Der Sicherheitsrat gibt seiner andauernden Beunruhigung über die ernste Lage im Nahen Osten Ausdruck und unterstreicht, dass es nicht angeht, Territorium durch Krieg zu erobern, und dass es nötig ist, für einen gerechten und dauernden Frieden zu wirken, der es jedem Staat der Region erlaubt, in Sicherheit zu leben.
[…]
1. Er bekräftigt, dass die Einhaltung der Prinzipien der Charta es erfordert, dass ein gerechter und dauerhafter Frieden im Nahen Osten errichtet wird, welcher die Anwendung der beiden folgenden Prinzipien umfassen sollte:
a) Rückzug israelischer Streitkräfte aus während des jüngsten Konfliktes besetzten Gebieten,
b) Einstellung jeglicher kriegerischer Erklärung oder jeglichen kriegerischen Zustandes sowie Respektierung und Anerkennung der Souveränität, der territorialen Integrität und der politischen Unabhängigkeit jeglichen Staates der Region und dessen Recht, in Frieden innerhalb sicherer und anerkannter Grenzen frei von Drohungen oder Gewaltakten zu leben.
2. Er stellt im Weiteren die Notwendigkeit fest:
a) die freie Schifffahrt auf den internationalen Wasserstraßen der Region zu garantieren,
b) eine gerechte Regelung des Flüchtlingsproblems zu verwirklichen,
c) die territoriale Unverletzlichkeit und politische Unabhängigkeit jedes Staates der Region durch Maßnahmen zu garantieren, welche die Schaffung entmilitarisierter Zonen umfassen.

Zit. nach: Informationen zur politischen Bildung, Nr. 247, Israel, 1995, S. 12.

M 54 Haltung der Sowjetunion 1973

Ein Brief des Generalsekretärs der KPdSU, Leonid Breschnew, an den algerischen Präsidenten Boumedien verdeutlicht die Position der Sowjetunion zum Krieg von 1973 (9. Oktober 1973):

The responsibility for the new military flare-up in the Middle East lies wholly and completely with the Tel Aviv leaders. While enjoying the support and protection of imperialist circles, Israel continues
5 its aggression started in 1967 against the Arab countries, and foils every effort to establish a just peace in the Middle East and deliberately carries out provocations, including armed provocations, against Syria, Egypt and Lebanon, thus aggravating
10 to the extreme the situation in this region.
I believe, dear comrade President, you agree that (in) the struggle at present being waged against Israeli aggression, for the liberation of Arab territories occupied in 1967 and the safeguarding
15 of the legitimate rights of the Arab people of Palestine, Arab fraternal solidarity must, more than ever before, play a decisive role. Syria and Egypt must not be alone in their struggle against a treacherous enemy. There is an urgent need for the
20 widest aid and support of the progressive regimes in these countries who, like Algeria, are the hope for progress and freedom in the Arab world.
The Central Committee of the CPSU and the Soviet Government are firmly convinced that the Algerian
25 leaders, who are widely experienced in the antiimperialist struggle, understand full well all the peculiarities of the present situation and that, guided by the ideals of fraternal solidarity, will use every means and take every step required to
30 give their support to Syria and Egypt in the tough struggle imposed by the Israeli aggressor.

Walter Laqueur/Barry Rubin, The Israel-Arab Reader, N.Y. 2008.

M 55 Erklärung von Venedig

Der Europäische Rat verabschiedete am 3. Juni 1980 folgende Erklärung:

The heads of state and government and the ministers of foreign affairs […] agreed that growing tensions affecting this region constitute a serious danger and render a comprehensive solution to the Israeli-Arab conflict more necessary and pressing
5 than ever.
[…] The time has come to promote the recognition and implementation of the two principles universally accepted by the international community: the right to existence and to security of all the states
10 in the region, including Israel, and justice for all the peoples, which implies the recognition of the legitimate rights of the Palestinian people.
All of the countries in the area are entitled to live in peace within secure, recognized and guaranteed
15 borders. […]
A just solution must finally be found to the Palestinian problem, which ist not simply one of refugees. The Palestinian people, which is conscious of existing as such, must be placed in a position, by an
20 appropriate process defined within the framework of the comprehensive peace settlement, to exercise fully its right to self-determination.

Declaration by the European Council issued at the conclusion of a two-day conference in Venice, in: Walter Laqueur/Barry Rubin, The Israel-Arab Reader, N.Y. 2008, S. 232 f.

Aufgaben

1. a) Stellen Sie dar, welche unmittelbaren Folgen die Gründung des Staates Israel hatte.
   b) Begründen Sie, warum der Nahostkonflikt weltpolitische Bedeutung erlangte.
   → Text
2. a) Erarbeiten Sie aus den Karten die wichtigsten territorialen Veränderungen in Palästina seit der Gründung Israels.
   b) Erläutern Sie den jeweiligen Hintergrund der einzelnen Veränderungen bzw. der einzelnen kriegerischen Auseinandersetzungen.
   → M52
3. a) Stellen Sie die zentralen Aussagen der UNO-Resolution 242 zusammen.
   b) Erläutern Sie den historischen Hintergrund dieser Entschließung.
   c) Überlegen Sie, ob bzw. inwieweit dieser Beschluss gegen Israel gerichtet ist. → M53
4. Stellen Sie dar, welche Haltung die Sowjetunion im Nahostkonflikt einnimmt. Achten Sie auf die Entstehungszeit des Dokuments. → M54
5. Übersetzen Sie die Erklärung von Venedig und ordnen Sie diese in den historischen Kontext ein. → M55

Der Nahe Osten: Historische Wurzeln eines weltpolitischen Konflikts

5. Suche nach einem Frieden in Nahost

M 56 Wasser: Länderbericht Palästinensische Gebiete

Obwohl sich im Westjordanland eines der bedeutendsten Grundwasservorkommen im Nahen Osten befindet, gehören die Palästinensischen Gebiete zu den wasserärmsten Regionen der Welt. Die Frage der Wasserversorgung ist aufs Engste mit den politischen Parametern des israelisch-palästinensischen Konflikts verknüpft. Die Wasserressourcen sind seit 1967 unter israelischer Kontrolle.

Zu den Hauptaspekten der Wasserproblematik gehört gegenwärtig eine überproportionale Entnahme der Wasserressourcen durch Israel, was zu einer verfügbaren Wassermenge von geschätzt ca. 66 l/c/d (Liter/Kopf/Tag) im Westjordanland und 80 l/c/d im Gazastreifen führt.[1] Die begrenzten erneuerbaren Wasserressourcen liegen in den Palästinensischen Gebieten bei etwa 100 Kubikmetern, in Israel bei 350 Kubikmeter pro Einwohner und Jahr (Einstufung als „extrem wasserarm").[2]

Problematisch ist ferner eine zunehmende Verknappung des verfügbaren Wasserangebots, u. a. bedingt durch eine rasch ansteigende Nachfrage aufgrund des hohen Bevölkerungswachstums, unzureichendes Wassermanagement, hohe technische und administrative Wasserverluste sowie die unkontrollierte Entnahme und Übernutzung des Grundwassers durch einzelne palästinensische Gemeinden, insbesondere aber auch neben dem Abpumpen des Grundwassers nach Israel durch die illegalen israelischen Siedlungen im Westjordanland. Hinzu kommt die Bedrohung der Grundwasserqualität durch unzureichende Abwasserreinigung und Abfallentsorgung. Im Westjordanland gibt es nur eine moderne, funktionsfähige Kläranlage, die mit deutschen Mitteln finanziert und gebaut wurde (Kläranlage Al-Bireh).

Das Problem Wasserknappheit betrifft nicht nur die Palästinensischen Gebiete, sondern die gesamte Region. Da sich die Konkurrenz um die knappe Ressource Wasser weiter zuspitzen wird, besitzt die Lösung der Wasserfrage auch eine friedenssichernde Dimension.

[1] UN OCHA: Consolidated Appeals Process 2008, Januar 2008.

[2] KfW: Sozio-ökonomische Kurzanalyse Palästinensische Gebiete, 2007.

Länderbericht Palästinensische Gebiete, BMZ, Juli 2008.

M 57 **Wasserbaumaßnahmen in Nahost,** Stand 2008

M 58 Die Menschen

Der Histotiker Bernard Wasserstein schreibt über die demografischen Aspekte (2003):

Der demografische Imperativ im Zentrum des israelisch-palästinensischen Konflikts ist für dessen Verständnis von ausschlaggebender Bedeutung. Im Jahr 1900 zählte die Bevölkerung von Palästina kaum mehr als eine halbe Million.

Um 2000 lebten fast zehn Millionen Menschen im Gebiet zwischen dem Mittelmeer und dem Jordan. Diese Vermehrung um das Zwanzigfache im Laufe eines Jahrhunderts stellt weltweit eine der höchsten Wachstumsraten dar.

Dabei veränderte sich nicht nur die Zahl, sondern auch die Zusammensetzung der Bevölkerung. Im Jahr 1900 war Palästina, das zum muslimisch dominierten Osmanischen Reich gehörte, fast ausschließlich muslimisch: Nur etwa ein Fünftel der Bevölkerung gehörte anderen Religion an, wobei etwa 10 Prozent Christen und 10 Prozent Juden waren. Im Jahr 2000 stellten die Christen nur noch einen winzigen Teil der Bevölkerung dar, und die Juden bildeten die absolute Mehrheit – eine zahlenmäßige Überlegenheit, die sich in ihrer politischen Dominanz und ihrer direkten Herrschaft über den Großteil des Landes widerspiegelte. Einer der Gründe für die gigantische absolute Bevölkerungszunahme war die ungewöhnlich hohe natürliche Vermehrungsrate besonders der muslimischen Araber. Der Hauptgrund für die Veränderung der Zusammensetzung der Bevölkerung war jedoch die Massenimmigration von Juden.

Von Juden – aber nicht notwendigerweise von Zionisten – jedenfalls war Zionismus nicht die Hauptantriebsfeder, die sie nach Palästina brachte. Tatsächlich war während der gesamten Periode der modernen jüdischen Immigration seit 1881 nur eine kleine Minderheit der Einwanderer in ihren Herkunftsländern Zionisten gewesen. Während der Zeit der britischen Herrschaft in Palästina zwischen 1917 und 1948, ebenso wie später im Staat Israel, waren die jüdischen Einwanderer keineswegs hauptsächlich durch ihre ideologische Bindung an den Zionismus motiviert – obwohl dies häufig sowohl von den Zionisten als auch von deren Feinden behauptet wurde. Wie alle Wanderbewegungen wurde auch diese durch eine Mischung aus existenzbedrohenden Zuständen im alten Land und Anziehungskraft des neuen Landes ausgelöst. Aber wenn wir die aufeinanderfolgenden Wellen von aliya (jüdische Einwanderung nach Palästina) betrachten, wird klar, dass in der großen Mehrzahl der Fälle die Bedrohung eine größere Rolle spielte als die Anziehungskraft. Nur eine Minderheit der jüdischen Einwanderer waren aktive Mitglieder der zionistischen Bewegung gewesen, bevor sie in Palästina/Israel eintrafen. Tatsächlich kamen die meisten nur deshalb dorthin, weil andere Länder ihnen verschlossen waren.

Bernard Wasserstein, Israel und Palästina, München 2003.

M 59 Juden und Araber in Israel – Bevölkerungswachstum
(jährliche Wachstumsrate in %)

Zeitraum	Juden und andere	Araber
1996–2000	2,4	3,4
2001–2008	1,6	2,8
2000	2,3	3,9
2007	1,6	2,6
2008	1,6	2,6

Aus: Central Bureau of Statistics: Statistical Abstract of Israel 2009 2/3 S. 89.

Aufgaben

1. a) Erstellen Sie eine Übersicht über die verschiedenen Friedensinitiativen. Legen Sie dazu eine Tabelle an, in die Sie den Anlass, den Initiator, die Beteiligten, den Ansatzpunkt für eine Friedenslösung und das Ergebnis eintragen.
   b) Erörtern Sie, warum es so schwierig ist, den Nahostkonflikt zu entschärfen.
   → Text

2. a) Werten Sie die Karte im Hinblick auf die Wasserversorgung in Palästina aus.
   b) Stellen Sie die wichtigsten Probleme zusammen, die im Text zur Wasserversorgung genannt werden.
   c) Vergleichen Sie die Informationen, die der Karte und die dem Text zu entnehmen sind. Welches der beiden Materialien ist Ihrer Meinung nach informativer?
   → M56, M57

3. a) Werten Sie die Bevölkerungsstatistik aus. Welche Bedeutung haben die daraus ablesbaren Entwicklungen für den Nahostkonflikt?
   b) Fassen Sie zusammen, wie Bernhard Wasserstein die demografische Entwicklung beschreibt und wie er sie beurteilt. Prüfen Sie den Text daraufhin, welche Passagen beschreibend und welche beurteilend geschrieben sind.
   → M58, M59

6. Die Palästinenser gewinnen ihre Identität: Vom Flüchtlingsproblem zur Zwei-Staaten-Lösung

M 60 Intifada

Die israelische Schriftstellerin Amira Hass berichtet über den Ausbruch der Ersten Intifada 1987:

Im Dezember endlich fegte der Zorn über Gaza hinweg. Während der ersten Tage hatte es den Anschein, als würde der ganze Gazastreifen von den Protesten mitgerissen, und doch fühlten sich alle
5 überrumpelt, als seien sie nur unbeteiligte Zuschauer, verblüfft über die Kraft des Ausbruchs. Am zweiten Tag, dem 10. Dezember, konnte Marwan Kafarna, der damals in Beit Hanun lebte, seine Schule in Jabalia nicht erreichen, wo eine Ausgangssperre
10 verhängt worden war. Die meisten UNRWA-Lehrer (UNRWA: **U**nited **N**ations **R**elief and **W**orks **A**gency for Palestine Refugees in the Near East), einschließlich Kafarnas, wurden stattdessen in andere Schulen in der Nähe ihrer Wohnungen geschickt, um
15 für Kollegen einzuspringen, die an anderen Orten durch Ausgangssperren festgehalten wurden.
Aber ebenso wie Abu Husa und Zaqut machte sich Kafarna stattdessen auf den Weg zum Gewerkschaftsgebäude. Unter Missachtung der
20 Ausgangssperre begaben sich die drei Männer auf eine Rundfahrt durch den Gazastreifen, um festzustellen, was vorging. In Jabalia war trotz der Ausgangssperre keine Ruhe eingetreten, ganz im Gegenteil. „Überall waren Barrikaden, brennende
25 Reifen und fliegende Steine. Die meisten Straßen waren blockiert, und die Leute strömten aus ihren Häusern, um mitzumachen und um herauszufinden, was los war." Am dritten Tag der Unruhen kamen die drei Männer förmlich zusammen „um
30 die Dinge weiterzuentwickeln", wie Kafarna sich ausdrückt. Mabhuh war nicht dabei – er war am Tag zuvor verhaftet worden, als er Flugblätter für die Kommunistische Partei anfertigte, und wurde neun Tage lang festgehalten. Andere Kommunis-
35 ten hatten begonnen, unter dem Namen „Nationalistische Kräfte" Flugblätter zu verteilen, und die übrigen Organisationen waren wutentbrannt darüber, ausgeschlossen zu werden. Aber der Alleingang der Kommunistischen Partei verdeutlichte die
40 Notwendigkeit, den Aufstand zu koordinieren, und das zentrale Komitee der Gewerkschaften, das nun schon seit mehreren Monaten arbeitete, war die nahe liegendste Adresse.
Die strenge Überwachung der Presse und die Unter-
45 drückung aller politischen Aktivitäten machten das einseitige Flugblatt – das im Untergrund billig hergestellt und leicht auf den Straßen verteilt werden konnte – sehr schnell zur populärsten Form der Massenkommunikation im Gazastreifen. Flugblät-
50 ter, die Anweisungen gaben, Streiks ankündigten, Nachrichten verbreiteten und moralische Unterstützung boten, gehörten bald zum Alltag. Und obwohl die Verfasser anonym und geheim blieben, befolgten die Leute die Anweisungen und nahmen
55 jedes neue Flugblatt mit Eifer entgegen. Kennzeichnend für die Intifada war jedoch, dass die Flugblätter gemeinschaftlich von rivalisierenden politischen Organisationen unterzeichnet waren. Das Erste, das unter dem Namen Unified National Leadership
60 (UNL) erschien, war jedoch nur von der Fatah, der PFLP und der DFLP unterschrieben. Mabhuh war im Gefängnis, und so fehlte die Unterschrift der Kommunistischen Partei.
Die Gesichter der vier Männer (und das Ihab al-
65 Ashqars, der sich bald darauf der UNL anschloss) leuchten auf, wenn sie sich an diese ersten Tage erinnern. Jeder trug etwas zur allgemeinen Strategie bei. „Auf die Fatah geht die Entscheidung zurück, keine Waffen einzusetzen", erklärte Abu Husa.
70 „Wir suchten nach anderen Methoden, die starke Beteiligung an den Aktionen aufrechtzuerhalten. Wir brachten unsere Leute, die Fatah-Anhänger, auf die Straße und traten dann beiseite, ließen uns nicht mehr blicken. Sie waren diejenigen,
75 die handeln mussten, nicht die üblichen Verdächtigen. Natürlich wollten viele Leute wissen, warum wir uns bei den Protesten nicht hatten sehen lassen, aber wir waren mit anderen Dingen beschäftigt. Wir flohen vor den Soldaten und sorgten dafür, dass
80 sie sahen, wie wir in die Häuser der Leute rannten. Dann warfen sie Tränengas hinein oder kamen ins Haus, zertrümmerten Sachen und verprügelten die Familie. Die Idee war, dass es in jedem Haus einen Verwundeten geben sollte – wir wollten, dass jeder
85 Palästinenser mitmachte, sich gegen die Soldaten wehrte, ob er nun politisch aktiv war oder nicht. Auf diese Weise sorgten wir dafür, dass der ganze Gazastreifen am Aufstand beteiligt war."
Tawfiq Abu Husa entschloss sich, seine ganze Kraft auf die Fatah zu konzentrieren, und so brachte
90 er Ashqar zur zweiten Zusammenkunft der UNL, um für ihn einzuspringen. „Noch bevor ich mich vorstellte", berichtete Ashqar, „beschwor ich sie, keinen Kontakt mit den PLO-Führern im Ausland

aufzunehmen, nicht um alles in der Welt. Ich stellte ihnen ein Ultimatum: ‚Wenn sich die Leute im Ausland einmischen, mache ich nicht mehr mit.' Tawfiq und ich waren uns darüber vollkommen einig. Wir waren zu dem Schluss gekommen, dass die da draußen alles ruinieren würden, was wir hier zustande bringen konnten." Kafarna war genau der gleichen Meinung – auch er hatte etwas dagegen, von der Volksfront im Ausland Befehle entgegenzunehmen. Mabhuh dagegen hatte ein solches Ultimatum nicht nötig. Die Kommunisten hatten ihre Basis vor Ort. Auch die DFLP hatte eine starke, gut organisierte Führung in Gaza und im Westjordanland, und so fühlte sich Zaqut berechtigt, Entscheidungen zu treffen und nach Gutdünken zu handeln.

Zur Beschwichtigung der Hierarchie ihrer Organisationen schrieben die UNL-Mitglieder gelegentlich nachträgliche Berichte über ihre Aktivitäten, die dann an Kontaktleute ihrer jeweiligen Bewegungen weitergeleitet wurden. Abu Husa dagegen blieb in täglichem Kontakt mit Arafats Stellvertreter Abu Jihad in Tunis. In einem denkwürdigen Gespräch versuchte Abu Husa, das Ausmaß der Demonstrationen zu beschreiben. „So etwas haben wir noch nie erlebt", versicherte er. „Es ist … es ist", stotterte er und suchte nach dem richtigen Wort. „Es ist eine Intifada."

Amira Hass, Gaza. Tage und Nächte in einem besetzten Land, München 2004.

M 61 **Verhaftung**
Israelische Soldaten führen einen Palästinenser ab, der bei Unruhen in Ramallah (Westbank) wegen Steinewerfens verhaftet worden war, Dezember 1987.

Aufgaben

1. a) Erstellen Sie einen biografischen Abriss über Yassir Arafat.
   b) Verfassen Sie auf dieser Grundlage eine kritische Würdigung seines politischen Handelns. Bedenken Sie die Kriterien Ihres Urteils. Berücksichtigen Sie dabei auch das vorangegangene Kapitel.
   → Text

2. a) „Gibt es ein palästinensisches Volk?" – Wie beantwortet der Autor seine Ausgangsfrage?
   b) Stimmen Sie ihm zu? Begründen Sie Ihre Stellungnahme.
   → Text

3. Fassen Sie die wesentlichen Informationen des Kapitels in einer grafischen Darstellung zusammen. → Text

4. a) Setzen Sie sich mit der Strategie der PLO auseinander, zur Durchsetzung ihrer politischen Ziele terroristische Mittel einzusetzen.
   b) Erörtern Sie, davon ausgehend, grundsätzlich die Frage, ob Gewalt zur Durchsetzung politischer Ziele legitim ist.
   → Text

5. a) Fassen Sie zusammen, was Amira Hass über die Intifada schreibt.
   b) Analysieren Sie, welche Einstellung sie gegenüber dem palästinensischen Aufstand vertritt. Belegen Sie dies am Text.
   c) Vergleichen Sie den Text mit dem Foto. Welches Bild wird jeweils vermittelt?
   → M60, M61

7. Radikalismus und Fundamentalismus bei Juden und Arabern

M 62 Siedlungspolitik

a) Zur umstrittenen Siedlungspolitik der Israelis schreibt die „Neue Zürcher Zeitung" am 22.07.2009:

Das israelische Oberste Gericht hat die Regierung unlängst angewiesen, das Verfahren zur Räumung von zwei israelischen Siedlungen in Cisjordanien (d. i. das seit 1967 besetzte Westjordanland, „West-
5 bank") zu beschleunigen. Die ursprüngliche Verfügung zum Abbau von 18 Bauten in den auch nach israelischem Recht illegalen Außenposten Harsha und Hayovel war bereits vor vier Jahren erlassen worden, bis anhin aber ignoriert worden. Wegen
10 dieser Verzögerungen waren die Friedensbewegung „Peace Now" und eine Menschenrechtsorganisation ans Oberste Gericht gelangt. Die Richter übten in ihrem Urteil scharfe Kritik an der mangelnden Achtung der Rechtsstaatlichkeit und der schlep-
15 penden Umsetzung gefällter Urteile. Allerdings räumten sie den Behörden nochmals vier Monate ein, um die Außenposten zu räumen oder zumindest einen Zeitplan für deren Räumung vorzulegen.

Israel tut sich äußerst schwer mit den Siedlungen in Cisjordanien. Die Vorgeschichte und das jetzige Vorgehen zeigen, wie die Verzögerungstaktik der Behörden und formaljuristische Bdenken der israelischen Justiz den Kolonisten in die Hände spielen. Der Siedlungsbau ist zu einem Politikum ohnegleichen geworden und droht die Beziehungen zur neuen amerikanischen Regierung erheblich zu belasten. [...] Religiöse und nationalistische Kreise in Israel stellen sich auf den Standpunkt, dass das Heilige Land in seiner Gesamtheit wie in der Bibel versprochen dem jüdischen Volk gehöre. [...]
Israel machte [...] geltend, dass die politische Konstellation und der überproportionale Einfluss, 50 den nationalistische Kreise ausübten, vorläufig nicht gestatten, der Bautätigkeit in Cisjordanien ein Ende zu setzen. [...] Sollten Amerikaner und Palästinenser hingegen auf einer Einstellung der Bautätigkeit bestehen, würde die jeweilige Regie- 55 rung sofort zusammenbrechen. [...] Dass die israelischen Beschwichtigungen nicht in gutem Glauben vorgebracht worden waren, zeigte ein Brief, den der amerikanische Präsident George W. Bush 2004 an Ministerpräsident Sharon gesandt hatte. 60 Darin schrieb er, dass den demografischen Verhältnissen, die über die Jahre hinweg in Cisjordanien entstanden seien, Rechnung getragen werden müsse. Die Palästinenser hatten sich also düpieren lassen. [...] 65
Nachdem am Montag [20.7.2009] Siedler Palästinensern gehörende Olivenbäume verbrannt, palästinensische Fahrzeuge mit Steinen beworfen und Straßen blockiert hatten, kam es am Dienstag zu weiteren Eskalationen. 47

Neue Zürcher Zeitung, 22.7.2009, S. 4.

b) Die „Süddeutsche Zeitung" schreibt zur selben Thematik am 23.07.2009:

Die 121 jüdischen Siedlungen im Westjordanland erhalten einen deutlich höheren finanziellen Zuschuss der Regierung als sämtliche Kommunen im Kerngebiet Israels.
Laut der Studie [des von der Friedrich-Ebert-Stif- 5 tung gegründeten Israel European Policy Network] erhalten alle israelischen Kommunen zusammengerechnet 34,7 % staatliche Zuschüsse [von der Gesamtsumme der Zuschüsse], die jüdischen Siedlungen im besetzten Westjordanland dagegen 10 57 % [...].
Nach Angaben der israelischen Friedensorganisation Peace Now sind die Etats für die Finanzierung absichtlich auf diverse Ministerien verteilt, um „keine Transparenz zuzulassen". 15
[...] Vor ein paar Jahren kritisierte der staatliche Rechnungsprüfer, dass das Wohnungsbauministerium mehrere Außenposten finanziert hat, obwohl die Armee diese auflösen sollte.

Süddeutsche Zeitung, 23.7.2009, S. 5.

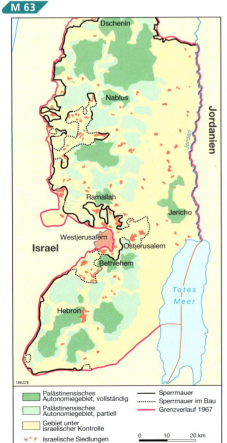

M 63

M 64 Charta der Hamas

Auszüge aus dem Programm der Islamischen Widerstandsbewegung (1988):

Art. 6: Die Islamische Widerstandsbewegung ist eine spezifische palästinensische Bewegung, welche ihre Loyalität Gott erweist, den Islam als Programm für das Leben nimmt und dafür kämpft, dass das Banner Gottes über jedem Zipfel Palästinas aufgepflanzt wird. [...]

Art. 8: Gott ist ihr Ziel, der Gesandte ihr Vorbild, der Koran ihre Verfassung, der Dschihad ihr Weg, und der Tod auf dem Wege Gottes ist ihr erhabenstes Verlangen (Die Losung der Muslimbruderschaft). [...]

Art. 11: Die Islamische Widerstandsbewegung glaubt, dass das Land Palästina islamisches waqf-Land[1] für die muslimischen Generationen bis zum Tag der Auferstehung ist. Dieses Land oder ein Teil davon darf weder vernachlässigt werden, noch darf auf dieses Land oder auf einen Teil davon verzichtet werden. [...]

Art. 13: Politische Initiativen und sogenannte friedliche Lösungen und internationale Konferenzen zur Lösung der Palästinafrage stehen zur Glaubensüberzeugung der Islamischen Widerstandsbewegung im Widerspruch. [...]

Art. 35:
An dem Tag, an dem die Feinde ein Territorium der Muslime erbeuten, wird der Dschihad individuelle Pflicht für jeden Muslim. Angesichts des Raubes Palästinas durch die Juden ist es unausweichlich, das Banner des Dschihad zu entfalten. Dazu ist es notwendig, das islamische Bewusstsein unter den Massen des Volkes auf regionaler, arabischer und islamischer Ebene zu verbreiten, den Geist des Dschihad in der Nation (umma) zu stärken und sich den Reihen der Glaubenskämpfer anzuschließen, um die Feinde zu bekämpfen. [...]

1 waqf-Land = Besitz einer religiösen Stiftung

Zit. nach: A. Meier, Der politische Auftrag des Islam, Wuppertal 1994, S. 389 ff.

M 65 Potenzieller Selbstmordattentäter der Hamas, 2009

Aufgaben

1. a) Fassen Sie die zentralen Aussagen der beiden Texte zur Siedlungspolitik der Israelis zusammen.
   b) Untersuchen Sie, ob, und wenn ja, welche Wertungen in den Texten feststellbar sind.
   c) Analysieren Sie die Karte und untersuchen Sie, wie die Siedlungspolitik durchgeführt wird.
   d) Erörtern Sie, ob die Siedlungspolitik berechtigt ist oder ob sie zur Eskalation der Gewalt beiträgt. Berücksichtigen Sie dabei verschiedene Perspektiven.
   → M62, M63

2. a) Fassen Sie die zentralen Aussagen der Charta der Hamas zusammen.
   b) Erörtern Sie, ob die Ziele der Hamas berechtigt sind oder ob die Politik der Hamas zur Eskalation der Gewalt beiträgt. Berücksichtigen Sie dabei verschiedene Perspektiven.
   → M64

3. a) Erstellen Sie aufgrund des Textes eine zweispaltige Übersicht, in der Sie jeweils die Ursachen, Formen und Folgen der bei Juden und Arabern feststellbaren Spirale der Gewalt eintragen.
   b) Versuchen Sie auf dieser Grundlage eine Einschätzung, warum der Nahostkonflikt solche radikalen bzw. fundamentalistischen Strömungen hervorbringt.
   → Text

8. Zusammenleben von Juden und Arabern

M 66 „Fremder Mann im Weißen Haus"

Der israelische Publizist Avi Primor schreibt über Obamas Nahostpolitik und ihre Wirkung auf die israelische Psyche (2009):

Obama und die Psyche der Israelis: Der US-Präsident sendet Signale der Freundschaft aus – aber nicht Richtung Jerusalem.

Nun bietet der israelische Ministerpräsident Benjamin Netanjahu den Palästinensern also Frie- [5] densverhandlungen an. Die Offerte kommt einen Monat, nachdem er dem amerikanischen Präsidenten widerstrebend nachgegeben hatte: Nach ausführlicher Wiederholung der Prinzipien seines politischen Lagers sprach Netanjahu das lange [10] erwartete Bekenntnis zum Palästinenserstaat, also zur Zweistaatenlösung, aus. Umfragen danach ergaben, dass 71 Prozent der Israelis ihrem Regierungschef zustimmen. Und dies, obwohl sie sich – denselben Umfragen zufolge – vollkommen [15] bewusst sind, dass Netanjahu sich nur dem Druck Obamas gebeugt hat.

Die israelische öffentliche Meinung hat in den vergangenen Jahrzehnten eine merkwürdige Entwicklung durchgemacht. Sie hat sich schrittweise [20] von der Ideologie des rechten Lagers entfernt und die Ideen des gemäßigten übernommen. In den zurückliegenden Jahren befürwortet eine stabile Zweidrittel- bis Dreiviertelmehrheit die Räumung der besetzten Gebiete und der Siedlungen dort. [25] Und wer die Räumung der Siedlungen für notwendig hält, ist natürlich kein Befürworter des Siedlungsbaus. Merkwürdigerweise aber wählen die Israelis zunehmend das rechte Lager und immer weniger die linken Parteien. Bei den vergangenen [30] Wahlen konnten die beiden Parteien in Israel, die sich als links bezeichnen, die Arbeitspartei und Meretz, gemeinsam nur 16 der 120 Abgeordneten stellen. Der Grund dafür ist, dass die gemäßigten Wähler den linken Parteien nicht zutrauen, die [35] Politik, an die sie glauben, zufriedenstellend in die Tat umzusetzen. Als der damalige Likud-Chef und Ministerpräsident Menachem Begin Anfang der Achtzigerjahre die besetzten ägyptischen Gebiete inklusive der Siedlungen räumte, jubelte ihm die [40] Mehrheit der Israelis zu. Das Gleiche wiederholte sich gut zwanzig Jahre später, als der Likud-Chef und Ministerpräsident Ariel Scharon, der Hardliner und größte Siedlungsbauer überhaupt, den Gazastreifen samt Siedlungen räumte. Die gemäßigte [45] Rabin-Peres-Regierung der Neunzigerjahre verlor schrittweise die Unterstützung der Bevölkerung – obwohl sie keine einzige Siedlung verließ und nur bereit war, einen Teil der Gebiete einer Palästinensischen Autonomiebehörde zu überlassen, [50] aber unter israelischer Oberkontrolle. Die Ermordung Rabins 1995 war lediglich der schlimmste Ausdruck der zunehmenden Ablehnung seiner Politik. Warum?

Was den Israelis am Herzen liegt, sind nicht Sied- [55] lungen oder Gebiete, und „Frieden" ist ein zu nebelhafter Begriff. Absolute Priorität für die Israelis hat ihre Sicherheit, sie sie seit Ausrufung des Staates im Jahr 1948 immer wieder neu erringen müssen. Begin konnte Gebiete und Siedlungen [60] räumen, weil der ägyptische Präsident Sadat die israelischen Bürger davon überzeugen konnte, dass er ihnen Sicherheit gewährleisten würde. Das Gleiche wiederholte sich später mit dem jordanischen König Hussein. Und Scharon konnte den [65] Gazastreifen trotz heftigster Drohungen aus dem extremen rechten Lager räumen, weil die meisten Bürger glaubten, dass die Räumung ihnen Ruhe und Sicherheit entlang des Gazastreifens bescheren würde. Die Osloer Verhandlungen hingegen, die [70] die Linken Rabin und Peres in den Neunzigerjahren mit Arafat führten, wurden zunehmend von palästinensischen Terrorangriffen im israelischen Kernland begleitet. Daher hat die Bevölkerung in Sachen Sicherheit das Vertrauen in das linke Lager [75] verloren. Sollte das rechte Lager den Palästinensern oder den Syrern Zugeständnisse machen, wird es nach allgemeiner Einschätzung das Thema Sicherheit fest im Auge behalten. Sollte es aber keine Zugeständnisse machen, wird es auf jeden Fall für [80] Sicherheit sorgen. Und das ist die Hauptsache, meinen heute die meisten Israelis.

Offensichtlich setzt Obama die rechte israelische Regierung unter Druck, um sie zu einem Friedensprozess zu führen. Dazu soll Israel nicht nur auf wei- [85] teren Siedlungsbau verzichten, sondern die Siedlungen und die besetzten Gebiete räumen. Sollte Obama darauf beharren, so wird er dies erreichen, weil Israel sich nicht den geringsten Widerstand gegen die USA leisten kann. Es stellt sich aber die [90] Frage, ob ein Frieden, der auf diese Weise erreicht werden wird, auch halten kann. Heute liegt es in Obamas Interesse, im Nahen Osten Frieden zu erzwingen. Was aber Amerikas Interessen nach Obama sein werden, weiß niemand. Um sicherzu- [95]

stellen, dass der Frieden auch ohne permanenten amerikanischen Druck hält, muss die Mehrheit der Israelis ihn aus vollem Herzen akzeptieren. Bis heute scheint jedoch dieser Aspekt des Problems den Präsidenten nicht zu interessieren. Obama bemüht sich sehr, die arabische und islamische Welt von seiner Freundschaft zu überzeugen, und das ist gut so. Die Israelis aber haben den Eindruck gewonnen, dass er dies auf Kosten Israels tut und sich um Israels Wohlergehen keine Sorgen macht. Zunehmend verkrampfen sich die Israelis in dem Glauben, dass sie im Weißen Haus keinen Freund mehr haben. Sie verstehen zum Beispiel nicht, warum die Amerikaner darauf bestehen, sofort jegliches Bau in den Siedlungen einzustellen, selbst in denen, die nach dem Abzug aus dem Westjordanland in einem Landtausch mit den Palästinensern an Israel fallen sollen. Das Weiße Haus veröffentlichte ein Foto von Obama, wie er mit den Füßen auf dem Schreibtisch ein Telefongespräch mit Netanjahu führt. Was bei Bush als familiäre Geste empfunden worden wäre, lässt bei Obama die Frage entstehen, ob er eine solche Aufnahme auch von einem Telefonat mit dem saudischen König veröffentlichen würde. Den Israelis fehlen Gesten der Freundschaft. Obama war mehrmals zu Gast in der islamischen Welt, aber Israel wurde noch nicht einmal von seiner Außenministerin besucht.

Letztlich aber kreist alles um die Sicherheitsfrage. In seiner Rede vom 14. Juni akzeptierte Netanjahu zwar das Prinzip eines Palästinenserstaates, beharrte aber auf der israelischen Sorge um Sicherheit nach der Räumung des Westjordanlands. Den Palästinensern stehen keinerlei Mittel zur Verfügung, Israels Sicherheit zu gewährleisten, auch wenn sie dies wollen. Die bittere Erfahrung, die die Israelis mit dem geräumten Gazastreifen machen mussten, hat sie argwöhnischer denn je gemacht. Hätte Obama diese Sorgen angesprochen und beschwichtigt, indem er den Israelis detaillierte Sicherheitsvorkehrungen und internationale Garantien für den Tag nach der Räumung des Westjordanlands versprochen hätte, so hätte er die Herzen der Israelis gewonnen und Netanjahu damit fest an seine neue, widerwillig eingeschlagene Politik gebunden.

Süddeutsche Zeitung, 14.7.2009, S. 2.

M 67 „West-Eastern Divan Orchestra"

Das 1999 von dem argentinisch-israelischen Dirigenten Daniel Barenboim, dem in Palästina geborenen amerikanischen Literaturwissenschaftler Edward Said und dem Generalbeauftragten der Europäischen Kulturhauptstadt (Weimar) Bernd Kauffmann gegründete Sinfonieorchester setzt sich aus jungen Musikern zusammen, die aus Ägypten, Syrien, dem Libanon, Jordanien, Tunesien, Israel und Andalusien kommen und sich einmal im Jahr für eine Arbeits- und anschließende Aufführungsperiode treffen, Fotografie, 2008.

Aufgaben

1. Zeigen Sie anhand des Textes auf, welche Ansatzpunkte es für ein friedliches Zusammenleben von Juden und Arabern gibt.
→ M66

2. Wie schätzt Avi Primor die Politik Barack Obamas im Besonderen, und wie schätzt er die Friedenschancen im Allgemeinen ein? Stellen Sie die wichtigsten Aussagen thesenhaft zusammen.
→ M66

3. a) Informieren Sie sich über das „West-Eastern Divan Orchestra".
   b) Eröffnen solche Initiativen Wege zum Frieden? Begründen Sie Ihre Meinung.
→ M67

4. Gibt es Hoffnung auf einen Frieden in Nahost? Stellen Sie dar, wie Sie die Situation einschätzen.

Methode: Umgang mit Fotografien

M 1 „Ikone der Intifada"
Palästinensische und libanesische Schüler mit dem Bild, das den tragischen Tod Mohammed al-Durrahs zeigt, Beirut, 18.10.2000.

M 2 Ein Kommentar

Die Wissenschaftlerin Silvia Horsch analysiert das vorliegende Foto folgendermaßen:

Die 60 Sekunden des aufgenommenen Bildmaterials, das die letzten Momente im Leben des Jungen zeigt, wurden zu einer Art Ikone der zweiten Intifada. Und Muhammad al-Durrah wurde für die
5 Palästinenser zum Märtyrer (schahid, Pl. schuhada). Dieser Status wird allen Personen, die im Konflikt mit Israel zu Tode kommen, verliehen – unabhängig davon, ob es sich um bewaffnete Kämpfer oder Zivilisten handelt. Der Zwölfjährige aber ragt aus
10 der Menge der Märtyrer heraus, denn er verkörpert den Typus des wehrlosen Opfers, das für Palästina leidet und stirbt. [...] Beide, die religiöse wie die nationalistische Märtyrerfigur, beziehen sich primär auf den heroischen Kämpfer. Al-Durrah steht
15 hingegen paradigmatisch für das schutzlose zivile Opfer, dessen ansonsten sinnlos erscheinender Tod durch den Märtyrerstatus in ein willentliches Opfer umgedeutet und dem damit Bedeutung verliehen wird: Das victim wird zum sacrifice. [...] Das jugend-
20 liche Alter des Opfers ist besonders geeignet, die Unschuld der Palästinenser zu betonen, wodurch die israelische Seite im dunkelsten Licht erscheint. Als Zeuge des Leidens des palästinensischen Volkes hat das Opfer eine zugleich appellative und ankla-
25 gende Funktion. Der Tod des Muhammad al-Durrah ist in einer Fülle von Bildern (Wandmalereien, Postern etc.), Gedichten und populären Liedern dargestellt worden, die oft mit einer Botschaft an die arabischen Staaten verbunden
30 sind. So wurden die häufig gesendeten Aufnahmen im palästinensischen Fernsehen mit einem Lied unterlegt, in dem die Stimme eines Jungen die Hilfe der arabischen Welt einklagt.
35 Viele arabische Staaten haben sich ihrerseits an Muhammad al-Durrahs Verehrung als Märtyrer und an der Ikonisierung seines Bildes beteiligt: Zahlreiche Straßen und Plätze wur-
40 den nach ihm benannt, Briefmarken mit seinem Bild herausgegeben. [...] Das „wehrlose Opfer" ist andererseits ein gewichtiges Argument in der Rhetorik von Vergeltung und
45 Rache. So haben mehrere palästinensische Selbstmordattentäter in ihren Abschiedsvideos ihre Entscheidung zur Tat mit dem Tod des Jungen begründet. [...] Weniger die Zweifel an der
50 Authentizität der Filmaufnahmen [...] als die mediale, propagandistische Verbreitung von Muhammed al-Durrahs Bild als Märtyrer dürfte dafür verantwortlich sein, dass die Bilder seines Todes in der westlichen Öffentlichkeit gerade jene Wir-
55 kung verfehlten, die sich viele Palästinenser davon erhofften. Eine Analyse der Berichterstattung in der deutschen Presse (von Margarete und Siegfried Jäger) hat vielmehr ergeben, dass das Ereignis eine negative Stereotypisierung beider Konfliktparteien
60 verstärkt hat: hier die aggressiven, militanten Israelis, dort die atavistischen, zurückgebliebenen islamischen Palästinenser. In vielen westeuropäischen Gesellschaften ist man nach den Erfahrungen zweier Weltkriege nationalem Heldentum gegen-
65 über ebenso misstrauisch wie gegenüber der Heroisierung von Opfern – sei es für ein Kollektiv, den Staat oder die Heimat. Erschwerend kommt hinzu, dass der palästinensisch-arabische Märtyrerdiskurs zumeist als ein ausschließlich religiöser – und zwar
70 islamischer – wahrgenommen wird. Und die Figur des islamischen Märtyrers, in den Medien häufig mit der des Selbstmordattentäters gleichgesetzt, ist hochgradig negativ besetzt.

Silvia Horsch, Muhammed al-Durrah – die Generation der zweiten Intifada, in: Sigrid Weigel (Hg.), Märtyrer-Porträts. Von Opfertod, Blutzeugen und heiligen Kriegern, München 2007, S. 294–297 (Auszüge).

Eine Fotografie aus der Intifada

Am 30. September 2000 kam es im Rahmen der sogenannten Zweiten Intifada an einer Kreuzung in Gaza-Stadt zu einem Feuergefecht zwischen der israelischen Armee und aufständischen Palästinensern. Ein arabisches Kamerateam des französischen Senders France 2 filmte eine Szene, in der zu sehen war, wie ein Vater seinen anscheinend tödlich getroffenen Sohn auf dem Schoß hielt. Diese Sequenz wurde in der Folgezeit millionenfach verbreitet. Nachdem der französische Medienmanager Philippe Karsenty die Authentizität der Bilder in Zweifel gezogen hatte, kam es im November 2007 in Paris zu einem Prozess, in dem er wegen übler Nachrede angeklagt war. Dabei stellte sich heraus, dass es weiteres Filmmaterial gab, und dass auf den letzten Bildern zu sehen war, dass sich der Junge noch bewegte. Angesichts dessen gibt es Zweifel, ob Muhammed in dieser Situation tatsächlich erschossen und ob, wenn es so war, er ein Opfer israelischer Kugeln wurde. Zu diesem Zeitpunkt hatte sich ein Standbild aus dem Film allerdings längst als Einzelbild verselbstständigt: Muhammed erlangte schnell den Status eines Märtyrers. Wie kam es dazu, dass dieses aus einer Filmsequenz herausgelöste Foto gleichsam zu einem Heiligen-Bild, zur „Ikone der Zweiten Intifada" (Esther Shapira) werden konnte?

Fragen an Fotografien

1. Entstehung der Fotografie
a) Bestimmen Sie, worin sich die Entstehung des Bildes vom sonst üblichen Zustandekommen eines Fotos unterscheidet.
b) Verschaffen Sie sich einen Überblick über die Entstehung des zugrunde liegenden Films, indem Sie in einschlägigen Video-Portalen recherchieren.
c) Welche Aussagen macht der Text zur Echtheit des Films und zur Glaubwürdigkeit der dargestellten Situation? Wie schätzen Sie die Echtheit des Bildes aufgrund Ihrer Recherche ein?

2. Bildsprache
a) Beschreiben Sie das Bild genau.
b) Formulieren Sie den Eindruck, den das Bild bei Ihnen hervorruft.
c) Informieren Sie sich, was man unter einer „Pietà" versteht. Untersuchen Sie, welche Elemente dieses Bildtyps für das vorliegende Foto relevant sind.
d) Stellen Sie die Aussagen zusammen, die der Text zur Bildsprache der Fotografie macht.

3. Rezeption der Fotografie
a) Beschreiben Sie, wie das Foto verwendet wird.
b) Fassen Sie zusammen, welche Aussagen der Text zur Wirkungsgeschichte des Bildes macht.
c) Recherchieren Sie auf einschlägigen Bilder-Portalen, in welchen Zusammenhängen das Bild verwendet wird.
d) Informieren Sie sich genauer über den Begriff „Ikone". Erörtern Sie, ob die Bezeichnung für das Foto zutrifft.

4. Kritik
a) Überlegen Sie, welchen Quellenwert das Bild für die Erschließung der Zweiten Intifada als historisches Ereignis besitzt. Überlegen Sie, welchen Quellenwert das Bild für die Erschließung der Einstellung der Palästinenser besitzt.
b) Überprüfen Sie, ob die angezweifelte Authentizität des Bildes seinen Charakter als Ikone des palästinensischen Widerstands infrage stellt.

Die USA – Von den rebellischen Kolonien zur globalen Supermacht

M 1 „Washington Crossing the Delaware River, 25th December 1776"
Kopie eines Gemäldes von Emanuel Gottlieb Leutze von 1848 aus dem Metropolitan Museum of Art, New York, 647 x 378 cm.

M 2 Hissen der US-Flagge auf der japanischen Insel Iwo Jima, 23.2.1945
US-Soldaten richten nach verlustreichem Kampf die amerikanische Flagge auf, nachgestellte Inszenierung, 1945

II. Die USA – Von den rebellischen Kolonien zur globalen Supermacht

In vielerlei Hinsicht waren die USA vom Beginn ihrer Geschichte an ein Laboratorium der Moderne. Der erste große Flächenstaat der Neuzeit, der sich selbst eine republikanische Verfassung gab, der Ort der ersten liberalen Verfassung in der Epoche der bürgerlichen Aufklärung, der erste Nationalstaat, der ausschließlich aus Zuwanderern gefügt wurde, neben Großbritannien das erste hoch industrialisierte und kapitalistisch organisierte Staatswesen der Erde. Der experimentelle Charakter der USA sticht so gesehen unmittelbar ins Auge. Dabei hatte das Land den großen Vorteil, zwar einerseits von vorwiegend europäischen, zum Teil aber auch indianischen und afrikanischen Traditionen lernen zu können, sich aber zum anderen von den Verkrustungen der europäischen Feudalgesellschaft frei halten zu können. Tradition und Neuanfang mischten sich zu einem ganz eigenartig gestalteten Ganzen, das allerdings von Beginn an von zahllosen Mythen umgeben wurde. Die USA waren nie nur das Land der unbegrenzten Möglichkeiten, des Aufstiegs vom Tellerwäscher zum Millionär, der demokratischen Gleichheit und der ungebremsten Zuwanderung. Fremdenfeindlichkeit, Ausbeutung und kriegerische Expansion waren hier ebenso zuhause wie liberale Fortschrittsideen – zwei Seiten einer Medaille.

Um die Ambivalenzen und Eigentümlichkeiten der amerikanischen Geschichte zu begreifen, ist es notwendig, sich ein Bild von ihren Anfängen zu machen. Die Amerikanische Revolution gründete tief in der ideellen und gesellschaftlichen Welt des 18. Jahrhunderts. Sie verband die Ideale der Aufklärung, des Liberalismus und des bürgerlichen Tugendrepublikanismus mit dem religiösen Enthusiasmus evangelikaler Erweckungsbewegungen. Aus der Unzufriedenheit mit der Steuergesetzgebung des britischen Parlaments erwuchs eine fundamentale Opposition gegen die monarchische Regierungsform. Beide Entwicklungen entfalteten binnen weniger Jahrzehnte eine schier unglaubliche Dynamik, gesellschaftlich wie kulturell, wirtschaftlich wie politisch. Die junge Republik verstand sich als Motor einer nicht aufzuhaltenden Moderne, und viele europäische Beobachter von Johann Wolfgang von Goethe bis hin zu Alexis de Tocqueville stimmten den Amerikanern in dieser Selbsteinschätzung zu. Aber die Hoffnungen, die sich aus diesem Zauber des Anfangs ergaben, trogen immer wieder. Die Geschichte der USA war und blieb ambivalent. Aus Dynamik konnte Aggressivität nach innen und außen werden. Der Amerikanische Bürgerkrieg, die nahezu vollständige Vernichtung der indianischen Ureinwohner, aber auch Imperialismus und Weltmachtstreben verschiedener amerikanischer Regierungen zeugen davon. Dieser prinzipiellen Ambivalenz gilt es nachzuspüren.

Die USA – Von den rebellischen Kolonien zur globalen Supermacht

1. Die Amerikanische Revolution

Grundlagen einer Nation

Über die genaue Charakteristik der Amerikanischen Revolution ist seit dem 19. Jahrhundert viel gestritten worden. Eines aber ist klar: Die Amerikanische Revolution war zuallererst einmal der Beginn einer besonderen Geschichte, derjenigen der Vereinigten Staaten von Amerika. Erst durch den revolutionären Akt der Unabhängigkeitserklärung vom 4. Juli 1776 wurden dreizehn der vierzehn nordamerikanischen Festlandskolonien des Britischen Weltreichs in ein neues, republikanisch verfasstes Staatswesen umgeformt, dem damals freilich kaum jemand die Fähigkeit zugebilligt hätte, länger als ein oder zwei Jahrzehnte zu bestehen.

Tatsächlich hatte vor 1763 wenig dafür gesprochen, dass aus den 13 Kolonien einmal ein eigener Staat werden könnte. Die südlichen Kolonien gründeten auf Sklaverei, die im Norden – mit Ausnahme New Yorks – eher selten war. Bei genauem Hinsehen überwogen die Unterschiede die Gemeinsamkeiten deutlich. Die Kolonien wurden sämtlich von London aus einzeln verwaltet und pflegten untereinander nur den notwendigsten Verkehr. Offiziell musste der gesamte Handel über London abgewickelt werden, aber das blieb Theorie. Von der britischen Regierung war, wenn nicht gerade Krieg in Europa herrschte, wenig zu merken. Wenn die Kolonien vor 1773 überhaupt etwas gemeinsam hatten, dann das Bewusstsein, loyale Untertanen des britischen Königs und freie britische Bürger zu sein, vielleicht sogar mit mehr Freiheit als die Briten im Mutterland.

M 3 Flagge der Vereinigten Staaten von Amerika, 1777

Besondere Voraussetzungen

Eine Gemeinsamkeit aber verband die 13 Kolonien dann doch: Im Laufe des 18. Jahrhunderts bildeten sich ähnliche politische und gesellschaftliche Institutionen heraus. Anders als in Großbritannien fehlten aber ein etablierter Adel und eine tief in der Gesellschaft verankerte, einheitliche und machtvolle Staatskirche. Verglichen mit Kontinentaleuropa und Großbritannien war die Ungleichheit an Einkommen und Landbesitz (wenn man von den Sklaven einmal absieht) weniger deutlich ausgeprägt. Sozialer Druck als solcher führte nicht zur Amerikanischen Revolution. Vor allem unterschied sich die politisch-gesellschaftliche Teilhabe in Nordamerika von derjenigen in Großbritannien. In den Kolonien hing das auf Männer beschränkte Wahlrecht vom Grundbesitz ab. Da fast alle Amerikaner Grundbesitzer waren, lag die Quote der Wahlberechtigten bei 60 bis 80 %. In England hingegen konnten höchstens zwei bis drei Prozent der männlichen Bewohner wählen. Zusätzlich verfügten die Kolonisten über praktizierte Formen lokaler Selbstverwaltung und politischer Mitbestimmung. Allerdings darf man den demokratischen Charakter der britischen Kolonien nicht überschätzen.

Lange haben US-amerikanische Historiker die Revolution der 1770er-Jahre in erster Linie als Resultat des Aufklärungsdenkens interpretiert. Demnach sei die von John Locke propagierte Formel „life, liberty, property", die von Thomas Jefferson in „life, liberty, persuit of happiness" umformuliert worden war – wobei Letzteres nichts anderes als geistiges und materielles Eigentum meinte – für die Geschichte der USA in hohem Maße kennzeichnend gewesen. Im Grunde habe es sich bei der Revolution um eine liberale, individualistische Revolution

M 4

Die soziale Pyramide (um 1775)

- Großgrundbesitzer, Großkaufleute, Kronbeamte, einflussreiche Juristen und Geistliche
- Weniger einflussreiche Geistliche, Rechtsanwälte und Ärzte
- Farmer, die ihr eigenes Land bebauen
- Kleinkaufleute, Handwerker, Tagelöhner
- Auf Zeit verdingte Knechte und Diener (indentured servants)
- Sklaven

887G

194

gehandelt, die sich von europäischen Revolutionen dadurch unterschieden habe, dass es ihr an egalitären Elementen gefehlt habe. Nicht zuletzt könne man vor dem Hintergrund dieser weltanschaulichen Tradition erklären, warum die USA niemals eine starke sozialistische Bewegung hervorgebracht hätten. Jedoch ist dieses Bild, das sich unverkennbar der geistigen Konfliktkonstellation des Kalten Krieges verdankte, inzwischen unhaltbar.

Dem republikanischen Denken zufolge sollte sich Amerika als neues Imperium verstehen, das Erbe Athens und Roms sei nach Westen gewandert und würde dort perfektioniert und vollendet werden. Thomas Jefferson prägte dafür den Begriff des „empire of liberty". Die Idee des revolutionären Reiches der Freiheit wurde von ihm mit dem Tugendgedanken des Republikanismus verbunden.

Ursachen der Revolution

Aber weder die gesellschaftlichen noch die wirtschaftlichen und weltanschaulichen Friktionen reichten für sich genommen aus, die Bande zwischen den nordamerikanischen Kolonien und dem britischen Mutterland zu erschüttern. Es darf nicht vergessen werden, dass sich noch 1775 eine Mehrheit der Kolonisten als loyale Untertanen des britischen Königs verstanden. Nur eine ganze Serie äußerer Anlässe und Missverständnisse führte am Ende zur Revolution, die zumindest ideell ganz dem transatlantischen britisch-amerikanischen Kontext verhaftet blieb. Nichts, was in Nordamerika gedacht wurde, war nicht zuvor bereits in Großbritannien diskutiert worden.

Ausgangspunkt: Siebenjähriger Krieg

Der Ausgangspunkt für die Revolution lag im Jahr 1763. Das Ende des Siebenjährigen Krieges, in dessen Verlauf es den Briten gelungen war, die Franzosen vom nordamerikanischen Kontinent, insbesondere aus Quebec, zu vertreiben, setzte einen Prozess in Gang, der 1776 in

M 5

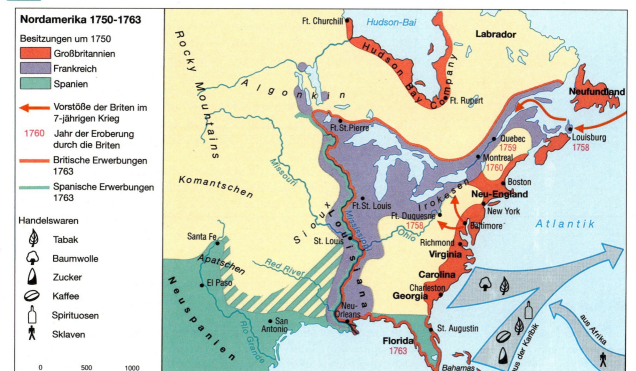

Die USA – Von den rebellischen Kolonien zur globalen Supermacht

M 6 Widerstand gegen die Teesteuer und Stempelsteuer Boston, 25. Januar 1774. Der englische Zolloffizier John Malcom wird von der empörten Menge aus seinem Haus geholt und geteert und gefedert, anonymer Holzstich nach zeitgenössischem Gemälde, spätere Kolorierung.

die Unabhängigkeitserklärung mündete. Vonseiten des britischen Parlaments und der diversen königlichen Regierungen ging es darum, die Kolonisten stärker als bislang an den Kosten der imperialen Kriegführung zu beteiligen. Großbritannien stand dicht vor einem Staatsbankrott. Seit 150 Jahren hatte man die 13 Kolonien mit erheblichem Aufwand gegen französische, spanische, holländische und indianische Bedrohungen verteidigt und dabei den Eindruck gewonnen, dass es den Amerikanern inzwischen deutlich besser ging als den Briten. Umgekehrt verstanden die Amerikaner eine 1764 einsetzende Serie britischer Gesetze nur als Vorwand, sie ihrer angestammten Rechte als Engländer zu berauben. Zudem mangelte es ihnen oft genug schlicht am notwendigen Geld, um die britischen Steuern zu bezahlen. Es ist kein Zufall, dass viele der späteren Revolutionsführer schon um 1770 komplett überschuldet waren, allen voran Thomas Jefferson. Vor allem aber waren die Kolonisten nicht willens, die Doktrin der „virtual representation" zu teilen. Diese besagte, dass das britische Parlament die Interessen der amerikanischen Untertanen, die selbst keine Abgeordneten stellten, stellvertretend wahrnehmen. Für die Kolonisten hingegen galt uneingeschränkt der Rechtssatz des „no taxation without representation". Auch einzelne Gouverneure der Krone trugen durch ihren anmaßenden Regierungsstil dazu bei, die Stimmung in Amerika anzuheizen. Einige Whigs im Parlament sympathisierten zwar mit den Kolonisten, die Mehrheit aber beharrte auf dem Prinzip der virtuellen Repräsentation. Die meisten Gesetze, mit Ausnahme des Tea Act, wurden binnen Jahresfrist zurückgezogen. Gleichzeitig beharrten Parlament und Regierung auf ihrem prinzipiellen Recht, derartige Gesetze zu erlassen. Die Kolonisten reagierten mit Boykotten britischer Waren.

Der Weg zur Unabhängigkeit

1770 erschossen britische Soldaten im Verlauf einer Demonstration aus ungeklärten Gründen fünf Amerikaner, was die Stimmung weiter anheizte (Boston Massacre). Allerdings erfasste die revolutionäre Stimmung nur eine Minderheit. Benjamin Franklin hat einmal geschätzt, dass nur rund 30 % der Kolonisten für die Revolution eingetreten seien, 30 % seien neutral geblieben, weitere 30 % hätten treu zur Krone gestanden. 1773 spitzte sich die Lage zu. Einige Sons of Liberty schütteten, als Indianer verkleidet, Tee in den Hafen von Boston (Boston Tea Party), ein offener Akt der Illoyalität. Dennoch appellierten sie weiterhin an den König, er möge ihnen gegen die Tyrannei des Parlaments beistehen.

Im Gegenzug entsandte die britische Regierung Truppen nach Boston, was die Siedler sofort als despotischen Akt verstanden. Ein Kontinentalkongress wurde zur obersten exekutiven und legislativen Instanz der 13 nunmehr locker miteinander verbundenen neuen Staaten. George Washington wurde zum Oberkommandierenden der Kontinentalarmee, der regulären Streitkräfte des jungen Staatswesens bestimmt. Daneben kämpften lokale Milizen gegen die Briten. Die Krone ihrerseits mietete hessische, braunschweigische und hannoveranische Söldner, da die britische Armee, die traditionell schwächer war als die königliche Flotte, auf diesen Konflikt unvorbereitet war. Alsbald entbrannte ein flächendeckender Krieg, den Frankreich und Spanien nutzten, um die weltweite britische Vorherrschaft zu brechen.

M 7 Benjamin Franklin (1706–1790), Kupferstich von Francesco Petroncini, um 1830

M 8 „Boston Tea Party" 1773
Zeitgenössische Darstellung

Unabhängigkeitskrieg

1778 schlossen auf Vermittlung von Benjamin Franklin die USA und Frankreich unter König Ludwig XVI. einen Koalitionsvertrag. Französische Truppen unter dem Kommando des Marquis de Lafayette sowie französische Flotteneinheiten kämpften nun Seite an Seite mit den republikanischen Truppen der Kontinentalarmee. Ohne diese französische Hilfe wäre die Amerikanische Revolution womöglich schon im Frühstadium gescheitert.

Während auf den Schlachtfeldern zwischen Massachusetts, den großen Seen und Georgia das militärische Glück hin und her wogte, wandelte sich der Aufstand gegen Parlament und Krone in eine echte soziale Revolution. In sämtlichen Kolonien wurden königstreue Loyalisten gelyncht, enteignet und vertrieben, sobald sie nicht mehr unter dem Schutz britischer Soldaten standen. Zugleich bedienten sich beide Seiten der Hilfe diverser Indianerstämme. Viele Siedler nutzen die Gelegenheit, um in einer Reihe von Massakern die an der Ostküste lebenden Stämme teilweise zu eliminieren. Noch 1775 gingen die Briten ihrerseits so weit, die schwarzen Sklaven der amerikanischen Rebellen zum Aufstand gegen ihre Herren aufzufordern.

Die Unabhängigkeit der USA und die Folgen

1781 endete der Krieg mit der alles entscheidenden Niederlage des britischen Generals Lord Cornwallis bei Yorktown, wobei wieder der Einsatz der Franzosen schlachtentscheidend war. Nach langen Verhandlungen wurden die USA im Frieden von Paris 1783 in die Unabhängigkeit entlassen. Erstmals seit Jahrhunderten existierte wieder ein Territorialstaat, der als Republik organisiert war, dem freilich kaum jemand in Europa langfristig große Überlebenschancen einräumte.

Die Folgen der amerikanischen Unabhängigkeit waren indessen bald zu erkennen: Das erste britische Empire brach zusammen und der britische Imperialismus konzentrierte sich von nun an auf Indien. Frankreich hatte sich finanziell komplett übernommen und meldete 1787 den Staatsbankrott an. Kurz darauf brach dort die Revolution aus und die Monarchie zusammen. In Nordamerika blieb vorerst ein desolates republikanisches Staatswesen zurück, das praktisch über keine funktionierende Zentralregierung und keinerlei Staatsfinanzen

Die USA – Von den rebellischen Kolonien zur globalen Supermacht

verfügte, dafür über 13 Teilstaaten, die eifersüchtig auf ihre Souveränität pochten und an weiterer Expansion interessiert waren. Schon sprachen die ersten Politiker in den USA von einem Staat, der vom Atlantik bis zum Pazifik reichen sollte. Das „Reich der Freiheit" war durch die doppelte Dynamik des demokratischen und partizipatorischen Ideals nach innen sowie der Aggressivität und Expansion nach außen gekennzeichnet. Diese zweifache Linie sollte die Zukunft des republikanischen Experiments bestimmen.

2. Imperium im Wartestand

Innere Probleme

M 9 **George Washington (1732–1799),** Kreidelithografie nach einem Porträt von Gilbert Stuart, koloriert, um 1860

Union oder Konföderation

Vorerst jedoch war die junge Republik ein recht fragiles Gebilde. Nur wenige Revolutionsführer hatten eine Vorstellung von ihrer Zukunft. Einige, angeführt von Alexander Hamilton, planten, George Washington zum Monarchen krönen zu lassen, was der General aber 1783 entschieden ablehnte (Newburgh Incident). Ansonsten bestanden die alten Konfliktlinien aus der Zeit vor der Revolution fort, ergänzt um neue Probleme. Der Klassenkonflikt zwischen den Siedlern im Westen und den Plantagenbesitzern an der Küste sowie innerhalb der städtischen Bevölkerung war ebensowenig gelöst wie die Frage, ob man einen Bundesstaat anstreben oder auf dem Prinzip des Staatenbundes beharren sollte. Praktisch bedeutete dies den Verzicht auf jedwede Form der Zentralregierung.

Sehr rasch zeigte es sich, wie ineffizient die Herrschaft des Kontinentalkongresses war, der über keinerlei administrative Strukturen und kein Geld verfügte. Einen einzigen, aber entscheidenden Erfolg vermochte die Konföderationsregierung zu erzielen. 1785 und 1787 wurden nach langen Diskussionen die „Land Ordinance" und die „Northwestern Ordinance" verabschiedet. Erstere regelte die Einteilung des Landes zwischen den bisherigen Siedlungsgebieten und dem Mississippi in regelmäßige Planquadrate. Noch wichtiger war das zweite Gesetz. Mit ihm verzichteten die bestehenden Staaten auf weitere Expansion und unterstellten die noch nicht regulierten Territorien der Bundesverwaltung. Gleichzeitig wurde ein Modus entwickelt, der es erlaubte, diese Territorien auf mittlere Sicht in die Konföderation aufzunehmen, und zwar nicht als Kolonien, sondern als vollgültige Mitgliedsstaaten. Damit war die Grundlage für die weitere Expansion der USA nach Westen gelegt.

Dieser Erfolg änderte aber nichts an den generellen Problemen der frühen Konföderation. Seit der Mitte der 1780er-Jahre forderten vor allem Politiker aus dem Umfeld Alexander Hamiltons den Umbau der Konföderation in eine Union. Dagegen sträubten sich vorrangig die kleinen Staaten, beispielsweise New Jersey, Maryland oder Rhode Island. Sie befürchteten, von den großen Staaten, New York, Virginia oder Pennsylvania, majorisiert zu werden. Überdies konnte man sich weder auf eine klare Finanzierung einer Union, noch über die Frage der Sklaverei in den Südstaaten der USA einigen. Die republikanischen Eliten fürchteten eine weitere Destabilisierung des Landes. Nach verschiedenen Anläufen einigte man sich 1787 auf die heute noch gültige und seitdem kaum veränderte Verfassung, die ihrem Charakter nach wesentlich konservativer war als die Unabhängigkeitserklärung.

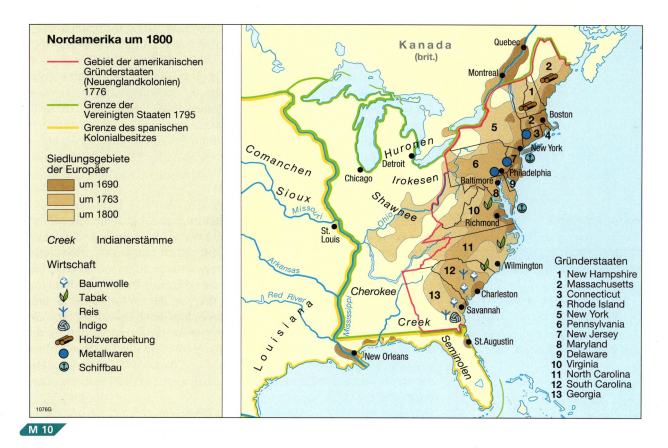

Verfassung und politisches System

Die amerikanische Verfassung von 1787 war wesentlich ein Dokument der Furcht der etablierten Eliten vor einer echten Demokratie und gründete weitgehend auf den Ideen Montesquieus. Machtbalance, Machtteilung, gegenseitige Kontrolle und Formen indirekter Wahl bildeten den Kernbestand des verfassungsrechtlichen Systems. Parteien waren weder vorgesehen noch gewollt, galten sie doch als Ausdruck von Spaltung und Laster. Im Mittelpunkt standen zudem die Fragen, ob man überhaupt einen Bundesstaat, eine Union, haben wollte, wie weitreichend deren Befugnisse sein sollten, ob es einer Menschenrechtserklärung in der Verfassung bedurfte und was mit der Sklaverei geschehen sollte.

Parteiensystem: Democratic Republicans und Federalists

Der konkrete Ausgangspunkt für das Entstehen des ersten amerikanischen Parteiensystems in den 1790er-Jahren war der Umgang mit der Französischen Revolution. Thomas Jefferson und seine Democratic Republicans sympathisierten mit der Französischen Revolution. Die Federalists definierten die amerikanische Union als nationalen Bundesstaat, dessen Identität angelsächsisch und protestantisch sein sollte, da nur protestantische Angelsachsen nach ihre Ansicht über die notwendige Tugend und Einsicht verfügten, um in Freiheit leben zu können. Die Democratic Republicans verstanden die USA als Union souveräner Staaten, deren Zentralgewalt möglichst schwach sein sollte. Überdies plädierten sie für territoriale Expansion, während die Federalists primär die nationale Konsolidierung befürworteten.

Die USA – Von den rebellischen Kolonien zur globalen Supermacht

M 11 **Thomas Jefferson (1743–1826),** dritter Präsident der USA (1801–1809), Stahlstich nach einem Gemälde von Gilbert Stuart, spätere Kolorierung, um 1850

Monroe-Doktrin

Zur Überraschung aller erwies sich Jefferson, der 1800 nach über 20 Wahlgängen zum dritten Präsidenten der USA gewählt wurde, als moderat. Nur in einem Punkt setzte er die Doktrin der Democratic Republicans durch: 1803 erwarb er gegen den Widerstand des Kongresses vom französischen Ersten Konsul Napoleon Bonaparte das Louisiana-Territorium, welches das gesamte Einzugsgebiet des Mississippi-Missouri-Flusssystems umfasste. Damit war der Grundstein für die kontinentale Westexpansion der USA gelegt. Ansonsten übernahmen die Democratic Republicans nicht in der Theorie, aber in der Praxis viele Programmpunkte der Federalists.

Der Krieg von 1812–1814/15 und die Monroe-Doktrin

1810 wurde eine neue Generation nationalistischer Demokraten, darunter Henry Clay, Daniel Webster und John C. Calhoun, in den Kongress gewählt. Diese Nationalisten, die für die kommenden Jahrzehnte die amerikanische Parteipolitik beherrschen sollten, plädierten für einen Krieg mit Großbritannien, um die nationale Einheit der USA zu vervollkommnen und die Expansion des Landes nach Kanada voranzutreiben. 1812 sah Jeffersons Nachfolger James Madison seine Stunde gekommen und erklärte Großbritannien, das in Europa in den napoleonischen Kriegen engagiert war, kurzerhand den Krieg. Der endete allerdings im Desaster. Bis auf einige Seeschlachten und die Schlacht von New Orleans 1815 verloren die Amerikaner an sämtlichen Fronten. Insbesondere ihre hoch eingeschätzten Bürgermilizen, die angeblich jeder professionellen Armee der Welt überlegen waren, erwiesen sich – wie schon im Unabhängigkeitskrieg – als erbärmlich. 1814 eroberten britische und kanadische Truppen Baltimore und Washington, DC, wo sie das Kapitol und das Weiße Haus niederbrannten. Das amerikanische Experiment entging dem Untergang nur, weil die Briten sich vorrangig für den europäischen Kriegsschauplatz interessierten. Trotzdem blieb das US-amerikanische Interesse an Kanada für die folgenden Jahrzehnte ungebrochen. Immer wieder versuchte man, das ganze Land oder zumindest Teile in seinen Besitz zu bringen. Noch 1896 verlangte die Republikanische Partei den Anschluss Kanadas an die USA.

Der Krieg von 1812 führte auch die amerikanische Innenpolitik auf neue Bahnen. Die Federalists hatten den Krieg von Beginn an abgelehnt. Je länger er dann dauerte und je mehr sich die militärischen Fehlschläge häuften, umso kritischer wurde die Partei. 1814 versammelten sich Vertreter der föderalistischen Neuenglandstaaten in Hartford und drohten mit dem Abzug ihrer Milizen von der Front, ja sogar mit dem Austritt aus der Union, sollte der Krieg nicht umgehend beendet werden. Just in diesem Moment aber endete der Krieg, und der Sieg von New Orleans wurde bekannt. In dieser sogenannten „era of good feelings" fielen mehrere außenpolitische Vorentscheidungen, die für das künftige Schicksal der USA bestimmend waren.

1823 fiel eine der wichtigsten außenpolitischen Entscheidungen der frühen amerikanischen Geschichte, die Monroe-Doktrin. In den USA befürchtete man, die europäischen monarchischen Mächte könnten, wie sie es beispielsweise in Mexiko versucht hatten, Truppenexpeditionen nach Lateinamerika senden, um das eben unabhängig gewordene Lateinamerika wieder der spanischen Herrschaft zu unterstellen. Dies

Interventionen der USA

lag weder im amerikanischen noch im britischen Interesse, zumal beide Staaten wichtige Handelsinteressen in Lateinamerika verfolgten. Daher erklärten die USA, sie würden jeder europäischen Intervention auf dem amerikanischen Kontinent entgegentreten und sich selbst jedweder Intervention auf dem europäischen Kontinent enthalten. Faktisch war diese Erklärung bedeutungslos, da es allein die britische Flotte war, von deren Wohlwollen die Unabhängigkeit sämtlicher amerikanischer Staaten, einschließlich der USA, abhing.

Gleichwohl legte die Monroe-Doktrin die Grundlage für die US-amerikanische Hegemonialpolitik in Lateinamerika. Zwischen 1830 und 1934, dem Beginn der Politik der guten Nachbarschaft zwischen den USA und Lateinamerika, intervenierten US-amerikanische Truppen, meist das United States Marine Corps, weit über 150 Mal militärisch im Süden des Kontinents, um Leben, Freiheit und Eigentum US-amerikanischer Bürger und Firmen zu garantieren.

Auch der angebliche Isolationismus der USA, der bis zum Ausbruch des Zweiten Weltkriegs das außenpolitische Denken des Landes charakterisierte, hatte in dieser Erklärung seine Wurzeln. Dabei ist es allerdings wichtig festzuhalten, dass es nur um politisch-militärische Isolation gegenüber Europa und dessen Mächtekonzert ging, nicht aber um ökonomische Isolation. Mehr noch: Außerhalb Europas waren die USA ebenso interventionistisch wie die Europäer. Bereits 1803 hatte Jefferson die amerikanische Flotte und die Marines gegen die nordafrikanischen Emirate entsandt, weil diese die Piraterie im Mittelmeer unterstützten. 1853/54 erfolgte die gewaltsame Öffnung Japans für den amerikanischen Handel, 1871 eine ähnliche Intervention in Korea.

M 12 „First Landing at Gorahama"
Amerikanische Kriegsschiffe unter Kommodore Perry erzwingen 1853 die Öffnung Japans, zeitgenössische Lithografie nach Wilhelm Heine.

Die USA – Von den rebellischen Kolonien zur globalen Supermacht

M 13 **Sklavenmarkt in den Südstaaten (Ausschnitt)**
Richmond (Virginia), Lithografie, um 1850

Die Sklavenfrage
Vorerst wichtiger und wesentlich folgenreicher aber war das letzte Resultat der „era of good feelings". Seit etwa 1820 wurde die Sklavenfrage zum alles beherrschenden Thema amerikanischer Politik und Gesellschaft.

Im Grunde existierten auf dem Boden der USA zwei Staatswesen, die sich zwar beide auf die Prinzipien der amerikanischen Revolution beriefen, sie aber unterschiedlich auslegten. Im Norden und Mittelwesten entwickelte sich eine durch Kleinlandwirtschaft, Industrieproduktion und Handwerk gekennzeichnete, vom städtischen Groß- und Finanzbürgertum beherrschte moderne, liberale und kapitalistische Gesellschaft mit starken Klassenspannungen und Konflikten.

Im Süden hingegen hielt sich eine partikularistische, ländlich geprägte, von sklavenhaltenden Großgrundbesitzern dominierte Kultur, die sich als aristokratisch und konservativ verstand. Die Sklavenfrage war indes nicht allein ein moralisches Problem, sondern seit 1819 Gegenstand einer machtpolitischen Debatte in den USA. Der Süden war nämlich politisch in Washington infolge der Parität zwischen Sklavenstaaten und Freistaaten im Senat angesichts seiner schwächeren Einwohnerzahlen deutlich überrepräsentiert und trachtete danach, diesen Zustand unbedingt zu erhalten. Nur so glaubte man in Virginia, Louisiana, Georgia oder Alabama die Institution der Sklaverei dauerhaft sichern zu können, obwohl es von außen fast unmöglich war, sie ohne Zustimmung der Südstaatler abzuschaffen. Nun war jedoch nach dem Erwerb des Louisianaterritoriums absehbar, dass auf Dauer die Freistaaten eine absolute Mehrheit bekommen würden. Selbst nachdem 1819 Florida zur Union gekommen war, konnte die Sklaverei im Nordwesten nicht sinnvoll eingeführt werden, da dort die Plantagenwirtschaft unrentabel war. Umgekehrt duldeten die freien Staaten keine Mehrheit von Sklavenstaaten und waren aus moralischen und wirtschaftlichen Gründen gegen eine Expansion der Sklaverei. Dies führte 1819 bis 1821 zu einer schweren Verfassungskrise, als der Sklavenstaat Missouri der Union nur beitreten durfte, weil gleichzeitig Massachusetts das Maineterritorium als eigenen Staat in die „Unabhängigkeit" entließ.

3. Aggression und Expansion

Im Westen setzten bald genozidale Kriege gegen die dortigen Indianerstämme ein, die der Westwanderung der amerikanischen Bevölkerung im Wege standen. Erst 1890 waren diese binnenamerikanischen Kolonialkriege beendet.

Ein entscheidender Schritt bestand in der weiteren territorialen Expansion nach außen. Hier tat sich insbesondere James K. Polk (1845–1849) hervor. Unter seiner Präsidentschaft konnte Texas, das nach einem Aufstand amerikanischer Siedler gegen die mexikanische Regierung 1836 unabhängig geworden war, gegen britischen Widerstand den USA als Sklavenstaat beitreten. Danach regelte Polk mit den Briten die Grenzfragen im Oregonterritorium, das seit den 1820er-Jahren von beiden Staaten gemeinsam verwaltet worden war. Die Annexion der heutigen Bundesstaaten Oregon und Washington

Genozid

Völkermord

M 14 Abraham Lincoln (1809–1865)
Porträtaufnahme, um 1863

zählte zu den Mindestforderungen der Nordstaatendemokraten, die eigentlich den gesamten Westen Kanadas bis nach Alaska hin gefordert hatten. Nun mussten allerdings die Gebietserwartungen der Südstaaten ebenfalls bedient werden. Unter einem Vorwand griffen die USA 1846 Mexiko an und gliederten 1848 den gesamten heutigen Südwesten der USA inklusive Kaliforniens, wo bald darauf Gold gefunden wurde, ein.

Über diese staatlichen Maßnahmen hinaus waren Politiker aus dem Süden bemüht, private Abenteurer und Söldner zu finanzieren, die in Nikaragua, Mexiko, auf Kuba oder der Dominikanischen Republik eigene Staaten errichten sollten mit dem Ziel, sie als Sklavenstaaten den USA zuzuführen. Freilich scheiterten all diese Versuche an der Intervention der britischen Flotte.

Der Bürgerkrieg (1861–1865)

Der Amerikanische Bürgerkrieg war die Urkatastrophe der Geschichte der USA. Er symbolisierte das Scheitern des doppelten revolutionären Experiments von 1776 und 1787, der republikanischen Union mit ihren niemals ganz eingelösten gesellschaftlichen Teilhabeversprechen. Die USA waren nach 1865 ein anderer Staat als zuvor. Der Krieg wurde mit enormer Härte geführt. Über 600 000 Menschen fielen ihm zum Opfer, manche Historiker rechnen mit bis zu einer Million Toten.

Angesichts der drückenden Überlegenheit des Nordens in sämtlichen Belangen verwundert es, wie lange die konföderierten Südstaaten überlebten. Sie hatten indes zwei große Vorteile. Zum einen reichte es ihnen aus, sich zu verteidigen und darauf zu warten, dass im Norden die Demokraten die Wahlen gegen den lange Zeit außerordentlich unbeliebten Präsidenten Lincoln gewannen; dann wäre ihre Souveränität mit einiger Wahrscheinlichkeit international anerkannt worden. Dies war durchaus realistisch. 1863 kam es im Norden zu einer Welle exzessiv gewalttätiger Erhebungen vor allem irisch-katholischer Arbeiter gegen die Aushebung weiterer Truppen. Das Wort vom Krieg der Reichen auf dem Rücken der Armen machte die Runde. Gleichzeitig lehnten viele Arbeiter in den großen Städten, insbesondere in New York, die Befreiung der Sklaven strikt ab. Zum anderen verfügte der Süden lange Zeit über die besseren Offiziere, etwa den besten Taktiker seiner Zeit, Robert E. Lee.

Insbesondere wurde die Frage nach dem Charakter der Union mit Waffengewalt ein für allemal gelöst. Im Laufe der Jahrzehnte nach dem Krieg entwickelten sich die USA von einer Union souveräner Einzelstaaten zu einem Nationalstaat. Erstmals hatte Präsident Abraham Lincoln 1863 nicht mehr von der Union, sondern von der Nation gesprochen. Fortan bezeichneten die USA im Englischen einen Singular.

Die USA – Von den rebellischen Kolonien zur globalen Supermacht

M 15 Automobilproduktion bei Ford
Produktion des legendären Ford Modell T in Detroit, Foto, 1913

Konkurrenz mit Europa

4. Schritte zur Weltmacht

Aufstieg zur Weltmacht

Bereits seit den 1830er-Jahren, aber beschleunigt seit den 1870er-Jahren vollzog sich in der US-amerikanischen Gesellschaft ein rapider Wandel. Im Norden und Mittelwesten entstand eine rasch wachsende Industrie, die schon um 1890 mit der britischen und deutschen industriellen Produktion mehr als nur mithalten konnte. Die USA wurden zur dynamischsten Wirtschafts- und Finanzmacht der Welt, obwohl New York erst nach dem Ersten Weltkrieg London als Finanz- und Handelszentrum der Welt ablöste.

Der ländliche Charakter der USA trat in den Hintergrund. 1920 wohnten erstmals mehr Amerikaner in Städten als auf dem Land. Mit dem Eisenbahnbau und mit dem Aufkommen des Automobils verdichteten sich Transportwesen und Kommunikation. Dies begünstigte den Prozess des Übergangs zur Nation. Bürokratische Firmenkolosse wie etwa Standard Oil, United Fruit Company oder AT&T etc. kontrollierten 80 % und mehr eines Marktsegments. Bisweilen, wie United Fruit, waren sie in der Lage, die amerikanische Außenpolitik gegenüber den Staaten Zentralamerikas zu bestimmen. Immerhin erstritten die Gewerkschaften, die sich jede Einmischung des Staates mehrheitlich verbaten, weil dies ihre Freiheit einschränken würde, deutlich höhere Löhne als in Europa, was die USA für Migranten attraktiv machte.

US-Imperialismus

Nach dem Bürgerkrieg hatte sich auch die Motivation für die Expansion der USA dramatisch gewandelt. Die Sklaverei und ihre Ausdehnung waren irrelevant geworden. Demgegenüber kamen andere Motive auf, strategische, ökonomische und ideologische. Bereits der Außenminister William Henry Seward hatte Mitte des Jahrhunderts von einem US-amerikanischen Reich geträumt, das Kanada, Alaska, Hawaii, die Inseln der Karibik und Grönland umfassen sollte. Von dort aus sollte der Rest der westlichen Hemisphäre, also des amerikanischen Kontinents, wirtschaftlich und politisch gelenkt werden. In dieses Handelsreich sollten dann zusätzlich Japan, Korea und China in variablen Formen eingegliedert werden. Überhaupt war China, der „Markt der Millionen", die große Sehnsucht amerikanischer Imperialisten.

Erst in den 1880er-Jahren änderte sich dann die allgemeine Stimmung. Dafür war zum einen der Hochimperialismus der europäischen Mächte verantwortlich, die seit der Berliner Kongokonferenz 1884/85 eifrig dabei waren, den afrikanischen Kontinent untereinander aufzuteilen. Darüber hinaus weckten China und andere asiatische Gebiete Begehrlichkeiten. In den USA befürchtete man nun, weltweit an Einfluss und an Absatzmöglichkeiten für amerikanische Produkte einzubüßen. Gerade China blieb im Fokus US-amerikanischer Überlegungen. Man wollte in Washington auf keinen Fall gegenüber Großbritannien oder gar Deutschland, das Interesse an lateinamerikanischen Absatzmärkten zeigte, ins Hintertreffen geraten. Zum anderen waren militärstrategische Überlegungen ausschlaggebend. Der amerikanische Admiral Alfred T. Mahan hatte ein Buch vorgelegt, in dem er die Notwendigkeit einer starken Seemacht betonte, um Weltmacht zu werden. Davon hatte sich Präsident Chester A. Arthur

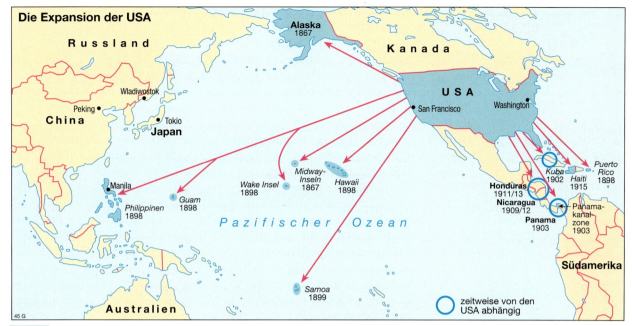

M 16

Amerikanische Allianz

Hawaii

(1881–1885) beeindrucken lassen, der die Haushaltsüberschüsse der US-Regierung zu Beginn der 1880er-Jahre dazu verwendete, eine moderne und schlagkräftige Flotte aufzubauen, für die man nun Kohlestationen benötigte. Wiederum war das Deutsche Reich der Hauptgegner, dessen Kaiser Wilhelm II. Mahans Buch gleichfalls gelesen hatte.

Dieses imperialistische Motivbündel aus ökonomischem und machtpolitisch-militärischem Interesse wurde überdies weltanschaulich ergänzt. In den USA teilte man die europäischen Überlegungen zur „Bürde des weißen Mannes" (Rudyard Kipling) und der damit verbundenen Zivilisierungsmission gegenüber den farbigen Völkern. Ein zentraler ideologischer Aspekt des amerikanischen Hochimperialismus war der unbedingte Glaube an die Überlegenheit wahlweise der arischen, teutonischen oder angelsächsischen Rasse.

Nach 1895 kam es ferner zu einer amerikanisch-britischen Allianz, die zur Grundlage der amerikanisch-britischen „special relationship" im Zeitalter der Weltkriege und des Kalten Krieges werden sollte. Nach zwei Kriegen und einem Jahrhundert andauernder Kriegsgefahr steckten die USA und Großbritannien ihre Interessenssphären ab und sahen sich nicht länger als Feinde an. Die Briten bekamen freie Hand in Südafrika, um dort die Burenstaaten zu unterwerfen, den Amerikanern wurde die Hegemonie über die Karibik und Lateinamerika konzediert. Auslöser dieser Entwicklung war wiederum das Expansionsstreben des deutschen Kaiserreiches im Pazifik (Samoa, Hawaii) und in Lateinamerika (Venezuela) seit der Mitte der 1880er-Jahre.

1898 war es dann so weit: Trotz heftigen innenpolitischen Widerstands der Demokraten sowie der anhaltenden Skepsis von Teilen der Republikaner und einer Minderheit von Progressivisten, sogar gegen den zögerlichen Widerstand des Präsidenten William McKinley, beschritt die US-Regierung aktiv den Weg in den Imperialismus. Nachdem die USA durch ihre Schutzzollpolitik erst die hawaiianische und

Die USA – Von den rebellischen Kolonien zur globalen Supermacht

dann die kubanische Zuckerindustrie ruiniert hatten, kam es auf beiden Inseln zu Revolten. Amerikanische Pflanzer hatten deswegen bereits 1894 die hawaiianische Königin Lililuokalani (Queen Lil) gestürzt. Nachdem Präsident Grover Cleveland (1885–1889; 1893–1897), der erste Demokrat, der seit dem Ende des Bürgerkriegs dieses Amt bekleidete, anfangs die Annexion Hawaiis abgelehnt hatte, nahm McKinley 1898 die von Großbritannien, Japan und Deutschland gleichfalls begehrlich beobachtete Inselgruppe als Territorium in die USA auf. Wie Alaska wurde Hawaii 1959 ein Staat der USA.

Kuba

Wichtiger aber war die Entwicklung auf Kuba, der letzten bedeutsamen Kolonie des einstigen spanischen Weltreiches. Dort hatten spanische Pflanzer immer wieder gegen die Herrschaft des Mutterlandes revoltiert. In New York saß eine kubanische Exilregierung, die gemeinsam mit dem amerikanischen Zuckerkonzern E.C. Knight Geld bei diversen Senatoren und an die Massenpresse der Zeitungsmagnaten William Randolph Hearst und Joseph Pulitzer verteilte, um gegen Spanien und für die kubanische Unabhängigkeit Stimmung zu machen. Dabei kamen ihr die unzähligen Menschenrechtsverletzungen der Spanier auf Kuba entgegen. Das Militär hatte dort sogenannte Konzentrationslager errichtet, in denen die Zivilbevölkerung unter unsäglichen Bedingungen leben musste. Schließlich explodierte das US-amerikanische Kriegsschiff „Maine" im Hafen von Havanna. Heute weiß man, dass es sich um einen Unfall handelte, damals wurden die Spanier der Tat beschuldigt. Der Kongress erklärte Spanien den Krieg und binnen weniger Wochen wurden die spanischen Flotten und Heere auf Kuba und den Philippinen vernichtet. Zufällig hatte sich ein amerikanisches Flottendetachement unter Admiral Dewey vor der chinesischen Küste aufgehalten, das dann die Philippinen, wo es ebenfalls eine Aufstandsbewegung gab, angegriffen hatte.

Im Friedensvertrag musste Spanien den USA Puerto Rico, Guam und die Philippinen abtreten. Dagegen setzten die Antiimperialisten im Teller-Amendment durch, dass Kuba nicht annektiert werden durfte. Im Gegenzug diktierte die Regierung der USA allerdings den Kubanern das Platt-Amendment, das bis 1934 Bestandteil der kubanischen Verfassung blieb.

M 17 Theodore Roosevelt mit seinen „Rauen Reitern" auf Kuba. Er führte dieses Freiwilligenregiment 1898 im Spanisch-Amerikanischen Krieg, Foto, 1898.

Dieser Verfassungszusatz gewährte den USA die Aufsicht über die kubanische Außen- und Verteidigungspolitik, das Telegrafennetz, die Hafenbehörden und andere öffentliche Einrichtungen. Kuba wurde faktisch zu einer amerikanischen Kolonie. Die USA kontrollierten über den Diktator Fulgencio Battista bis 1959 die Geschicke der Insel. Diese Vorgeschichte erklärt die immer noch bestehenden Spannungen zwischen Kuba und den USA.

Philippinen

Kuba stand aber um 1900 gar nicht mehr im Mittelpunkt der öffentlichen Aufmerksamkeit. Seit 1899 waren die USA auf den Philippinen in einen brutalen Kolonialkrieg verwickelt, der örtlich bis 1913 währte und in dessen Verlauf rund 600 000 Filipinos getötet wurden. Die Amerikaner interpretierten diesen Krieg als Einsatz gegen Wilde und Heiden und führten ihn nach der Art der Indianerkriege mit exzessiven Massakern und der Vernichtung der biologischen Grundlagen der Filipinos. Erst nachdem der Aufstand der Filipinos 1902 weitgehend unter Kontrolle gebracht worden war, begannen die Amerikaner in einer im Vergleich zu den europäischen Kolonialmächten einzigartigen Anstrengung damit, die Philippinen in eine Art humanitäre Musterkolonie zu verwandeln. 1936 wurde den Inseln dann die Unabhängigkeit zugesagt. Schließlich sorgte die Erfahrung des gemeinsamen Kampfes gegen die Japaner im Zweiten Weltkrieg dafür, dass die Gräuel des Aufstandes in den USA und den Philippinen vergessen wurden.

Großmacht USA

Der Krieg von 1898 war für Spanien eine Demütigung gewesen, die im Endeffekt in den Spanischen Bürgerkrieg von 1936 bis 1939 und die Franco-Diktatur mündete. Die USA hingegen katapultierte er in die erste Reihe der Großmächte. Politisch, wirtschaftlich und militärisch zählten sie nun zu den Weltmächten und wurden in den Hauptstädten Europas entsprechend ernst genommen. Es gab aber auch weiterhin Vorbehalte gegenüber dem Imperialismus. Zusätzlich formierte sich eine aus Gewerkschaftern, Intellektuellen und Industriellen bestehende „Anti-Imperialist League", die unter Berufung auf die amerikanische antikoloniale Tradition gegen die expansionistische

M 18 Schlacht von Manila Bay 1898
Admiral George Dewey als Kommandant der US-Flotte, kolorierter Holzschnitt, 19. Jahrhundert

Lateinamerika

M 19 Panamakanal
1879 bis 1914 nach Plänen von F. de Lesseps und H.W. Goethals erbaut, Foto vom 15. August 1914 mit der „Ancon" bei der Eröffnungsfahrt.

Politik der Regierung McKinley zu Felde zog. Daneben fürchteten die Antiimperialisten, Angehörige farbiger Kolonialvölker würden, ähnlich wie die Inder in Großbritannien, in das neue Mutterland strömen und dort die etablierte Rassenordnung gefährden. Umgekehrt sprachen sich Imperialisten wie Theodore Roosevelt für den militärischen Erwerb von Kolonien aus, weil sie glaubten, allein auf diese Weise die Tugenden und Werte angelsächsischer Männlichkeit angesichts einer gesellschaftlichen Entwicklung, die sie für verweichlichend und entwürdigend hielten, retten zu können.

Theodore Roosevelt führte die imperialistische und progressivistische Politik in den USA zu ihrem Höhepunkt. Sein vorrangiges Interessengebiet lag in Lateinamerika, das um 1900 tatsächlich zum Hinterhof der USA wurde. Kein Land im Süden des amerikanischen Kontinents war den USA noch gewachsen, und auswärtige Unterstützung konnten die Lateinamerikaner bestenfalls nur noch bei Deutschland, aber nicht mehr bei Großbritannien, ihrer früheren Schutzmacht, finden. Roosevelt wollte insbesondere einen Kanal durch den zentralamerikanischen Isthmus bauen lassen, den Panamakanal. Zu diesem Zweck beförderte er eine Intrige, durch die Panama, das bis dahin zu Kolumbien gehört hatte, unabhängig wurde. Der neue Staat trat den USA die Kanalzone ab. Erst in den 1980er-Jahren wurde sie an Panama zurückgegeben. Bis 1913 wurde der strategisch und wirtschaftlich wichtige Kanal schließlich unter erheblichen finanziellen und humanitären Opfern gebaut.

Aber die amerikanische Politik war nicht allein an Panama interessiert. Nach 1898 intervenierten US-amerikanische Truppen regelmäßig und für längere Zeiträume in Mexiko, Nikaragua, auf Haiti, in der Dominikanischen Republik, El Salvador und Honduras. Die meisten dieser Staaten wurden ganz oder teilweise unter US-amerikanische Aufsicht gestellt, ihr politisches System, Wirtschaftsleben und ihre Finanzen von der US-Regierung oder Konzernen wie United Fruit und AT&T kontrolliert. Das Wort von den Bananenrepubliken machte die Runde. 1917 erwarben die USA zusätzlich die Jungferninseln von Dänemark und rundeten so ihr karibisches Imperium ab. Als rechtliche Basis der Interventionen diente das sogenannte Roosevelt Corollary zur Monroe-Doktrin von 1904, in dem festgelegt wurde, dass man das Recht zur militärischen Intervention in jedem lateinamerikanischen Staat hätte, der sich nicht den Erwartungen der USA gemäß verhalte.

Die imperialen Visionen William Henry Sewards hatten sich fast erfüllt, ohne dass es je einen festen Expansionsplan gegeben hätte. Vieles war reaktiv, aber dennoch wirkungsvoll. Allein Kanada blieb außerhalb der US-amerikanischen Hegemonie. Allerdings stellte sich heraus, dass diese Politik bei Weitem nicht so profitabel war, wie man erwartet hatte. Nur wenige Konzerne konnten große Gewinne einfahren, ansonsten kosteten diese Interventionen viel Geld und das Leben Hunderter von Soldaten, die meist an Krankheiten und unzureichenden hygienischen Bedingungen starben. Aus diesem Grund gab Theodore Roosevelts Vetter Franklin Delano Roosevelt die lateinamerikanische Interventionspolitik inmitten der Weltwirtschaftskrise 1934 zugunsten seiner Politik der guten Nachbarschaft, die auf eine indirekte Hegemonie hinauslief, auf.

5. Die USA im Zeitalter der Weltkriege

Der Erste Weltkrieg

Mit dem Ersten Weltkrieg wurde es dann offensichtlich, wie sehr die USA inzwischen als Weltmacht verankert waren, und wie wenig die Bevölkerung des Landes auf diese Rolle vorbereitet war. Gerade der demokratische Präsident Woodrow Wilson war 1916 wiedergewählt worden, weil er fest versprochen hatte, die USA aus diesem Krieg der europäischen Mächte herauszuhalten. Direkte amerikanische Interessen waren in der Tat nicht berührt. Im Süden, im Mittelwesten und unter den Amerikanern irischer beziehungsweise deutscher Herkunft gab es heftige Vorbehalte gegenüber einem Kriegseintritt aufseiten der Briten, Russen und Franzosen. Seit 1914 fanden sich allerdings starke gesellschaftliche Kräfte, die für eine aktivere Politik der USA plädierten. Ihnen war es um die Solidarität der demokratischen, angelsächsischen Mächte zu tun, die nach ihrer Auffassung gegen einen brutalen, rücksichtslosen und reaktionären Feind für Freiheit, Fortschritt und Moderne kämpften.

M 20 Woodrow Wilson
28. Präsident der Vereinigten Staaten von Amerika von 1913 bis 1921, undatiertes Porträtfoto

Das Deutsche Reich und die Deutschen in den USA machten es diesen Anhängern einer Intervention leicht. Der Überfall auf das neutrale Belgien, die Aufforderung des deutschen Unterstaatssekretärs im Auswärtigen Amt Zimmermann aus dem Jahr 1916, Mexiko möge doch den Südwesten der USA angreifen und sich diesen zurückholen, und der uneingeschränkte U-Boot-Krieg, der deutsche Angriff auf das Passagierschiff Lusitania einerseits und prodeutsche Demonstrationen in den USA andererseits sorgten bei vielen Amerikanern für eine fast hysterische Alarmstimmung. Die Propaganda der Wilson-Regierung griff auf diese Vorstellungen zurück und machte die Amerikaner kriegsbereit. Wilson handelte indes nicht einfach aus antideutscher Gesinnung. Er strebte als Idealist eine revolutionäre Umgestaltung der weltweiten Außenpolitik an. Die Demokratie sollte aktiv gefördert werden, ebenso der Freihandel, die Meere sollten offen sein, die Geheimdiplomatie abgeschafft werden. Jedes Volk sollte das Recht haben, seinen eigenen Staat zu gründen. Natürlich richtete sich dieses Selbstbestimmungsrecht der Völker, eine alte liberale Forderung, gegen die bestehenden, auf dynastischer Loyalität gründenden Reiche, aber zusätzlich hatte Wilson die Kolonialimperien Großbritanniens und Frankreichs im Visier, die aufgelöst, demokratisiert und dem kapitalistischen Markt eingegliedert werden sollten. In den Augen Wilsons waren die USA dann die notwendige Führungsmacht in einem zu schaffenden, friedenssichernden System der internationalen kollektiven Sicherheit. Das Ideal des „empire of liberty" blieb erhalten.

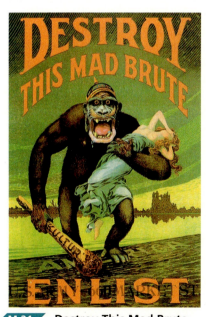

M 21 „Destroy This Mad Brute – Enlist"
Amerikanisches Plakat, um 1917

Wilsons Idealismus hatte jedoch zwei Makel: Einerseits war er zu rassistisch, um Angehörige farbiger Völker wirklich ernst zu nehmen. Auf den Pariser Vorortkonferenzen nach dem Ersten Weltkrieg verweigerte er den Japanern die gleichberechtigte Teilnahme, gewährte sie aber den weißen Südafrikanern. Andererseits verfügte er weder gegenüber seinen Verbündeten noch innenpolitisch über die entsprechenden Mittel, um seine Ziele umzusetzen. So traten die USA zwar in den Krieg ein, konnten in seinem Gefolge ihre Pläne aber nur begrenzt umsetzen. Ein Ereignis veränderte die politischen Ausgangsbedingungen entscheidend: die bolschewistische Revolution

Die USA – Von den rebellischen Kolonien zur globalen Supermacht

in Russland. Hatte die sozialdemokratisch ausgerichtete Februarrevolution von 1917 unter Kerenski bei den Amerikanern noch die Hoffnung auf ein demokratisches Russland als Mitglied einer für die Demokratie kämpfenden Kriegskoalition geweckt, beendete der Putsch Lenins im November des Jahres diese Blütenträume abrupt. Wie die Briten, Franzosen und Japaner reagierten die USA sofort und sandten Truppen nach Russland, um die Kommunisten dort zu bekämpfen.

Zwischen den Kriegen

Mit dem Ende des Ersten Weltkriegs 1918 hatte sich die Welt dann dramatisch verändert. Die alten dynastischen Imperien waren untergegangen, überall bildeten sich neue Nationalstaaten. Die USA und Russland standen sich als Flügelmächte eines neuen internationalen Systems gegenüber. Beide waren unterschiedlichen revolutionären Traditionen verpflichtet, die mit der alten, monarchischen Diplomatie und ihren Regelwerken bewusst brachen. In diesem neuen System hatten die USA den großen Vorteil, die mit Abstand stärkste Wirtschafts- und Finanzmacht zu sein. Allerdings scheiterte Wilson mit seinem Plan, die USA zur Führungsmacht des neuen Völkerbundes zu machen. In den USA endete die progressive Ära und mit ihr die Dominanz des „Wilsonian Internationalism".

M 22 Weltwirtschaftskrise
Der Spekulant Walter Thornton bietet am 30.10.1929 sein Auto gegen Bargeld zum Verkauf für 100 Dollar an.

Das Land stand vor anderen Problemen. Unmittelbar nach Kriegsende kam es zu einer heftigen Rezession. Streiks und Sabotage waren die Folge. Weitaus schlimmer aber war die panische Furcht vor dem Ausbruch einer kommunistischen Revolution in den Vereinigten Staaten. 1929 brachen in den USA und Europa aber gleichzeitig die Industrieproduktion, die landwirtschaftliche Produktion und der Konsum ein. Die amerikanischen Banken riefen ihre hochverzinslichen, kurzfristigen Kredite aus Europa zurück, was die dortige Wirtschaft noch einmal schwächte und ebenso den Absatz amerikanischer Waren. Angesichts der katastrophalen Situation suchte eine Mehrheit der Amerikaner nach neuer Führung. Interessanterweise gab es dabei nur wenige, die sich offen zu antidemokratischen Weltanschauungen bekannten.

Außenpolitisch war der 1932 gewählte neue Präsident Roosevelt gelähmt. Nach den Schrecken des Ersten Weltkriegs war der „Wilsonian Internationalism" selbst in den Reihen der Demokraten ebenso unbeliebt wie die überkommene imperialistische Interventionspolitik der Republikaner in Lateinamerika. In der Öffentlichkeit wurde die Teilnahme am Weltkrieg als Kapitulation vor den Sonderinteressen der Finanzbranche und der Rüstungsindustrie gewertet. Dennoch verabschiedete der Kongress eine Serie von Neutralitätsgesetzen, die den Handlungsspielraum des Präsidenten nachhaltig einschränkten. Die US-Regierung musste deshalb sowohl der italienischen wie der deutschen und japanischen Expansion in Äthiopien, Mitteuropa und China tatenlos zusehen. Auch während des Spanischen Bürgerkriegs verharrten die Amerikaner regungslos, erwarteten aber von den Briten, die Kastanien aus dem Feuer zu holen, was diese mit Verweis auf den im Kriegsfall drohenden Untergang ihres Empire, die Schwäche ihres französischen Verbündeten und das Nichtstun der Amerikaner verweigerten.

M 23 Franklin D. Roosevelt
Präsident der USA von 1933 bis 1945, undatiertes Foto

M 24 Pearl Harbor
Überfall auf die vor Anker liegende amerikanische Pazifikflotte in Pearl Harbor, Foto vom 7.12.1941

Erst der Überfall auf den US-Flottenstützpunkt Pearl Harbor auf Hawaii eröffnete Roosevelt nach langem taktischen Lavieren und ersten Unterstützungsmaßnahmen für die Briten (Quarantäne-Rede von 1936, Lend-Lease Act) die Chance, seinen Handlungsspielraum zurückzuerobern. Zwar hatte der Präsident einiges getan, um die Japaner zu provozieren. Auch rechnete man aufseiten der USA mit einem japanischen Angriff, aber für das Desaster von Pearl Harbor war Roosevelt nicht verantwortlich. Nach allen vorliegenden Erkenntnissen war es das Ergebnis von Schlamperei und bürokratischen Missverständnissen. Dennoch zwang der Angriff von Pearl Harbor den Eintritt des isolationistischen Flügels der Republikaner in die Koalition der Kriegswilligen in den USA. Uneingeschränkt verantwortlich war der Präsident jedoch für die von 1942 bis 1945 währende Inhaftierung japanischer Amerikaner in Lagern in den Wüstenregionen der USA (internment).

Kampf gegen den Nationalsozialismus

Der Zweite Weltkrieg
Der Zweite Weltkrieg war, obwohl er als geostrategische und machtpolitische Auseinandersetzung mit Japan im pazifischen Raum begann, vom ersten Tag an mehr, nämlich ein gleichermaßen weltanschaulich wie ökonomisch motivierter Konflikt im Rahmen eines von den USA her gesehen etwas schief angelegten Bündnisses. Anders als Großbritannien, wo die politische Führung immer mehr in den Kategorien einer traditionellen Balance-of-power-Politik dachte, hatten man in Washington schon sehr früh in den 1930er-Jahren besonders die Auseinandersetzung mit dem nationalsozialistischen Deutschland unter ideologischen Gesichtspunkten, als Kampf der Demokratie gegen den Totalitarismus interpretiert. Dieser Aspekt wurde bereits vor dem Kriegseintritt der USA in der amerikanisch-britischen Atlantik-Charta vom 14.8.1941 festgelegt, die im Kern die Prinzipien des „Wilsonian Internationalism" reaktivierte: Selbstbestimmungsrecht, ein System kollektiver Sicherheit, Menschenrechte, Demokratie und freier Handel auf freien Meeren. Im Effekt bedeutete dies für Großbritannien und das besiegte Frankreich den Verzicht auf ihre Kolonialimperien. Gleichzeitig begründete es den Kampf der beiden angelsächsischen Mächte gegen sämtliche auf wirtschaftliche Autarkie und Planung angelegten Wirtschaftordnungen, wie sie für Deutschland, Italien und Japan grundlegend waren. Allerdings war klar, dass diese Ziele nur mithilfe der Sowjetunion durchgesetzt werden konnten. Die UdSSR entsprach jedoch in keiner Weise den in der Atlantik-Charta festgelegten Kriegszielen, war sie doch zweifelsfrei ebenfalls ein totalitärer, auf Autarkie und Planung ausgerichteter Staat, genauer: ein Imperium.

Bündnis mit der Sowjetunion

Im Verlauf des Krieges bemühte sich die Regierung Roosevelts aber stark um den stalinistischen Alliierten. Im Interesse der Sowjetunion und Großbritanniens, aber auch im Einklang mit Roosevelts eigenen Prämissen wurde festgelegt, dass die USA, obwohl sie von den Japanern angegriffen worden waren, zuerst mit aller Macht das als stärker eingeschätzte Deutsche Reich bekämpfen würden. Nach einem Sieg über Deutschland würde man sich dann Japan zuwenden.

Mit dieser Germany-First-Strategie hingen sämtliche Planungen zusammen, eine zweite Front in Europa – neben der Ostfront in der Sowjetunion, die am meisten unter dem Krieg litt – zu errichten. Dies

Die USA – Von den rebellischen Kolonien zur globalen Supermacht

M 25 „D-Day" 1944
Beginn der alliierten Landung in der Normandie unter dem Oberbefehl von General Montgomery, Foto vom 6. Juni 1944

Manhattan Project

M 26 Atompilz über Hiroshima
Foto vom 6. August 1945

verzögerte sich aus militärischen Gründen, aber auch wegen des Misstrauens zwischen den Westalliierten und der UdSSR bis zum Juni 1944, der großen Landung in der Normandie. Dem Bemühen um das Vertrauen der sowjetischen Führung verdankte sich zudem die Forderung nach der bedingungslosen Kapitulation Deutschlands, die auf der Konferenz von Casablanca 1943 erhoben wurde, um jeden Sonderfrieden auszuschließen.

Ein Punkt blieb während des gesamten Krieges von eher untergeordneter Bedeutung. Weder in der Kriegspropaganda noch in den militärischen Operationen des Zweiten Weltkrieges spielte der Holocaust an den europäischen Juden eine besondere Rolle.

Ein weiteres Ereignis des Zweiten Weltkrieges warf ethisch wie politisch ähnlich lange Schatten wie der Holocaust: das Manhattan Project. Noch vor Ausbruch des Krieges hatten Albert Einstein und andere aus Europa emigrierte führende Naturwissenschaftler vor den militärischen Folgen der von Otto Hahn entdeckten Kernspaltung des radioaktiven Elements Uran gewarnt. Die Nationalsozialisten, so ihre Furcht, könnten dabei sein, eine Atombombe zu entwickeln. Es war eines der größten und komplexesten technisch-naturwissenschaftlichen und militärischen Projekte des 20. Jahrhunderts. Die Atombombe war ursprünglich zum Einsatz gegen Deutschland gedacht, das aber schneller besiegt wurde, als man zuvor gedacht hatte. Deshalb – und wegen des erbitterten japanischen Widerstands auf Okinawa, der zu großen Verlusten unter den amerikanischen Soldaten geführt hatte – entschloss sich nach dem Tode Roosevelts die neue Regierung unter dem demokratischen Präsident Harry S. Truman (1945–1953), zwei Städte in Japan, Hiroshima und Nagasaki, anzugreifen.

Verglichen mit konventionellen Bombenangriffen auf Hamburg, Dresden, Kassel oder Würzburg waren die Verluste unter der japanischen Bevölkerung gar nicht so hoch. Viel schlimmer waren die psychologische Wirkung eines einzigen, verheerenden Bombenabwurfs sowie die langfristigen Schädigungen durch die nukleare Strahlung. Beide Bombenabwürfe wurden in der Folge heftig kritisiert, insbesondere der zweite auf Nagasaki, da die kaiserliche japanische Regierung bereits am Tag nach dem ersten Abwurf auf Hiroshima ihre Kapitulationsbereitschaft signalisiert hatte. Manche Historiker gehen davon aus, dass der Abwurf auf Nagasaki in erster Linie die Sowjetunion beeindrucken sollte. Fortan lebte die Welt mit der Gefahr der totalen Vernichtung durch thermonukleare Waffen.

6. Die USA im bipolaren Mächtesystem (1945–91)

Der Kalte Krieg beginnt

Die USA gingen aus dem Zweiten Weltkrieg stärker hervor als je zuvor. Sie waren die mit weitem Abstand stärkste Wirtschaftsmacht der Welt. Der Dollar war die Leitwährung eines auf dem Goldstandard gründenden Weltfinanzsystems, das noch im Verlauf des Krieges in Bretton Woods 1944 beschlossen worden war. Die industrielle Produktion und die Welthandelsströme wurden weitgehend von den USA kontrolliert. Kein Staat der Erde war ihnen technologisch gewachsen, waren sie doch vorerst der einzige Staat, der über Atombomben verfügte. Fast alle Ziele des „Wilsonian Internationalism" waren verwirklicht: Mit den Vereinten Nationen und deren Weltsicherheitsrat wurde ein funktionierendes System der kollektiven Sicherheit errichtet, der Marshallplan und die mit ihm verbundenen Institutionen, zum Beispiel die OEEC, die spätere OECD sowie das Zoll- und Handelabkommen GATT sicherten wenigstens in der westlichen Hemisphäre den internationalen Freihandel. All dies kam der ökonomisch stärksten Macht dieses Systems, den USA, zugute.

M 27 „All Our Colours to the Mast"
Plakat zum European Recovery Program, 1950

Es war der Kalte Krieg, der die Basis für die meisten Ängste amerikanischer Bürger während der 1950er- und 1960er-Jahre bildete, und zwar in dreifacher Hinsicht: Mit Blick auf die Zerstörungskraft der Atombombe, als Grundlage bisweilen hysterisch anmutender Bedrohungsängste und Verschwörungsfantasien sowie als Strukturmerkmal der Außenpolitik. Amerikanische Historiker haben für diesen Zeitraum nicht umsonst von dem „age of affluence and anxiety" gesprochen. Dabei darf der erste Punkt, die Angst vor der Zerstörungskraft der Atombombe, nicht unterschätzt werden. Seit 1949 verfügte die UdSSR ebenfalls über Atombomben, wenige Jahre später kamen Wasserstoffbomben hinzu. Vor allem aber der Sputnik, ein 1957 von den Sowjets gestarteter Satellit, der bewies, dass die UdSSR in der Lage war, Interkontinentalraketen zu bauen, welche die USA erreichen konnten, sorgte für einen Schock. In den USA hatte man den Sowjets diese Leistung nicht zugetraut. Sowohl das zivile Raumfahrtprogramm der NASA, das von dem ehemaligen nationalsozialistischen Ingenieur Wernher von Braun geleitet wurde, als auch das Verhalten des amerikanischen Präsidenten John F. Kennedy im Verlauf der Kuba-Krise 1962 sind vor diesem Hintergrund zu verstehen.

Die Kuba-Krise

In den Augen der Kennedy-Administration gefährdeten sowjetische Raketen unmittelbar vor der Südküste der USA die Sicherheit der gesamten westlichen Welt. Hinzu kamen die traditionellen Bindungen Kubas an die USA, die seit 1898 bestanden. Gegen den Rat seiner

Die USA – Von den rebellischen Kolonien zur globalen Supermacht

M 28 „Halt, Mr. Kennedy, Kuba ist nicht allein."
Propagandaplakat aus Kuba, 1962

M 29 John F. Kennedy
Präsident der USA von 1961 bis 1963, Foto, 1963

Der Koreakrieg und Aufstand in Ungarn

hohen Offiziere, insbesondere aus der Luftwaffe, die – ohne zu wissen, dass bereits Nuklearraketen auf Kuba stationiert waren – für einen Angriff auf das seit 1959 kommunistische Land plädierten, entschloss sich Kennedy, mit einer Seeblockade der Insel auf die Herausforderung zu antworten. Für einige Tage befand sich die Welt am Rand eines apokalyptischen Nuklearkrieges, ohne dass irgend jemand außerhalb der USA oder der UdSSR dies hätte verhindern können. Erst als der sowjetische Parteichef Nikita S. Chruschtschow einlenkte und einem Kompromiss zustimmte, konnte man weltweit aufatmen.

Diese „Beinahe-Katastrophe" wurde dann zum Ausgangspunkt der Entspannungspolitik erst zwischen den USA und der Sowjetunion und dann ab 1972 auch zwischen den USA und der Volksrepublik China. Mit dem NATO-Nachrüstungsbeschluss und der Raketenkrise der Jahre um 1980 brachen dann aber wieder die alten Ängste vor einer Zerstörung der Welt durch einen Nuklearkrieg auf.

Globale Auseinandersetzung mit dem Kommunismus

Der Kalte Krieg war jedoch keine rein innen- und gesellschaftspolitische Angelegenheit. Vorrangig strukturierten er und der weltanschauliche Antikommunismus die amerikanische Außen- und Hegemonialpolitik der Nachkriegsära. In den USA wurde, weitaus mehr als in Großbritannien oder Frankreich, der bipolare Konflikt mit der UdSSR als totaler Systemkonflikt interpretiert. Nach Ansicht amerikanischer Wissenschaftler und Regierungsvertreter aus allen politischen Lagern handelte es sich nicht nur um eine machtpolitische Auseinandersetzung, die man mithilfe militärischer Bündnisse allein hätte lösen können. Gewiss, diese Ebene wurde nicht vernachlässigt. Eisenhowers Außenminister John Foster Dulles arbeitete konsequent an einem globalen Netz von militärischen und politischen Allianzen: in Europa die NATO (North Atlantic Treaty Organization) und die EWG (Europäische Wirtschaftsgemeinschaft), im Mittleren Osten die CENTO (Central Treaty Organization), in Südasien die SEATO (South East Asian Treaty Organization), im pazifischen Raum der ANZUS/ANZUK-Pakt (Australia, New Zealand, USA, United Kingdom), in Amerika die bereits ältere OAS (Organization of American States). Dieses Netz diente dazu, die Kosten für die militärische Verteidigung der USA möglichst niedrig zu halten. Trotz ihrer aggressiv antikommunistischen Rhetorik glaubten Eisenhower und Dulles in erster Linie an einen ausgeglichenen Haushalt. Die militärische Bedrohung durch den Ostblock erschien ihnen sekundär zu sein. Erst seit Kennedy wurde der Rüstungshaushalt der USA immer mehr in die Höhe getrieben, insbesondere wegen der teuren atomaren Bewaffnung der Streitkräfte. Man beschränkte sich in Washington aber nicht auf diese Ebene. Der Konflikt mit der UdSSR war ideologisch.

Die Energie, das Selbstbewusstsein und die idealistischen Visionen Kennedys waren gleichwohl nicht frei von Gefahren. Zum ersten Mal seit dem Koreakrieg (1950–1953), in dessen Verlauf Kennedys demokratischer Amtsvorgänger Truman amerikanische Truppen im Rahmen einer UN-Polizeiaktion zur Verteidigung des vom kommunistischen Nordkorea angegriffenen, autoritär regierten Südkorea eingesetzt hatte, drohte der Kalte Krieg zu einem heißen Krieg umzukippen.

214

Anders als der zurückhaltende Eisenhower wollte Kennedy den Kommunismus nicht nur eindämmen, wie es George F. Kennan bereits 1946 vorgeschlagen hatte. Zwar hatten bereits Eisenhower und Dulles von einem „roll back" gesprochen, aber beispielsweise während des Ungarn-Aufstandes 1956 nichts getan, um den Ungarn gegen die sowjetischen Militäreinheiten zu helfen. Kennedy strebte eine aktivere antikommunistische Politik an. Während der Berlin-Krise im August 1961 musste er hilflos zusehen, aber schon zuvor, im April 1961 hatte er exilkubanische Einheiten mit Unterstützung der CIA auf Kuba landen lassen, um Fidel Castro zu stürzen. Das Unternehmen schlug komplett fehl und schwächte Kennedys internationales Ansehen. 1962 kam dann die kubanische Raketenkrise, in der er die Position der USA wieder stärken konnte.

Bald aber verschob sich das Zentrum des „heißen" Konflikts von Europa, wo die Fronten erstarrten, in die Dritte Welt, bevorzugt nach Asien. Hier suchten die beiden demokratischen Regierungen Kennedy und Johnson die Entscheidungsschlacht mit dem, was sie als globale kommunistische Aggression wahrnahmen.

Der Vietnamkrieg

Das amerikanische Engagement in Vietnam war ohne diesen Hintergrund und ohne die Spielregeln des Kalten Krieges überhaupt nicht zu verstehen. Warum sonst hätten die USA über zwei Millionen Soldaten in ein Land entsenden sollen, das keinerlei strategischen oder wirtschaftlichen Wert besaß und wo ungeliebte Militärregierungen

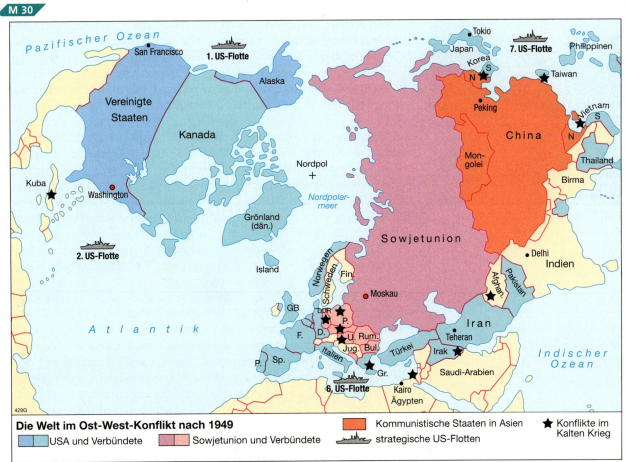

M 30 — Die Welt im Ost-West-Konflikt nach 1949

Die USA – Von den rebellischen Kolonien zur globalen Supermacht

M 31 „Domino-Theorie"
Undatierte amerikanische Karikatur

M 32 US-Flugzeuge versprühen Entlaubungsmittel in Vietnam
Fotografie, um 1970

gegen die Mehrheit ihres eigenen Volkes kämpften? Seit 1954 war das Land in den kommunistischen Norden und einen instabilen, wie Südkorea autoritär regierten Süden geteilt.

Bereits ab 1961 entsandte Kennedy Spezialeinheiten, die Green Berets, nach Südvietnam. 1963 erkannten er und Johnson, dass der südvietnamesische Präsident Diem, den Johnson kurz zuvor noch als den Churchill Südostasiens im Kampf gegen den kommunistischen Totalitarismus bezeichnet hatte, nicht in der Lage war, sein Land gegen die Kommunisten und ihre nationalneutralistischen Verbündeten zu mobilisieren. Diem wurde mithilfe der CIA gestürzt und ermordet. Kurz darauf starb auch Kennedy bei einem Attentat, und sein Vizepräsident Johnson erbte seine Vietnampolitik. 1964 nutzte die Johnson-Regierung dann einen äußerst fragwürdigen Zwischenfall im Golf von Tonkin aus, um die regulären Streitkräfte der USA – Luftwaffe, Infanterie, Flotte und Marines – massiv zum Einsatz zu bringen.

Zwischen 1964 und 1975 wurden auf Vietnam über zweimal mehr Bomben abgeworfen als während des gesamten Zweiten Weltkrieges. Die US-Streitkräfte gingen mit Napalm und chemischen Waffen (Agent Orange) vor. Wieder wurde die einheimische Bevölkerung ganz im Gefolge der Indianerkriege und des Philippinenkrieges als rassisch minderwertig angesehen. Insgesamt verloren zwei Millionen Südvietnamesen ihr Leben.

Ab 1969 übernahm der neue republikanische Präsident Richard M. Nixon den Krieg, den ihm die Regierung der „best and brightcst", wie die Mitarbeiter Kennedys und Johnsons sich gerne nannten, hinterlassen hatte. Nixon hatte seinen Wählern versprochen, den Krieg in Vietnam möglichst rasch zu beenden, und sein Sicherheitsberater Henry Kissinger nahm tatsächlich Geheimgespräche mit den Kommunisten auf. Die Situation in Südvietnam war zu diesem Zeitpunkt schlechter denn je. 1968 hatten Vietcong und Nordvietnamesen am vietnamesischen Neujahrstag, dem Tetfest, eine überraschende Offensive gestartet, die zeitweilig zur Eroberung großer Teile Südvietnams geführt hatte. Zwar hatten die Amerikaner die gegnerischen Truppen besiegt, aber sie hatten einen verheerenden Ansehensverlust erlitten. Weite Teile der amerikanischen Öffentlichkeit standen dem Krieg nun kritischer gegenüber als zuvor. Aber dennoch strebte die Regierung Nixon keinen Frieden um jeden Preis an. Weiterhin wurden nordvietnamesische Städte bombardiert.

1970 marschierten amerikanische Truppen in das bis dahin neutrale und relativ stabile Kambodscha ein, das den Vietcong und den Nordvietnamesen als Nachschubbasis gedient hatte. Das Land wurde ebenso wie das benachbarte Laos zum Kriegsschauplatz und ab 1975 Ort einer der grausamsten kommunistischen Regierungen überhaupt: der Khmer Rouge unter Pol Pot, unter dessen Herrschaft 25 bis 30 % der kambodschanischen Bevölkerung ermordet wurden. Diesem Treiben setzte erst 1979 eine Invasion kommunistischer Truppen aus Vietnam ein Ende.

1973 zogen sich dann die amerikanischen Einheiten aus Vietnam zurück, 1975 fiel Südvietnam in die Hände nordvietnamesischer Truppen. Zu ersten Mal seit dem Krieg von 1812 hatten die USA einen militärischen Konflikt verloren. Vor dem Hintergrund des Kalten Krieges war dies eine Niederlage, die doppelt schwer wog, da sich Mitte der 1970er-Jahre der Kommunismus global auf dem Vormarsch zu befin-

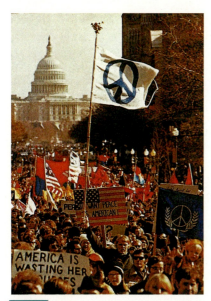

M 33 **Demonstration in den USA gegen den Vietnamkrieg**
Washington, Foto, 1968

den schien. In Afrika waren zahllose sozialistische oder kommunistische Regierungen an der Macht (Äthiopien, Guinea, Somalia, Mozambik, Angola), Südostasien war kommunistisch, in Spanien, Portugal und Griechenland waren proamerikanische Regime gestürzt worden, in Lateinamerika kämpften kommunistische Guerillabewegungen gegen ebenfalls proamerikanische Diktatoren. Da man in Washington inzwischen zwar die Spannungen zwischen der UdSSR und China zur Kenntnis genommen hatte, aber immer noch dachte, die kommunistische Bewegung verfolge einheitliche Ziele, sah es ganz so aus, als würde man den Systemkonflikt auf Dauer verlieren.

Darüber hinaus hatte der Vietnamkrieg nicht nur außenpolitische Folgen. Er wirkte unmittelbar auf die amerikanische Gesellschaft zurück. Mit dem Ende des sogenannten New Deal Order, dessen Parteien jeweils einen konservativen, einen moderaten und einen liberalen Flügel hatten, entstanden zwei stärker weltanschaulich ausgerichtete Parteien, die liberalen Demokraten und die konservativen Republikaner, wobei liberal eher als sozialdemokratisch-christdemokratisch und konservativ als altliberal zu interpretieren ist. Mit diesem „realignment" änderte sich allerdings die politische Kultur der USA. Die Epoche des relativen Konsenses endete zugunsten einer Phase gesteigerter ideologischer Konfrontation.

Das Ende der bipolaren Welt

Das gesellschaftliche und parteipolitische Revirement in der Krise der 1970er-Jahre legte die Grundlagen für den Regierungswechsel 1981. Mit Ronald Reagan wurde ein konservativer Revolutionär Präsident, der stets mehr war als nur ein Schauspieler, den es ins Oval Office verschlagen hatte. Reagan entstammte jenem Kreis radikaler Konservativer, die 1964 gemeinsam mit dem republikanischen Präsidentschaftskandidaten Barry Goldwater eine herbe Wahlniederlage hatten einstecken müssen.

Aus diesem Kreis von Aktivisten erwuchs dann aber in der Folge eine neue Führungsmannschaft für die Republikanische Partei, deren erklärtes Ziel es war, die Sozial-, Wirtschafts- und Außenpolitik der USA grundsätzlich zu verändern. Sie wollten das Erbe Roosevelts ein für allemal eliminieren. Dazu waren die „culture wars" wichtig. Um dieses Ziel zu erreichen, bedurfte es der Hegemonie in den Medien, am Supreme Court und – wenn möglich – im Sektor der Bildung und der Universitäten.

Außenpolitische Ziele Reagans

Das ambivalente Urteil über die Wirtschaftspolitik der Reagan-Ära hing eng mit der Außenpolitik seiner Administration zusammen. Die republikanische Regierung verfolgte zwei Hauptziele, zum einen versuchte man, das Trauma der Niederlage in Vietnam zu überwinden, zum anderen, die Handlungsfähigkeit gegenüber der Sowjetunion zurückzugewinnen. Beide Ziele waren eng miteinander verknüpft. Reagan war dabei nach Ansicht amerikanischer Zeithistoriker bei Weitem nicht der Kriegstreiber, als der er in der europäischen Öffentlichkeit gesehen wurde. Es ist bekannt, dass er sich, trotz seiner militanten Rhetorik, vor realen Kriegen regelrecht ängstigte. Überdies waren er und seine Berater außerordentlich flexibel, was ihm ab 1985 half, aktiv auf die Offerten des neuen sowjetischen Generalsekretärs Michail Gorbatschow einzugehen.

Die USA – Von den rebellischen Kolonien zur globalen Supermacht

M 34 **Michail Gorbatschow und Ronald Reagan**
Erstes Treffen der beiden Politiker, Foto, November 1985

M 35 **„Vietnam War Veterans Memorial"**
Skulptur aus der nationalen Gedenkstätte der USA zu Ehren der Angehörigen der US-Streitkräfte, die im Vietnamkrieg gefallen sind, Foto, 2009

Vorerst aber, ab 1981, nutzte die republikanische Regierung das durch die Invasion Afghanistans durch sowjetische Truppen unausweichlich gewordene Ende der Entspannungspolitik, um die eigenen Muskeln spielen zu lassen. In einer wichtigen Rede erklärte der Präsident 1984, in Vietnam habe man für eine noble Sache gekämpft. Mit der Einweihung des Vietnam Memorial in Washington bekam das Kriegsgedenken einen institutionalisierten Ort.

Gleichzeitig wurde das amerikanische Militär, wenngleich vorerst in Kleinkriegen gegen Grenada oder Panama, wieder international aktiv. Die CIA bekam wieder mehr Handlungsspielraum, wenngleich bisweilen gegen das Gesetz.

Im Zentrum aber stand die Hochrüstung. Reagans Regierung nutzte die vom deutschen Bundeskanzler Helmut Schmidt (SPD) 1977 entdeckte Lücke bei den Mittelstreckenraketen in Europa und forcierte die von der NATO beschlossene Nachrüstung mithilfe von Schmidts Nachfolger Helmut Kohl (CDU). Darüber hinaus propagierten die USA eine neue Idee: Star Wars, genauer: die Strategic Defense Initiative (SDI), eine technische Utopie, mit deren Hilfe man erklärtermaßen die UdSSR zugrunde rüsten wollte.

Im zweiten Kalten Krieg kam es ab 1983 zu einem neuerlichen Rüstungswettlauf, dem die UdSSR nicht mehr gewachsen war. Die neue sowjetische Führung unter Gorbatschow sah sich zu raschen wirtschaftlichen Reformen genötigt, um das eigene Imperium noch zu retten. 1989/90 brach das sowjetische Reich dann abrupt zusammen. In diesem Rahmen unterstützte Reagans Nachfolger George H. W. Bush (1989–1993) dann die deutsche Wiedervereinigung auch gegen den

Widerstand einiger europäischer Bündnispartner, darunter Großbritannien und Frankreich.

Unter Historikern ist heftig umstritten, welchen Beitrag die machtpolitische Neuausrichtung zum Untergang der UdSSR geleistet hat. Unzweifelhaft hat die amerikanische Hochrüstung den Niedergang der sowjetischen Wirtschaft beschleunigt, die zudem technologisch nicht mehr in der Lage war, etwa in der Computertechnik mitzuhalten. Aber fraglich ist, ob man die aggressive Politik Reagans wirklich einseitig gegen die vorangegangene Entspannungspolitik ausspielen kann, wie konservative Politiker dies taten. Möglicherweise war es gerade die Verbindung von Entspannungspolitik und bewusst kalkulierter Aggressivität ohne den Willen zum Krieg, die zum Ende der UdSSR und des Kalten Krieges beitrugen.

7. Die neue Ordnung der Welt

Globalisierung

Als im Jahr 1991 die Sowjetunion auseinanderbrach, stand das „empire of liberty" auf dem Höhepunkt seiner außenpolitischen Machtentfaltung. Die USA waren, trotz der weiterhin bestehenden russischen Atomwaffen und des sich abzeichnenden Aufstiegs Chinas unangefochten die einzig verbliebene Supermacht. Nur auf der wirtschaftlichen Ebene musste dieses Urteil eingeschränkt werden. Seit 1945 hatten die USA ihre absolute Vormachtstellung im Welthandel und im Finanzsektor eingebüßt, blieben aber relativ führend.

Allerdings mussten die Amerikaner seit etwa 1965, wie viele Industriestaaten, einen relativen Umbau ihrer Wirtschaft hinnehmen, den Übergang von einer schwerindustriellen zu einer an Kommunikationstechnologien und Dienstleistungen organisierten Produktionsweise. Viele Produktionsstätten wurden ins Ausland, nach Mexiko, China oder die asiatischen „Tigerstaaten" beziehungsweise nach Irland verlegt. Dadurch gingen gewerkschaftlich organisierte, konventionell sozialversicherte Arbeitsplätze verloren und wurden durch weniger dauerhafte Arbeitsverhältnisse ersetzt. 1991/92 kam dann eine tiefe Rezession hinzu, die sich bereits bei der Börsenpanik 1987 angekündigt hatte. Sie kostete dem amtierenden republikanischen Präsidenten sein Amt („It's the Economy, Stupid"). Erst danach, unter dem neuen demokratischen Präsidenten William J. „Bill" Clinton kam es zu einem dauerhaften Aufschwung, der durch die Deregulierung der Wirtschaft, vor allem aber durch das Auftauchen der internetgestützten New Economy begünstigt wurde. Diese brach 2001 kurzfristig ein, danach kam es zu einem neuerlichen Aufschwung im Rahmen einer globalisierten wirtschaftlichen Arbeitsteilung, der dann 2008 in einer weiteren schweren Wirtschafts- und Finanzkrise endete. Es zeigte sich, dass die USA vor dem Hintergrund einer Transformationskrise ihrer Wirtschaft die schweren Zerwürfnisse der „culture wars" noch lange nicht hinter sich gelassen hatten. Das Krisenpotenzial der amerikanischen Wirtschaft und Gesellschaft wurde jedoch durch den Sieg im Kalten Krieg überdeckt.

Und als Sieg wurde der Untergang des kommunistischen Ostblocks empfunden. Die USA legten unabhängig von der parteipolitischen Konstellation großen Wert darauf, die ehemals sowjetisch kontrollier-

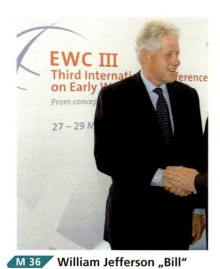

M 36 William Jefferson „Bill" Clinton
Präsident der USA von 1993 bis 2001, Foto, 2003

ten Gebiete möglichst rasch in das eigene Hegemonialsystem einzugliedern. Die Staaten Ost- und Ostmitteleuropas wurden in die NATO und in die Europäische Union (EU) eingegliedert, was aus amerikanischer Perspektive den zusätzlichen Vorteil hatte, den inneren Ausbau beider Institutionen zu verlangsamen und damit eine potenzielle machtpolitische Konkurrenz auszuschalten.

In den USA sorgte das Ende des Kalten Krieges für eine überbordend nationalistisch-triumphalistische Stimmung. Einzelne Wissenschaftler, so etwa Francis Fukuyama, verkündeten gar das Ende der Geschichte. Die liberale, kapitalistische Demokratie wurde als alternativlos dargestellt. Amerikanische Wirtschaftsexperten zogen durch die Länder des ehemaligen Ostblocks, durch Asien und Lateinamerika, um die Lehren des Neomonetarismus zu verkünden: Privatisierung, den schwachen Staat, Freihandel, Globalisierung. Im Grunde predigten die Amerikaner just das, was sie in der Frühzeit ihres Staatswesens nicht getan hatten. Die Ideen Alexander Hamiltons, welche die Grundlagen des wirtschaftlichen Aufschwungs in den USA gelegt hatten, wurden verdrängt.

Grenzen der Macht

Trotz des Triumphes wussten die USA aber kaum etwas mit ihrer neuen imperialen Machtfülle anzufangen. Viele Amerikaner verloren schlicht das Interesse an Außenpolitik, nationalistische Republikaner wollten eine Abkehr vom „Wilsonian Internationalism", der für die Demokraten und die Mehrheit der Republikaner handlungsleitend blieb. Die Regierung Clinton versuchte sich erfolglos in humanitären Missionen in Haiti und Somalia. Auch das Eingreifen in die Kriege nach dem Zerfall Jugoslawiens gehört in diesen Zusammenhang, zum Beispiel in Bosnien und im Kosovo. Zugleich konnte man der EU damit ihre außenpolitische Handlungsunfähigkeit demonstrieren.

Ansonsten verschob sich das amerikanische Interesse von Europa, dem einstigen Zentrum des Kalten Kriegs, nach Ostasien, wo man den Aufstieg Chinas misstrauisch verfolgte, und in den Nahen Osten, wo es einerseits um die Sicherheitsinteressen Israels und andererseits um den Zugang zu lebenswichtigen Ressourcen, sprich: Erdöl, ging. Hier verbanden sich strategische Interessen, das Sicherheitsbedürfnis der USA und ihre wirtschaftlichen Anliegen zu einer schwer zu durchdringenden Einheit. Unter George H. W. Bush hatte diese Interessengemengelage nach dem Angriff des Irak auf Kuwait 1990 dazu geführt, dass man in geduldigen Verhandlungen eine große, weltweite Koalition zusammenbrachte, die in einem kurzen, heftigen Krieg 1991 die Souveränität Kuwaits wieder herstellte, aber die Herrschaft Saddam Husseins unangetastet ließ. Bush hatte aus diesem Krieg gefolgert, es zeichne sich eine neue, kooperative Weltordnung unter Führung einer multilateralen, internationalistischen USA ab. In seiner eigenen Partei stieß dies auf wenig Gegenliebe. Aber selbst den Demokraten mangelte es an vergleichbaren Visionen.

Die Clinton-Regierung bemühte sich mit einer Politik der kleinen Schritte, primär den Palästina-Konflikt zu entschärfen, um Israels Existenz zu bewahren, ohne die Bündnisse mit den ökonomisch wichtigen autoritären Herrschern des arabischen Raums zu gefährden. Gleichzeitig versuchten die USA, die Auswirkungen der islamischen

M 37 US-Mission in Somalia
Amerikanischer Hubschrauber am Flughafen von Baidoa in Somalia, Foto, Dezember 1992

Ambivalente Außenpolitik

Revolution im schiitischen Iran von 1978 unter Kontrolle zu behalten. Zu diesem Zweck hatten sie schon in den 1980er-Jahren Saddam Hussein bei seinem Angriffskrieg gegen den Iran unterstützt und im Libanon gegen die schiitische Hisbollah interveniert. Die USA sahen sich zu einer offenkundig zwiespältigen Strategie gezwungen, indem sie demokratische Reformen anmahnten, aber aktiv autoritäre Regime beförderten. Ägypten und Saudiarabien wurden zu Schlüsselstaaten dieser ambivalenten Strategie. In genau diese Zwickmühle aber stieß gerade in den späten 1990er-Jahren die islamistische Bewegung, die von den USA und Pakistan im Kampf gegen die sowjetische Intervention in Afghanistan mit Geld und Waffen ausgerüstet worden war. Die gewaltbereiten Islamisten hatten nun, nach dem Ende der UdSSR, die

M 38 „Der 11. September 2001"
Dem Terroranschlag fielen etwa 3000 Menschen zum Opfer, Foto vom 11.9.2001.

USA als Schutzmacht Israels und der verhassten Herrscher in der arabischen Welt zu ihrem Hauptgegner erkoren. Dies führte dann am 11. September 2001 zu den Terroranschlägen in New York und Washington.

Reaktionen auf den 11. September

Die Reaktion der USA fiel erwartungsgemäß heftig aus. Zum ersten Mal seit Pearl Harbor 1941 waren die USA wieder direkt angegriffen worden, und noch nie hatte auf dem Boden der Vereinigten Staaten ein Terroranschlag dieses Ausmaßes stattgefunden.

Die Amerikaner verlangten Gegenmaßnahmen und wurden darin anfangs von vielen Staaten unterstützt. Die NATO etwa erklärte den Kriegszustand. Präsident George Bush (2001–2009), bis dahin eher glück- und lustlos agierend, rief den „war on terror" aus. Im US Patriot Act wurden wie zu Zeiten des Bürgerkriegs oder der Weltkriege und der Anfangsphase des Kalten Krieges Bürger- und Menschenrechte beschnitten. An der Spitze einer breiten Koalition marschierten US-amerikanische Truppen in Afghanistan ein, um die dortige Taliban-

Die USA – Von den rebellischen Kolonien zur globalen Supermacht

regierung, die mit der Terrororganisation al-Qaida und deren Führer Osama bin Laden, die für die Terroranschläge verantwortlich zeichneten, zu stürzen. Stieß diese Reaktion der USA noch auf weltweite Zustimmung, so änderte sich das Bild, als die USA 2003 in den Irak einmarschierten. Dieser Krieg war das Resultat einer Koalition innerhalb der republikanischen Administration. Insbesondere im American Enterprise Institute und dem Project of a New American Century propagierte sie eine unilaterale, das heißt einseitige, aber idealistische, auf weltweite Demokratisierung und die Durchsetzung der kapitalistischen Wirtschaftsweise zielende Machtpolitik der USA.

Irak-Krieg

Politische Denker hatten schon 1997 dem früheren Präsidenten Bush vorgeworfen, einen Fehler gemacht zu haben, als er 1991 die Macht Saddam Husseins nicht angetastet hatte. In ihren Augen war Hussein der zentrale Gefahrenherd des Nahen Ostens, von ihm ginge die größte Gefahr für Israel aus. Überdies, so ihre Theorie, würde ein demokratisch-kapitalistischer Irak wie ein Magnet auf andere islamische Staaten wirken und den gesamten Raum zwischen Pakistan und Marokko demokratisieren. In Verbindung mit Erdölinteressen, strategischen Kalkülen und einer weitverbreiteten Angst vor der grotesk überschätzten irakischen Armee führte diese Argumentation zum Angriff auf den Irak.

Es zeigte sich schnell, dass die USA ihre Macht überdehnt hatten. Weder konnten die hochgesteckten Kriegsziele durchgesetzt werden, noch gelang es dem jüngeren Präsidenten Bush eine Koalition zusammenzubringen, die sich auch nur annähernd mit derjenigen seines Vaters hätte vergleichen lassen. Die Verlustziffern stiegen, obwohl in dem Krieg bevorzugt Söldner aus privaten Sicherheitsfirmen wie Dyna-

M 39 US-Gefangenenlager Guantanamo auf Kuba
Foto, 2004

M 40 **Barack Obama**
Präsident der USA seit 2009,
Foto vom 23. Januar 2008

Wahl Obamas

corp oder Blackwater eingesetzt wurden, Ausdruck des neomonetaristischen Glaubenssatzes, private Institutionen seien staatlichen immer und unter allen Bedingungen überlegen. Schließlich wurde der Krieg im Irak unter ethischen Gesichtspunkten zur Katastrophe. Amerikanische Menschenrechtsverletzungen in Abu Ghraib oder Guantanamo unterminierten die moralische Hoheit der USA, die in permanentem Widerspruch zur eigenen Weltanschauung operierte.

Der Krieg im Irak sowie das Versagen der US-Regierung während des Hurricans Katrina im Jahr 2005 ließen die strukturelle Mehrheit der Republikaner bröckeln und trugen 2008 maßgeblich zum Wahlsieg des demokratischen Präsidentschaftskandidaten Barack Obama bei.

Die Wahl Obamas war ein bereits vorweggenommener Ausdruck der demografischen Entwicklung in den USA. Um 2050 werden sie ein Land der Minderheiten sein, das heißt die Weißen werden gegenüber Schwarzen, den rasch wachsenden Hispanics und Asiaten sowie gegenüber den inzwischen wieder erstarkenden Indianern über keine absolute Mehrheit mehr verfügen. Die USA werden in der Zukunft ein anderes, ein multiethnisches Gesicht haben. Dies wird die Teilhabeerwartungen des amerikanischen Experiments in Dimensionen führen, an die keiner der Gründerväter des Jahres 1776 je gedacht hat. Was dies auf Dauer bedeutet, ist heute nicht abzusehen. Die USA blieben stets, im Guten wie im Schlechten, ein Kind des 18. Jahrhunderts. Zu dicht haben in der amerikanischen Geschichte partizipatorische Verheißung nach innen und aggressive Dynamik nach außen, die Fähigkeit zu Reform und Anpassung aber auch zur Gewalt, Licht und Schatten nebeneinander gelegen, als dass man wirklich sagen könnte, wohin auf Dauer die Reise geht.

Die USA – Von den rebellischen Kolonien zur globalen Supermacht

Literatur

J. Heideking, Ch. Mauch, Geschichte der USA, Tübingen 2007

U. Sautter, Geschichte der Vereinigten Staaten von Amerika, Stuttgart 2006

V. Depkat, Geschichte Nordamerikas, Köln 2008

Ph. Gassert, M. Häberlein und M. Wala, Kleine Geschichte der USA, Stuttgart 2008

D. Reynolds, America, Empire of Liberty: A New History, New York 2009

K. Schwabe, Weltmacht und Weltordnung: Amerikanische Außenpolitik von 1898 bis zur Gegenwart – Eine Jahrhundertgeschichte, Paderborn 2007

G.C. Herring, From Colony to Superpower: U.S. Foreign Relations since 1776, New York 2008

Zusammenfassung

Die Geschichte der USA konnte zu keinem Zeitpunkt ausschließlich als lineare Forschrittsgeschichte geschrieben werden. Sie war stets von Mühen und schweren inneren wie äußeren Konflikten gekennzeichnet.

Ausgehend von der krisenhaften Situation im unmittelbaren Anschluss an den Unabhängigkeitskrieg, harrten vielfältige Probleme der Lösung: Wie sollte man mit der Sklaverei, dem zentralen Strukturproblem der amerikanischen Geschichte, umgehen? Wollte man einen Nationalstaat oder nur eine lose Konföderation? War man für oder gegen Industrialisierung und weitere Expansion? Viele dieser drängenden Fragen wurden erst im Bürgerkrieg der 1860er-Jahre gelöst.

Insgesamt benötigten die Vereinigten Staaten annähernd ein Jahrhundert, um allmählich ab 1898 ihr Potenzial voll auszuschöpfen und nunmehr selbst zur imperialistischen Weltmacht aufzusteigen. Von nun an entwickelten sie sich politisch, wirtschaftlich und militärisch erst zur Führungsmacht auf dem amerikanischen Kontinent, danach zum Hegemon der westlichen Welt und schließlich zur alleinigen, globalen Supermacht.

Dieser Aufstieg blieb nicht frei von inneren Widersprüchen. Die Sicherheitsinteressen einer Weltmacht waren mit dem humanitären Idealismus der Gründerväter des Landes kaum in Einklang zu bringen. Dies hatte zu keinem Zeitpunkt etwas mit dem „Cowboy"-Image zu tun, welches eine diffuse antiamerikanische Kritik den USA gerne anhängt. Vielmehr wirkten hier die internen Dynamiken einer freien Gesellschaft, die sich als moralische, aber vor allem auch als politische und militärische Führungsmacht verstand. Immer wieder regte sich auch in den USA Opposition gegenüber dem Aufstieg zur globalen Supermacht, der sich zudem als ausgesprochen kostenträchtig erwies. Hinzu kam ein sich seit dem letzten Drittel des 20. Jahrhunderts beschleunigender struktureller und gesellschaftlicher Wandel, der einerseits neue Einwanderungswellen mit sich brachte, andererseits aber die Frage nach der Tragfähigkeit amerikanischer Identitätskonzepte ganz neu stellte. Dadurch wurde, insbesondere nach dem Desaster des Vietnamkriegs, die amerikanische Führungsrolle nachhaltig problematisiert, obwohl der Sieg im Kalten Krieg zeitweilig wieder zu neuen Hoffnungen Anlass gab.

Schließlich führten allerdings eine einseitig von nationalen Sicherheitsinteressen geleitete Außen- und Sicherheitspolitik zusammen mit der daraus resultierenden ungeheuerlichen finanziellen Belastung von Wirtschaft und Gesellschaft der USA zu Beginn des 21. Jahrhunderts in eine Krise des amerikanischen Führungsanspruches, deren Ausgang wohl noch lange ungewiss bleiben wird.

Eine kommentierte Linkliste finden Sie unter: www.westermann.de/geschichte-linkliste

Zeittafel

1763	Ende des Siebenjährigen Krieges
1763–1774	Serie britischer Gesetze zur Regelung des Lebens in den nordamerikanischen Kolonien („Intolerable Acts", z.B. Royal Proclamation, Sugar Act, Stamp Act, Quebec Act)
1770	Boston Massacre
1773	Boston Tea Party
1775	Kontinentalkongress
4.7.1776	Unabhängigkeitserklärung
1778	Amerikanisch-Französischer Allianzvertrag
1781	Britische Niederlage bei Yorktown
1783	Friede von Paris, Amerikanische Unabhängigkeit wird von Großbritannien anerkannt
1785	Land Ordinance
1787	Northwest Ordinance
1787	Verfassungskonvent
1791	Annahme der Verfassung
1803	Louisiana Purchase
1812–14/15	Krieg mit Großbritannien
1819–21	Missouri-Krise und Missouri-Kompromiss
1823	Monroe-Doktrin
1836	Texanische Unabhängigkeit von Mexiko
1845	Texas tritt der Union bei; Manifest Destiny
1846–48	Krieg mit Mexiko
1861–65	Amerikanischer Bürgerkrieg
1865	Befreiung der Sklaven (XIII. Verfassungszusatz)
1867	Erwerb von Alaska
1898	Annexion von Hawaii; Krieg mit Spanien; Annexion der Philippinen
1913	Eröffnung des Panamakanals
1917–18	Teilnahme am Ersten Weltkrieg
1929–41	Börsenkrach und Große Depression
1934	Politik der guten Nachbarschaft in Lateinamerika
7.12.1941	Angriff der Japaner auf Pearl Harbor
1941–45	Teilnahme am Zweiten Weltkrieg
1944–71	Währungssystem von Bretton Woods
1945/47–1989/91	Kalter Krieg mit der UdSSR
1950–53	Korea-Krieg
1956	Ungarnaufstand und Suezkrieg
1957	Sputnikschock
1961	gescheiterter Landungsversuch auf Kuba („Schweinebucht")
1962	Kubakrise
1964–73	Amerikanischer Vietnamkrieg
1981–89	Präsidentschaft von Ronald Reagan (sog. Zweiter Kalter Krieg)
1989–91	Zerfall des sowjetischen Weltreiches; Ende des Kalten Kriegs
1991	Kuwaitkrieg („2. Golfkrieg"; Propagierung einer „Neuen Weltordnung")
2001	Terroranschlag auf das World Trade Center in New York City und das Pentagon in Washington, DC („9/11"); Krieg in Afghanistan
2003	Krieg gegen den Irak („3. Golfkrieg")

Die USA – Von den rebellischen Kolonien zur globalen Supermacht

1. Die Amerikanische Revolution

M 41 „Britannia, ihrer Kolonien beraubt"
Das Spruchband bedeutet so viel wie: „Gebt dem armen Belisario einen Groschen". Anspielung auf einen byzantinischen General des 6. Jahrhunderts, der nach der Eroberung Italiens von Kaiser Justinian entlassen wurde und angeblich anschließend betteln gehen musste, Darstellung nach Benjamin Franklin (1706–1790) aus dem Jahre 1767.

M 42 Unabhängigkeitserklärung
John Trumbull (1756–1843) arbeitete zwischen 1787 und 1818 an diesem Gemälde, auf dem John Adams (1735–1799) aus Massachusetts, Roger Sherman aus Connecticut, Robert Livingston aus New York, Thomas Jefferson (1743–1826) aus Virginia und Benjamin Franklin (1706–1790) aus Pennsylvania den Entwurf der Unabhängigkeitserklärung dem Präsidenten des Generalkongresses, John Hancock, überreichen.

M 43 Die Unabhängigkeitserklärung der Vereinigten Staaten von Amerika

Die Kolonien verabschiedeten die Unabhängigkeitserklärung am 4. Juli 1776. In ihr wurden die Gründe dargelegt, die zur Trennung führten. Dieser Tag wird als amerikanischer Nationalfeiertag begangen:

Folgende Wahrheiten erachten wir als selbstverständlich: dass alle Menschen gleich geschaffen sind; dass sie von ihrem Schöpfer mit gewissen unveräußerlichen Rechten ausgestattet sind; dass
5 dazu Leben, Freiheit und das Streben nach Glück gehören; dass zur Sicherung dieser Rechte Regierungen unter den Menschen eingesetzt werden, die ihre rechtmäßige Macht aus der Zustimmung der Regierten herleiten; dass, wenn immer irgendeine
10 Regierungsform sich als diesen Zielen abträglich erweist, es Recht des Volkes ist, sie zu ändern oder abzuschaffen und eine neue Regierung einzusetzen und diese auf solchen Grundsätzen aufzubauen und ihre Gewalten in der Form zu organisieren,
15 wie es ihm zur Gewährleistung seiner Sicherheit und seines Glückes geboten zu sein scheint. Gewiss gebietet die Weisheit, dass von alters her bestehende Regierungen nicht aus geringfügigen und vorübergehenden Anlässen geändert werden sollten; und demgemäß hat jede Erfahrung gezeigt, 20 dass die Menschen eher geneigt sind, zu dulden, solange die Missstände noch erträglich sind, als sich unter Beseitigung altgewohnter Formen Recht zu verschaffen. Aber wenn eine lange Reihe von Missständen und Übergriffen, die stets das gleiche Ziel 25 verfolgen, die Absicht erkennen lässt, sie absolutem Despotismus zu unterwerfen, so ist es ihr Recht und ihre Pflicht, eine solche Regierung zu beseitigen und neue Wächter für ihre künftige Sicherheit zu bestellen. 30

So haben diese Kolonien geduldig ausgeharrt, und so stehen sie jetzt vor der zwingenden Notwendigkeit, ihre bisherige Regierungsform zu ändern. Die Regierungszeit des gegenwärtigen Königs von Großbritannien ist von unentwegtem Unrecht und 35 ständigen Übergriffen gekennzeichnet, die alle auf die Errichtung einer absoluten Tyrannei über diese Staaten abzielen.

Zit. nach: M. Jonas, Die Unabhängigkeitserklärung der Vereinigten Staaten, Hannover 1964, S. 39 f.

Aufgaben

1. Stellen Sie die wichtigsten Stationen auf dem Weg zur Unabhängigkeit der USA zusammen.
→ Text

2. Beschreiben Sie die Zusammensetzung der amerikanischen Bevölkerung um 1775.
→ M4

3. Beschreiben und interpretieren Sie die Darstellung „Britannia, ihrer Kolonien beraubt".
→ M41

4. a) Zeigen Sie, wie im Bild von John Trumbull die Unabhängigkeit der USA dargestellt wird.
   b) Überprüfen Sie, ob das Bild der historischen Situation entspricht.
→ M42, Internet, Bibliothek

5. Arbeiten Sie heraus, auf welche Staatsform die Unabhängigkeitserklärung von 1776 abzielte.
→ M43

6. Fertigen Sie mithilfe einer Internetrecherche Kurzbiografien über zentrale Gestalten der amerikanischen Revolution an: Benjamin Franklin, George Washington, Thomas Jefferson u. a.
→ Text, M7, M9, M11, Internet

Die USA – Von den rebellischen Kolonien zur globalen Supermacht

2. Imperium im Wartestand

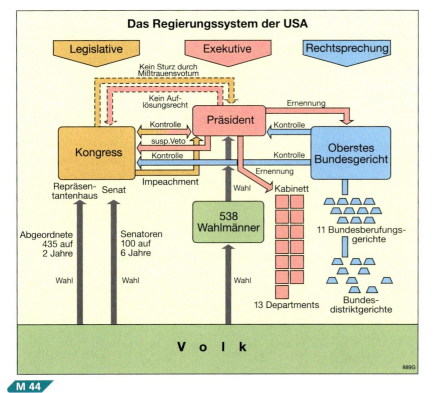

M 44

M 45 Die Verfassung der Vereinigten Staaten

Vom 17. September 1787:

Präambel: Wir, das Volk der Vereinigten Staaten, von der Absicht geleitet, unseren Bund zu vervollkommnen, die Gerechtigkeit zu verwirklichen, die Ruhe im Innern zu sichern, für die Landesverteidigung zu sorgen, das allgemeine Wohl zu fördern und das Glück der Freiheit uns selbst und unseren Nachkommen zu bewahren, setzen und begründen diese Verfassung für die Vereinigten Staaten von Amerika.

Artikel 1, Abschnitt 1: Alle in dieser Verfassung verliehene gesetzgebende Gewalt ruht im Kongress der Vereinigten Staaten, der aus einem Senat und einem Repräsentantenhaus besteht.

Abschnitt 2: Das Repräsentantenhaus besteht aus Abgeordneten, die alle zwei Jahre in den Einzelstaaten vom Volke gewählt werden. Die Wähler in jedem Staate müssen den gleichen Bedingungen genügen, die für die Wähler der zahlenmäßig stärksten Kammer der gesetzgebenden Körperschaft des Einzelstaats vorgeschrieben sind.

Niemand kann Abgeordneter werden, der nicht das Alter von 25 Jahren erreicht hat, sieben Jahre Bürger der Vereinigten Staaten gewesen und zur Zeit seiner Wahl Einwohner desjenigen Staates ist, in dem er gewählt wird.

Die Abgeordnetenmandate und die direkten Steuern werden auf die einzelnen Staaten, die diesem Bund angeschlossen sind, im Verhältnis zu ihrer Einwohnerzahl verteilt; diese wird ermittelt, indem zur Gesamtzahl der freien Personen, einschließlich der in einem befristeten Dienstverhältnis stehenden, jedoch ausschließlich der nicht besteuerten Indianer, drei Fünftel der Gesamtzahl aller übrigen Personen hinzugezählt werden. Die Zählung selbst erfolgt innerhalb von drei Jahren nach dem ersten Zusammentritt des Kongresses der Vereinigten Staaten, und dann jeweils alle zehn Jahre nach Maßgabe eines hierfür zu erlassenden Gesetzes. [...].

Das Repräsentantenhaus wählt aus seiner Mitte einen Präsidenten (Sprecher) und sonstige Parlamentsorgane. Es hat das alleinige Recht, Amtsanklage zu erheben.

Abschnitt 3: Der Senat der Vereinigten Staaten besteht aus je zwei Senatoren von jedem Einzelstaat, die von dessen gesetzgebender Körperschaft auf sechs Jahre gewählt werden. Jedem Senator steht eine Stimme zu.

Unmittelbar nach dem Zusammentritt nach der erstmaligen Wahl soll der Senat so gleichmäßig wie möglich in drei Gruppen aufgeteilt werden. Die Senatoren der ersten Gruppe haben nach Ablauf von zwei Jahren ihr Mandat niederzulegen, die der zweiten Gruppe nach Ablauf von vier Jahren und die der dritten Gruppe nach Ablauf von sechs Jahren, sodass jedes zweite Jahr ein Drittel neu zu wählen ist. [...]

Niemand kann Senator werden, der nicht das Alter von 30 Jahren erreicht hat, neun Jahre Bürger der Vereinigten Staaten gewesen und zur Zeit seiner Wahl Einwohner desjenigen Staates ist, für den er gewählt wird.

http://usa.usembassy.de

M 46 Die Monroe-Doktrin

In seiner Jahresbotschaft an den Kongress vom 2. Dezember 1823 legte Präsident James Monroe die Grundsätze der amerikanischen Außenpolitik nieder:

An den Kriegen der europäischen Mächte um ihre eigenen Angelegenheiten haben wir nie teilgenommen, noch verträgt sich eine solche Handlungsweise mit unserer Politik. […] Mit den Wandlungen, die auf dieser Hemisphäre vor sich gehen, sind wir notwendigerweise und aus Gründen, welche allen erleuchteten und unparteiischen Beobachtern klar sein müssen, unmittelbarer verbunden. Das politische System der verbündeten Mächte ist in dieser Hinsicht grundverschieden von dem Amerikas. Dieser Unterschied rührt von demjenigen her, der zwischen ihren bezüglichen Regierungen besteht. […] Wir schulden es deshalb der Aufrichtigkeit und den freundschaftlichen, zwischen den Vereinigten Staaten und jenen Mächten bestehenden Beziehungen, zu erklären, dass wir jedweden Versuch ihrerseits, ihr System auf irgendwelchen Teil dieser Hemisphäre auszudehnen, als gefährlich für unseren Frieden und unsere Sicherheit ansehen würden. In die bestehenden Kolonien oder Dependenzen [Niederlassungen] irgendeiner europäischen Macht haben wir uns nicht eingemischt und werden wir uns nicht einmischen. Aber wir könnten einen Eingriff seitens einer europäischen Macht in die Regierungen, die ihre Selbstständigkeit erklärt und sie aufrecht erhalten haben, und deren Unabhängigkeit wir nach großer Überlegung und aufgrund gerechter Prinzipien anerkannt haben, zu dem Zwecke sie zu unterdrücken oder in irgendeiner Weise ihr Schicksal zu bestimmen, in keinem anderen Lichte denn als Kundgebung eines unfreundlichen Verhaltens gegenüber den Vereinigten Staaten ansehen. […]

Unsere Politik bezüglich Europas, die in einem früheren Zeitpunkt der Kriege, welche so lange jenen Teil des Erdballes aufgeregt haben, angenommen wurde, bleibt nichtsdestoweniger dieselbe, nämlich nicht in die inneren Angelegenheiten irgendeiner ihrer Mächte einzugreifen, die de facto-Regierung als die für uns rechtmäßige anzusehen, freundliche Beziehungen mit ihr zu pflegen, und solche Beziehungen durch eine freimütige, feste und männliche Politik zu erhalten, den gerechten Ansprüchen jeder Macht in allen Fällen zu genügen und dabei Unbill von keiner hinzunehmen. Aber in Hinblick auf diese Kontinente sind die Umstände höchst und augenfällig verschieden. Es ist unmöglich, dass die Verbündeten ihr politisches System auf irgendeinen Teil eines der beiden Kontinente erstrecken, ohne unseren Frieden und unser Glück zu gefährden; noch kann irgendjemand glauben, dass unsere südlichen Brüder, wenn für sich gelassen, es aus eigenem Antriebe annehmen würden. Es ist deshalb gleichermaßen unmöglich, dass wir ein solches Eingreifen in irgendeiner Form mit Gleichgültigkeit sehen sollten.

Zit. nach: Herbert Kraus, Die Monroedoktrin in ihren Beziehungen zur amerikanischen Diplomatie und zum Völkerrecht, Berlin 1913, S. 37 ff.

Aufgaben

1. a) Erläutern Sie die Überschrift des Kapitels „Imperium im Wartestand".
   b) Bestimmen Sie, in welchem Verhältnis innenpolitische Probleme und außenpolitische Aktivitäten in dieser Phase der amerikanischen Geschichte zueinander standen.
   → Text
2. a) Analysieren Sie die Rolle der Einzelstaaten im Rahmen der Verfassung.
   b) Charakterisieren Sie die Rolle der beiden Häuser des Kongresses sowie des Präsidenten.
   c) Der US-Verfassung wird ein ausgeklügeltes System der „checks and balances" nachgesagt. Beschreiben Sie dieses und untersuchen Sie die damit verbundenen Vor- und Nachteile. → M44, M45
3. Bestimmen Sie, welche Rolle die einzelnen Verfassungsorgane im Rahmen der Außenpolitik spielen. → M44, M45
4. Untersuchen Sie anhand ausgewählter Beispiele, inwieweit der Widerstreit bundesstaatlicher und zentralistischer Interessen die Geschichte der USA beeinflusste. → Bibliothek, Internet
5. a) Ordnen Sie die Monroe-Doktrin von 1823 in den historischen Zusammenhang ein.
   b) Analysieren Sie, welche Rolle sich die USA in diesem Dokument selbst zuweisen.
   → M46

3. Aggression und Expansion

M 47 „American Progress", Gemälde von John Gast, 1872

M 48 Die Bedeutung der Siedungsgrenze

Der Historiker Frederick Jackson Turner beeinflusste mit seinen Thesen zur Siedlungsgrenze von 1893 eine ganze Generation von Amerikanern:

Bei den meisten Nationen hat sich die Entwicklung in einem begrenzten Raum abgespielt; und wenn die Nation sich ausdehnte, ist sie auf andere wachsende Völker getroffen, die sie erobert hat. Aber im Fall der Vereinigten Staaten haben wir eine andersartige Erscheinung. Beschränken wir unsere Aufmerksamkeit auf die Atlantikküste, haben wir die vertraute Erscheinung der Entwicklung von Einrichtungen in einem begrenzten Gebiet, wie etwa die Entstehung eines repräsentativen Regierungssystems; die Differenzierung einfacher Kolonialregierungen in vielschichtige Organe; den Fortschritt von einer primitiven Gewerbegesellschaft ohne Arbeitsteilung zur industriellen Zivilisation. Zusätzlich dazu aber haben wir eine Wiederholung des Entwicklungsprozesses in jedem Gebiet des Westens, das im Vorschreiten der Expansion erreicht wird. Derart hat die amerikanische Entwicklung nicht bloß ein Vorrücken entlang einer einzigen Linie dargestellt, sondern die Rückkehr zu primitiven Verhältnissen auf einer ständig vorrückenden Grenzlinie und eine neue Entwicklung für dieses Gebiet. Die gesellschaftliche Entwicklung Amerikas hat an der Grenze ständig wieder von vorn angefangen. Diese beständige Wiedergeburt, dies Fließende des amerikanischen Lebens, diese Expansion westwärts mit ihren neuen Möglichkeiten, ihrer dauernden Berührung mit der Einfachheit primitiver Gesellschaft, stellen die Kräfte, die den amerikanischen Charakter beherrschen. Der wahre Gesichtspunkt in der amerikanischen Geschichte ist nicht die Atlantikküste, sondern der Große Westen.

Zit. nach: Erich Angermann, Der Aufstieg der Vereinigten Staaten von Amerika, 1607–1917, Stuttgart 1975, 51 f.

Gebiete der Indianer in den USA

1850 — 1880 — 1990

M 49

M 50 Die Vertreibung der Indianer

Die Verdrängung der Indianer schildert der Historiker Hans Rudolf Guggisberg (1975):

Zu den dunkelsten Kapiteln der Geschichte der Westexpansion gehört unzweifelhaft das Schicksal der Indianer. Hier wirkte sich der Individualismus und der unersättliche Landhunger der vordringenden „Frontiersmen" in brutalster Weise aus. Da die Indianer kein Stimmrecht besaßen, beschäftigte sich keine politische Partei mit ihnen, und die wenig energische Indianerpolitik der Bundesregierung stand unter keinerlei Druck. Wohl waren mit einzelnen Stämmen im Gebiet zwischen Appalachen und Mississippi seit dem späten 18. Jahrhundert Landnahmeverträge abgeschlossen worden, aber diese wurden immer wieder gebrochen, und die Eingeborenen sahen sich stets um die versprochenen Entschädigungen geprellt. Sie verloren ihre Jagdgründe und damit auch die Möglichkeit, sich zu ernähren und zu bekleiden. Um diese Probleme kümmerten sich die weißen Siedler jedoch nicht. Sie waren überzeugt von ihrem Recht, ja von ihrer Pflicht, die Wilden zu verjagen, da diese das Land ja nicht erschlossen und seine Fruchtbarkeit ausnützten. Solche Argumentation verriet das Fehlen jedes Verständnisses für die Denkweise der Indianer. Sie richtete sich insbesondere gegen die Jägerstämme, aber mit der Zeit wurden auch die Ackerbau treibenden Völker aus ihren Gebieten verdrängt. Wenn die Indianer organisierten Widerstand zu leisten begannen, kam es stets zu blutigen Konfrontationen. […]

Die Folge dieser für die betroffenen Stämme äußerst verlustreichen Niederlagen war ein allgemeines Nachlassen des Widerstandes. Schon seit dem Anfang des 19. Jahrhunderts hatten einzelne amerikanische Politiker die Möglichkeit erwogen, die Indianer in ihrer Gesamtheit westlich des Mississippi anzusiedeln. Im Jahre 1830 – also während der ersten Präsidentschaft Jacksons – beschloss der Kongress die Durchführung dieser Massendeportation. […]

Um 1845 waren die meisten Indianer aus den Gebieten östlich des Mississippi verschwunden. Überreste hielten sich nur in wenigen älteren Reservaten.

H. R. Guggisberg, Geschichte der USA, Stuttgart 1975, S. 83 f.

Aufgaben

1. a) Zeigen Sie, wo, in welchen Phasen und in welcher Form sich die Expansion der USA im 19. Jahrhundert vollzog. Berücksichtigen Sie dabei die wirtschaftliche Bedeutung.
   b) Überlegen Sie, in welcher Hinsicht dem amerikanischen Bürgerkrieg außenpolitische Bedeutung zukommt.
   → Text
2. Beschreiben und interpretieren Sie die Darstellung von John Gast „American Progress".
   → M47
3. Arbeiten Sie anhand des Textes heraus, welche Bedeutung Frederick Jackson Turner der Grenze (frontier) zuspricht.
   → M48
4. Erarbeiten Sie anhand der Materialien, wie die Indianerstämme vertrieben bzw. vernichtet wurden. Erstellen Sie ggf. ein Kurzreferat.
   → Text, M49, M50
5. Untersuchen Sie anhand von Beispielen, wie das Ausgreifen der USA in amerikanischen Spielfilmen – etwa in Western – dargestellt wird.
   → Text, Internet, Bibliothek

4. Schritte zur Weltmacht

M 51 Nach dem Sieg über Spanien (1898)

Dem US-Präsidenten William McKinley (1897–1901) stellte sich das Problem, wie mit den Philippinen umzugehen sei:

Die Wahrheit ist, ich wollte die Philippinen nicht. Als wir sie schließlich doch erhielten, war es ein Geschenk der Götter, von dem ich nicht recht wusste, was damit anzufangen sei. Vergebens suchte ich von allen Seiten Rat – von Demokraten und Republikanern. Erst dachte ich, wir nehmen Manila; dann Luzon; dann vielleicht auch die anderen Inseln. Ich lief Nacht für Nacht bis Mitternacht im Weißen Haus auf und ab, und ich schäme mich nicht, es Ihnen zu gestehen, Gentlemen, dass ich auf die Knie fiel und den Allmächtigen Gott um Erleuchtung und Führung bat. Spät eines Nachts, ich weiß nicht wie, kam die Antwort: 1., dass wir sie nicht an Spanien zurückgeben – das wäre feige und unehrenhaft; 2., dass wir sie nicht an Frankreich oder Deutschland – unsere wirtschaftlichen Rivalen im Orient – abtreten, das wäre ein schlechtes Geschäft und zudem entehrend; 3., dass wir sie nicht sich selbst überlassen – sie wären unfähig, sich selbst zu regieren und hätten sonst bald Anarchie und Missregierung schlimmer als die Spaniens; und 4., dass uns nichts anderes übrig bleibt, als sie zu übernehmen, den Filipinos Bildung, Zivilisation und den christlichen Glauben beizubringen, und mit Gottes Gnaden das Beste für sie als unsere Mitmenschen zu tun, für die Christus ebenfalls starb. Dann ging ich zu Bett und schlief fest ein.

Zit. nach: P. H. Merkl, D. Raabe, Politische Soziologie der USA, Wiesbaden 1977, S. 169.

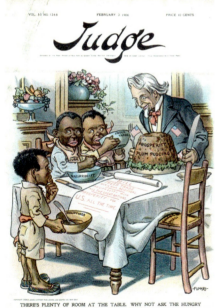

M 52 US-Imperialismus
Amerikanische Karikatur, 1906

M 53 „Neue Grenzen"

Der Journalist Thilo Koch beleuchtet die Ursachen des amerikanischen Imperialismus:

Der amerikanische Imperialismus zu Beginn des 20. Jahrhunderts hatte auch psychologische Ursachen. 1890 war jenes „go west" zum Stillstand gekommen, das so lange die Kräfte der jungen amerikanischen Nation und ihre Fantasie magisch angezogen hatte. Die „frontier" war geschlossen, der ganze amerikanische Kontinent, soweit verfügbar, den Indianern entrissen und erobert. „Go west" wurde immer mehr zu einem Mythos bis hin zu den Traumfabriken von Hollywood mit ihrer noch heute erfolgreichen Produktion von Western.

Die Westwanderungen waren auch ein Sicherheitsventil gewesen. Nonkonformistische Elemente, Neueinwanderer, unruhige Jugend fanden in der Weite der Prärien und Gebirge Auslauf, Betätigung und auch Bestätigung. Die selbstverordnete Bestimmung des amerikanischen Volkes, „Gottes eigenes Land" in Besitz zu nehmen, war mit großer Aktivität und rücksichtsloser Brutalität verwirklicht worden. Nun stand man an der Küste des Pazifischen Ozeans gewissermaßen still.

Theodore Roosevelt und seine Nachfolger sahen sich einem doppelten Zwang zu außenpolitischer Aktivität gegenüber, dem sie sich zumeist auch begeistert widmeten. „Neue Grenzen" für den amerikanischen Betätigungsdrang mussten erschlossen werden, und die explosiv wachsende und überallhin ausgreifende amerikanische Industriekraft brauchte Absatzmärkte außerhalb der Grenzen der Vereinigten Staaten. Die überschäumenden Kräfte der auch an Bevölkerungszahl rasch zunehmenden US-amerikanischen Nation richteten sich, was nahelag, zunächst auf Lateinamerika. Präsident Theodore Roosevelt zwang zum Beispiel Kolumbien, Panama abzutreten, damit hier der für den Welthandel und besonders für die amerikanische Wirtschaft unentbehrliche Kanal zwischen Pazifik und Atlantik unter alleiniger nordamerikanischer Kontrolle gebaut werden konnte.

Thilo Koch, Nordamerika: Texte, Bilder, Dokumente, München 1972, S. 68.

M 54 Erweiterung der Monroe-Doktrin

Präsident Theodore Roosevelt in seiner Jahresbotschaft 1904:

Es ist nicht wahr, dass die Vereinigten Staaten Hunger auf Land haben und irgendetwas mit anderen Nationen der westlichen Hemisphäre vorhaben, es sei denn, es dient deren eigener Wohlfahrt. Dieses Land wünscht nur, seine Nachbarländer stabil, geordnet und blühend zu sehen. Jedes Land, dessen Bewohner sich gut betragen, kann unserer herzlichen Freundschaft sicher sein. Wenn eine Nation zeigt, dass sie weiß, wie man mit angemessener Tüchtigkeit und Anständigkeit soziale und politische Angelegenheiten anfasst, wenn sie für Ordnung sorgt und ihre Schulden bezahlt, braucht sie kein Eingreifen der Vereinigten Staaten zu befürchten. Chronisches Fehlverhalten oder Schwäche, die auf eine allgemeine Lockerung der Bindungen einer zivilisierten Gesellschaft hinauslaufen, kann in Amerika wie überall schließlich die Intervention einer zivilisierten Nation erfordern, und in der westlichen Hemisphäre kann die Bindung der Vereinigten Staaten an die Monroe-Doktrin die Vereinigten Staaten zwingen, in besonders schlimmen Fällen von Fehlverhalten oder Schwäche, wenn auch widerstrebend, eine internationale Polizeigewalt auszuüben. […] Unsere Interessen und die unserer südlichen Nachbarn sind in Wirklichkeit identisch. Sie besitzen große Naturschätze, und wenn in ihren Grenzen Gesetz und Gerechtigkeit hergestellt werden, dann kommt bestimmt auch der Wohlstand zu ihnen. Halten sie sich also an die Normen der zivilisierten Gesellschaft, dann können sie versichert sein, dass wir sie im Geiste herzlicher und hilfreicher Anteilnahme behandeln. Wir würden uns bei ihnen nur einmischen, wenn uns kein anderer Ausweg bleibt, und auch dann nur, wenn offenkundig geworden ist, dass sie unfähig oder nicht willens sind, Gerechtigkeit im Innern walten zu lassen, und wenn sie nach außen die Rechte der Vereinigten Staaten verletzen oder den Angriff eines anderen Landes zum Schaden der Gesamtheit der amerikanischen Nationen herausgefordert haben. Es ist eine Binsenwahrheit, dass jede Nation, in Amerika oder irgendwo anders, die Freiheit und Unabhängigkeit aufrechtzuerhalten wünscht, letzten Endes erkennen muss, dass das Recht auf solch eine Unabhängigkeit nicht von der Verpflichtung zu trennen ist, von ihr auch guten Gebrauch zu machen.

Wenn wir uns auf die Monroe-Doktrin berufen, wenn wir solche Schritte tun, wie wir sie in Kuba, Venezuela und Panama unternommen haben, wenn wir uns bemühen, den Kriegsschauplatz im Fernen Osten einzugrenzen und die „Offene Tür" nach China zu sichern, dann handeln wir sowohl in unserem eigenen Interesse als auch im Interesse der Menschlichkeit allgemein. Es gibt allerdings auch Fälle, in denen unsere Anteilnahme sehr stark erregt ist, ohne dass auch unsere eigenen Interessen besonders berührt sind. […] In extremen Fällen mag ein Einschreiten gerechtfertigt und angemessen sein. Wie dieses Einschreiten aussieht, hängt von den Umständen des Falles ab, d.h. von dem Grad der Abscheulichkeit und von unserer Macht, sie zu beheben. Die Fälle, in denen wir uns mit Waffengewalt so einmischen könnten, wie wir es getan haben, um die unerträglichen Verhältnisse in Kuba zu beenden, sind selbstverständlich selten.

Zit. nach: Günter Moltmann, Die Vereinigten Staaten von Amerika von der Kolonialzeit bis 1917, Paderborn 1980, 87 f.

Aufgaben

1. a) Stellen Sie die einzelnen „Schritte zur Weltmacht" zusammen.
   b) Untersuchen Sie, welche Rolle der Staat im Rahmen des US-Imperialismus spielte.
   → Text
2. a) Zeigen Sie, wie Präsident McKinley die amerikanische Kolonialpolitik in Bezug auf die Philippinen begründete.
   b) Stellen Sie dar, worin der Journalist Thilo Koch die Ursachen des US-Imperialismus sieht.
   → M51, M53
3. Erarbeiten Sie die Aussage der Karikatur, indem Sie die einzelnen Elemente analysieren. → M52
4. a) Fassen Sie zusammen, welche Rolle Theodore Roosevelt den USA zuweist.
   b) Vergleichen Sie seine Ausführungen mit der Monroe-Doktrin. Arbeiten Sie Gemeinsamkeiten und Unterschiede heraus.
   c) Erörtern Sie, ob bzw. inwieweit Roosevelts Aussagen die tatsächlichen Intentionen der USA wiedergeben. Informieren Sie sich auch über die innenpolitische Situation der USA zum Zeitpunkt der Rede.
   → M54

5. Die USA im Zeitalter der Weltkriege

M 55 Kriegseintritt 1917? Pro …

Aus der Rede des Präsidenten W. Wilson vor beiden Häusern des Kongresses am 2.4.1917:

Neutralität ist nicht länger durchführbar oder wünschenswert, wo es um den Frieden der Welt und die Freiheit ihrer Völker geht, und die Bedrohung dieses Friedens und dieser Freiheit liegt also in
5 der Existenz autokratischer Regierungen, die sich auf organisierte Gewalt stützen, welche gänzlich durch ihren Willen, nicht den ihres Volkes kontrolliert wird. Wir haben das Ende der Neutralität unter solchen Umständen erlebt. Wir stehen am
10 Anfang eines Zeitalters, in dem man darauf beharren wird, dass die gleichen Maßstäbe für das Verhalten und für die Verantwortlichkeit für getanes Unrecht von den Nationen und ihren Regierungen beobachtet werden sollen, die von den einzelnen
15 Bürgern zivilisierter Staaten befolgt werden.
Wir haben keinen Streit mit dem deutschen Volk. Wir haben keine andere Empfindung ihm gegenüber als eine der Sympathie und Freundschaft. Es war nicht auf seinen Impuls hin, dass seine Regie-
20 rung handelte, als sie in diesen Krieg eintrat […]. Es ist eine fürchterliche Sache, dieses große friedfertige Volk in den Krieg zu führen, in den schrecklichsten und verheerendsten aller Kriege, in dem die Zivilisation selbst auf dem Spiele zu
25 stehen scheint. Aber das Recht ist wertvoller als der Friede, und wir werden für die Dinge kämpfen, die wir stets unserem Herzen zunächst getragen haben – für die Demokratie, für das Recht jener, die der Autokratie unterworfen sind, auf ein Mit-
30 spracherecht bei ihrer Regierung, für die Rechte und Freiheiten kleiner Nationen, für eine allgemeine Herrschaft des Rechts durch ein Konzert der freien Völker, das allen Nationen Frieden und Sicherheit und die Welt selbst endlich frei machen
35 wird. Solch einer Aufgabe können wir unser Leben und unser Vermögen weihen, alles was wir sind und alles was wir haben, mit dem Stolz derer, die wissen, dass der Tag gekommen ist, da Amerika die Auszeichnung erfährt, sein Blut und seine Macht
40 für die Prinzipien darzubringen, denen es seine Geburt und sein Glück und den Frieden verdankt, den es wertschätzt. Gott helfe ihm, es kann nicht anders.

Zit. nach: Botschaften der Präsidenten der Vereinigten Staaten von Amerika zur Außenpolitik, 1793–1947, bearb. v. H. Strauß, Bern 1957, S. 96–101.

M 56 … und contra

Aus der Rede des Senators von Wisconsin Robert M. La Follette in der großen Kongressdebatte um den US-Kriegseintritt am 4.4.1917:

Sollten wir in diesen Krieg eintreten, dann lasst uns auch alle Vorwände zur Seite schieben. Lasst uns ehrlich sein, lasst uns zugeben, dass dies ein unbarmherziger Krieg ist – nicht nur gegen
5 Deutschlands Armee und Flotte, sondern auch gegen seine Zivilbevölkerung […].
Millionen leiden an Mangel und Entbehrung; weitere Millionen sind tot und verwesen auf fremden Schlachtfeldern; weitere Millionen sind verkrüp-
10 pelt und verstümmelt, erblindet, haben Gliedmaßen verloren; ihnen allen und für Generationen den Kindern ihrer Kinder wurde eine Schuldenlast auferlegt, die in Armut und Leiden abgearbeitet werden muss, aber die ‚gesamte Kraft' von keiner
15 dieser Krieg führenden Nationen wurde bisher aufgebracht; aber unsere ‚gesamte Kraft' wird aufgebracht werden, so sagt es der Präsident. Der Präsident hat uns verpflichtet, soweit er uns überhaupt verpflichten kann, unser gerechtes freies
20 Land zu einem ähnlichen Trümmerhaufen und bodenlosen Loch des Horrors zu machen, wie wir es heute in Europa sehen.
Eine weitere Anmerkung zu einem Punkt in der Rede des Präsidenten. Er sagt, dass dies ein Krieg
25 sei ‚für die Dinge, die uns besonders am Herzen liegen – für Demokratie, für das Recht jener, die der Autokratie unterworfen sind, auf ein Mitspracherecht bei ihrer Regierung'. […]
Aber die vom Präsidenten vorgeschlagene Allianz
30 mit Großbritannien, welche, so freiheitsliebend sein Volk auch sein mag, eine erbliche Monarchie ist, mit einem erblichen Herrscher, mit einem erblichen House of Lords, mit einem erblichen System von ländlichen Gütern, mit einem eingeschränkten
35 Wahlrecht für eine Klasse und mehrfachem Wahlrecht für eine andere, und mit zermürbenden industriellen Arbeitsbedingungen für ihre Arbeiter. Der Präsident hat nicht gesagt, dass wir unsere Unterstützung von Großbritannien abhängig
40 machen davon, dass sie Selbstverwaltung zugesteht an Irland, Ägypten oder Indien.

http://www.spartacus.schoolnet.co.uk/USAlafollette.htm (07.11.2006), Übersetzung G. Mondwurf u. A. Ganse.

M 57 Woodrow Wilsons Vierzehn Punkte

Trotz der Kriegserklärung an Deutschland bemühten sich die USA noch immer, eine Vermittlerrolle einzunehmen. Die in seiner Ansprache vor dem Kongress am 8. Januar 1918 vorgestellten 14 Punkte als Grundlage einer neuen Friedensordnung stellen den Höhepunkt der Friedensbemühungen von Woodrow Wilson dar:

Abermals, wie verschiedentlich zuvor, haben die Wortführer der Mittelmächte den Wunsch ausgedrückt, die Kriegsziele und die möglichen Grundlagen eines allgemeinen Friedens zu erörtern.
5 Was wir in diesem Krieg verlangen, ist nichts für uns Besonderes. Die Welt soll geeignet und sicher gemacht werden, um in ihr leben zu können; besonders aber soll sie für jede friedliebende Nation sicher gemacht werden, welche, wie unsere eigene, ihr
10 eigenes Leben zu leben, ihre Einrichtungen selbst zu bestimmen wünscht und sich darauf verlassen möchte, dass ihr von den übrigen Völkern der Welt eine gerechte und anständige Behandlung zuteil werde und dass sie gegen Gewalt und selbstsüchti-
15 gen Angriff geschützt sei.
Alle Völker der Welt sind daran interessiert, und wir für unser Teil sehen sehr klar, dass, wenn anderen gegenüber Gerechtigkeit nicht geübt wird, sie auch uns gegenüber nicht geübt werden wird. Das Pro-
20 gramm des Friedens der Welt ist daher unser Programm, und dieses Programm, das unseres Erachtens einzig mögliche Programm, ist folgendes:
1. Öffentliche Friedensverträge, die in öffentlicher Verhandlung zustande gekommen sind; künftig
25 soll es keine geheime internationale Abmachung irgendwelcher Art geben; die diplomatischen Verhandlungen sollen immer offen und im Lichte der Öffentlichkeit sich vollziehen.
2. Vollkommene Freiheit der Schifffahrt auf dem
30 Meere außerhalb der territorialen Gewässer, im Frieden sowohl wie im Kriege, ausgenommen der Fall, dass die Gewässer ganz oder teilweise durch internationale Aktion zur Durchführung internationaler Verträge geschlossen werden.
35 3. Beseitigung aller wirtschaftlichen Schranken und Schaffung gleicher Handelsbedingungen für alle Nationen, die sich zum Frieden bekennen und sich zu seiner Aufrechterhaltung zusammenschließen.
40 4. Ausreichende Garantien dafür, dass die Rüstungen der Länder bis zu dem Mindestmaße, das mit der eigenen inneren Sicherheit noch vereinbar ist, eingeschränkt werden. […]

M 58 „I Want You For U.S.Army",
Propagandaplakat zur Mobilmachung, gestaltet von James Montgomery Flagg (1877–1960), 1917

Wir sind nicht eifersüchtig auf Deutschlands Größe, und in diesem Programm ist nichts, das ihr zu 45 nahe tritt. Wir missgönnen ihm keine Leistung, keine hervorragende Tat der Wissenschaft oder friedlichen Unternehmung, die es zu einem sehr glänzenden und sehr beneidenswerten Rang erhoben haben. Wir beabsichtigen nicht, es zu schädi- 50 gen oder seinen berechtigten Einfluss oder seine berechtigte Machtstellung irgendwie zu hemmen. Wir wünschen nicht, es mit Waffen oder feindlichen Handelsabkommen zu bekämpfen, wenn es bereit ist, sich uns und den anderen friedliebenden 55 Nationen der Welt mit Abkommen zuzugesellen, die sich auf Gerechtigkeit, Gesetz und Wohlverhalten gründen.

Zit. nach: Thilo Koch, Nordamerika: Texte, Bilder, Dokumente, München 1972, S. 82 ff.

Die USA – Von den rebellischen Kolonien zur globalen Supermacht

M 59 Das „Neue Rom"

Der argentinische Schriftsteller Manuel Ugarte (1875–1951) schreibt 1923 über die USA:

Die Flexibilität in der Außenpolitik des nordamerikanischen Imperialismus und die verschiedenen Formen, die er den jeweiligen Umständen anpasst, die rassische Zusammensetzung und die sozialen Bedingungen der Völker, auf die er sich erstreckt, sind aus Sicht der politischen Wissenschaften eines der bedeutendsten Phänomene dieses Jahrhunderts. Noch nie in der Geschichte wurde eine so unwiderstehliche und großartig vereinte Macht entwickelt wie die, welche die Vereinigten Staaten auf die Völker ausübt, die geografisch oder politisch in ihrer Reichweite liegen. In Südamerika oder auch auf anderen Kontinenten. [...]

Manchmal gebieterisch, manchmal weltmännisch, in bestimmten Fällen anscheinend desinteressiert, in anderen unnachgiebig in seiner Gier, abwägend wie ein Schachspieler, der jeden möglichen Zug vorhersieht, mit einem enormen Weitblick, der viele Jahrhunderte umfasst, besser informiert und entschlossener als jeder andere, ohne Anfälle von Leidenschaft, ohne Nachlässigkeit, ohne ausgeprägte Sensibilität, ohne Angst, betätigt er [der Imperialismus] sich in einer Welt, in der alles vorhersehbar ist – Der nordamerikanische Imperialismus ist das perfekteste Instrument der Herrschaft, das man je gekannt hat.

Durch die Verbindung aus den Erfahrungen mit vergangenem Imperialismus und der durch eigene Mentalität entstandenen Entschlusskraft, hat diese großartige Nation versucht, jedes politische Prinzip zu stürzen. [...] Sogar die Europäischen Großmächte sind, wenn sie mit amerikanischer Diplomatie konfrontiert werden, chancenlos. In der Reihenfolge der Vorstellungen, mit denen wir zu tun haben, hat Washington den gesamten Blickwinkel verändert. Die ersten Eroberer, mit ihrer einfachen Denkweise, versklavten die Einwohner. Diejenigen, die danach kamen, annektierten Gebiete ohne Einwohner. Die Vereinigten Staaten [...] führten das System zur Aneignung von Wohlstand ein, ohne Einwohner oder Gebiete zu annektieren. Sie verschmähen die Randerscheinungen, um zu den wesentlichen Grundlagen der Herrschaft zu kommen, ohne den überflüssigen Ballast an Gebieten, die verwaltet, und Menschenmengen, die regiert werden müssen.

Manuel Ugarte, The Destiny of a Continent, New York 1925, S. 139 ff., für HORIZONTE 12 übersetzt von Lorenz Patzer, München.

M 60 „Quarantäne-Rede"

Aus der Rede des Präsidenten Franklin D. Roosevelt, Chicago, 5. Oktober 1937:

There is a solidarity and interdependence about the modern world, both technically and morally, which makes it impossible for any nation completely to islolate itself from economic and political upheavals in the rest of the world, especially when such upheavals appear to be spreading and not declining. There can be no stability or peace either within nations or between nations except under laws and moral standards adhered to by all. International anarchy destroys every foundation for peace. It jeopardizes either the immediate or the future security of every nation, large or small. It is, therefore, a matter of vital interest and concern to the people of the United States that the sanctity of international treaties and the maintenance of international morality be restored. [...]

It is true that the moral consciousness of the world must recognize the importance of removing injustices and well-founded grievances: but at the same time it must be aroused to the cardinal necessity of honoring sanctity of treaties, of respecting the rights and liberties of others and putting an end to acts of international aggression.

It seems to be unfortunately true that the epidemic of world lawlessness is spreading.

When an epidemic of physical disease starts to spread, the community approves and joins in a quarantine of patients in order to protect the health of the community against the spread of the disease.

It is my determination to pursue a policy of peace. It is my determination to adopt every practicable measure to avoid involvement in war. It ought to be inconceivable that in this modern era, and in the face of experience, any nation could be so foolish and ruthless as to run the risk of plunging the whole world into war by invading and violating, in contravention of solemn treaties, the territory of other nations that have done them no real harm and are too weak to protect themselves adequately. Yet the peace of the world and the welfare and security of every nation, including our own, is today being threatened by that very thing.

Zit. nach: Dennis Merrill und Thomas G. Paterson, Major Problems in American Foreign Relations, Vol. II, Boston und New York, 2005, S. 119 ff.

M 61 Die Atlantik-Charta

In einem Treffen am 12. August 1941, wenige Monate vor Kriegseintritt der Vereinigten Staaten, an Bord eines Kriegsschiffes im Atlantik vor der Neufundlandküste, verfassten Präsident Franklin D. Roosevelt und Premierminister Winston Churchill die sogenannte Atlantik-Charta:

Der Präsident der Vereinigten Staaten von Amerika und der Premierminister, Mr. Churchill, als Vertreter der Regierung seiner Majestät im Vereinigten Königreich, die zusammengetroffen sind, halten
5 es für angezeigt, eine gemeinsame Erklärung bekannt zu geben über gewisse allgemeine Grundsätze in der nationalen Politik ihrer Länder, auf die sie ihre Hoffnungen für eine bessere Zukunft der Welt gründen.
10 • Erstens, ihre Länder streben nach keiner territorialen oder sonstigen Vergrößerung;
• Zweitens, sie wünschen keine territorialen Veränderungen zu sehen, die nicht mit den frei geäußerten Wünschen der betroffenen Völker überein-
15 stimmen;
• Drittens, sie achten das Recht aller Völker, die Regierungsform zu wählen, unter der sie leben wollen; und sie wünschen, dass die souveränen Rechte und die Selbstregierung derjenigen wiederherge-
20 stellt werden, denen sie gewaltsam genommen worden sind;
• Viertens, sie werden bestrebt sein, unter gebührender Berücksichtigung ihrer bestehenden Verpflichtungen den gleichberechtigten Zugang aller Staaten, ob groß oder klein, ob Sieger oder Besiegte, zu dem Handel und den für ihr wirtschaftliches Gedeihen erforderlichen Rohstoffen der Welt zu fördern;
• Fünftens, sie wünschen die vollste Zusammenarbeit aller Nationen auf wirtschaftlichem Gebiet herbeizuführen, mit dem Ziele, verbesserte Arbeitsbedingungen, wirtschaftlichen Fortschritt und soziale Sicherheit für alle zustande zu bringen;
• Sechstens, sie hoffen, nach der endgültigen Zerstörung der Nazityrannei einen Frieden geschaffen zu sehen, der allen Nationen die Mittel bieten wird, innerhalb der eigenen Grenzen in Sicherheit zu leben, und der gewährleisten wird, dass alle Menschen in allen Ländern frei 50 von Furcht und Mangel leben können.

Zit. nach: G. Zieger, Die Atlantik-Charta, hrsg. v. d. Niedersächsischen Landeszentrale für politische Bildung, Hannover 1963, S. 93 ff.

M 62 „We have just begun to fight!", Propagandaplakat der US-Regierung, 1943

Aufgaben

1. Erläutern Sie, welche Rolle die USA im Ersten und im Zweiten Weltkrieg spielten. → Text
2. a) Stellen Sie die Argumente, die für und die gegen einen Kriegseintritt vorgebracht wurden, tabellarisch gegenüber.
   b) Beurteilen Sie die jeweilige Argumentation angesichts der damaligen Situation und aus heutiger Perspektive. → M55, M56
3. a) Erläutern Sie das außenpolitische Konzept von US-Präsident Wilson.
   b) Überprüfen Sie, inwieweit seine Vorstellungen nach dem Ende der Ersten Weltkriegs verwirklicht wurden. → M57
4. a) Der Verfasser des Artikels bezeichnet die USA als „New Rome". Erläutern Sie diese Bezeichnung anhand des Textes.
   b) Erörtern Sie, ob diese Bezeichnung berechtigt ist. Berücksichtigen Sie dabei, dass der Verfasser des Textes Argentinier war. → M59
5. a) Erläutern Sie den Titel „Quarantäne-Rede".
   b) Fassen Sie die zentralen Aussagen zusammen.
   c) Erörtern Sie, ob die hier vertretene Position geeignet war, dem Nationalsozialismus Einhalt zu gebieten. → M60
6. a) Arbeiten Sie die Kernaussagen der Atlantik-Charta heraus.
   b) Ordnen Sie den Text in den historischen Kontext ein.
   c) Vergleichen Sie den Text mit Wilsons 14 Punkten.
   d) Überprüfen Sie anhand ausgewählter Beispiele, ob diese Grundsätzen nach dem Zweiten Weltkrieg verwirklicht wurden. → M61

6. Die USA im bipolaren Mächtesystem (1945–91)

M 63 Truman-Doktrin

In einer Botschaft an den Kongress am 12. März 1947 verkündete US-Präsident Harry S. Truman einen neuen Grundsatz amerikanischer Außenpolitik:

In einer Anzahl von Ländern waren den Völkern kürzlich gegen ihren Willen totalitäre Regime aufgezwungen worden. Die Regierung der Vereinigten Staaten hat mehrfach gegen Zwang und Einschüchterung bei der Verletzung des Jalta-Abkommens in Polen, Rumänien und Bulgarien protestiert. Und weiter muss ich feststellen, dass in einer Anzahl anderer Staaten ähnliche Entwicklungen stattgefunden haben.

Im gegenwärtigen Abschnitt der Weltgeschichte muss fast jede Nation ihre Wahl in Bezug auf ihre Lebensweise treffen. Nur allzu oft ist es keine freie Wahl.

Die eine Lebensweise gründet sich auf den Willen der Mehrheit und zeichnet sich durch freie Einrichtungen, freie Wahlen, Garantie der individuellen Freiheit, Rede- und Religionsfreiheit und Freiheit von politischer Unterdrückung aus.

Die zweite Lebensweise gründet sich auf den Willen einer Minderheit, der der Mehrheit aufgezwungen wird. Terror und Unterdrückung, kontrollierte Presse und Rundfunk, fingierte Wahlen und Unterdrückung der persönlichen Freiheiten sind ihre Kennzeichen.

Ich bin der Ansicht, dass es die Politik der Vereinigten Staaten sein muss, die freien Völker zu unterstützen, die sich der Unterwerfung durch bewaffnete Minderheiten oder durch Druck von außen widersetzen.

Ich glaube, dass wir den freien Völkern helfen müssen, sich ihr eigenes Geschick nach ihrer eigenen Art zu gestalten.

Ich bin der Ansicht, dass unsere Hilfe in erster Linie in Form wirtschaftlicher und finanzieller Unterstützung gegeben werden sollte, die für eine wirtschaftliche Stabilität und geordnete politische Vorgänge wesentlich ist.

Die Welt steht nicht still, und der Status quo ist nicht heilig. Aber wir können keine Veränderungen im Status quo zulassen, die eine Verletzung der Charta der Vereinten Nationen durch Zwangsmethoden oder durch vorsichtigere Maßnahmen wie eine politische Durchdringung bedeuten. Wenn wir freien und unabhängigen Nationen helfen, ihre Freiheit zu bewahren, so werden wir damit die Prinzipien der Charta der Vereinten Nationen verwirklichen. Man braucht nur einen Blick auf die Karte zu werfen, um zu erkennen, dass Existenz und Integrität der griechischen Nation von schwerwiegender Bedeutung im Rahmen einer viel umfassenderen Situation sind. Sollte Griechenland der Kontrolle einer bewaffneten Minderheit unterworfen werden, so würde das sofort schwerwiegende Auswirkungen auf seinen Nachbarn, die Türkei, haben. Verwirrung und Unordnung würden sich vielleicht durch den ganzen Mittleren Osten verbreiten.

Zit. nach: E.-U. Huster u. a., Determinanten der westdeutschen Restauration 1945–1949, Frankfurt 1972, S. 338 f.

M 64 Bild der Sowjetunion

Der amerikanische Außenminister John Foster Dulles (1953–1959) erläutert sein Bild vom sowjetischen Kommunismus (1953):

Es gibt eine Reihe von politischen Fragen, die ich vorziehe, mit dem Ausschuss in einer geschlossenen Sitzung zu diskutieren, aber ich habe keine Einwände dagegen, in einer offenen Sitzung zu sagen, was ich schon früher gesagt habe: nämlich, dass wir niemals einen sicheren Frieden oder eine glückliche Welt haben werden, solange der sowjetische Kommunismus ein Drittel aller Menschen, die es gibt, beherrscht und dabei ist, mindestens den Versuch zu machen, seine Herrschaft auf viele andere auszuweiten.

Diese versklavten Menschen sind Menschen, die die Freiheit verdienen, und die, vom Standpunkt unseres Eigeninteresses, die Freiheit haben sollten, weil sie, wenn sie unterwürfige Mittel eines aggressiven Despotismus sind, irgendwann einmal zu einer Kraft zusammengeschweißt werden, die für uns selbst und die ganze freie Welt höchst gefährlich sein wird.

Deswegen müssen wir immer die Befreiung dieser unterjochten Völker im Sinn behalten. Nun bedeutet Befreiung nicht einen Befreiungskrieg. Befreiung kann auch erreicht werden durch Vorgänge unterhalb der Kriegsschwelle. [...]

Deswegen ist eine Politik, die nur darauf zielt, Russland auf den Bereich zu beschränken, in dem es schon ist, für sich allein genommen eine unvernünftige Politik.

Zit. nach: E.-O. Czempiel, C.-Chr. Schweitzer, Weltpolitik der USA nach 1945, Leverkusen, 1984, S. 125 f.

M 65 Die CIA und Kuba

Eine 1975 vom Senat beauftragte Studie über die Aktivitäten des US-Geheimdienstes CIA gegen den kubanischen Führer Fidel Castro von 1960 bis 1965 kommt zu folgenden Ergebnissen:

Die Bemühungen, gegen Castro vorzugehen, begannen nicht gleich mit Mordanschlägen. Von März bis Ende August 1960, während des letzten Jahres der Eisenhower Regierung, dachte die
5 CIA darüber nach, Castros charismatische Anziehungskraft durch die Sabotage seiner Reden zu schwächen. Laut dem 1967 verfassten Bericht des CIA Generalinspekteurs, erinnerte sich ein Beamter der Abteilung für Technische Dienste [Techni-
10 cal Services Division; TSD] daran, den Plan besprochen zu haben, Castros Fernsehstudio mit einer Chemikalie zu besprühen, die eine ähnliche Wirkung wie LSD hervorrief. Der Plan wurde jedoch verworfen, da man sich nicht auf die Wirkung
15 der Chemikalie verlassen konnte. Während dieser Zeit imprägnierte die TSD eine Zigarrenkiste mit einer Chemikalie, die eine vorübergehende Orientierungslosigkeit hervorrief. Man hoffte, Castro dazu bewegen zu können, eine dieser
20 Zigarren vor einer seiner Reden zu rauchen. Der Generalinspekteur berichtete auch von einem Plan, Castros Image als „Der Bärtige" zu zerstören, indem man seine Schuhe mit Thallium, einem starken Enthaarungsmittel, bestäube, was zum
25 Verlust seines Bartes führen sollte. Das Enthaarungsmittel sollte während einer Auslandsreise eingesetzt werden, wenn zu erwarten war, dass Castro seine Schuhe zum Polieren vor seiner Hotelzimmertür lassen würde. Die TSD kaufte die Che-
30 mikalie und testete sie an Tieren, verwarf den Plan aber anscheinend wieder, da Castro seine Reise absagte. […]
Eine Anmerkung in den Unterlagen der Operativen Abteilung [Operations Devision; OD] des CIA
35 Büros für Medizinische Dienste [Office of Medical Services] lässt darauf schließen, dass ein Beamter am 16. August 1960 eine Kiste von Castros Lieblingszigarren erhielt, mit der Anweisung, diese mit einem tödlichen Gift zu versehen. Die Zigarren
40 wurden mit einem bakteriellen Lebensmittelgift versetzt […]. Der Beamte berichtete, dass die Zigarren am 7. Oktober 1960 fertig präpariert waren; TSD Notizen lassen darauf schließen, dass die Zigarren am 13. Februar 1961 einer unbekannten
45 Person übergeben wurden. Der Bericht enthüllt nicht, ob ein Versuch unternommen wurde, Castro die Zigarren zukommen zu lassen. Im August 1960 ergriff die CIA Maßnahmen, um Mitglieder der Unterwelt mit Kontakten zum Glücksspielsyndikat anzuwerben, die das Attentat auf Castro unter-
50 stützen würden.
Der früheste konkrete Beweis für diese Operation ist eine Unterhaltung zwischen dem Stellvertretenden Direktor für Planung [Deputy Director for Plans, DDP], Richard Bissell, und dem Direktor
55 des Büros für Sicherheit [Director of the Office of Security], Oberst Sheffield Edwards.
Edwards erinnerte sich, dass Bissell ihn bat, jemanden ausfindig zu machen, der ein Attentat auf Castro ausüben könnte. Bissell bestätigte,
60 dass er Edwards ersuchte, jemanden zu finden, der Castro ermorden könnte. […]
Edwards und der Stellvertretende Chef [des Büros für Sicherheit] verließen sich auf Robert A. Maheu, um jemanden zu rekrutieren, der dieser harten
65 Aufgabe gewachsen war. Maheu war ein ehemaliger FBI-Agent, der 1954 eine Laufbahn als privater Ermittler eingeschlagen hatte. Ein ehemaliger FBI-Kollege von Maheu arbeitete beim CIA, im Büro für Sicherheit, und hatte mit dem
70 CIA vereinbart, Maheu in mehreren vertraulichen Geheimoperationen einzusetzen, bei denen „er nicht wollte, dass Mitglieder des Geheimdienstes oder der Regierung gefasst werden." […]
Der Bericht des Generalinspekteurs verwies auf
75 Gespräche zwischen Bissell, Edwards und dem Chef der Abteilung für Technische Dienste [TSD], in denen es um die effektivste Methode ging, Castro zu vergiften. Es deutet einiges darauf hin, dass die Idee, eine Giftpille in Castros Getränk
80 zu werfen, um dem „Attentäter" eine Flucht zu ermöglichen, ursprünglich von Giancana oder Rosselli [Mitglieder einer mafiosen Vereinigung] stammte. Der Stellvertretende Chef erinnerte sich an Rossellis Erkundigung, nach etwas „Nettem
85 und Sauberem, ohne in einen überraschenden Hinterhalt zu geraten", wenn möglich, ein Gift, das keine Spuren hinterlässt.
Edwards lehnte die erste Lieferung von Pillen, die von der TSD vorbereitet wurden, ab, da sie sich
90 nicht im Wasser auflösten. Eine zweite Lieferung, die mit Lebensmittelgift versehen war, „erzielte die gewünschte Wirkung", als man sie an Affen testete.

U.S. Senate, Select Committee to Study Governmental Operations with Respect to Intelligence Activities, Alleged Assassination Plots Involving Foreign Leaders. An Interim Report, Washington D.C. 1975, S. 71 ff., für HORZONTE 12 übersetzt von Lorenz Patzer, München.

Die USA – Von den rebellischen Kolonien zur globalen Supermacht

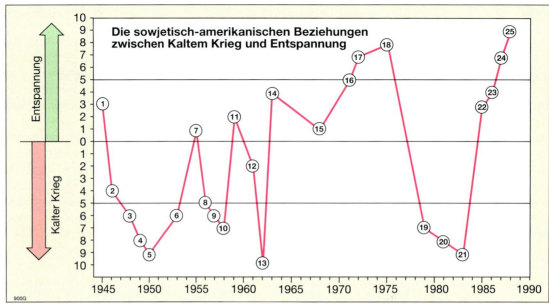

M 66 Die sowjetisch-amerikanischen Beziehungen zwischen Kaltem Krieg und Entspannung

Nr.	Datum	Ereignis
1	Mai bzw. Aug. 1945	Ende des Krieges in Europa bzw. Asien; Gründung der UNO
2	März–Sept. 1947	Truman-Doktrin/Marshallplan; 2-Lager-Theorie
3	Feb. bzw. Juni 1948	Kommunistischer Umsturz in der ČSSR bzw. Beginn der sowjetischen Blockade Berlins
4	April bzw. Okt. 1949	Gründung der NATO; kommunistische Staatsgründung in China und der DDR
5	Juni 1950	Ausbruch des Koreakrieges
6	März bzw. Juli 1953	Tod Stalins bzw. Waffenstillstand in Korea
7	Juli 1955	Genfer Gipfelkonferenz der vier Siegermächte
8	Okt./Nov. 1956	„Doppelkrise" von Ungarn und Suez
9	Okt. 1957	sowjetischer Sputnik
10	Nov. 1958	sowjetisches Berlin-Ultimatum
11	Sept. 1959	Gipfeltreffen in Camp David
12	Aug. 1961	Bau der Berliner Mauer
13	Okt./Nov. 1962	Kuba-Krise
14	Juli/Aug. 1963	Vertrag über Stopp von Atomtests und „heißen Draht"
15	Juli/Aug. 1968	Kernwaffensperrvertrag; Ende des „Prager Frühlings"
16	Sept. 1971	Berlin-Abkommen
17	Mai 1972	SALT-1-Vertrag
18	Aug. 1975	Schlussakte der KSZE in Helsinki
19	Dez. 1979	NATO-Doppelbeschluss; sowjetische Besetzung Afghanistans
20	Dez. 1981	Kriegsrecht in Polen; amerikanische Handelssanktionen gegen die UdSSR
21	Nov./Dez. 1983	Abbruch aller Rüstungskontrollverhandlungen in Genf
22	Nov. 1985	Gipfeltreffen in Genf
23	Okt. 1986	Gipfeltreffen in Reykjavik
24	Nov./Dez. 1987	Einigung in Genf über Abbau der Mittelstreckenraketen; Unterzeichnung dieses INF-Vertrages beim Gipfeltreffen in Washington (über die Vernichtung der Mittelstreckenraketen)
25	Mai–Aug. 1988	Gipfeltreffen in Moskau; Fortsetzung des sowjetischen Rückzugs aus Afghanistan; Waffenstillstandsabkommen für Iran/Irak, Angola/Namibia; gegenseitige Besuche der amerikanischen und sowjetischen Generalstabschefs, überwachter Abbau von Mittelstreckenraketen

Nach: H. Wassmund, Die Supermächte und die Weltpolitik, München 1989, S. 54 f.

M 67 „An Unwinnable War"

Der amerikanische Publizist Robert K. Brigham schreibt 1999 über den Vietnamkrieg:

In short, the U.S. forces arrived in Vietnam prepared to turn back an invasion of South Vietnam by North Vietnam. If that had been the nature of the problem, the United States might have been
5 successful. But what they encountered, and what some analysts still find it impossible to accept, is a war in the South that was fundamentally a war amoung southerners. Each side had a more powerful patron – the NLF was allied to Hanoi
10 and the South Vietnamese governement to the United States. And in this kind of war, the United States, along with its uninspired and hapless South Vietnamese allies, did not „know the territory".

Any strategy, including those just reexamined,
15 would have required for its success a viable South Vietnamese governement with credibility in the eyes of the South Vietnameses people. No Governement in Saigon after 1963, when Diem was assassinated, was credible in this sense. From 1965,
20 therefor, when U.S. combat troops first arrived, the situation in Saigon was politically untenable. In the end, no American strategy could have reversed the outcome in Vietnam, because the NLF and its North Vietnameses allies had committed to total
25 war. Each was prepared to sustain casualities, far beyond American estimates, without giving up the fight. Any war would have been a war of attrition on the ground. And it is obvious, looking back, which side was willing […] to „pay any price, bear
30 any burden".

Robert K. Brigham, Three Alternative U.S. Strategies in Vietnam. A Reexamination Based on New Chinese and Vietnamese Sources, in: Robert S. McNamara u.a., Argument Without End. In Search of Answers to the Vietnam Tragedy, New York 1999, S. 409 ff.

M 68 Die Nachwirkungen des Vietnamkrieges

US-Präsident Bill Clinton angesichts der Frage, ob amerikanische Truppen auf dem Balkan eingesetzt werden sollen, Karikatur, 1993

Aufgaben

1. Stellen Sie dar, welche Rolle die USA im bipolaren Mächtesystem spielte. → Text
2. a) Fassen Sie die zentralen Gedanken der Truman-Doktrin zusammen.
   b) Erarbeiten Sie, welche Vorstellung John Foster Dulles von der Sowjetunion hat.
   c) Überprüfen Sie, inwieweit die Sichtweise von Truman und Dulles angesichts der damaligen Situation zutreffend waren. → M63, M64
3. Stellen Sie zusammen, welche Aktionen die CIA in Kuba unternahm und diskutieren Sie, inwieweit ein solches Vorgehen berechtigt ist. → M65
4. a) Informieren Sie sich über die einzelnen Ereignisse, die das sowjetisch-amerikanische Verhältnis während des Kalten Kriegs prägten und erläutern Sie die vorliegende „Fieberkurve".
   b) Erörtern Sie, wann Chancen einer Entspannung genutzt bzw. verschenkt wurden. → M66
5. a) Fassen Sie die zentrale These des Publizisten Robert K. Brigham in einem Satz zusammen.
   b) Interpretieren Sie die vorliegende Karikatur.
   c) Überlegen Sie, welche Bedeutung Vietnam für die US-Außenpolitik hatte und hat. → M67, M68

7. Die neue Ordnung der Welt

M 69 Eine „neue Weltordnung"

Aus der Rede des Präsidenten George Bush am Ende des zweiten Golfkrieges vor dem Kongress vom 6. März 1991:

Vom Beginn der Operation Wüstensturm am 16. Januar bis zu dem Zeitpunkt um Mitternacht vor einer Woche, an dem die Waffen verstummten, hat diese Nation mit Stolz auf ihre Söhne und
5 Töchter geblickt – und sie mit Gebeten begleitet. Als Oberbefehlshaber kann ich Ihnen melden: Unsere Streitkräfte haben mit Ehre und Tapferkeit gekämpft. Als Präsident kann ich der Nation mitteilen – die Aggression ist besiegt. [...]
10 Die jüngste Herausforderung hätte nicht eindeutiger sein können. Saddam Hussein war der Schurke, Kuwait das Opfer. Diesem kleinen Land kamen Staaten aus Nordamerika und Europa, aus Asien und Südamerika, aus Afrika und der arabischen
15 Welt zu Hilfe – alle standen vereint gegen die Aggression.
Unsere ungewöhnliche Koalition muss nun mit dem gemeinsamen Ziel zusammenarbeiten, eine Zukunft zu gestalten, die nie mehr von der dunk-
20 leren Seite der menschlichen Natur überschattet wird. [...]
Unser Engagement für den Frieden im Nahen Osten endet nicht mit der Befreiung Kuwaits. Ich möchte deshalb heute Abend vier große Heraus-
25 forderungen erörtern, die zu bewältigen sind:
Erstens müssen wir zusammenarbeiten, um gemeinsame Sicherheitsarrangements in der Region hervorzubringen. Unsere Freunde und Verbündeten im Nahen Osten erkennen, dass sie den
30 Hauptteil der Verantwortung für die regionale Sicherheit tragen werden. Wir möchten ihnen jedoch versichern, dass die Vereinigten Staaten – ebenso wie sie ihnen zur Abwehr der Aggression beigestanden haben – nun bereit sind, mit ihnen
35 bei der Sicherung des Friedens zusammenzuarbeiten. [...]
Für all die Herausforderungen, die sich in dieser Weltregion stellen, gibt es keine einzige Lösung, und darauf gibt es keine rein amerikanische Ant-
40 wort. Aber wir können etwas bewirken. Amerika wird unermüdlich als Katalysator für positive Veränderungen arbeiten.
Aber wir können keine Führungsrolle in einer neuen Welt übernehmen, wenn die amerikanische
45 Verteidigung und Diplomatie keine neuen Wege gehen. Es ist an der Zeit, der Versuchung zu widerstehen, unnötige Waffensysteme und überflüssige Stützpunkte zu schützen. Es ist an der Zeit, dem kleinlichen Management der außen- und sicher-
50 heitspolitischen Hilfsprogramme ein Ende zu bereiten, das unsere Freunde und Verbündeten erniedrigt und unsere Diplomatie lähmt. Es ist an der Zeit, sich über Engstirnigkeit und Lobbyismus hinwegzusetzen, um das zu tun, was nötig ist und
55 womit diese Nation die Führungsrolle übernehmen kann, die man uns abverlangt.
Die Auswirkungen des Konflikts am Golf sind weit über die Grenzen des Nahen Ostens hinaus spürbar. Bereits zweimal in diesem Jahrhundert wurde
60 die gesamte Welt vom Krieg erschüttert. Zweimal in diesem Jahrhundert haben die Schrecken des Krieges die Hoffnung auf dauerhaften Frieden hervorgebracht. Bereits zweimal haben sich diese Hoffnungen als entfernter Traum erwiesen, der außerhalb der Reichweite des Menschen liegt.
65 Bis jetzt war die Welt, wie wir sie kennen, eine geteilte Welt – eine Welt aus Stacheldraht und Beton, Konflikten und Kaltem Krieg.
Jetzt sehen wir eine neue Welt. Eine Welt, in der die sehr reale Aussicht auf eine neue Weltordnung
70 besteht. Winston Churchill zufolge „eine Weltordnung", in der „die Grundsätze von Gerechtigkeit und Fair Play ... die Schwachen vor den Starken schützen ...". Eine Welt, in der die Vereinten Nationen, befreit vom Patt des Kalten Krieges, die his-
75 torische Vision ihrer Gründerväter verwirklichen wollen. Eine Welt, in der Freiheit und Achtung der Menschenrechte ihren Platz in allen Ländern finden. [...]
Als ich vor diesem Haus über die Lage unserer
80 Nation berichtete, habe ich Ihnen allen gesagt: Wenn wir selbstlos das Böse um des Guten willen in einem so weit entfernten Land bekämpfen können, dann werden wir sicherlich in der Lage sein, dieses Land zu dem zu machen, was es sein sollte.
85 Seit damals haben die tapferen Männer und Frauen der Operation Wüstensturm mehr erreicht als selbst sie sich vielleicht bewusst sind. Sie brachen auf, um einen Feind im Ausland zu bekämpfen und haben dabei ihr Heimatland verändert.
90

George Bush, Die Neue Weltordnung, in: Udo Sautter, Die Vereinigten Staaten. Daten, Fakten, Dokumente, Tübingen und Basel, 2000, S. 687 ff.

M 70　In den Trümmern des World Trade Centers
Feuerwehrleute und Rettungskräfte suchen am 13. September 2001 nach Überlebenden des Terroranschlages. Unter dem riesigen Trümmerberg werden mehrere Tausend Tote vermutet. 160 Leichen wurden bislang geborgen. Einsetzender Regen verwandelte sich auf den noch brandheißen Ruinen in Dampf, der sich mit dem beißenden Rauch mischte. Ein Reporter des Nachrichtensenders CNN sprach von „Szenen aus der Hölle", Foto vom 13. September 2001.

Die USA – Von den rebellischen Kolonien zur globalen Supermacht

M 71 „War on Terror"

Aus der Rede des Präsidenten George W. Bush vor dem Kongress am 20. September 2001:

On September the 11th, enemies of freedom committed an act of war against our country. [...] The enemy of America is not our many Muslim friends. It is not our many Arab friends. Our enemy is a radical network of terrorists and every government that supports them. Our war on terror begins with al Qaeda, but it does not end there. It will not end until every terrorist group of global reach has been found, stopped and defeated.

Americans are asking „Why do they hate us?" They hate what they see right here in this chamber: a democratically elected government. Their leaders are self-appointed. They hate our freedoms: our freedom of religion, our freedom of speach, our freedom to vote and assemble and disagree with each other. [...]

From this day [September 11] forward, any nation that continues to harbor or support terrorism will be regarded by the United States as a hostile regime. Our nation has been put on notice, we´re not immune from attack. We will take defensive measures against terrorism to protect Americans. [...] This is not, however, just America´s fight. And what is at stake is not America´s freedom. This is the world´s fight. This is civilization´s fight. This is the fight of all who believed in progress and pluralism, tolerance and freedom.

We ask every nation to join us [...]. Our nation, this generation, will lift the dark threat of violence from our people and our future. We will rally the world to this cause by efforts, by our courage. We will not tire, we will not falter and we will not fail.

It is my hope that in the months and years ahead life will return almost to normal. We´ll go back to our lives and routines and that is good.

Even grief recedes with time and grace.

But our resolve must not pass. Each of us will remember what happened that day and to whom it happened. We will remember the moment the news came, where we were and what we were doing [...]. I will not forget the wound to our country and those who inflicted it. I will not yield, I will not rest, I will not relent in waging this struggle for freedom and security for the American people. The course of this conflict is not known, yet its outcome is certain. Freedom and fear, justice and cruelty, have always been at war, and we know that God is not neutral between them.

President Bush's Address to Congress, 20 September 2001, in: Journal of the House of Representatives, 107th Congress, 1st Session, Vol. 1, Washington D.C., S. 1081 ff.

M 72 „Mission accomplished"
US-Präsident George W. Bush begrüßt die Soldaten des Flugzeugträgers USS Abraham Lincoln, die maßgeblich an der militärischen „Operation Iraqi Freedom" teilgenommen haben, Foto vom 2. Mai 2003.

M 73 „Wir stehen wieder auf!"

Aus der Antrittsrede des neuen Präsidenten Barack Obama vom 20. Januar 2009:

44 Präsidenten haben nun den Schwur des Präsidenten geleistet. Die Worte sind gesprochen worden in Zeiten des Wohlstands und des Friedens. Doch immer wieder wurde dieser Schwur auch geleistet, als gerade dunkle Wolken aufzogen. In diesen Zeiten hat Amerika sich dennoch bewährt – nicht allein wegen der Vision derer, die das höchste Amt bekleideten, sondern vor allem weil wir, das Volk, unseren Werten und Idealen treu geblieben sind – und den Buchstaben unserer Verfassung. [...] So war es. Und so wird es in dieser Generation der Amerikaner sein.

Wir sind noch immer eine junge Nation, aber, um es mit den Worten der Bibel zu sagen, es ist die Zeit gekommen, kindischen Streit hinter uns zu lassen. Es ist an der Zeit, uns auf unsere Ideale zu besinnen – und den Lauf der Geschichte zu bestimmen, um das wunderbare Geschenk, diese großartige Idee weiterzutragen, die von Generation zu Generation weitergegeben worden ist: das gottgegebene Versprechen, dass alle Menschen gleich sind, frei sind – und ein Recht darauf haben, ihr Glück zu versuchen.

Indem wir uns die Größe unserer Nation wieder vor Augen führen, wird uns bewusst, dass diese Größe keine Selbstverständlichkeit ist. Wir müssen sie uns verdienen. Unsere Reise ist nie eine der Abkürzungen gewesen. Es ist auch kein Weg für ängstliche Menschen gewesen – oder für solche, die nicht hart arbeiten wollen oder nur nach Ruhm und Reichtum streben. Wir sind immer ein Volk derer gewesen, die Risiken eingehen, der Macher, der Erfinder. Viele werden heute zu Recht gefeiert, aber viele mehr haben nie Anerkennung erfahren – und sie haben uns auf dem steinigen Pfad vorangebracht, zu Wohlstand und Freiheit. [...] Immer wieder haben diese Männer und Frauen Opfer gebracht und geschuftet, bis ihre Hände blutig waren – damit wir einmal ein besseres Leben führen konnten. Für sie war Amerika immer größer als die Summe individueller Ambitionen; größer als alle Unterschiede der Geburt, des Standes, der Herkunft. Das ist die Reise, die wir heute fortsetzen wollen. [...] Was unsere Verteidigung betrifft: Wir lassen uns die falsche Wahl zwischen Sicherheit und unseren Idealen nicht aufzwingen. Die Gründungsväter unserer Nation schrieben eine Verfassung, die Recht schuf und jedermann mit Rechten ausstattete, und das zu einem Zeitpunkt, da ihnen Gefahren bevorstanden, wie wir sie uns kaum vorstellen können. Diese Ideale sind noch immer das Licht dieser Welt, und wir werden sie niemals aufgeben, weil es möglicherweise gerade zweckmäßig erscheint. Und deshalb wende ich mich hier an alle Völker und Regierungen, die uns heute zusehen, von der bedeutenden Hauptstadt bis zu dem kleinen Dorf, wo mein Vater aufwuchs: Amerika ist der Freund jeder Nation, jedes Mannes und jeder Frau und jedes Kindes, wenn sie ein Leben in Frieden und Würde leben wollen; und wir sind bereit, wieder die Führung dieser Nationen zu übernehmen.

Barack Obama, Inaugurationsrede, 20. Januar 2009, zit. nach: www.spiegel.de (Stand: Februar 2009).

Aufgaben

1. Bestimmen Sie, wie sich die Stellung der USA nach 1990 veränderte. → Text
2. a) Informieren Sie sich über die Ursachen des 2. Golfkrieges (1991).
   b) Erörtern Sie, inwieweit Bush sen. in der Tradition der US-Außenpolitik seit 1917 zu sehen ist. → M69
3. a) Legen Sie dar, welche Bedeutung die Vorgänge des 11. September 2001 für das Selbstverständnis der USA haben.
   b) Analysieren Sie das Foto vom zerstörten World Trade Center und vergleichen Sie es mit der am Beginn des Kapitels abgebildeten Aufnahme auf der Insel Iwo Jima.
   → Text, M70, M2
4. a) Erarbeiten Sie die Kernaussagen von Bush jun. zum „War on Terror".
   b) Nehmen Sie zu seinen Aussagen Stellung.
   c) Diskutieren Sie, welche Auswirkungen diese Politik der USA auf die aktuelle Weltsituation hat. → M71, M72
5. a) Fassen Sie zusammen, was Barack Obama als typisch amerikanische Eigenschaften bezeichnet.
   b) Untersuchen Sie, mit welchen Topoi (festgefügten Vorstellungen) Obama in seiner Rede arbeitet. → M73
6. Informieren Sie sich über außenpolitische Schritte der gegenwärtigen US-Administration.
   → Presse, Internet

Methode: Umgang mit Filmplakaten

M 1 „El Alamo"
US-Filmplakat von 1960

M 2 „Black Hawk Down"
Deutsches Filmplakat von 2002

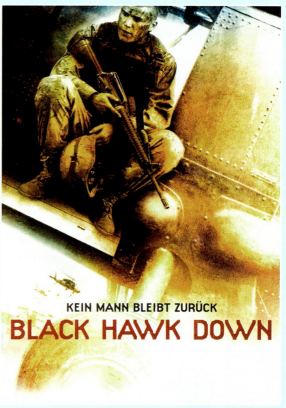

Filmplakate

Das Plakat stellt ein Medium der Massenkommunikation dar, das die Absicht hat, auf ein Publikum mit bestimmter Intention einzuwirken. In diesem Fall soll zum Besuch des beworbenen Films animiert werden. Die massenhafte Verbreitung durch Druck ist eines der bestimmenden Merkmale, dies macht Plakate durch den Bezug zur jeweils aktuellen Zeit zu wichtigen Bildquellen für die Geschichte. Plakate aus dem Bereich der Kultur und Unterhaltung können wichtige Aufschlüsse zur Alltags- und Mentalitätsgeschichte geben.

Die Filmplakate aus den Jahren 1960 bzw. 2001 werben jeweils für Kriegsfilme, „Alamo" über den „Freiheitskampf" der Texaner gegen Mexiko, „Black Hawk Down" über einen Einsatz von US-Soldaten in Somalia 1993.

In Kriegsfilmen wird oft die Gegenwart mit einer als sinnvoll betrachteten Vergangenheit verknüpft oder der als defizitär empfundenen Gegenwart ein Spiegel vorgehalten. Der amerikanische Mythos von „God's own Land" ebnet den Weg für gemeinsames Handeln, auch wenn dieses Handeln irrational erscheint und es oftmals auch tatsächlich ist. Es kommt die Überzeugung zum Ausdruck, dass nur die zur Gemeinschaft vereinigte Nation dem einzelnen Individuum Sinn geben kann, dass die Einheit im Moment der Prüfung die Freiheit aller verbürgt, aber auch das Heil der Nation.

Fragen an Filmplakate

1. Entstehung der Plakate
   a) Informieren Sie sich über die Handlung der beiden Filme.
   b) Erläutern Sie den historischen Hintergrund der Filmhandlung.
   c) Rekonstruieren Sie, soweit möglich, die Entstehung der Filme und informieren Sie sich über den Regisseur bzw. die Hauptdarsteller.
   d) Ordnen Sie die Plakate in den historisch-politischen Kontext ihrer Entstehungszeit ein.

2. Beschreibung der Plakate
   a) Beschreiben Sie den Aufbau der Plakate.
   b) Erläutern Sie die einzelnen Elemente: Welche Personen sind abgebildet? In welchen Posen werden sie dargestellt?
   c) Untersuchen Sie die Wechselwirkung Bild – Text.
   d) Welches Bild des jeweiligen Krieges bzw. der USA wird vermittelt?

3. Bedeutung der Plakate
   a) Erörtern Sie die politische Grundstimmung der US-Bevölkerung 1960 bzw. 2001.
   b) Bestimmen Sie die Aussageabsicht der Plakate.
   c) Untersuchen Sie, inwieweit die Plakate historische Tatsachen verfälschen.
   d) Diskutieren Sie, inwieweit die jeweiligen Darsteller als Repräsentanten eines US-Mythos gesehen werden können.

Minilexikon

Absolutismus (lat. absolutus = losgelöst). Regierungsform, in der ein Monarch die uneingeschränkte und ungeteilte Herrschaftsgewalt (Souveränität) besitzt. Er regiert von den Gesetzen losgelöst und muss sich keinem Menschen, sondern nur Gott gegenüber rechtfertigen. Er sieht seine Macht als gottgegeben (Gottesgnadentum) und fordert unbedingten Gehorsam von allen Untertanen. Der Begriff bezeichnet die Epoche vom 16.–18. Jh., als der A. in Europa vorherrschte. Als Vorbild galt der französische König Ludwig XIV. Um die Macht zu zentralisieren, unterwarf er den politisch selbstständigen Adel und brach das Steuerbewilligungsrecht der Stände. Zu Stützen seiner Macht entwickelte er das Stehende Heer, die Beamtenschaft und den Merkantilismus.

Adel. Privilegierter Stand, dessen Macht sich im Mittelalter auf Grundbesitz und kriegerischen Erfolg stützte. Im Frankenreich erhielten Adlige vom König Land (Lehnswesen), wofür sie als bewaffnete Reiter Heeresfolge leisten mussten. Von seinen Bauern verlangte der adlige Grundherr Abgaben und Frondienste, übernahm deren Schutz und sprach Recht. Der Adel entwickelte im Mittelalter besondere Lebensformen und war von Steuern befreit. Zum Adel zählte man durch Geburt (Geburtsadel) oder Dienst im Auftrag des Königs (Dienst- oder Amtsadel). Im 12. Jh. bildete sich der Hochadel heraus, an dessen Spitze die Kurfürsten standen. Zum niederen Adel zählten vor allem Ritter und Ministerialen.

Aufklärung. Eine Bewegung im 18. Jh. in West- und Mitteleuropa gegen den Absolutismus. Ihre zumeist bürgerlichen Vertreter – Schriftsteller, Philosophen und Staatstheoretiker – hielten alle Menschen „von Natur aus" für vernunftbegabt und befähigt, ihr Leben „vernünftig" zu gestalten. Die Zeit war erfüllt von Fortschrittsglauben und Optimismus. Mithilfe von Büchern, Zeitungen und Diskussionen gewannen die Aufklärer die öffentliche Meinung in ihrem Kampf gegen religiösen Fanatismus und überlieferte politische Machtverhältnisse.

Augsburger Religionsfriede. Reichsgesetz, zwischen König Ferdinand I. und den Reichsständen 1555 ausgehandelt. Er besiegelte die Glaubensspaltung des Reiches, indem er die Lutheraner rechtlich anerkannte. Die Landesfürsten erhielten Konfessionsfreiheit und schrieben nach dem Grundsatz „cuius regio, euis religio" (= wem das Land gehört, der bestimmt die Religion) ihren Untertanen das Bekenntnis vor. Wer damit nicht einverstanden war, musste auswandern.

Beamte. Die absolutistischen Herrscher wollten ihr Land durch eine zentrale Verwaltung kontrollieren und organisieren. Zur Durchführung benötigten sie „Staatsdiener", die ihnen treu ergeben waren. Diese Leute konnten sie nicht im Adel finden, den sie entmachtet hatten und der solche Arbeit als entwürdigend ansah. Sie fanden gut ausgebildete Kräfte im Bürgertum und schufen dadurch eine neue Berufsgruppe, die Beamtenschaft.

Besatzungszonen. Die Besatzungsgebiete der vier alliierten Siegermächte, in die Deutschland nach einem Abkommen vom 5.6.1945 aufgeteilt wurde. Berlin erhielt einen Viersektorenstatus.

Blockbildung. Nach dem Zweiten Weltkrieg zeigten sich schon bald zwischen den USA und der Sowjetunion unüberbrückbare machtpolitische und ideologische Gegensätze. Der aggressiven Ausbreitung des sowjetischen Machtbereichs begegnete die USA mit einer Eindämmungspolitik. Die Blockbildung fand schließlich ihren Niederschlag in der Bildung zweier gegensätzlicher militärischer Bündnisse, der 1949 gegründeten NATO (North Atlantic Treaty Organisation) und dem 1955 begründeten Warschauer Pakt.

Bolschewismus, Bolschewiki (russ. = Mehrheitler). Bezeichnung für die radikalen sozialdemokratischen Anhänger Lenins, die seiner revolutionären Taktik (Leninismus) auf einem Parteitag 1903 zustimmten. Die bei dieser Abstimmung Unterlegenen akzeptierten für sich den Namen Menschewiki (= Minderheitler). Nach Lenins Theorie muss die Proletarische Revolution von einer straff geführten Kaderpartei getragen werden. Sie ist die bestimmende Kraft auf dem Weg zum Sozialismus und muss durch Parteifunktionäre alle nachgeordneten gesellschaftlichen Gruppierungen beherrschen. In der Sowjetunion erzwang Stalin die Umgestaltung von Staat und Gesellschaft nach bolschewistischen Prinzipien, was nach 1945 von allen Staaten innerhalb des sowjetischen Machtbereichs übernommen wurde.

Breschnew-Doktrin. 1968 besetzten Truppen des Warschauer Pakts unter Führung der Sowjetunion die Tschechoslowakei, um die Reformbewegung des „Prager Frühlings" gewaltsam zu beenden. Um diesen Einmarsch nachträglich zu rechtfertigen, vertrat der sowjetische Generalsekretär Breschnew die These, dass alle Staaten des sozialistischen Lagers lediglich ein „eingeschränktes Selbstbestimmungsrecht" besäßen. Die UdSSR hätte daher das Recht zur Intervention, falls der Sozialismus in einem Land gefährdet sei.

Bürgertum. Ein vielschichtiger Begriff, der sowohl den Dritten Stand in der Ständegesellschaft des Absolutismus als auch die mittleren Schichten im Zeitalter der Industrialisierung bezeichnet. Der Begriff B. wurde eingegrenzt, indem man z. B. vom Groß- und Kleinbürgertum oder vom Bildungs- und Besitzbürgertum gesprochen hat. Im Marxismus wird das B. als Bourgeoisie bezeichnet, die das Proletariat ausbeutet. Heute spricht man eher von sozialen Schichten, da eine Klassengesellschaft nicht mehr existiert.

Demontage. Erzwungener Abbau von Industrieanlagen in einem besiegten Land. Die Reparationen, welche die Alliierten Deutschland nach dem 2. Weltkrieg auferlegten, sollten vor allem in Form der Demontage die deutsche Industrie betreffen. Ein Plan sah den Abbau von 1 800 Betrieben und eine Begrenzung der Produktion auf 50 % des Vorkriegsniveaus vor. Der sich verschärfende Ost-West-Konflikt führte in den westlichen Besatzungszonen schon ab 1946 zu einer teilweisen, 1951 zur endgültigen Einstellung der Demontagen. In der sowjetischen Besatzungszone kam es hingegen zu umfassenden Demontagemaßnahmen, die den Wiederaufbau stark behinderten. Die Startbedingungen der DDR waren daher ungleich schlechter.

Drittes Reich. Bezeichnung der Nationalsozialisten für das Deutsche Reich zwischen 1933 und 1945. Der Begriff ist ohne staatsrechtliche Bedeutung und wurde von der NS-Propaganda und Geschichtsschreibung verbreitet. Demnach bestand das Erste Reich, das Heilige Römische Reich Deutscher Nation, von 962 bis 1806. Das Zweite Reich, das Kaiserreich der Hohenzollern, währte von 1871 bis 1918. Das von Hitler 1933 begründete „Dritte Reich" sollte ein „Tausendjähriges Reich" sein.

Eindämmungspolitik. Nach dem 2. Weltkrieg gliederte die Sowjetunion Osteuropa ihrem Machtbereich ein und suchte Einfluss auf die angrenzenden Staaten zu gewinnen. Um eine weitere Expansion und die Ausbreitung des Kommunismus zu verhindern, propagierten die USA eine Politik der Eindämmung (containment). Sie fand 1947 in der Truman-Doktrin ihren Niederschlag, die den Beginn des Ost-West-Konflikts und den Ausbruch des Kalten Kriegs markiert.

Einparteienstaat. Ein Staat, in dem nur eine Partei das Machtmonopol besitzt, während andere Parteien und Verbände entweder verboten oder gleichgeschaltet sind. Das Prinzip der Gewaltenteilung ist aufgehoben und eine Opposition, die eine demokratische Willensbildung ermöglichen würde, nicht vorhanden. Einparteienstaaten lassen sich durch Scheinwahlen bestätigen (Einheitsliste).

Eiserner Vorhang. Von Winston Churchill 1945 geprägtes Schlagwort. Es bezeichnet die waffenstarrende Grenze zwischen den Machtblöcken in Europa, mit der die Sowjetunion nach dem 2. Weltkrieg ihren Machtbereich von der übrigen Welt abriegelte.

Entnazifizierung. Das Potsdamer Abkommen sah eine Bestrafung der Nationalsozialisten bzw. ihre Entfernung aus allen staatlichen, politischen und wirtschaftlichen Schlüsselstellungen vor. Die Amerikaner etwa richteten dazu sogenannte Spruchkammern ein, die über die Schuld der Einzelnen entschieden.

Entspannungspolitik. Nach dem Höhepunkt des Kalten Krieges in der Kuba-Krise bemühten sich die beiden Supermächte USA und Sowjetunion in den 1960er- und frühen 1970er-Jahren um ein neues Verhältnis. Bessere Kontakte zwischen den Regierungen, Verträge und Abrüstungsabkommen sollten Konflikte vermeiden helfen bzw. entschärfen. In der Folgezeit wechselten Phasen der Konfrontation immer wieder mit solchen der Entspannung. In Deutschland sollte die angespannte Situation an der Nahtstelle der beiden Machtblöcke durch Verträge zwischen der Bundesrepublik und Ostblockstaaten entschärft und die Teilung in zwei Staaten abgemildert werden.

Entstalinisierung. Nach Stalins Tod kam es auf dem XX. Parteitag der KPdSU 1956 zu einer Abkehr von dessen Terrormethoden. Dazu zählte auch eine Verurteilung des Personenkults sowie die Rehabilitierung politischer Opfer der Stalindiktatur. Diese von Chruschtschow eingeleitete Entstalinisierung griff auf andere Ostblockstaaten über und führte zumeist zur Ablösung der „Stalinisten". Das System der Diktatur und die beherrschende Rolle der Kommunistischen Partei bestanden unverändert fort.

Europäische Union (EU). 1957 schlossen sich die Bundesrepublik Deutschland, Frankreich, Italien sowie die Benelux-Staaten zur Europäischen Wirtschaftsgemeinschaft (EWG) zusammen. Nach ihrer Verschmelzung mit der Montanunion und der Europäischen Atomgemeinschaft (EURATOM) entstand 1967 die Europäische Gemeinschaft (EG), der weitere europäische Staaten beitraten. 1992 kam es mit dem Vertrag von Maastricht zu einer grundlegenden Ergänzung, später zum Beitritt zahlreicher osteuropäischer Staaten. Die Europäische Union (EU), wie die Gemeinschaft der 27 Staaten seither heißt, setzte sich neue Ziele: Neben dem zollfreien Binnenmarkt ist eine noch engere Wirtschaftsunion sowie eine europäische Verfassung geplant, weiterhin eine gemeinsame Außen-, Sicherheits- und Rechtspolitik. Fernziel ist die völlige Verschmelzung der Volkswirtschaften.

Faschismus (von lat. fasces = Rutenbündel römischer Beamter als Symbol der Richtgewalt). Der Begriff bezeichnet ursprünglich die nationalistische, autoritäre und nach dem Führerprinzip ausgerichtete Bewegung Mussolinis, die 1922 in Italien zur Macht kam. Die Bezeichnung wurde bald übertragen auf rechtsgerichtete Bewegungen in anderen Staaten, die gleiche Merkmale aufwiesen: eine antimarxistische, antiliberale und demokratiefeindliche Ideologie mit extrem nationalistischen Zügen und imperialistischen Tendenzen. Ziel des Faschismus ist der Einheitsstaat mit dem Machtmonopol der faschistischen Partei, die das gesamte öffentliche Leben beherrscht. Der Staat fordert vom Bürger bedingungslose Unterwerfung, verherrlicht die „Volksgemeinschaft" und stilisiert den „Führer" zum Mythos. Die Durchsetzung der Macht besorgt ein brutales Polizei- und Überwachungssystem, verbunden mit der Einschränkung von Menschenrechten und einer intensiven Propaganda. Das Ergebnis dieser Diktatur ist der „totale Staat": Verlust aller demokratischen Freiheiten, Terror gegenüber Andersdenkenden, Ausgrenzung ethnischer und religiöser Minderheiten. Zu den Erscheinungsformen des Faschismus zählt auch der Nationalsozialismus.

Feudalismus (lat. feudum = Lehen). Das Herrschaftssystem des mittelalterlichen Lehnswesens, das stellenweise bis zur frühen Neuzeit reichte. Der Marxismus dehnte den Begriff auf jedes Gesellschaftssystem aus, das durch adligen Grundbesitz und die damit verbundenen Herrschaftsrechte und Standesprivilegien gekennzeichnet ist. Er betrachtet den Feudalismus als Entwicklungsstufe zwischen der antiken Sklavenhaltergesellschaft und dem modernen Kapitalismus.

Frondienst (althochdt. frô = Herr). Der hörige oder leibeigene Bauer musste für seinen Grundherrn unbezahlte Arbeit leisten. Je nach seiner rechtlichen Stellung waren diese Arbeiten nach Anzahl der Tage, Zeit, Ort und Art festgelegt. Zu den Frondiensten zählten besonders Bodenbestellung, Fuhrdienste sowie Burg-, Haus- und Straßenbau.

Frühkapitalismus. Mit dem Aufkommen der Geldwirtschaft entstand auch eine neue Wirtschaftsgesinnung, die die Zunftordnung sprengte. Einzelne Unternehmerfamilien wie die Medici in Florenz oder die Fugger in Augsburg waren in verschiedenen Bereichen europaweit aktiv: in Handel, Geldverleih, Bergbau, Verlagswesen. Nur sie besaßen die erforderlichen Mittel, um Produktion und Handel im großen Stil durchzuführen. Und sie waren bereit, ihr Geld zur Erhöhung des Gewinns stets erneut im Unternehmen anzulegen.

Gegenreformation. Die innere Erneuerung der katholischen Kirche, beschlossen auf dem Konzil zu Trient (1545–1563). Gleichzeitig der – oft gewaltsame – Versuch der Reichsfürsten (Reichsstände), protestantisch gewordene Gebiete zur katholischen Lehre zurückzuführen. Eine wichtige Rolle spielte dabei der Jesuitenorden (Jesuiten). Die religiösen und damit verbundenen politischen Spannungen führten zum Dreißigjährigen Krieg (1618–1648).

Geld/Geldwirtschaft. Nach dem Zerfall des römischen Münzwesens war das Geld bis ins 12. Jh. kaum gebräuchlich. Das Wirtschaftsleben bestand zumeist im Tausch von Ware gegen Ware. Die Geldwirtschaft blühte seit den Kreuzzügen zuerst in den norditalienischen Städten wieder auf, wo auch das moderne Bankwesen entstand.

Gewerbefreiheit. In vorindustrieller Zeit unterlag die Gewerbe einer Preis- und Produktionskontrolle durch die Zünfte. Dieser Zunftzwang wurde im 19. Jh. aufgehoben und die Gewerbefreiheit eingeführt. Jeder konnte nunmehr einen Gewerbebetrieb mit beliebigen Produkten eröffnen.

Gewerkschaften. Zusammenschlüsse von Arbeitnehmern zur Wahrung ihrer wirtschaftlichen Interessen. In England organisierten sich Arbeiter erstmals Ende des 18. Jh. (Trade Unions), in Deutschland entstanden seit 1848 zahlreiche lokale Arbeiterverbände. Nach 1890 (Aufhebung des Sozialistengesetzes) entwickelten sich die Gewerkschaften zu breiten Massenorganisationen.

Glasnost und Perestrojka. Die von Michail Gorbatschow in den 1980er-Jahren veranlassten Reformen sollten die Sowjetunion modernisieren und liberalisieren. „Glasnost" (russ. „Offenheit") meinte die offene Diskussion gesellschaftlicher Probleme und war das Schlagwort für eine neue offene Kultur und die Entwicklung einer kritischen Öffentlichkeit. „Perestrojka" (russ. „Umbau") bezeichnete wirtschaftliche und soziale Maßnahmen, die das System der Planwirtschaft reformieren sollten.

Goldene Bulle (lat. Bulla = Kapsel). Eine Bulle ist das in eine Kapsel eingeschlossene Siegel einer Urkunde. Im Abendland benutzten Herrscher und Päpste bei besonders wichtigen Urkunden Gold- und Silberbullen. Seit dem 13. Jh. bezeichnet man die gesiegelte Urkunde selbst als Bulle. Die 1356 von Kaiser Karl IV. erlassene Goldene Bulle bestimmte endgültig allein die sieben Kurfürsten zur Königswahl und legte ein Mehrheitswahlrecht fest. Weiterhin bestimmte sie die Unteilbarkeit der Kurländer sowie das Erstgeburtsrecht bei der Erbfolge.

Grundherrschaft. Herrschaft über das Land und die darauf lebenden Menschen. Adelige, auch Klöster, gaben an meist unfreie Bauern (Hörige, Leibeigenschaft) Land zur Bewirtschaftung und gewährten den Bauern Schutz. Dafür leisteten diese Abgaben und Frondienste. Der Grundherr verfügte über die niedere Gerichtsbarkeit und verurteilte leichtere Vergehen; damit war er ein Teil der Obrigkeit. Die Grundherrschaft formte die europäische Wirtschaft und Gesellschaft über Jahrhunderte, in Deutschland bis zum Beginn des 19. Jh.

Grundlagenvertrag. Vertrag von 1972 „über die Grundlagen der Beziehungen zwischen der Bundesrepublik und der DDR". Der Vertrag erkannte erstmals die Souveränität der DDR an und sollte im Rahmen der neuen Ostpolitik der sozialliberalen Koalition eine Normalisierung zwischen beiden deutschen Staaten einleiten.

GUS (Gemeinschaft Unabhängiger Staaten). 1985 leitete der sowjetische Generalsekretär Michail Gorbatschow demokratische Reformen ein, die bald zur Abspaltung nichtrussischer Völker und schließlich zum Zerfall der UdSSR führten. 1991 wurde die Sowjetunion formell aufgelöst und auf ihrem Territorium entstanden neben der Russischen Föderation zahlreiche neue Nachfolgestaaten. Sie schlossen sich unter der Führung Russlands zur lockeren „Gemeinschaft Unabhängiger Staaten" zusammen, der lediglich die drei baltischen Staaten fernblieben.

Hanse (althochdt. = bewaffnete Schar). Zusammenschluss deutscher Kaufleute (= Gilde) zur Sicherung ihrer Handelsinteressen im Ausland. Die seit 1358 im lockeren Bund organisierten Handelsstädte bauten den Nord- und Ostseebereich als Wirtschaftsraum aus und verfügten über eine Vormachtstellung in Nordeuropa. Seit Ende des 15. Jh. wurde die Hanse von aufkommenden Nationalstaaten und den deutschen Landesfürsten (Territorialstaaten) entmachtet und wirtschaftlich durch den Atlantikhandel verdrängt.

Holocaust/Shoa. Für den systematischen Massenmord an den europäischen Juden im Dritten Reich wird häufig der Begriff

Minilexikon

Holocaust verwendet, der im Griechischen „Brandopfer" bedeutet. Im jüdischen Sprachgebrauch überwiegt für den Völkermord an den Juden die Bezeichnung Shoa, das hebräische Wort für „großes Unheil" oder „Katastrophe".

Höriger. Ein Bauer, dem ein Grundherr Land gegen Abgaben und Frondienste leiht. Hörigkeit war eine Form der dinglichen Abhängigkeit. Der Hörige bearbeitete den Boden selbstständig, war aber an ihn gebunden; das galt auch für seine Kinder und für den Fall, dass das Land verkauft wurde. Oft wurden Freie durch Schuldknechtschaft zu Hörigen oder sie unterstellten sich freiwillig dem Schutz eines Grundherrn, da sie den Kriegsdienst nicht mehr leisten konnten.

Humanismus (lat. humanus = menschlich). Künstler und Gelehrte, Fürsten und Päpste sammelten antike Handschriften und Kunstwerke und machten sie anderen zugänglich. Sie nannten sich Humanisten, denn sie waren überzeugt, dass sich die Menschen durch das Studium der klassischen Vorbilder vervollkommnen könnten.

Imperialismus. Das Streben eines Staates, seine Herrschaft auf andere Länder und Völker auszudehnen. Als Machtmittel dienen Eroberungen oder wirtschaftliche Beherrschung aufgrund ökonomischer Überlegenheit. Als Epoche des Imperialismus gilt besonders die Zeit von 1880–1914, in der die Großmächte ihre Kolonialreiche ausbauten und die Welt in Einflusssphären aufteilten.

Industrielle Revolution. Einschneidender wirtschaftlicher und gesellschaftlicher Umwälzungsprozess, ausgelöst durch die um 1760 in England einsetzende Industrialisierung. Sie erreichte um 1840 Deutschland und breitete sich später weltweit aus. Zu ihren Voraussetzungen zählte vor allem der Einsatz von Maschinen, was neue industrielle Produktionsweisen nach sich zog (Massenfabrikation, Arbeitsteilung, Fabriken). Besonders in ihrer Anfangsphase war sie mit sozialer Verelendung verbunden, zugleich entstanden neue Klassengegensätze aufgrund sozialer Probleme der Arbeiterschaft (Soziale Frage).

Inflation. Geldentwertung, die eine Erhöhung der Preise zur Folge hat. Wegen des riesigen Geldbedarfs der kriegsführenden Staaten im Ersten Weltkrieg stieg die I. überall an, weil die Regierungen Papiergeld drucken ließen. Den stärksten Währungsverfall hatte Deutschland im Jahr 1923, als eine Billion Papiermark dem Wert einer Goldmark entsprach.

Kaiser. Die Herrscher des antiken Römischen Reiches führten den Beinamen „Ceasar", aus dem das Lehnwort „Kaiser" hervorging. Die Kaiserkrönung Karls des Großen im Jahre 800 setzte diese Tradition im Abendland fort. Mit ihr verband sich die Idee eines geeinten christlichen Weltreichs, dessen Herrscher als Beauftragte Gottes regieren. Als Otto I. 962 das Kaisertum erneuerte, ging der Kaisertitel auf die deutschen Könige über. Die Kaiserwürde war lange Zeit mit der Krönung durch den Papst in Rom verbunden. Diese Tradition endete 1508, als die deutschen Könige nach ihrer Wahl in Frankfurt und der Krönung in Aachen sogleich den Titel „Erwählter Römischer Kaiser" annahmen. Wahl und Krönungsort wurde seit 1562 allein Frankfurt.

Kalter Krieg. Bezeichnung für die machtpolitische und ideologische Auseinandersetzung zwischen den USA und der Sowjetunion nach dem 2. Weltkrieg. Sie war eingebettet in den globalen Ost-West-Konflikt, in dem sich die Militärblöcke der NATO und des Warschauer Pakts gegenüberstanden. Angesichts der Vernichtungskraft nuklearer Waffen vermieden die Supermächte eine direkte militärische Konfrontation. Stattdessen versuchten sie die Position des Gegners durch Militärbündnisse, Infiltration, Spionagetätigkeit und wirtschaftlichen Druck zu schwächen. An die Schwelle eines „heißen" Kriegs führten vor allem die Berlin-Blockade (1948/49), der Koreakrieg (1950–53) und die Kuba-Krise (1961/62). Nach 1963 ließen Entspannungsbemühungen den Kalten Krieg abklingen, doch führte erst der Zerfall des Ostblocks 1989/90 sein endgültiges Ende herbei.

Kapitalismus. Wirtschaftssystem, bei dem das Kapital unternehmerisch eingesetzt wird, um hohe Gewinne zu erzielen. Angebot und Nachfrage bestimmen den Verkaufspreis, der Staat enthält sich jeder Einflussnahme. Für den Marxismus ist der Kapitalismus ein System profitorientierten Eigentums, das die Lohnarbeiter ausbeutet und ihre Verelendung bewirkt. Zentrale Bedeutung hat daher das Produktivkapital, das alle Produktionsmittel wie Maschinen und Produktionsstätten umfasst. Sie gehören Privatpersonen – Unternehmern bzw. „Kapitalisten" –, denen die Lohnarbeiter – das Proletariat – gegenüberstehen. Nur der Klassenkampf kann nach Marx ihre Ausbeutung beenden.

Klassen. Gesellschaftliche Gruppen innerhalb einer Sozialordnung, deren Stellung durch Vermögen, Bildungsgrad und gesellschaftliches Bewusstsein gekennzeichnet ist. Die folgenreichste Klassentheorie entwickelte der Marxismus. Hiernach beutet die herrschende Klasse der Bourgeoisie die Klasse der Arbeiter – das Proletariat – aus, weil sie über die Produktionsmittel verfügt (Kapitalismus). Daraus resultiert ein Klassenkampf, der schließlich zur Revolution führt und mit dem „Sieg des Proletariats" endet („Diktatur des Proletariats"). Nach Überführung der Produktionsmittel in Gemeineigentum entsteht allmählich die klassenlose Gesellschaft des Kommunismus.

Koexistenz. Auf dem XX. Parteitag der KPdSU 1956 proklamierte Chruschtschow die „Friedliche Koexistenz" von Staaten unterschiedlicher Gesellschaftsordnung als Leitlinie sowjetischer Außenpolitik. Die Auseinandersetzung zwischen Sozialismus und Kapitalismus sollte künftig auf wirtschaftlicher und sozialer Ebene ausgetragen, der ideologische Kampf jedoch fortgesetzt werden. Diese Politik führte zu einer Entspannung im sowjetisch-amerikanischen Dialog.

Kommunismus. Von Marx und Engels begründete Theorie, welche die Vorstellung einer klassenlosen Gesellschaft enthält, in der das Privateigentum an Produktionsmitteln (Fabriken, Maschinen) in Gemeineigentum überführt worden ist. Eingeleitet wird der Kommunismus durch die Proletarische Revolution. Die Arbeiterklasse errichtet die „Diktatur des Proletariats" und nach der Übergangsphase des Sozialismus errichtet sie allmählich die kommunistische Gesellschaft. Im 20. Jh. bezeichnete der Kommunismus vor allem die Gesellschaftsform, die nach der Oktoberrevolution 1917 in der Sowjetunion errichtet wurde und durch die Diktatur der Kommunistischen Partei (KPdSU) gekennzeichnet war. Die Begriffe Kommunismus und Sozialismus werden häufig synonym gebraucht.

Konfession (lat. = Bekenntnis). Sie umfasst alle Menschen, die das gleiche Glaubensbekenntnis ablegen und damit zur eigentlichen Glaubensgemeinschaft gehören. Katholiken und Protestanten bilden die beiden großen Konfessionen in Deutschland.

Konservatismus. Geistige und politische Haltung, die auf Bewahrung überlieferter Werte abzielt. Reformen werden nicht abgelehnt, wohl aber Neuerungen, die auf unüberprüfbaren Theorien oder Ideologien beruhen. Der K. entstand in der Auseinandersetzung mit den Ideen der Französischen Revolution und wurde im 19. Jh. zum Verbündeten der Restauration gegen den Liberalismus.

Kurfürst (althochdt. kuri = Wahl). Ein Fürst, der das Recht hat, den Herrscher zu wählen. Allmählich erlangte im Deutschen Reich eine Gruppe von sieben Fürsten dieses Privileg und bildete so die Spitze des Hochadels. Es waren die Erzbischöfe von Mainz, Köln und Trier, der Pfalzgraf bei Rhein, der Herzog von Sachsen, der Markgraf von Brandenburg und der König von Böhmen. Die Goldene Bulle von 1356 bestimmte endgültig allein diese Kurfürsten zur Königswahl und legte ein Mehrheitswahlrecht fest. Weiterhin bestimmte sie die Unteilbarkeit der Kurländer sowie das Erstgeburtsrecht bei der Erbfolge.

Landesherr. Inhaber der obersten Gewalt in einem fest umrissenen Gebiet (Territorium). Ursprünglich waren im Mittelalter die Besitzrechte des Adels zersplittert und seine Besitzungen weit zerstreut. Seit dem 12. Jh. versuchte der Adel jedoch, Besitzungen und Herrschaftsrechte zusammenzufassen, andere Herren zu verdrängen oder zu unterwerfen und ein geschlossenes Territorium aufzubauen. In diesem Territorium unterstanden nun alle Einwohner allein der Gewalt des Landesherrn (z. B. Herzog, Graf), der seine Regierung durch eine einheitliche Verwaltungs- und Gerichtsorganisation wirksam verstärkte. Die Bildung der Landesherrschaften führte allerdings zur Schwächung des Königtums.

Landeskirche. Luther selbst setzte nach den Bauernkriegen die Fürsten als „Notbischöfe" zur Leitung der Kirche ein. Die Ämterbesetzung erfolgte nicht durch die Gemeindemitglieder, sondern wurde wieder von der Obrigkeit bestimmt. Die protestantischen Landesherren erweiterten dadurch ihre Macht.

Liberalismus. In der Aufklärung wurzelnde politische Bewegung, die im 19. Jh. Bedeutung erlangte. Im Zentrum steht das Recht des Einzelnen auf freie Entfaltung gegenüber staatlicher Bevormundung. Zu seinen Forderungen zählen Glaubens- und Meinungsfreiheit, Sicherung der bürgerlichen Grundrechte sowie Beteiligung an politischen Entscheidungen. Der wirtschaftliche Liberalismus fordert einen freien Wettbewerb ohne staatliche Eingriffe und Zollschranken.

Manufaktur (lat. manu facere = mit der Hand machen). Ein Betrieb, in dem vorwiegend Handarbeit geleistet wurde. Die Arbeit fand allerdings im Gegensatz zum traditionellen Handwerksbetrieb in großen Produktionsräumen mit vielen Arbeitern statt. Zur Steigerung der Produktion teilte man die Herstellung z.B. eines Gewehrs in Einzelschritte auf (Arbeitsteilung). Im Zeitalter des Absolutismus gründeten viele Landesherren Manufakturen, um den Bedarf an Waffen und Uniformen zu decken oder durch andere Produkte Handel und Wirtschaft zu beleben.

Marktwirtschaft. Wirtschaftsordnung, die keiner Lenkung durch den Staat unterliegt, sondern dem freien Spiel der Kräfte des Marktes gehorcht. Art und Umfang der erzeugten Güter werden von der Nachfrage bestimmt, die Preisregulierung erfolgt im Wettbewerb mit Konkurrenzprodukten. Voraussetzungen einer Marktwirtschaft sind Privateigentum, Gewerbe- und Vertragsfreiheit, freie Berufs- und Arbeitsplatzwahl sowie ein freier Wettbewerb. Das Gegenmodell zur Marktwirtschaft ist die Planwirtschaft. – Bei einer sozialen Marktwirtschaft trifft der Staat Vorkehrungen, um negative Auswirkungen des freien Wettbewerbs auf die Bevölkerung zu korrigieren. Das geschieht durch eine entsprechende Sozialpolitik, eine Wettbewerbsordnung sowie weitere flankierende Maßnahmen, so z.B. eine Strukturpolitik für wirtschaftlich unterentwickelte Regionen oder eine Konjunkturpolitik zur Dämpfung von Konjunkturschwankungen. Ziel dieser Maßnahmen ist eine gleichmäßigere Einkommensverteilung, der Schutz sozial schwacher Schichten sowie die Verhinderung von Wettbewerbsverzerrungen durch Monopole oder Kartelle (Bundeskartellamt).

Marshallplan. Auf Anregung des amerikanischen Außenministers George Marshall entwickeltes „Europäisches Wiederaufbauprogramm", das die USA 1947 als Wirtschaftshilfe für das kriegszerstörte Europa einleiteten. Die Westeuropa zufließenden Mittel umfassten Rohstoffe, Maschinen, Nahrungsmittel sowie Kredite und waren die Grundlage eines Neuanfangs. Die Ostblockstaaten lehnten den Marshallplan unter sowjetischem Druck ab und gründeten unter Führung der UdSSR 1949 den Rat für gegenseitige Wirtschaftshilfe (RGW).

Marxismus. Bezeichnung für die von Karl Marx und Friedrich Engels im 19. Jh. begründete Theorie des wissenschaftlichen Sozialismus. Zentrale Grundlage ist der „Historische Materialismus", der von der Notwendigkeit einer sozialistischen Gesellschaftsordnung ausgeht, die das Ergebnis der sozialen und wirtschaftlichen Entwicklung ist (Klassenkampf, Kommunismus). Weiterhin die „Kritik der politischen Ökonomie", in der Marx die kapitalistischen Produktionsweisen und ihre Auswirkungen auf die gesellschaftlichen Verhältnisse untersucht (Kapitalismus).

Merkantilismus (lat. mercator = Kaufmann). Die staatlich gelenkte Wirtschaftsform des Absolutismus. Um die Macht des Staates zu vergrößern und die Mittel für das Stehende Heer, die Beamten und den höfischen Prunk aufzubringen, musste durch intensiven Handel möglichst viel Geld ins Land kommen und möglichst wenig das Land verlassen. Die Regierung erhöhte daher die Ausfuhr von Fertigwaren und erschwerte durch hohe Zölle die Einfuhr ausländischer Produkte. Durch eigene Kolonien kam man an billige Rohstoffe. Die Regierung förderte Unternehmer und qualifizierte Arbeiter, die in den neuen Manufakturen Exportwaren produzierten. Im Inland beseitigte der Staat Handels- und Gewerbeschranken durch Ausbau der Verkehrswege (insbesondere Kanäle), durch einheitliche Währung, Maße und Gewichte sowie durch Beseitigung von Zöllen und Zunftordnungen.

Nation. Als Merkmal einer Nation gelten gemeinsame Abstammung, Sprache, Kultur und Geschichte sowie das Zusammengehörigkeitsgefühl der in einem Gebiet zusammenlebenden Menschen. Die Begriffe „Nation" und „Volk" sind nicht eindeutig voneinander abzugrenzen und werden häufig synonym gebraucht. Ein Nationalgefühl entwickelte sich bereits im Mittelalter, vor allem in den westeuropäischen Staaten (England, Frankreich, Spanien). Im 19. Jh. verstärkte sich diese Tendenz, besonders bei jenen Völkern, die keine politische Unabhängigkeit erlangt hatten (z.B. Polen, Südslawen, Griechen) oder aufgrund ihrer Geschichte in zahlreiche Einzelstaaten zersplittert waren (z.B. Deutschland, Italien). Sie erhoben die Forderung nach einem Nationalstaat, der ein politisch geeintes Volk umfassen sollte.

Nationalismus. Meist negativ besetzter Begriff für ein übersteigertes Nationalgefühl und die Überbewertung der eigenen Nation.

NATO (North Atlantic Treaty Organization, Nordatlantikpakt). Angesichts der Ausweitung des kommunistischen Machtbereichs durch die Sowjetunion schlossen sich 1949 12 Staaten Europas und Nordamerikas zum Militärbündnis der NATO zusammen. Heute umfasst das Bündnis, dessen Führungsmacht die USA sind, 26 Staaten. Die Bundesrepublik trat 1955 bei, Frankreich schied 1966 aus der militärischen Integration aus, da es sie als unvereinbar mit seiner Souveränität betrachtete. Die NATO trug während des Ost-West-Konflikts entscheidend zur Stabilität Westeuropas bei und sucht nach Auflösung des Ostblocks 1989/90 ihre Ziele neu zu definieren. Seit dieser Zeit sind auch zahlreiche ehemalige Ostblockstaaten der NATO beigetreten.

Oktoberrevolution. Bolschewistischer Umsturz in Russland am 25. Oktober 1917 (nach westlicher Zeitrechnung der 7. November 1917), der eine gewaltige politisch-soziale Umwälzung einleitete. Der wirtschaftliche und militärische Zusammenbruch des Zarenreichs als Folge des 1. Weltkriegs schuf Mitte 1917 die Voraussetzungen für die Revolution. Bolschewistische Truppen und Arbeitermilizen besetzten die wichtigsten Gebäude von St. Petersburg und erstürmten den Regierungssitz. Unter Führung Lenins übernahm der „Rat der Volkskommissare" die Regierung, die bei Bauern und Soldaten Rückhalt fand. Sofort erlassene Dekrete enteigneten den Großgrundbesitz zu gunsten der Bauern, verstaatlichten Banken und Industrie, beseitigten die Pressefreiheit und bereiteten den Friedensschluss mit den Mittelmächten vor.

Parlament. In demokratischen Staaten die aus freien Wahlen hervorgegangene Volksvertretung. Sie entscheidet als oberstes Staatsorgan über die Gesetze und kontrolliert die Regierung (Gewaltenteilung).

Parteien. Organisierte Zusammenschlüsse politisch gleichgesinnter Bürger, die Einfluss auf die Gestaltung des Staats nehmen wollen. Die modernen Parteien entwickelten sich Anfang des 19. Jh. aus lockeren Vereinigungen angesehener Persönlichkeiten (Honoratioren-Parteien). Getragen von der Arbeiterbewegung bildeten die sozialistischen Parteien erstmals den Typ der Massenpartei, dem später häufig auch katholisch-konfessionelle Parteien (Zentrum) entsprachen. Mit der Durchsetzung des Parlamentarismus erhielten die Parteien im 20. Jh. staatstragende Bedeutung.

Pauperismus (lat. pauper = arm). Um 1840 entstandener Begriff für die anhaltende Armut großer Bevölkerungsschichten. Aufgrund dieser Massenarmut konnten die Menschen kaum den notdürftigsten Lebensunterhalt erwerben oder waren auf Unterstützung angewiesen.

Planwirtschaft. Bezeichnung für ein Wirtschaftssystem, in dem der Staat die gesamte Volkswirtschaft lenkt und kontrolliert. Produktion, Verteilung von Waren und Preisfestsetzung erfolgen nach einem einheitlichen Plan, dessen Erfüllung eine zentrale Planbehörde überwacht. Ein Wettbewerb ist in diesem System nicht vorgesehen und das freie Spiel der Kräfte des Marktes zur Regulierung von Angebot, Nachfrage und Preisen außer Kraft gesetzt. Die Planwirtschaft – auch Zentralverwaltungswirtschaft genannt – ist vor allem in sozialistischen Staaten verbreitet. Das gegensätzliche Modell ist die Marktwirtschaft.

Minilexikon

Potsdamer Konferenz. Vom 17.7.–2.8.1945 traten die Regierungschefs der alliierten Siegermächte zur Konferenz von Potsdam zusammen, um die deutsche Nachkriegsordnung zu beraten. Truman (USA), Stalin (UdSSR) und Churchill (Großbritannien) fassten hier wichtige Beschlüsse, die im Potsdamer Abkommen vom 2.8.1945 verankert wurden: Einsetzung eines Alliierten Kontrollrats, Entmilitarisierung, Entnazifizierung, Verfolgung von Kriegsverbrechern, Reparationszahlungen, Übertragung der Verwaltung der deutschen Ostgebiete jenseits der Oder-Neiße-Linie an Polen und die UdSSR (nördliches Ostpreußen), Ausweisung der deutschen Bevölkerung aus den Ostgebieten, Entflechtung der Wirtschaft, Aufbau einer deutschen Selbstverwaltung nach demokratischen Grundsätzen. Die Beschlüsse der Potsdamer Konferenz bestimmten die Deutschlandpolitik nach 1945 entscheidend, wurden jedoch infolge des beginnenden Kalten Kriegs und der Gründung beider deutscher Staaten in vielen Bereichen bedeutungslos.

Proletariat. Im antiken Rom die unterste Bevölkerungsschicht ohne Besitz. Im 19. Jh. ein durch den Marxismus geprägter Begriff für die im Kapitalismus entstandene Klasse der abhängigen Lohnarbeiter. Nach Marx hat der Proletarier allein seine Arbeitskraft zu verkaufen und ist daher von der Bourgeoisie abhängig, die die Produktionsmittel besitzt und ihn ausbeutet. Erst der Klassenkampf und die „Proletarische Revolution" können die Unterdrückung beenden.

Reformation. Der religiöse Umbruch Europas im 16. Jh., der zur Auflösung der kirchlichen Einheit des Abendlandes führte. Zu seinen Ursachen zählten kirchliche Missstände wie der Lebenswandel vieler Geistlicher, Simonie und Ablasshandel. Eingeleitet wurde die Reformation durch die Thesen Martin Luthers (1517), und sie erfasste gegen den Widerstand der römischen Kirche sehr rasch breite Bevölkerungsschichten. Da sich auch viele Reichsstände der Reformation anschlossen, wurde die Reformbewegung zu einem politischen Machtfaktor. Die Reformation setze sich vor allem in Mittel- und Nordeuropa durch. Der römischen Kirche gelang es, durch die Reformen des Konzils von Trient (1545–1563) sowie durch die Tätigkeit der Jesuiten erneut an Boden zu gewinnen (Gegenreformation).

Reichsstadt. Städte, die auf Königs- oder Reichsgut lagen und dem König bzw. Kaiser unmittelbar unterstanden (reichsunmittelbare Städte). Sie waren nur ihm zu Abgaben und Diensten verpflichtet und hatten keinen anderen Landesherren über sich.

Reichsstände. Politische Mächte im Deutschen Reich, die Sitz und Stimme im Reichstag besaßen. Hierzu zählten die geistlichen Reichsstände (z.B. Bischöfe, Äbte), die weltlichen Reichsstände (Herzöge, Grafen) sowie die Reichsstädte. Im Reichstag, den der König einberief, gliederten sich diese Reichsstände seit 1489 in drei Gruppen (Kurien) auf: Kurfürstenrat, Fürstenrat und Reichsstädte. Das Stimmrecht dieser Kurien war unterschiedlich geregelt.

Renaissance (franz. Wiedergeburt). Im 15. Jh. wandten sich viele Menschen in den norditalienischen Städten der römisch-griechischen Vergangenheit zu. Dort suchten sie die Vorbilder für ihr Leben und trennten sich von der kirchlich-religiösen Bevormundung des Mittelalters, das ihnen als finster und barbarisch erschien. Der einzelne Mensch rückte in den Mittelpunkt des Interesses, er sollte seine Fähigkeiten entfalten und durch eigenständiges Denken und Beobachten die Natur erkennen. Maler, Bildhauer, Dichter, Philosophen, Wissenschaftler und Forscher verbreiteten diese neuen Gedanken in Europa. Unterstützung fanden sie bei Fürsten und auch bei Päpsten.

Reparationen (lat. reparare = wiederherstellen). Alle Leistungen, die einem besiegten Staat auferlegt werden, um die Kriegsschäden des Siegerstaates zu beheben. Hierzu zählen Geld-, Sach- oder Dienstleistungen.

Revolution. Gewaltsamer Umsturz der bestehenden Ordnung, der zu tief greifenden politischen und gesellschaftlichen Veränderungen führt. Sie wird von breiten Bevölkerungsschichten getragen – im Gegensatz zum Staatsstreich oder Putsch, wo nur eine neue Führungsgruppe die Macht an sich reißt. Typische Beispiele sind die Französische Revolution 1789 und die Russische Revolution 1917

RGW. Rat für gegenseitige Wirtschaftshilfe, auch COMECON (Council for Mutual Economic Assistance) genannt. 1949 von der Sowjetunion und 5 weiteren Ostblockstaaten gegründete Organisation, die als Reaktion auf den von der UdSSR abgelehnten Marshallplan entstand. Die DDR trat 1950 bei. Ziel des RGW war die wirtschaftliche Integration der Ostblockstaaten im Rahmen einer internationalen sozialistischen Arbeitsteilung, basierend auf der Koordination der einzelnen Volkswirtschaftspläne. Die Schwerfälligkeit der Planwirtschaften und die Isolierung des RGW von der wettbewerbsorientierten Weltwirtschaft verhinderten jedoch einen Erfolg. Der Zerfall des Ostblocks und die Ausrichtung der osteuropäischen Staaten auf die Marktwirtschaft führten 1991 zur Auflösung des RGW.

Säkularisation. Überführung von Kirchengut in weltlichen Besitz. Zu einer umfassenden S. kam es in Frankreich durch die Französische Revolution, in Deutschland aufgrund des Reichsdeputationshauptschlusses 1803.

Sowjet (russ. = Rat). In der russischen Oktoberrevolution von 1917 bildeten sich – wie schon zuvor in der Revolution von 1905 – spontane Arbeiter-, Soldaten- und Bauernräte. Sie gerieten rasch unter den Einfluss der Bolschewisten, die mit dem „Rat der Volkskommissare" unter Lenin die Regierungsgewalt übernahmen. 1917 wurde die Russische Sozialistische Föderative Sowjetrepublik gegründet, 1922 konstituierte sich die Union der Sozialistischen Sowjetrepubliken (UdSSR). Dem Staatsaufbau lag seither das Rätesystem (Räterepublik) zugrunde, dessen Spitze der Oberste Sowjet bildete. Dieses Parlament wurde alle vier Jahre gewählt, wobei die Bevölkerung lediglich den Kandidaten der Kommunistischen Partei und Vertretern der von ihr beherrschten Organisationen zustimmen konnte.

Soziale Frage. Bezeichnung für die ungelösten sozialen Probleme der Arbeiter im 19. Jh., die aufgrund der Industrialisierung (Industrielle Revolution) entstanden waren. Hierzu zählten: Verelendung aufgrund niedriger Löhne und hoher Arbeitslosigkeit, extrem lange Arbeitszeiten und unzumutbare Arbeitsbedingungen, menschenunwürdige Wohnverhältnisse, schwere Frauen- und Kinderarbeit. Hinzu kam die fehlende Absicherung bei Krankheit, Arbeitsunfällen, Invalidität und im Alter. Versuche zur Lösung der Sozialen Frage kamen von einzelnen Unternehmern, der Kirche, vor allem jedoch durch die vom Staat seit 1883 eingeleitete Sozialgesetzgebung. Die Arbeiter selbst bemühten sich im Rahmen von Gewerkschaften und Arbeiterparteien um eine Durchsetzung ihrer Interessen und schufen verschiedene Selbsthilfeorganisationen.

Sozialgesetzgebung. Allgemein die Gesamtheit aller sozialen Regelungen für die Bürger, um deren soziale Sicherheit herzustellen. Im Kaiserreich bezeichnet die S. die von Bismarck begründeten Maßnahmen, um Probleme von Alter, Krankheit und Invalidität durch gesetzliche Versicherungen zu verbessern.

Sozialismus. Im 19. Jh. entstandene politische Bewegung, die bestehende gesellschaftliche Verhältnisse mit dem Ziel sozialer Gleichheit und Gerechtigkeit verändern will. Als Mittel hierzu dient die Abschaffung des Privateigentums an Produktionsmittel und dessen Überführung in Gemeineigentum, die Einführung einer Planwirtschaft und die Beseitigung der Klassenunterschiede. Seit Ende des 19. Jh. bildeten sich gemäßigte und radikale sozialistische Richtungen, deren Ziele von einer Reform der kapitalistischen Wirtschaftsweise bis zum Umsturz der auf ihr beruhenden Gesellschaftsordnung reichten. Nach 1945 unterschied man den realen Sozialismus, wie ihn die Ostblockstaaten praktizierten, und den demokratischen Sozialismus, wie ihn die sozialdemokratischen und sozialistischen Parteien der westlichen Welt vertreten. In der marxistischen Theorie bildet der Sozialismus das Übergangsstadium vom Kapitalismus zum Kommunismus.

Stadtrecht. Als die Städte des Mittelalters entstanden, entwickelte sich eine Vielzahl von Rechtsvorschriften, die das Leben der Bürger untereinander sowie ihre Beziehungen zum Stadtherrn regelten. Diese Summe von Rechten und Freiheiten bezeichnet man als Stadtrecht. Seine Grundlage bildete das vom Stadtherrn verliehene Marktrecht sowie die von ihm gewährten Privilegien.

Stände. Gesellschaftliche Gruppen, die sich voneinander durch Herkunft, Beruf,

Bildung und eigene Rechte abgrenzen. Im Mittelalter unterschied man drei Stände: Geistlichkeit, Adel, Bauern und Bürger. Seit der Französischen Revolution und den Reformen des 19. Jh. verschwand diese Ständeordnung als gesellschaftliches Grundprinzip. Für die Arbeiterschaft kam im 19. Jh. die Bezeichnung „Vierter Stand" auf. Von einem Ständestaat spricht man, wenn in einem Staat die Vertreter bestimmter Stände an der Herrschaft beteiligt sind.

Truman-Doktrin. Außenpolitische Leitlinie der USA im Kalten Krieg, die auf einer Kongressbotschaft des amerikanischen Präsidenten Harry S. Truman (1945–52) vom 12.3.1947 basierte. Unter dem Eindruck der sowjetischen Expansionspolitik versprachen die USA, „alle freien Völker zu unterstützen, die sich Unterjochungsversuchen durch bewaffnete Minderheiten oder auswärtigem Druck widersetzen". Diese Eindämmungspolitik der USA sollte von einer massiven Militär- und Wirtschaftshilfe begleitet werden und eine kommunistische Infiltration der westlichen Welt verhindern.

Vereinte Nationen (United Nations Organization, UNO). Gestützt auf die Atlantik-Charta gründeten 51 Nationen am 26.6.1945 in San Francisco die UNO. Die Organisation soll den Weltfrieden sichern und die Achtung der Menschenrechte gewährleisten. Die UNO verfügt über fünf Hauptorgane: Zentrale Beratungsinstanz ist die Generalversammlung, die aus den Vertretern der Mitgliedstaaten besteht. Sie wählt die nichtständigen Mitglieder des Sicherheitsrats, den Wirtschafts- und Sozialrat sowie den Generalsekretär. Ihre Entschließungen haben den Charakter von Empfehlungen. Der Sicherheitsrat entscheidet über Maßnahmen zur Friedenssicherung. Er umfasst 5 ständige Mitglieder mit Vetorecht (USA, Russland, VR China, Großbritannien, Frankreich) sowie 10 nichtständige Mitglieder. Weitere Organe sind der Wirtschafts- und Sozialrat, der Internationale Gerichtshof in Den Haag sowie der Generalsekretär als ausführende Instanz. Zahlreiche Sonderorganisationen nehmen sich weiterer Aufgaben der UNO an, vor allem im Bereich der Entwicklungshilfe, der Bildung und Kultur sowie der Gesundheit.

Verfassung (Konstitution). Die politische Grundordnung eines Staates, die alle Regelungen über die Staatsform, die Herrschaftsausübung und die Bildung und Aufgaben der Staatsorgane enthält. Eine demokratische Verfassung wird durch eine verfassunggebende Versammlung (Nationalversammlung) entworfen und direkt dem Volk oder aber seinen gewählten Vertretern (Parlament) zur Abstimmung vorgelegt. Sie enthält das Prinzip der Gewaltenteilung und das Mitbestimmungsrecht des Volkes.

Vertrag von Versailles. Von der Entente dem Deutschen Reich aufgezwungener Diktatfriede nach dem Ersten Weltkrieg, der im Spiegelsaal des Schlosses von Versailles durch einen Vertrag besiegelt wurde. An gleicher Stelle hatten die im Krieg gegen Frankreich siegreichen Deutschen 1871 das Kaiserreich ausgerufen. Den V.V. von 1919 mussten zivile Politiker und nicht die Krieg verantwortlichen Militärs unterzeichnen, was in der Folgezeit dazu führte, dass ihnen die Schuld an der deutschen Niederlage gegeben wurde („Dolchstoßlegende").

Volksdemokratie. Bezeichnung für kommunistische Herrschaftssysteme, die nach 1945 vor allem in den osteuropäischen Staaten des sowjetischen Machtbereichs errichtet wurden. Während die Einrichtungen einer parlamentarischen Demokratie äußerlich fortbestanden, herrschte in Wirklichkeit die kommunistische Partei, die das gesamte gesellschaftliche und wirtschaftliche Leben bestimmte. Zu den Merkmalen der Volksdemokratie zählen Vergesellschaftung der Produktionsmittel (Kollektivierung, Planwirtschaft) und das Herrschaftsmonopol der kommunistischen Partei, der sich vielfach weitere Parteien im Rahmen eines Blocks unterordnen (Einheitsliste). In der marxistisch-leninistischen Theorie sichert die Volksdemokratie den Übergang vom Kapitalismus zum Sozialismus.

Warschauer Pakt. 1955 in Warschau gegründetes Militärbündnis, dem 7 Ostblockstaaten unter Führung der Sowjetunion angehörten. Albanien trat 1968 aus. Der Pakt entstand als Reaktion der UdSSR auf den Beitritt der Bundesrepublik zur NATO und beide Militärblöcke prägten nachhaltig den globalen Ost-West-Konflikt. Das Bündnis erwies sich rasch als Herrschaftsinstrument der Sowjetunion, die 1956 den Volksaufstand in Ungarn niederschlug. 1968 marschierten Truppen des Warschauer Pakts in die Tschechoslowakei ein und beendeten die Reformbewegung des „Prager Frühlings". Mit der deutschen Vereinigung verließ 1990 die DDR den Warschauer Pakt, der sich nach Zerfall des Ostblocks 1991 auflöste.

Weltwirtschaftskrise. Ende der 20er Jahre verschlechterten sich die Konjunkturdaten der USA. Die Gründe lagen in einer hohen Überproduktion, einem Absatzrückgang sowie einem aufgeblähten Kreditvolumen. Hinzu kam die destabilisierende Wirkung von Reparationszahlungen und die Schuldenlast, welche die Alliierten der USA noch aus der Zeit des 1. Weltkriegs trugen. Dies führte am 24.10. 1929 („Schwarzer Freitag") zu einem Kurssturz an der New Yorker Börse, der eine weltweite Wirtschaftskrise auslöste. Die sozialen Folgen der Weltwirtschaftskrise trugen erheblich zur politischen Radikalisierung bei und bewirkten in Deutschland ein Anwachsen des Nationalsozialismus. Massenarbeitslosigkeit und Verelendung breiter Bevölkerungsschichten diskreditierten nicht nur das kapitalistische Wirtschaftssystem, sondern auch die liberale Demokratie.

Westfälischer Frieden. Bezeichnung für die 1648 in Münster und Osnabrück geschlossenen Friedensverträge, die den Dreißigjährigen Krieg beendeten. Die Friedensbestimmungen lockerten die Reichseinheit, da die Fürsten volle Landeshoheit erhielten und Bündnisse mit auswärtigen Mächten abschließen durften. Auch territorial erlitt das Reich schwere Einbußen. Schweden erhielt Vorpommern, das Erzbistum Bremen und das Bistum Verden als Reichslehen, Frankreich wurde im Besitz von Metz, Toul und Verdun bestätigt, die Niederlande und die Schweiz schieden endgültig aus dem Reichsverband aus. Auf konfessionellem Gebiet wurde der Augsburger Religionsfrieden von 1555 bestätigt und auf den Calvinismus als dritte Konfession ausgedehnt.

Westintegration. Bezeichnung für die Einbindung der neu gegründeten Bundesrepublik in wirtschaftliche und politische Organisationen und Bündnisse wie die Europäische Wirtschaftsgemeinschaft (EWG) und den Nordatlantik-Pakt (NATO). Darüber hinaus hatte dies eine gesellschaftliche und kulturelle Orientierung an den USA und Westeuropa zu Folge. Die von Bundeskanzler Konrad Adenauer (CDU) nachdrücklich betriebene Politik war innenpolitisch heftig umstritten, da die Befürchtung bestand, dass dadurch die Vereinigung der beiden deutschen Staat erschwert, ja unmöglich gemacht würde.

Wiener Kongress. Konferenz europäischer Fürsten und Staatsmänner, um die politische Neuordnung Europas nach Napoleons Sturz zu beraten (1814/15). Den Vorsitz führte der österreichische Außenminister Fürst Metternich, der den Kongress in weiten Teilen prägte. Die Teilnehmer des Wiener Kongresses verfolgten die Prinzipien der Restauration und Legitimität.

Zunft. In den mittelalterlichen Städten schlossen sich die Handwerker des gleichen Berufs zu einer Zunft zusammen, um sich gegenseitig im Alter oder bei Krankheit zu unterstützen. Später musste jeder Handwerksmeister einer Zunft beitreten, die – im Einverständnis mit der städtischen Obrigkeit – das Wirtschaftleben lenkte und kontrollierte, um ein angemessenes und gerechtes Auskommen aller zu sichern. Sie regelte Qualitätsmerkmale und Preise, Ausbildung und Arbeitszeiten, Höchstzahl von Lehrlingen und Gesellen, Herstellungsmengen und Produktionsmethoden. Jeder Verstoß wurde hart bestraft. Aus Angst vor Konkurrenz durften die Handwerker nicht auf Vorrat arbeiten. Diese strengen Regeln hemmten technische Neuerungen und die freie Entfaltung tüchtiger Handwerker. Seit dem 13. Jh. kämpften die Zünfte gegen de Stadtherrschaft der Patrizier.

Register

11. September 2001   221 f., 243 f.

Absolutismus   53, 76–79
Adel   21, 63, 72
al-Qaida   222
Amerikanische Revolution   193–197, 226
Anatomie   134, 137 ff.
Antike   38, 106–110, 112, 120, 124, 126 f.
Antikommunismus   214 f.
Antisemitismus   141, 176
Arabische Liga   149
Arafat, Yassir   156 ff., 160 f.
Aristoteles   108, 110, 119, 124
Arminius   8, 13, 30, 32–37, 44
Arndt, Ernst Moritz   26, 28, 40
Atlantik-Charta   211, 237
Atombombe   212 f.
Aufklärung   53, 78–82, 193
Augsburger Religionsfrieden   70, 82
Augustinus   111, 128
Augustus (röm. Ks.)   8

Bacon, Francis   123, 135
Balance of power   211
Balfour-Declaration   146 f., 149, 178
Bayern   71–74, 92–95, 103 ff.
Begin, Menachem   155 f.
Ben Gurion, David   147, 150, 179
Berlin-Krise   215
Beschwerdeschriften   73
Bin Laden, Osama   222
Bittschriften   74, 94 f.
Blackwater   223
Bodin, Jean   53, 76 f., 96, 99
Bonifaz VIII. (Papst)   86
Boston Massacre   196
Boston Tea Party   196
Bürgerkrieg   76, 148, 154, 193, 203, 207
Burgfrieden   50
Bush, George H. W.   218, 220, 242
Bush (jun.), George W.   221, 244
Byzanz s. Konstantinopel

Caesar, Gaius Julius   9
Camp-David-Abkommen   155, 158
Canossa   60 ff.
Carter, James Earl „Jimmy"   155 f.
Castro Ruz, Fidel Alejandro   215, 239
Childerich I. (fränk. Kg.)   16 f.
Chlodwig (fränk. Kg.)   17 f., 30, 38 f., 56
Christentum   56, 107, 110–113, 124, 128, 142–145
Christianisierung   18, 38, 54
Chruschtschow, Nikita Sergejewitsch   214
Churchill, Winston Leonard Spencer   237
CIA, Central Intelligence Agency   215 f., 218, 239
Clinton, William Jefferson „Bill"   157, 219 f.
Codex Justinianus   114, 129

d'Alembert, Jean-Baptiste le Rond   123
D-Day   212
Deir Yasin   164
Democratic Republicans   199 f.
Demokratie   108, 209, 211, 220
Descartes, René   123, 136 f.
Diderot, Denis   80, 123
Domino-Theorie   216
Dreißigjähriger Krieg s. Krieg
Dritter Stand   21, 40
Dynastien   17, 22 f., 55, 65 f., 85

Einstein, Albert   212
Entspannungspolitik   214, 218, 240
Era of good feelings   200, 202
Erasmus von Rotterdam   63
„Erbfeindschaft"   27 ff.
Erbuntertänigkeit   81
Erster Weltkrieg s. Krieg
Ethnogenese   13 f., 17
EU, Europäische Union   141, 159, 170
EWG, Europäische Wirtschaftsgemeinschaft   214
Ewiger Landfriede   67, 91
Expansion   198, 200, 202, 204, 230

Fatah   160 f.
Federalists   199 f.
Fernrohr   121
Film   246 f.
Flotte, Flottenpolitik   201, 203, 205
Flüchtlinge   150, 153, 184
Föderalismus   75 f., 82, 200
Franco, Francisco   207
Franken   13–18, 24, 38, 173
Franklin, Benjamin   196 f., 226
Frauen, Frauenrechte   21, 77, 80, 98 f.
Freihandel   213, 220
Frieden von Münster und Osnabrück s. Westfälischer Frieden
Frieden von Paris   197
Friedensnobelpreis   156, 158
Friedrich II. (Ks. HRR)   86
Friedrich II. der Große (preuß. Kg.)   80, 102
Frontier   230 ff.
Frühkapitalismus   63
Fugger, Jakob   63
Fundamentalismus   165, 186 f.
Fürsten (s. auch Kurfürsten)   64, 66, 74, 82

Galileo Galilei   120, 136
Gazastreifen   154 f., 157
Gegenreformation   72
Geldwirtschaft   63
Generalstände   21
Germanen   9 f., 12 f., 17 f., 22, 24, 36
Germania   26, 28, 33, 48
Gesellschaftsvertrag   79, 101
Gewaltenteilung   53, 76
Gewerkschaften   204
Globalisierung   141, 219 f.
Goethe, Johann Wolfgang von   81
Goldene Bulle   62, 82
Golfkrieg s. Krieg
Gorbatschow, Michail Sergejewitsch   217 f.
Gottesgnadentum   56
Gregor VII. (Papst)   59 f.
Grotius, Hugo   78
Guantanamo   222 f.

Habsburger   66
Hamas   154, 164 f., 168, 187
Hegemonialpolitik   201, 205, 208, 214, 217, 220, 224
Heiliges Römisches Reich Deutscher Nation (HRR)   21, 54 f., 64–71, 75, 78, 81 f., 89 ff.
Heinrich IV. (Ks. HRR)   59 f.
Hermann der Cherusker s. Arminius
Herodot   109
Herrschaft   17, 45, 53–62, 65 f., 76–79, 81 f., 108
Herzl, Theodor   145 ff., 176 f.

Hiroshima   212 f.
Hisbollah   221
Hobbes, Thomas   52 f., 76 f.
Holocaust   212
Humanismus   11 f., 32, 110

Identität   107, 172
Imperialismus   193, 197, 204 f., 207 f., 232
Indianer   193, 197, 202, 231
Intifada   162 f., 168, 184 f., 190 f.
Investitur, Investiturstreit   57, 59–62, 82
Irak, Irakkrieg   157, 159, 222 f.
Islam   143 ff., 148, 165, 167, 173 f.
Islamismus   165, 187, 221
Isolationismus   201, 211

Jefferson, Thomas   194 ff., 199 f., 226
Jerusalem   142, 144 f., 175
Jesuitenorden   72
Jewish Agency   150
Johnson, Lyndon B.   216
Judentum   81, 142–150, 166 f., 172, 176–179, 212
Justinian I. (oström. Ks.)   114

Kaisertum   54–58, 61 f., 75, 82
Kalkriese s. Schlacht im Teutoburger Wald
Kalter Krieg   151, 213–217, 219, 224, 240
Kambodscha   216
Kant, Immanuel   80
Kapitalismus (s. auch Frühkapitalismus)   193
Karikatur   50 f.
Karl der Große (fränk. Kg. u. röm. Ks.)   56
Katharina II. (russ. Zarin)   80
Katholizismus   18, 70, 72
Kennedy, John F.   213–216
Khmer Rouge   216
Kirchenbann   59
Klerus   21
Klöster   62, 65
Kohl, Helmut   218
Kolonialismus, Kolonien   194, 196, 207, 226 f.
Kommunismus s. Sozialismus
Konferenz
  – von Bretton Woods   213
  – von Casablanca   212
Konfessionen   70, 72
Königsheil   56
Königswahl   60, 62, 64 f., 68, 82
Königtum   56, 59, 61 f., 65
Konstantinopel   54, 64
Kontinentalkongress   198
Kopernikus, Nikolaus   122
Koreakrieg s. Krieg
Kreuzzüge   143 ff., 173
Krieg
  – Dreißigjähriger Krieg   75
  – Siebenjähriger Krieg   195
  – Unabhängigkeitskrieg (Amerika)   197, 200, 224
  – Spanisch-Amerikanischer Krieg   206, 232
  – Erster Weltkrieg   23, 28, 50 f., 148, 209, 234 f.
  – Zweiter Weltkrieg   149, 210 ff., 236 f.
  – Nahostkriege   151–154, 164, 180
  – Koreakrieg   214
  – Vietnamkrieg   215–218, 241
  – Golfkrieg   157, 242
  – Irakkrieg   159, 222 f.

Kuba, Kuba-Krise   203, 206 f., 213 ff., 233, 239
Kurfürsten   62, 65, 68, 74, 90

Lafayette, Marie-Joseph Motier, Marquis de   197
Landesfreiheitserklärung   74
Landesherrschaft   65, 70, 72, 82
Lee, Robert E.   203
Legitimation   56, 76, 78
Lehnswesen   65
Leibeigenschaft   81
Leibniz, Gottfried Wilhelm   122
Lend-Lease-Act   211
Lenin (Wladimir Iljitsch Uljanow)   210
Leviathan   52 f., 76 f.
Liberalismus   193
Lincoln, Abraham   203
Locke, John   78 f., 100, 194
Ludwig XIV. der „Sonnenkönig" (franz. Kg.)   53
Lusitania   209
Luther, Martin   36, 70

Machiavelli, Niccoló   76
Manhattan Project   212
Marshallplan   213
Masada   142 f., 172
Maximilian I. (Ks. HRR)   66 f.
Maximilian I. (bayr. Kf.)   74, 94
Medici, Katharina von   76
Mendelssohn, Moses   81
Menschenrechte   21, 79 ff., 211, 221, 223
Migration   145
Milizen   196, 200
Monroe-Doktrin   200 f., 208, 229, 233
Muslime s. Islam
Mythen   12 f., 30, 44, 172

Nagasaki   212 f.
Nahostkonflikt   141–191, 220
Nahostkriege s. Krieg
Nahostquartett   159, 170
Nasser, Gamal Abdel   152 f.
Nation, Nationalisierung   7, 11 ff., 19 ff., 40 f., 194, 203
Nationalismus   7, 19 f., 22–30, 43 f., 141, 147, 159
Nationalsozialismus   148 ff., 211, 237
Nationalstaat   20 ff., 24, 40, 44, 81, 145, 159, 193
NATO, North Atlantic Treaty Organization   214, 218, 220
Naturrechtslehre   78 f., 82
Naturzustand   101
Netanjahu, Benjamin   159, 188 f.

Obama, Barack Hussein   141, 159, 188, 223, 245
Oktoberkrieg s. Krieg/Nahostkriege
Oktoberrevolution   209 f.
Origenes   110 f.
Osmanisches Reich   54, 64, 145, 148
Otto I. der Große (Ks. HRR)   56

Pactum Ottonianum   57
Palästina, Palästinenser   142–170, 176 f., 182–185
Panamakanal   208, 232
Patriot Act   221
Pearl Harbor   211
Perez, Shimon   157 f.
Philosophie   108 f., 126
Platon   109 f.

PLO, Palestine Liberation Organization   154–158, 160–165, 168
Pol Pot   216
Policey-Ordnungen   73
Propaganda   28 f.
Pufendorf, Samuel   78 f.

Quadrivium   119

Rabin, Yitzhak   157 f.
Reagan, Ronald Wilson   162, 217 ff.
Reformation   11, 62, 70, 78
Reformen   72, 80 ff.
 – Reichsreformen   66 f., 71, 82, 91
Reichskammergericht   67 f., 70
Reichsschluss   69
Reichsstände   65, 68, 70, 75, 78
Reichstag   21, 66, 69, 71, 75, 90 f.
 – zu Augsburg   70
 – zu Worms   67 f., 91
Ressourcengemeinschaft   21
Rezession   210
Rollback   215
Romanisierung   8, 18
Römisches Recht   114 f., 124, 129 f.
Römisches Reich   8, 11, 14 ff.
Roosevelt, Franklin Delano   210 ff., 236
Roosevelt, Theodore   206, 208, 232 f.
Rousseau, Jean-Jacques   79, 101

Sabra   154, 161, 163
Sadat, Anwar as-   153, 155 f.
Saddam Hussein   221 f.
Schatila   154, 161, 163
Schlacht
 – von Sedan   28
 – im Teutoburger Wald   8, 11, 30, 32 f., 35 f.
Schmidt, Helmut   218
Schutzzölle   205
SDI, Strategic Defense Initiative   218
Sechs-Tage-Krieg s. Krieg/Nahostkriege
Septem artes liberales   112, 118 f.
Sicherheitsrat der Vereinten Nationen   152, 213
Siebenjähriger Krieg s. Krieg
Siedlungsgebiete, Siedlungspolitik   166, 168, 186, 197 f.
Sieyès, Emmanuel Joseph „Abbé"   21, 40
Sklaverei   198, 202, 224
Skriptorien   113
Sokrates   109
Söldner   196, 222 f.
Souveränität (s. auch Volkssouveränität)   76, 78 f., 96, 101, 198
Sozialismus   214, 217
Spanisch-Amerikanischer Krieg s. Krieg
Spiritualien   62
Sputnik   213
Staatsbildung   66, 71 f.
Staats(bürger)nation   22 f.
Städte   21, 62
Staël, Anne Louise Germaine „Madame" de   25, 46
Stände (s. auch Reichsstände)   21, 74, 77, 82
Stereotypen   24 f., 27
Steuern   68 f., 72, 74, 193, 196
Stratordienst   61
Suezkanal   152, 155
Suezkrieg s. Krieg/Nahostkriege
Supplikationswesen s. Bittschriften
Sykes-Picot-Abkommen   146

Tacitus, Publius Cornelius   8, 11 f.
Temporalien   62
Territorien   26, 30, 65 f., 68, 70 f., 75, 82
Terror   149 f.
Terrorismus   154, 160 f., 164 f., 221 f., 243 f.
Tet-Offensive   216
Theokratie   56
Theozentrismus   55
Thomas von Aquin   120
Thukydides   109, 126
Toleranz   80 f.
Tonkin-Zwischenfall   216
Trivium   119
Truman, Harry S.   212
Truman-Doktrin   238

U-Boot-Krieg   209
Ulrich von Hutten   12, 32
Unabhängigkeitserklärung (Amerika)   194, 196, 198, 226 f.
Unabhängigkeitskrieg (Israel) s. Krieg/Nahostkriege
Unabhängigkeitskrieg (Amerika) s. Krieg
Ungarn-Aufstand   214 f.
Union sacrée   50
Universität   64, 72, 115–120, 124, 131 ff.
UNO, United Nations Organization   150 ff., 159 f., 162, 170, 180, 213
Urban II. (Papst)   144

Varus, Publius Quinctilius   8 f., 32
Varusschlacht s. Schlacht im Teutoburger Wald
Verfassung   22, 70, 193, 198 f., 228
Vierzehn-Punkte-Plan   235
Vietnamkrieg s. Krieg
Virtual representation   196
Volk   7, 38
Völkermord   149
Völkerwanderung   13
Volksnation   22 f.
Volkssouveränität   23, 79
Voltaire (François Marie Arouet)   80, 102

Wahlrecht (s. auch Königswahl)   21, 75, 194
„War on Terror"   221, 244
Washington, George   192, 196, 198
Weltwirtschaftskrise   210
Westbank   151
Westfälischer Frieden   70, 75, 82
Wiedervereinigung   218 f.
Wilhelm II. (dt. Ks.)   50, 205
Wilson, Thomas Woodrow   209, 235
Wilsonian Internationalism   210 f., 220
Wissenschaft   120–124
Wittelsbacher   71
Wormser Konkordat   60, 82, 87

Yom-Kippur-Krieg s. Krieg/Nahostkriege

Zeloten-Aufstand   142
Zentralismus   78
Zionismus   141, 145–150, 163, 176 f., 183
Zweigewaltenlehre   58
Zweischwerterlehre   57, 59, 86
Zweiter Weltkrieg s. Krieg

Bildnachweis

A1Pix, Taufkirchen: 109 M3 (JTB)
akg images, Berlin: 9 M3, 20 M15 (E. Lessing), 25 M20 (E. Lessing), 26 M22, 42 M42, 48 M49, 52 M1 (British Library), 57 M5 + M6, 61 M10, 63 M12, 66 M15 (E. Lessing) 67 M16, 75 M23, 77 M25, 78 M26, 80 M29, 88/89 M35, 96 M44, 98 M48, 106 M1, 112 M8, 122 M21, 123 M22, 129 M31, 146 M7, 146 M8, 150 M15, 173 M41 (E. Lessing), 178 M49 (British Library), 196 M6 + M7, 198 M9, 200 M11, 201 M12, 202 M13, 203 M14, 204 M15, 207 M18 (North Wind Picture Archives), 208 M19, 210 M23, 212 M25, 216 M32, 226 M42, 235 M58, 237 M62, 246 M1 (UNITED ARTISTS/Album)
AP Photo, Frankfurt/M.: 166 M34 (B. Hendler), 220 M37 (D. Paquin), 244 M72 (J.S. Applewhite)

Baaske Cartoons, Müllheim: 140 M1 (F. Behrendt), 149 M13 (F. Behrendt), 167 M36 (B. Schneider)
Bayerische Staatsbibliothek, München: 103 M1, 104/105 M2 (Hbks/F15 f.-Übersichtskarte), 111 M6 (RES/2 P. lat 149)
Bayerisches Nationalmuseum, München: 93 M40 (ausgestellt im Stadtmuseum Amberg)
Biblioteca Nacional de Portugal, Lissabon: 114 M10
Biblioteca Vaticana: 60 M9
Bibliothèque nationale de France, Paris: 58 M7, 115 M11, 121 M18
Bildarchiv Preußischer Kulturbesitz, Berlin: 12 M5 (SMB/Kunstbibiliothek/K. Petersen), 19 M14 (SMB/Kunstbibiliothek/K. Petersen), 21 M17, 34 M29 (Bayerische Staatsgemäldesammlung), 70 M19, 79 M27 (L. Braun), 85 M32 (SBB/Handschriftenabteilung), 108 M2, 109 M4, 110 M5, 120 M17 (RMN), 126 M25 (SMB/Antikensammlung/I. Geske), 128 M29 (Scala), 132 M35 (SMB/Kupferstichkabinett/J.P. Anders), 138/139 M1 (L. Braun), 192 M2, 197 M8 (D. Katz)
Bridgeman Art Library, London: 21 M16 (Fogg Art Museum, Harvard Univerity Art Museum, Nachlass G.L. Winthrop), 76 M24 (Victoria & Albert Museum, London), 79 M28 (British Museum), 192 M1 (Metropolitan Museum of Art, New York)
British Library, London: 174 M43

CCC, www.c5.net: 241 M68 (W. Hanel)
Cinetext, Frankfurt/M.: 246 M2 (Sammlung Richter)
Collection Raymond Bachollet, Paris: 28 M23
Corbis, Düsseldorf: 143 M4 (N. Benn)

Deutsches Historisches Museum, Berlin: 213 M27
Domkapitel Aachen: 84 M31 (A. Münchow)

Fotolia.com: Titel Hintergrund (J. Larsen)

Gäuboden-Museum, Straubing: 15 M7 (Fotowerbung Bernhard)
Germanisches Nationalmuseum, Nürnberg: Titel Vordergrund, 33 M26, 47 M47, 56 M4, 65 M14
Gesellschaft für Reichskammergerichtsforschung, Wetzlar: 68 M17
Getty Images, München: 187 M65 (C. Kealy), 214 M29 (Time & Life Pictures), 223 M40 (A. Lichtenstein)

Interfoto, München: 98 M47 (AISA)

Juneja, M., Hannover: 163, M32

Karto-Grafik Heidolph, Kottgeisering: 111 M7
Keystone Pressedienst, Hamburg: 217 M33

Langner + Partner, Hemmingen: 166 M35 (dpa), 175 M45, 180 M52
Library of Congress, Washington: 230 M47
Ludwig-Maximilians-Universiät, München: 131 M33 (Archiv)
LVR – Landesmuseum, Bonn: 16 M11

Mary Evans Picture Library, London: 232 M52
mauritius images, Mittenwald: 72 M21 (U. u. H. Kolley)

Picture Alliance, Frankfurt/M.: 35 M30 (dpa/Wieseler), 151 M17 (dpa), 152 M18 (KPA/TopFoto), 155 M22 (Consolidated), 156 M23 (SVEN SIMON), 157 M24 (AFP), 159 M27 (dpa/Nureldine), 160 M28 (dpa), 161 M29 (UPI/S. Ayad), 162 M30 (EPA/Hoslet), 162 M31 (AFP), 165 M33 (AFP), 166 M35, 169 M38 (AFP/S. Nackstrand), 185 M61 (AFP), 189 M67 (EFE/E. Abad), 190 M1 (AFP/J. Barrak), 218 M34 (dpa/Janssen), 218 M35 (dpa/R. Jensen), 219 M36 (dpa/Grimm), 221 M38 (AFP/Mcallister), 222 M39 (AFP/McCoy), 243 M70 (AFP/B.A. Keiser)

Reichert Verlag, Wiesbaden: 113 M9

Schoenfeldt, K.-H., Potsdam: 157 M25
SIPA PRESS, Paris: 211 M24
SLUB Sächsische Landesbibliothek – Deutsche Fotothek, Dresden: 194 M3
Süddeutsche Zeitung Photo, München: 97 M46, 152 M19 (AP), 153 M20,

The Israel Museum, Jerusalem: 25 M19

ullstein bild, Berlin: 26 M21 (Archiv Gerstenberg), 41 M40 (Granger Collection), 81 M30, 133 M38 (NMSI/Science Museum), 134 M39 (AISA), 135 M40 (united archives), 142 M3 (Ihlow), 154 M21 (SIPA), 206 M17 (Granger Collection), 209 M20, 209 M21 (united archives), 210 M22, 212 M26, 226 M41 (Granger Collection)

Universität Freiburg – Unversitätsarchiv: 118 M15 (A 105/8141 fol. 39r.)
Universitätsbibliothek, Heidelberg: 36 M31

vario images, Bonn: 74 M22

Weigand, W., München: 148 M11, 177 M48
Wikipedia: 117 M14 (B. Clontarf), 123 M23

alle übrigen Karten und Schaubilder: Westermann Kartographie/Technisch Graphische Abteilung, Braunschweig

256